四

陶器研究

孙卓 荆志淳 陈晖／主编

盘龙城

（1995～2019）

武汉大学历史学院
湖北省文物考古研究院 ／编著
武汉市文物考古研究所
盘龙城遗址博物院

科学出版社

北 京

内 容 简 介

本书梳理盘龙城遗址历年出土的陶器材料，对盘龙城遗址陶器的各类型及其发展演变、分期与年代进行了探讨；在分期研究的基础上揭示盘龙城遗址陶器的文化特征及其形成过程、陶器的出土背景与使用情景、陶器所见区域间的文化互动，并利用岩相分析观察了盘龙城遗址陶器的生产技术特征；最终围绕陶器文化、功能、技术三个要素讨论，探索陶器所展现的盘龙城商代的聚落社会。

本书可供考古学、文物学、历史学等相关学者，以及院校师生阅读和参考。

审图号：GS京（2024）1658号

图书在版编目（CIP）数据

盘龙城：1995～2019. 四, 陶器研究 / 武汉大学历史学院等编著; 孙卓, 荆志淳, 陈晖主编. -- 北京 : 科学出版社, 2024.10. -- ISBN 978-7-03-079552-6

Ⅰ. K878.34；K876.34

中国国家版本馆CIP数据核字第20243A26L8号

责任编辑：雷　英／责任校对：邹慧卿
责任印制：肖　兴／书籍设计：北京美光设计制版有限公司

科 学 出 版 社 出版

北京东黄城根北街16号
邮政编码：100717
http://www.sciencep.com

北京中科印刷有限公司印刷
科学出版社发行　各地新华书店经销
*
2024年10月第 一 版　开本：889×1194　1/16
2024年10月第一次印刷　印张：20
字数：576 000

定价：360.00元
（如有印装质量问题，我社负责调换）

总　序

　　《盘龙城（1995～2019）》是《盘龙城——1963～1994年考古发掘报告》（湖北省文物考古研究所编著）的续编。全书共分五卷，分别为《田野考古工作报告》《景观与环境》《玉石器研究》《陶器研究》《青铜器研究》。第一卷《盘龙城（1995～2019）（一）：田野考古工作报告》为报告卷，分为上下两册，公布1995～2019年盘龙城遗址考古调查、勘探、发掘收获及相关田野考古所获遗存检测数据等，由武汉大学历史学院、湖北省文物考古研究院、武汉市文物考古研究所、盘龙城遗址博物院编著。第二至五卷为研究卷，主要围绕1954～2019年考古工作收获，分别对景观与环境、玉石器、陶器、青铜器开展专题研究。其中《景观与环境》卷主编为邹秋实、张海，《玉石器研究》卷主编为苏昕、荆志淳，《陶器研究》卷主编为孙卓、荆志淳、陈晖，《青铜器研究》卷主编为张昌平、苏荣誉、刘思然。全书由张昌平总主编。

　　盘龙城遗址考古工作在不同阶段的项目负责单位和项目性质有所不同。1995～1998年，考古项目由湖北省文物考古研究所负责；1998～2012年，考古项目由武汉市文物考古研究所负责；2013～2019年，考古项目由武汉大学历史学院负责。

　　盘龙城考古一直是有多家考古机构合作工作，2013年后，以上单位以及盘龙城遗址博物院一直作为合作单位参与考古工作。盘龙城考古作为国家重点大遗址保护项目正式启动，工作得到国家文物局大遗址考古项目的多年连续支持。2017年，盘龙城被纳入“考古中国·长江中游地区文明进程研究”重点项目。十多年来，盘龙城考古一直围绕以上项目，既为大遗址保护、遗址公园建设与展示等社会性工作方面提供支撑，也在中华文明进程研究等学术性方面取得进展。

　　《盘龙城（1995～2019）》在编撰中力求保持五卷主要内容在体例上的一致，但各卷具体表述方式由分卷主编自行拟定。以下对一致性体例作概括说明。

　　（1）各卷均采用2014年由武汉大学历史学院在盘龙城遗址布设的三维测绘坐标系统，高程系统采用1985国家高程基准。

　　（2）各卷涉及的发掘区、探方以及遗迹等编号，均按目前学界一般惯例方式。其中发掘区和探方等编号，Q代表发掘区、T代表探方、TG代表探沟、JPG代表单个遗迹中所设的解剖沟。遗迹的编号中，H代表灰坑、G代表灰沟、F代表房址、Y代表窑、J代表井、M代表墓葬、D代表柱洞。此外，遗迹的序号仍然按地点分别从1995年之前的遗迹编号顺编。

（3）为明确和简化表述，遗迹编号的构成采用"地点名+遗迹序号"的方式，如2016年发掘的小嘴Q1610T1714的H73，编号为小嘴H73；地层单位编号的构成采用"区号+探方号+地层序号"的方式，如2016年小嘴Q1710T0116第5层，编号为Q1710T0116⑤。编号不再沿用1994年之前用汉语拼音首字母表示地点的方式，如PYW表示盘龙城杨家湾遗址，也不再保留此前发掘简报中带有发掘年份的方式。

（4）器物标本用罗马数字编号。除常规序号之外，对墓葬中的采集品独立编号，并在数字前另加零，如杨家湾M13：01。对墓葬中同一件器物碎片散落在不同地点，在器物编号后加小号，如杨家湾M17：14-1。

（5）遗迹等区域范围的比例尺及描述尺寸，以米为计量单位；遗物图形的比例尺及描述尺寸，以厘米为计量单位。遗物容积按毫升计算，重量按克计算。

（6）学界对于一些考古学文化的写法、称谓和内涵存有差异，本书采用"二里冈文化"的写法。对二里冈文化的不同阶段，一般称"二里冈文化早期""二里冈文化晚期"，同时根据情况保留"二里冈上层第一期""二里冈上层第二期"等称谓。对中商文化的不同阶段，一般称"中商文化白家庄期""中商文化洹北期"。

目 录

第一章

绪　论

陶器一直以来是考古出土最为丰富的物质资料[①]。考古遗存年代框架的建立、文化谱系的梳理，多依靠陶器的研究。同时陶器大多是人群日常生活的遗留，相较于青铜器、玉器，能更直接地反映出普通民众的文化行为和社会生活。早年盘龙城遗存的分期、相对年代的判定、盘龙城与中原郑州的关系，乃至盘龙城性质的讨论，多以陶器材料的分析为基础。然而，长期以来，除年代、分期、文化特征等基础研究之外，盘龙城陶器风格的形成、技术的选择，特别是由此反映出的社会面貌，并没有得到充分的认识。盘龙城作为夏商时期中原王朝南下经略的中心，对其出土陶器的研究不仅在于进一步认识陶器——这一物质遗存所蕴含的技术、文化、社会信息；同时更是从另一层面认识盘龙城的聚落性质，并以此案例揭示这一时期夏商王朝南土的社会。

一、盘龙城陶器的发现与研究概况

物质遗存的研究历程往往与考古工作和资料公布的情况密切关联，而盘龙城遗址陶器的发现与研究，以《盘龙城——1963～1994年考古发掘报告》[②]（以下简称《盘龙城（1963～1994）》）发掘报告整理和出版为界，亦可分为两大阶段。

（一）1954年至20世纪90年代

盘龙城陶器的发现伴随着整个盘龙城遗址的发现史。陶器作为相对年代判断的有力证据，在盘龙城最初发现的二十余年极大地推动了对遗址年代的认识。

1954年因府河大堤建设，盘龙城大量陶器、石器被挖掘出土。最初调查者对陶器的年代和文化特征并不熟知。但在材料的发表过程中，《文物参考资料》的编者指出陶器的特征与郑州二里冈相近，第一次将盘龙城遗址的年代界定在"安阳小屯"之前[③]。

1963年，盘龙城楼子湾进行了考古发掘，这也是盘龙城第一次科学的考古发掘工作，不仅出土了大量的陶器标本，更是揭露有相互叠压或打破关系的灰坑、地层等单位。学界对盘龙城陶器的基本特征开始有了初步的认识，常见的陶器有"鬲、盆、碗、斝、大口尊、敞口缸"，年代特征接近"二里冈上层"，属于"商代中期"[④]。同时，对发掘区域不同单位、地层的陶质、陶色也已有一定的统计：整体文化层中"砂质粗陶约占72%"，G1④层以上缸类"约占全坑陶片总数的70%"，G1⑤层以下黑陶为主"约占总数的75%"。这些都为量化认识盘龙城遗址陶器的文化面貌提供了最初的数据[⑤]。此外，简报对部分标本数量较多的陶器还进行了式别的划分，试图把握不同器类在时间上的形态演变。从对G1不同层位陶片的统计，以及对陶器形态的式别划分来看，发掘者已有意识地通过陶器来判断遗址不同的发

---

① 赵辉：《当今考古学的陶器研究》，《江汉考古》2019年第1期。
② 湖北省文物考古研究所：《盘龙城——1963～1994年考古发掘报告》，文物出版社，2001年。
③ 蓝蔚：《湖北黄陂县盘龙城发现古城址及石器》，《文物参考资料》1955年第4期。
④ 郭德维、陈贤一：《湖北黄陂盘龙城商代遗址和墓葬》，《考古》1964年第8期。
⑤ 湖北省博物馆：《一九六三年湖北黄陂盘龙城商代遗址的发掘》，《文物》1976年第1期。

展阶段①。此后一段时间，学界对盘龙城遗址年代和发展阶段的判断，很大程度上基于1963年盘龙城楼子湾的发掘工作②。

1974～1976年，盘龙城在城址和李家嘴地点展开了大规模的考古发掘③。不过由于这一阶段主要的工作集中在城垣、"宫殿基址"和贵族墓葬，陶器的发现反而较为有限。对陶器材料不多的报道，主要为了确立城垣和"宫殿基址"的年代。其中通过比较城垣堆积内的陶片特征，发掘者首次确认城址为"二里冈期"修筑，同时根据采集的"鸡冠口沿陶片"，更将盘龙城遗址的上限推至"二里头期"。而比较郑州地区的陶器遗存，"制陶工艺亦是基本器皿特征相同，而仅仅是红陶缸所占比例特别之大"亦成为盘龙城与黄河流域商文化"高度统一"的证据之一④。

自20世纪80年代以后，盘龙城遗址的考古工作转入城址以外区域。李家嘴、杨家湾、杨家嘴、王家嘴等地点均经过较大规模的考古发掘，出土了大量单位明确、组合丰富的陶器遗存。不过相关资料在当时并未完全发表，仅部分研究性文章对遗址出土的陶器材料做了披露和探讨。而受到考古类型学和文化因素分析法在这一时期的影响⑤，盘龙城陶器的分期、年代和文化来源逐步成为学界关注的重点。其中作为盘龙城发掘主持者的陈贤一，利用新出材料，发表了《盘龙城商代二里岗期墓葬陶器初探》一文⑥，对盘龙城陶器的年代、形制特征与演变，以及反映的各文化因素进行了研究。这也是首篇以盘龙城墓葬陶器为专题的研究论文。《盘龙城商代二里岗期墓葬陶器初探》在遗址分期的基础上⑦，首先勾勒出了盘龙城陶器的演变规律：

> 陶质多由红陶或红胎陶到灰陶，质地由薄变厚，绳纹由细变粗。主要器形的演变序列为：陶鬲，口沿由圆唇外卷—尖唇或薄方唇外折—齐方唇外侈；口颈部由敛口无领—矮领—高领—敛口；裆部由平裆—略分裆—分裆显著。陶瓮，由卷沿—折沿，由广肩—圆肩，腹较浅—深腹，底由圜底内凹—平底。

① 虽然简报并未明确器物的式别是否具有年代学意义，也未讨论这些不同式别器物的相对年代，但划分式别的目的显然是为了判断遗址不同的发展阶段。例如简报对陶鬲划分为三式，Ⅰ式出G②B层，器壁较薄、锥足较长，Ⅱ、Ⅲ式出自G②A层，器壁较厚、锥足较短；同样大口尊分为两式，Ⅰ式出自G1④层，"颈部脊较突出"，Ⅱ式出自G②C层，"颈部脊不甚突出"。这些标准现在来看，正是商代前期鬲、大口尊等陶器不同阶段、特征的体形、形态的演变规律。湖北省博物馆：《一九六三年湖北黄陂盘龙城商代遗址的发掘》，《文物》1976年第1期。
② 例如王立新对盘龙城遗址年代和发展阶段的分析，都主要利用了1963年盘龙城楼子湾的发掘成果。王立新：《早商文化研究》，第67页，高等教育出版社，1998年。
③ 湖北省博物馆、北京大学考古专业盘龙城发掘队：《盘龙城一九七四年度田野考古纪要》，《文物》1976年第2期；湖北省博物馆：《盘龙城商代二里冈期的青铜器》，《文物》1976年第2期。
④ 湖北省博物馆、北京大学考古专业盘龙城发掘队：《盘龙城一九七四年度田野考古纪要》，《文物》1976年第2期。
⑤ 这其中受到李伯谦对吴城文化研究的启发，部分学者开始尝试解构陶器中不同的文化因素，对受中原文化影响的边缘地区的文化面貌进行定性分析。李伯谦：《试论吴城文化》，《文物集刊》第3辑，1981年；王文建：《商时期澧水流域青铜文化的序列和文化因素分析》，《考古类型学的理论与实践》，文物出版社，1989年；何驽：《荆南寺遗址夏商时期遗存分析》，《考古学研究（二）》，北京大学出版社，1994年。
⑥ 陈贤一：《盘龙城商代二里岗期墓葬陶器初探》，《中国考古学会第四次年会论文集》，文物出版社，1985年。
⑦ 这篇文章中的若干观点实际源于陈贤一更早在《中国考古学会第二次年会论文集》上发表的《江汉地区的商文化》。在该文章中，陈贤一对盘龙城遗址进行了较为详细的分期。饶有意味的是，盘龙城早年的分期方案多依据层位关系，而非物质文化自身的演变规律。这也造成了之后对盘龙城陶器演变的分析也是在遗址分期的基础上再探讨，并未如一般学界根据层位关系，进行型式划分展开分析。陈贤一：《江汉地区的商文化》，《中国考古学会第二次年会论文集》，文物出版社，1980年。

表1.1　不同学者对盘龙城遗址出土陶器文化因素分类对应表

陈贤一		《盘龙城（1963～1994）》		蒋刚	
A群	二里冈文化因素	甲组	二里冈文化因素	A群	二里冈文化因素
B群	融合了本地特点的二里冈文化因素			C群	本地新创生的因素
C群	二里头期文化遗风和土著文化因素	乙组	本地文化因素	F群	二里头文化因素
D群	本地文化因素			B群	本地文化因素
		丙组	江南湖熟文化与万年文化因素	E群	湖熟文化因素
E群	印纹陶文化因素	丁组	印纹陶文化因素	D群	印纹陶文化因素

同时在把握陶器器形特征的基础上，进一步将盘龙城墓葬出土陶器分为五大群，分别是（表1.1）：

A群，"盛行于墓葬第三、四期，与二里冈的同类器甚为相似，两地共同的文化因素"。

B群，"盛行于墓葬第三、四期，其文化面貌具有二里冈商文化特点。但与A群或二里冈同类器相比，又存在着较多差异"。

C群，"盛行于墓葬第一、二、三期。陶系以红陶和红胎陶为特征……有当地二里头期文化遗风和土著文化因素"。

D群，主要为陶缸，"以厚胎粗陶为主……从盘龙城发展起来"。

E群，"以硬陶和釉陶为主……应是在江南印纹陶的基础上发展起来的"。

根据陶器形制的分析，陈贤一既指出了盘龙城陶器与郑州地区之间的共同性，同时也表明盘龙城陶器的主体"经过了本地的改造与发展"，是"商文化与原居文化融合的产物……表现了南方商代文化自身独特的风格"。而在此基础上，陈贤一进而尝试依据文献和其他考古材料，探讨了陶器特征形成的历史背景。盘龙城陶器"自始至终保留有不同程度的自身特色"被解读为盘龙城与中原王朝之间"不甚牢固"的关系。

陈贤一对盘龙城墓葬陶器的分析，可谓开启了盘龙城陶器的类型研究。盘龙城陶器表现出了与中原文化的密切联系，也有着十分突出的地域特征，为学界建构商文化"盘龙城类型"奠定了基础[①]。研究的思路和相关结论更在很大程度上被之后的《盘龙城（1963～1994）》所继承[②]。而对于陶器分期、年代和文化因素的分析，也成为相当一段时间内盘龙城陶器研究的主流方向。

---

① 邹衡：《试论夏文化》，《夏商周考古学论文集》，第126页，文物出版社，1980年。

② 后文可见，《盘龙城（1963～1994）》中"结束语"一章对陶器的特征与演变和陶器文化因素的探讨，实际可见到与早年《盘龙城商代二里岗期墓葬陶器初探》一文深度的联系。《盘龙城（1963～1994）》，第468～498页。

（二）20世纪90年代至今

进入90年代之后，盘龙城遗址尽管陆续有着零星的考古工作，但对陶器的集中报道和相关研究较为有限。不过随着2001年《盘龙城（1963～1994）》的刊布，盘龙城陶器的研究进入一个高峰。

《盘龙城（1963～1994）》不仅重新公布了早年楼子湾、城垣和李家嘴的考古收获，更是系统发表了20世纪80年代杨家湾、杨家嘴、李家嘴、王家嘴的考古资料。这些地点属于城址外围的居民或生产区，遗存内涵多为灰坑、地层，发掘出土了大量的陶器标本。发掘报告首先分地点、按期别，详细报道了遗址发掘、调查出土的各类陶器标本。之后"结束语"一章梳理了陶器的特征与演变及其反映的不同文化因素[①]。从对陶器形制特征的分析可见，研究的思路和部分结论实际源于早年《盘龙城商代二里岗期墓葬陶器初探》一文，均以遗址分期为基础，论各期别陶器的特征与变化，再综合划分为不同的文化因素，只是报告的论述更加详尽和丰富。《盘龙城（1963～1994）》增添了不同陶质、陶色、纹饰在各期别的数量比例和早晚变化，并对鼎、罐、鬲、甗、斝、爵、簋、盆、豆、瓮、大口尊、缸十二类普通陶器和尊、罐、瓮三类"硬（釉）陶器"[②]的特征与演变展开了论述[③]。而在陶器的文化因素分组中，《盘龙城（1963～1994）》则将盘龙城陶器归纳为四组（见表1.1）[④]：

> 甲组陶器……与郑州商代二里冈出土的同类器十分类似，文化因素应来源于郑州商城。
>
> 乙组陶器中的大口缸，在盘龙城出土遗物中列居首位。……是本地区土著文化的发展。
>
> 丙组陶器……与江西万年商代墓葬……与江苏湖熟文化……相似。
>
> 丁组陶器……出现的印纹硬陶应是受到江南印纹硬陶文化的影响。

比较早年所分的五大群，新增加了以带鋬鬲、甗形器等为代表的丙组，并将原A群和B群合并为甲组，代表中原文化因素；将C群与D群合并为乙组，代表地方文化因素。以此陶器分析为基础，《盘龙城（1963～1994）》将盘龙城遗址的文化性质归纳为：

> 以一支南下的中原商文化为主体，融合本地石家河文化，吸收了江南印纹硬陶及湖熟文化因素，而形成一个商文化边缘地区的新类型，即商文化盘龙城类型。

《盘龙城（1963～1994）》有关陶器的讨论，或可代表这一阶段对盘龙城，乃至类似的处于中原文化影响边缘地区遗址出土陶器的研究取向，即通过对陶器的分类，探讨陶器的形制特征、演变和类型上的文化属性，最后以此为基础归纳以陶器为代表的遗存的文化性质，阐释可能的历史背景。值得注意的是，报告并没有对陶器进行严格的类型学分类，遗址的分期框架也非根据陶器的类型排序得来[⑤]。虽然报告在器物描述中，根据形制特征将同类陶器划

[①] 《盘龙城（1963～1994）》，第468～498页。

[②] 报告称之为硬（釉）陶，实际包括印纹硬陶和原始瓷两类。

[③] 《盘龙城（1963～1994）》，第468～493页。

[④] 《盘龙城（1963～1994）》，第494～498页。

[⑤] 《盘龙城（1963～1994）》首先对遗址进行了分期，再对各期陶器特征进行总结，其分期的依据实际上是以地层关系为准绳，而非文化的阶段特征。《盘龙城（1963～1994）》，第10～13页。

分成不同的类别，已具有器物分型的意识。如鼎分为"盆形鼎""罐形鼎"和"带鋬鼎"，鬲分为"折沿平裆鬲""折沿联裆鬲""卷沿分裆鬲""折沿分裆鬲"等。不过这种分类多少显得过于零碎，且相互之间部分抵触[①]，并未能清晰地揭示陶器的演变序列。

《盘龙城（1963～1994）》极大地推动了对盘龙城遗址陶器的研究；但是鉴于原报告在陶器类型划分、分期上的缺憾，学界对于盘龙城遗址陶器的年代、分期和文化因素等问题展开了进一步的讨论。

这其中最具有代表性的可见蒋刚对盘龙城墓葬和居址出土陶器进行的类型学分析。蒋刚对墓葬出土的鬲、爵两类陶器进行了式别划分，帮助判断墓葬年代，同时根据"文化因素的构成情况"将墓葬出土陶器划分为六群，分别代表了源于不同地区的文化因素[②]。之后在同样的思路下，蒋刚又选择了鬲、甗、盆、大口尊、缸等器类，对盘龙城居址出土陶器进行了类型学分析，将盘龙城商代遗存分为四期五段及六群文化因素（见表1.1）[③]。而在分期的基础上，蒋刚进一步考察了居址陶器不同文化因素在时间纵向上的变化情况[④]。盘龙城遗址出土的陶器经历了一个二里冈文化因素占比逐步增加的过程（A群文化因素由所分第一期的53%到第二期的69%），而至最后一个阶段盘龙城商代遗存突然消失。比较《盘龙城（1963～1994）》中有关陶器形制的论述，蒋文是运用类型学来把握陶器形制的演变序列，同时对于文化因素的分析更注重时间维度的考量。通过陶器的分析，蒋文还试图探讨了陶器背后人群的流动，以及反映出的商王朝对南方的经略问题。

约在同一时期，李丽娜也对盘龙城原报告"第一至三期"的陶器（主要以"鬲、大口尊、侈口斜腹盆、敛口弧腹盆"为代表）做了类型学分析，将原报告"第一至三期"重新整合为三期。其中以南城垣叠压的第9层为代表单独划为第一期，原王家嘴第一、二期合并为第二期，以王家嘴、李家嘴、杨家嘴第三期为第三期，年代分别对应"二里头文化第三期""二里冈下层一期偏早"和"二里冈下层一期偏晚"[⑤]。而通过对各期文化因素的分类，李丽娜进一步将第一期归属于"夏族人的生产、生活遗留"、第二期为"南下的商人和当地土著"，第三期为"早商文化"[⑥]。

随着盘龙城报告对陶器资料的系统公布，以陶器类型学分析和文化因素分类研究为基础，探讨盘龙城陶器类型的特征和演变，成为盘龙城陶器研究的主要方向。而在形制分类研究的基础上，学界更试图将不同形制、不同类别的陶器与地区人群对应。例如将盘龙城陶器

[①] 例如报告将鼎分为"盆形鼎""罐形鼎"和"带鋬鼎"，实际上从图中可见，"带鋬鼎"腹身近罐，与"罐形鼎"腹身一致，两者属于同一类器物。相近的是，将陶鬲分为"分裆鬲""联裆鬲"和"带鋬鬲"，而所分的"带鋬鬲"又多为联裆。《盘龙城（1963～1994）》，第471、479页。

[②] 蒋刚：《湖北盘龙城遗址群商代墓葬再探讨》，《四川文物》2005年第3期。

[③] 蒋刚：《盘龙城遗址群出土商代遗存的几个问题》，《考古与文物》2008年第1期。

[④] 蒋刚：《湖北盘龙城遗址群商代墓葬再探讨》，《四川文物》2005年第3期；蒋刚：《盘龙城遗址群出土商代遗存的几个问题》，《考古与文物》2008年第1期。

[⑤] 李丽娜：《试析湖北盘龙城遗址第一至三期文化遗存的年代和性质》，《江汉考古》2008年第1期。

[⑥] 需要注意的是，李丽娜并没有对盘龙城第一至三期陶器的文化因素给出一个整体的分类方案，而是对盘龙城不同地点、不同期别的陶器给出了内涵不尽相同的文化因素分类。因此，文章尽管尝试总结盘龙城早期陶器所反映的从"二里头文化"到"二里冈文化"的变迁历程，但实际难已从分析中得到直观的反映。李丽娜：《试析湖北盘龙城遗址第一至三期文化遗存的年代和性质》，《江汉考古》2008年第1期。

中的"二里头文化因素"对应到南下的夏族人，将"二里冈文化因素"对应到二里冈商人。这些都可归于此类研究范式之下。由此通过总结陶器群中的主要文化特征，或者是对各文化因素量化后展开定性研究[1]，判断陶器群主体所反映的文化性质，学界可以进一步推断遗址主要人群的来源构成，并将盘龙城划归在"夏"（二里头）、"商"（二里冈）或"本地土著"的范围之下，探讨盘龙城形成的历史背景。

除了类型学和文化因素分析之外，盘龙城陶器也是较早展开工艺研究和功能分析的范例之一。其中李文杰按照陶器成型的流程，分原料备造、陶坯成型、装饰和烧制工艺等方面，探讨了盘龙城普通陶器和印纹硬陶、原始瓷的制作工艺，特别观察了盘龙城陶器坯体成型的不同工艺。难得的是，研究首次对盘龙城遗址出土的部分陶器样本的化学成分进行了科技检测分析，尝试探讨普通陶器与硬陶器之间材料成分的差异[2]。早年熊传薪、郭胜斌则对盘龙城出土数量最多、极具地方特征的大口缸进行了分析，认为盘龙城的大口缸存在存储、冶铜、烧制陶器等多种用途[3]。之后徐劲松等进一步对大口缸展开了功能性的探讨[4]。在方法上，徐文除了对盘龙城大口缸进行基本的形态分类和分期研究，还利用模拟实验推测大口缸的用途。通过对复制的大口缸进行熔铜、冶炼实验，徐文认为盘龙城大量的大口缸部分是用于铜器浇铸。不过从方法论上而言，当代模拟实验的成功并非能够直接反映出古代器物的实际用途[5]，特别是在盘龙城大口缸并未发现与铸铜生产之间的直接关联[6]。

20世纪90年代末以来，盘龙城遗址持续有小规模的考古发掘；特别是2013～2018年，杨家湾、小嘴、杨家嘴、小王家嘴等地点展开了持续多年的考古工作[7]，进一步补充了盘龙城遗址的陶器材料。比较重要的发现有：①1997～1998年盘龙城王家嘴、杨家湾的考古发掘，其中王家嘴发现属于盘龙城最早阶段的陶器遗存，杨家湾则清理水井J1，出土的陶器标本颇多，年代特征明确，属于盘龙城最晚一个时期[8]。②2013～2014年盘龙城杨家湾南坡的考古发掘，进一步发现属于盘龙城报告第四、五期和第六、七期阶段的陶器遗存，而在杨家湾

[1] 将陶器群划分为不同文化因素，并根据出土陶片数量统计量化各文化因素所占比例，典型研究案例可见何驽对荆南寺遗址出土陶器的分析。何驽：《荆南寺遗址夏商时期遗存分析》，《考古学研究（二）》，第78～100页，北京大学出版社，1994年。近年来孙庆伟对二里头文化陶器的分析，也强调对器物数量做统计分析。孙庆伟：《鼏宅禹迹：夏代信史的考古学重建》，第11、12页，生活·读书·新知三联书店，2018年。不过需要注意的是，此类研究的展开不仅需要对遗址出土陶片数量积累大量、具有统一标准的统计数据（这在很多遗址中都无法达到），同时陶器数量的多寡是否一定意味着背后使用人群的多少，相关研究并未展开论证。

[2] 李文杰：《盘龙城遗址普通陶器、硬陶、釉陶工艺研究》，《盘龙城（1963～1994）》附录九，第608～623页。

[3] 熊传薪、郭胜斌：《长江中游商时期大口缸的探讨》，《中国考古学会第七次年会论文集》，文物出版社，1992年。

[4] 徐劲松、董亚巍、李桃元：《盘龙城出土大口陶缸的性质及用途》，《盘龙城（1963～1994）》附录八，第599～607页；徐劲松、李桃元、胡莎可：《从模拟试验看商周时期大口陶缸的性质及用途》，《考古》2005年第7期。

[5] 徐文中的模拟实验实际有若干臆断的成分。例如认为B类大口缸"体积较大"，在使用时"必先预留液道槽，待铜液熔化后，将缸下部用硬物打破一个缺口以流放铜液至流槽浇铸较大类的铸件"，而流槽和大口缸底部人为打破的情况在盘龙城遗址并未发现。徐劲松、董亚巍、李桃元：《盘龙城出土大口陶缸的性质及用途》，《盘龙城（1963～1994）》附录八。

[6] 根据发掘报告，盘龙城实际发现有陶制的坩埚，胶结有铸铜残渣，表明盘龙城浇铸铜器应该使用坩埚，而非大口缸。

[7] 武汉大学历史学院、湖北省文物考古研究所、武汉市文物考古研究所、盘龙城遗址博物院：《2012～2017年盘龙城考古：思路与收获》，《江汉考古》2018年第5期。

[8] 武汉市博物馆：《1997～1998年盘龙城发掘简报》，《江汉考古》1998年第3期。

G4^①还出土数量较多的印纹硬陶、原始瓷标本^②。③2014、2017年杨家湾坡顶位置的考古发掘，在H28、H31灰坑中发现属于盘龙城年代偏早的陶器遗存^③，这是杨家湾地区首次在灰坑中发现年代偏早的陶器标本。④2014年杨家湾北坡的考古发掘，在地层中集中出土了一批烧流、鼓泡的印纹硬陶和原始瓷。⑤2015年小王家嘴发现集中分布的商代墓葬群，这批墓葬等级不高，部分发现仿铜陶器或日用陶器，是盘龙城目前少见的墓葬随葬陶器材料^④。⑥2015～2017年连续在小嘴展开了较大规模的考古发掘，除发现疑似铸铜生产遗存外，更出土一批年代单纯、组合完整，属于盘龙城报告第四、五期的陶器遗存^⑤。

以上考古工作除进一步丰富以往盘龙城主体年代（即报告中的第四、五期）的陶器遗存外，还在较大程度上补充了盘龙城遗址最早和最晚两个时间段的材料。特别是在杨家湾地点的考古工作，为探讨盘龙城最晚阶段陶器的变化和年代提供了基础^⑥。而延续之前陶器的研究思路，以陶器的形制分类为基础，讨论盘龙城陶器类型的特征和变迁，在近年来仍占据着较大的比重。豆海锋在蒋刚分析的基础上，结合新近材料对盘龙城商时期陶器做了进一步的分组、分期研究，指出盘龙城主体居民应是"商人的一支"^⑦。段天璟探讨了盘龙城"二里头时期"陶器的特征与其反映的文化性质，将盘龙城最早阶段的陶器遗存定性为本地石家河文化的延续^⑧。盛伟则进一步围绕盘龙城最晚阶段的陶器遗存，指出盘龙城遗址的年代下限应到中商三期^⑨。此外，孙卓通过揭示盘龙城陶器类和形制的变化趋势，认为盘龙城陶器一方面不断接受中原文化影响，另一方面在演变过程中本地文化因素也在不断酝酿^⑩。

对于盘龙城陶器数量较多、颇具特点的鬲、印纹硬陶与原始瓷，以及缸等，近年来部分学者针对某一类器物进行了研究。张科对盘龙城出土陶鬲做了系统的类型学分析，同时通过比较荆南寺与中原郑州地区的陶鬲，认为盘龙城"商人"显现出了与"辉卫型与二里冈类型"的关联；而盘龙城较多的联裆鬲则可能源于"土著文化较强的影响……反映了商文化与土著文化的高度融合"^⑪。孙卓同样对盘龙城陶鬲，特别是口沿的形态变化进行了讨论，提

① 依据本套书编写惯例，本书中遗迹或地层的编号，均简化成"地点名+遗迹名或探方地层"的方式，而与原报告编号略有不同。以下均同。
② 武汉大学历史学院、盘龙城遗址博物馆、武汉市文物考古研究所：《武汉市盘龙城遗址杨家湾商代建筑基址发掘简报》，《考古》2017年第3期；武汉大学历史学院、湖北省文物考古研究所、盘龙城遗址博物院：《武汉市盘龙城遗址杨家湾2014年发掘简报》，《考古》2018年第11期。
③ 武汉大学历史学院、湖北省文物考古研究所、盘龙城遗址博物院：《武汉市盘龙城遗址杨家湾坡顶发掘简报》，《江汉考古》2018年第5期。
④ 武汉大学历史学院、湖北省文物考古研究所、盘龙城遗址博物院：《武汉市盘龙城遗址小王家嘴墓地发掘简报》，《江汉考古》2018年第5期。
⑤ 武汉大学历史学院、湖北省文物考古研究所、盘龙城遗址博物院：《武汉市盘龙城遗址小嘴2015～2017发掘简报》，《考古》2019年第6期。
⑥ 张昌平、孙卓：《盘龙城聚落布局研究》，《考古学报》2017年第4期。
⑦ 豆海锋：《冲击与调试：长江中游商代文化与社会的考古学观察》，第79～81页，科学出版社，2021年。
⑧ 段天璟：《二里头文化时期长江中游沿岸地区的考古学文化结构》，《中国国家博物馆馆刊》2011年第6期。
⑨ 盛伟：《盘龙城遗址废弃的年代下限及相关问题》，《江汉考古》2011年第3期。
⑩ 孙卓：《盘龙城遗址出土陶器演变初探》，《江汉考古》2017年第3期。
⑪ 张科：《盘龙城与荆南寺出土陶鬲比较研究》，《江汉考古》2015年第1期。

出夏商时期中原文化对盘龙城的影响具有波次性的假设[1]。靳晓昱对盘龙城大口缸重新进行了讨论，在形制分类和年代分析的基础上，认为盘龙城大口缸有着多种用途[2]。铃木舞、石谷慎和徐深等则分别考察了印纹硬陶、原始瓷的制作工艺、纹饰变化[3]和盘龙城出土普通陶器模仿硬陶的现象[4]。而对于盘龙城印纹硬陶器、原始瓷与中原、长江下游同类器之间的关系，黎海超认为盘龙城是作为中转站，将长江下游的原始瓷传播到中原郑州地区[5]。

以上无论是对盘龙城陶器的制作工艺分析，还是对于盘龙城单个器类的研究，部分已脱离单纯的形态分类或文化因素分析，而尝试探索陶器背后反映的技术、功能，乃至人群之间的互动关系。虽然此类研究仍非盘龙城陶器研究的主流方向，但无疑扩充了陶器研究的内涵，为进一步认识盘龙城遗址出土陶器提供了有益的探索。

盘龙城陶器的发现与研究历时70年，陶器的相对年代、基本特征和演变序列等问题学界大体已形成共识，以此为基础对中原文化向长江中游的影响等问题也有了轮廓性的认识[6]，盘龙城陶器的年代序列也为夏商时期长江流域其他遗址的陶器分析建立了标尺。不过，目前盘龙城遗址的陶器研究仍有几点问题需要注意。一方面，整体而言，盘龙城陶器研究主要方向仍是以陶器类型学和文化因素分析为基础，讨论以陶器为代表的盘龙城遗址考古学文化的年代、类别与性质。这类研究根本上属于一种归纳式的分类，并依照一定的逻辑序列进行比较研究的客位（etic）观察，分类的依据多是根据陶器的组合、形制等特征[7]。因此需要注意的是，尽管历来的研究者都试图通过陶器的形制划分，深入到古代人群构成、社会组织等层面，但不可否认的是，再精巧的分类也无法代表陶器当时的使用情况。反而在更大程度上，这些分类是现代学术界对出土陶器遗存组合、形态方面逻辑化分析的结果[8]，因而不能作为判断陶器背后使用人群的直接证据。虽然这一问题在之前研究中已有认识，但以往对盘龙城陶器的探讨常不自觉地将不同类型的陶器与人群直接对应起来，实际上这些陶器与人群之间所谓的关系都需要重新审视。另一方面，除了类型学与文化因素分析之外，作为盘龙城遗址出土数量最多、资料丰富、保存较好的一类物质遗存，陶器的研究并没有得到充分的重视。这部分也是目前商周陶器考古学研究所面临的困境。在资料报告、年代和文化分类研究之外，对于陶器背后直接体现的技术、生产等问题存在极大的忽略。陶器研究沦为单纯的形制分类，对于陶器出土背景、成型技术、陶坯质地等关注较少，部分甚至疏于报道。至于部分信息，如烧成温度、羼和料构成、陶质陶色比例等，在盘龙城历年的考古资料中都少有公布，

① 孙卓：《盘龙城遗址出土陶器演变初探》，《江汉考古》2017年第3期。
② 靳晓昱：《商代大口缸研究》，郑州大学硕士学位论文，2019年。
③ 铃木舞、石谷慎：《盘龙城杨家湾出土硬陶及相关研究》，《盘龙城与长江文明国际学术研讨会论文集》，科学出版社，2016年。
④ 徐深：《试论盘龙城存在的模仿印纹硬陶》，《江汉考古》2018年第5期。
⑤ 黎海超：《试论盘龙城遗址的区域性特征》，《南方文物》2016年第1期；黎海超：《金道瓷行——商周时期北方地区印纹硬陶和原始瓷器研究》，第54、55页，上海古籍出版社，2018年。
⑥ 张昌平：《夏商时期中原文化与长江中游地区的文化联系》，《华夏考古》2006年第3期；孙卓：《商时期中原文化在江汉地区的影响历程》，《江汉考古》2019年第3期。
⑦ Bagley R. *Max Loehr and the Study of Chinese Bronzes: Style and Classification in the History of Art*. Cornell University East Asia Program, 2008.
⑧ 张光直：《考古学：关于其若干基本概念和理论的再思考》，第58～72页，生活·读书·新知三联书店，2013年。

研究也涉及不足[①]。这其中急需补充的是对陶器的生产技术研究。技术并非纯粹指的是特定的制作手段，其背后更反映出社会的组织与结构、人群之间的互动与交流[②]。技术研究近年来在青铜器、玉器等领域已有了长足的进展，然而在陶器领域目前还缺乏深度的探讨。这类研究的推进就不仅要依靠单纯的形制分类，更是需要新的分析方法，乃至科技手段的介入。但同样的问题是，在新科技手段推广之时，问题意识的缺乏，又使得技术的介入纯粹沦为对遗物的检测分析。技术研究本应更好地揭示物质遗存背后看不见的信息，不过在目前的陶器研究中，检测信息如何转化为对古代陶器生产、使用问题的认识，推进了解盘龙城聚落性质和社会组织，这之间似乎还存在一定的距离。

盘龙城的陶器如何帮我们界定盘龙城的文化特征与聚落性质，目前的研究仍有进一步推进的空间。陶器，由于更直接地为人们日常生活所使用，多反映基层群体一般的生活习惯与社会组织状况。作为夏商时期中原文化影响下南土边域城市，盘龙城陶器研究为从基层群体这样一个角度，丰富认识中原与南方之间的文化、社会关系，理解夏商王朝扩张机制提供了重要的研究案例。因此除了一般性的组合和形制分类外，如何更深入地认识盘龙城陶器的特征，并由此揭示其背后蕴含的社会信息，在具体展开研究之前，还需对本书研究的思路与方法进行探讨。

二、研究的思路与方法

本书对盘龙城遗址出土陶器的研究，仍将遵从基本的形态观察、分类、测量统计到技术层面的微观显微分析这一思路。研究一方面将通过类型学和年代学分析，重新构建盘龙遗址出土陶器的分期年代框架；另一方面，以分期框架为基础，分别以文化因素分析与出土背景分析切入，针对器类、器形、纹饰所展现的陶器的文化特征以及陶器出土单位所展现的使用特征，按不同的时间发展阶段揭示盘龙城遗址出土陶器的基本特征及其演变历程，并以此对陶器所见盘龙城与周边区域文化的关系展开讨论。此外，通过直接观察与扫描电镜的显微分析，探索盘龙城遗址陶器成型技术，特别是其与中原郑州商城同类陶器之间的关联。而以类型学和年代学分析为基础，围绕文化因素分析、出土背景分析和陶器技术研究，本书尝试进一步考察陶器所反映的盘龙城聚落，特别是其内普通民众的社会面貌，并以此搭建起对夏商时期中心聚落遗址出土陶器的一般性研究路径（图1.1）。

系统梳理遗物的组合、类别、形态、纹饰等外在特征，并对其进行类型学分类观察，为认识遗物文化特征的基本方法。本书为盘龙城遗址出土陶器的专题研究。为系统揭示盘龙城遗址出土陶器的文化特征，本书将首先对盘龙城遗址目前出土所见可知类别的陶器进行类型

---

① 值得注意的是，早年对于陶器非形制信息的探讨，特别是技术和生产的研究已有较多触及，不少论著也强调要对陶器胎质、制作技术进行观察，甚至李济在《殷墟陶器研究》一书中已展开了相当深度的技术研究和成分检测分析；反而进入21世纪后，这类研究数量变得较少，陶器研究很大程度上成为单纯的组合、形制分类。张忠培：《地层学与类型学的若干问题》，《文物》1983年第5期；李济：《殷墟陶器研究》；郭梦：《殷墟陶器的制作技术——重读李济〈殷墟陶器研究〉》，《西部考古》2018年第2期。

② Lemonnier P. *Elements for an Anthropology of Technology*. Museum of Anthropology, University of Michigan, 1992.

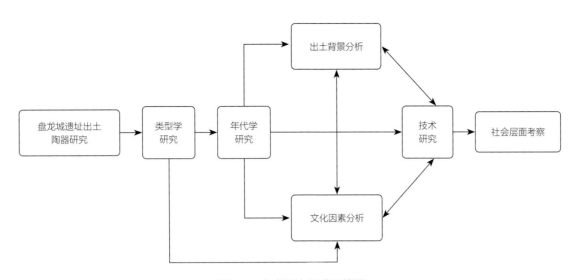

图 1.1　本书研究思路系络图

学分析。对于陶器型、式的判断将充分依据层位学证据和中原地区同类陶器的演变规律。此外，除为分期与年代学研究提供基础之外，盘龙城遗址陶器类型学的分析还重在观察不同器类的演化谱系。

以类型学分析为基础，本书将选择出土数量较多、时代演变规律清晰的陶器类别，对盘龙城遗址陶器群展开进一步的分期和年代的讨论。以往对于盘龙城遗址的分期，多简单依据地层关系，而对遗物所展现出来的文化的阶段性变化关注不够①。也由此部分学者认为原报告对盘龙城遗址分期过于细碎，未能有效把握盘龙城遗址考古学文化的演变规律②。因此，本书对于陶器的分期研究立足于陶器自身的形态演变特征，在地层学的基础上重在清晰把握陶器群的变化规律。另外，由于盘龙城遗址自身文化面貌深受中原文化影响，对于相对年代的讨论，本书仍将对应于中原地区以二里头、郑州商城、偃师商城、洹北商城、小双桥等核心都城遗址所搭建起的分期方案。参照二里头遗址、郑州商城和洹北商城发掘报告，中原地区这一阶段考古学文化发展序列可大体归纳如：二里头文化第一至四期→二里冈下层第一期→二里冈下层第二期→二里冈上层第一期→二里冈上层第二期→洹北花园庄早期→洹北花园庄晚期→殷墟一期③。本书对于盘龙城遗址陶器相对年代的分析将重点选择中原地区各阶段典型单位进行比对，优先比照器物组合，次之为时代变化显著的陶器器类或器形特征。需注意盘龙城作为中原文化影响的边缘区域，其自身组合和形制特征可能较中原地区各期段典型单位陶器存在滞后性或不一致之处。对于文化滞后现象，笔者曾指出需参考"器物细部特征之中年代较晚的中原风格用以断代"④。而除比照中原典型单位之外，对于盘龙城遗址陶器相对年代的分析，特别是其上限和下限的讨论，还应放置于区域文化整体的演进脉络中来

① 《盘龙城（1963～1994）》，第10～13页。
② 蒋刚：《盘龙城遗址群出土商代遗存的几个问题》，《考古与文物》2008年第1期。
③ 中国社会科学院考古研究所：《中国考古学·夏商卷》，第70、187、250页，中国社会科学出版社，2003年。
④ 孙卓：《南土经略的转折——商时期中原文化势力从南方的消退》，第22、23页，科学出版社，2019年。

考察①。

文化因素分析为观察考古学文化内部结构及其动态发展的重要理论工具②。以往对于盘龙城遗址陶器的文化因素已有较为细致的讨论③。学者日益注意到不同文化因素陶器出土数量比例与其在时代上的变化，并以此认识文化内部各因素的动态发展④。不过，针对受中原文化影响下周边地区的中心性城市，关于盘龙城陶器各文化因素的探讨还需注意对两个方向问题的探索。一者，盘龙城既作为中原文化系统下的周边，同时又处于周边地区的中心，在与不同区域文化互动中，其陶器群有着怎样的文化因素构成，并由此体现出盘龙城与中原及周边不同的文化和社会关系。在这一背景下，对于盘龙城陶器文化因素的讨论无疑需放置在盘龙城与中原、周边等双向的文化互动中展开，而非简单地例举盘龙城陶器所受单向文化影响形成的各因素。二者，以往对于盘龙城陶器文化因素的考察，其不同因素陶器所体现出的不同器类、纹饰、制作工艺等往往一概而论，虽剖析可见盘龙城所受何地文化影响，但未能明晰这些不同文化因素背后体现的具体的互动历程。例如，陶质炊器类的文化因素可能是与人群的迁移、交流相关；而诸如印纹硬陶或原始瓷等这类珍贵陶器，则可能只是商品化的输入⑤。为此本书还尝试去区分陶器中不同文化因素具体的内涵，理解盘龙城遗址陶器不同文化因素形成背后的社会图景。

陶器的功能及性质还具有多样性的特征。从盘龙城遗址陶器目前所见出土单位观察，绝大部分陶器出自居址中的地层、灰坑、灰沟和房址等遗迹单位。这些陶器可能为居民日常使用之后废弃所致。同时另有部分陶器，特别是印纹硬陶和原始瓷出自墓葬。这部分陶器则可能作为丧葬用器，具有等级或相关丧葬仪式性的功能。此外，对于居址而言，作为一处中心性的城市聚落，盘龙城内部上层贵族所使用的陶器在类型和相关器类比例方面同样可能与普通居民所用有所差异；而城市内部可能聚族而居，不同族群对陶器亦可能有不同的使用习惯⑥。本书将进一步围绕居址和墓葬两类不同的出土背景，探讨盘龙城遗址生活与丧葬用器的特征，并从陶器层面探索盘龙城聚落结构。需要说明的是，盘龙城早年发掘的大量陶器标本多归入地层，灰坑、房址等居址相关典型单位较少，同时由于居址和墓葬本身保存情况较

---

① 孙卓：《中商时期南方地区文化格局的转变》，《江汉考古》2023年第6期。

② 李伯谦：《论文化因素分析方法》，《中国文物报》1988年第11期第4版；俞伟超：《楚文化的研究与文化因素的分析》，《考古学是什么：俞伟超考古理论文选》，第119～132页，中国社会科学出版社，1996年。

③ 蒋刚：《盘龙城遗址群出土商代遗存的几个问题》，《考古与文物》2008年第1期；蒋刚：《湖北盘龙城遗址群商代墓葬再探讨》，《四川文物》2005年第3期；豆海锋：《长江中游地区商代文化研究》，吉林大学博士学位论文，2011年。

④ 此类型研究典型的代表可见何驽：《荆南寺遗址夏商时期遗存分析》，《考古学研究》（二），北京大学出版社，1994年。此外可见蒋刚：《盘龙城遗址群出土商代遗存的几个问题》，《考古与文物》2008年第1期。

⑤ 黎海超：《金道瓷行——商周时期北方地区印纹硬陶和原始瓷器研究》，第52～58页，上海古籍出版社，2018年。

⑥ 袁广阔就曾指出郑州商城南关外地点出土陶器有着与南方盘龙城遗址相似的文化因素，推测该地点铸铜生产活动中存在南方外来的族群；此外学界对殷墟孝民屯的文化因素的分析，也曾认为存在来源于山西地区族群聚居的情况。袁广阔：《关于"南关外"期文化的几个问题》，《中原文物》2004年第6期；何毓灵：《试论殷墟孝民屯遗址半地穴式建筑群的性质及相关问题》，《夏商周文明研究·九——甲骨学110年：回顾与展望 王宇信教授师友国际学术研讨会论文集》，中国社会科学出版社，2009年。

差，对于盘龙城陶器出土背景的探讨，目前资料暂无法具体到诸如家户这一较细的层级[①]，仅能展开初步、轮廓式的探索。

陶器的技术研究，由于涉及陶器的生产、消费乃至族群互动，一直以来为陶器研究中的重要一环。在原盘龙城报告中，李文杰就曾对盘龙城出土普通陶器及印纹硬陶、原始瓷的化学元素、成型工艺、烧成工艺等进行了初步的探讨，除对少量陶器化学元素进行公布外，对于成型工艺和烧成工艺的分析主要依据肉眼观察[②]。近年来，随着中子活化技术、荧光光谱仪、岩相分析等新技术的引入，新石器及商周时期陶器技术研究从肉眼观察逐步进入微观物理结构和化学成分分析阶段[③]。2014～2015年，我们与英属哥伦比亚大学人类学系合作，利用电镜扫描技术对部分盘龙城遗址出土陶器和郑州商城出土陶器进行了初步分析，首次从微观层面探索了盘龙城遗址陶器制作工艺特征。在此，本书将结合肉眼观察和陶器岩相电镜扫描分析，对盘龙城遗址出土陶器成型技术展开进一步的探讨。限于时间和技术路径，本书对于盘龙城陶器技术的探索，目前仅为初步尝试。后续我们计划对盘龙城及周邻同期遗址陶器的化学元素和岩相展开进一步系统分析，揭示盘龙城遗址陶器的技术特征和产品交流的网络。

综上，以类型学和年代学为基础，本书力图通过陶器文化因素、出土背景和技术研究，系统认识盘龙城遗址出土陶器的分期年代、文化特征、使用情景与其反映的交流互动，由此综合揭示陶器背后的人群与聚落社会。

三、本书所涉及的陶器材料

本书所涉及的材料主要为1994年之前盘龙城遗址考古发掘，以及1994～2018年盘龙城遗址考古出土的陶器材料。截至2019年6月，盘龙城遗址发表商时期的陶器标本总计约1335片/件（表1.2、表1.3），其中修复完整的陶器约359件，残片标本976片；遗址出土约1205片/件，墓葬出土约130片/件；主要器类有鼎、鬲、甗、罐、瓮、盆、簋、钵、豆、中柱盂、碗、斝、爵、鬶、壶、大口尊、罍、瓿、缸、器盖、硬陶（原始瓷）尊、硬陶（原始瓷）罐、圆陶片、纺轮、网坠等生活容器、工具。而除已发表的资料外，本书还将利用2013～2018年盘龙城已发掘出土，但暂未发表的部分一手资料，进一步补充原有资料在样品数量、样品统计、类别或形制上的缺失。而本书所涉及的检测分析，也将主要利用2013～2018年盘龙城发掘出土的陶器标本。这些未发表的陶器编号将依原有发表陶器的编号依次顺编。

---

① Wilk Richard R, William L Rathje. Household Archaeology. *American Behaviorial Scientist*, 1982, 25(6):617-639; 近年不少中国学者亦将此研究理论引入国内研究。杨谦：《西方家户考古的理论与实践》，《江汉考古》2016年第1期；李涛、姚帅、贺黎民：《家户遗存类型及其研究方法》，《江汉考古》2021年第1期。

② 李文杰：《盘龙城遗址普通陶器、硬陶、釉陶工艺研究》，《盘龙城（1963～1994）》，附录九，第608～623页。

③ 何驽等：《湖北荆南寺遗址陶器中子活化技术与文化因素综合分析》，《考古》1999年第10期；李宏飞等：《小双桥遗址岳石文化风格陶器成分分析》，《中原文物》2015年第3期；李宏飞等：《试论二里头遗址出土陶器化学成分所见选料传统》，《南方文物》2019年第2期；李涛：《史前陶器的手持式X射线荧光光谱仪分析》，《南方文物》2020年第5期；邓玲玲等：《偃师商城遗址大口尊的原料配方与生产消费》，《南方文物》2021年第6期；邓玲玲等：《偃师商城遗址制陶作坊残次陶片的初步研究》，《中原文物》2023年第5期。

表1.2　盘龙城遗址已发表商代陶器著录情况　（单位：片／件）

出土地点	发表陶器标本数量		出处
楼子湾	1		《考古》1964.8
楼子湾	36①		《文物》1976.1
城址	6②		《文物》1976.2
城址	169	总计942	《盘龙城（1963～1994）》
王家嘴	243		
李家嘴	121		
杨家湾	150		
杨家嘴	197		
楼子湾	46		
童家嘴	1		
地点不明	15		
王家嘴	20	总计78	《江汉考古》1998.3
杨家湾	55		
杨家嘴	3		
杨家嘴 M26 与 H14	15		《江汉考古》2016.2
杨家湾南坡遗址	41		《考古》2017.3
杨家湾南坡墓葬	6		《考古》2017.3
杨家湾坡顶	55		《江汉考古》2018.5
杨家湾北坡	21		《江汉考古》2018.5
杨家湾 M13	3		《江汉考古》2005.1③、《江汉考古》2018.5
小王家嘴	9		《江汉考古》2018.5
破口湖水下探沟	7		《江汉考古》2018.5
杨家湾南坡	84		《考古》2018.11
小嘴	38		《考古》2019.6
长峰港	12		《武汉文博》

① 楼子湾早年简报所公布的部分陶器标本，后收录到《盘龙城（1963～1994）》中。湖北省博物馆：《一九六三年湖北黄陂盘龙城商代遗址的发掘》，《考古》1976年第1期；《盘龙城（1963～1994）》，第361～391页。

② 城址早年简报公布的陶器标本未收录到《盘龙城（1963～1994）》中。湖北省博物馆、北京大学考古专业：《盘龙城一九七四年度田野考古纪要》，《文物》1976年第2期；《盘龙城（1963～1994）》，第22～31、39～41、62～69页。

③ 杨家湾M13曾在《江汉考古》2005年第1期发表，不过当时仅公布了墓葬北半部的信息，公布随葬陶器标本盆一件（M13∶3）。之后武汉市文物考古研究所、盘龙城遗址博物院进一步补充发掘完M13，并在《江汉考古》2018年第11期上发表全部资料。在此，墓葬材料以《江汉考古》2018年第11期简报《武汉市盘龙城遗址杨家湾M13发掘简报》为准。武汉市黄陂区文管所、武汉市文物考古研究所、武汉市盘龙城遗址博物馆（筹）：《商代盘龙城遗址杨家湾十三号墓清理简报》，《江汉考古》2005年第1期；盘龙城遗址博物院：《武汉市盘龙城遗址杨家湾M13发掘简报》，《江汉考古》2018年第5期。

表1.3　盘龙城遗址各地点已发表陶器标本统计　（单位：片 / 件 ）

地点	陶器标本数	地点	陶器标本数
城址	175	小嘴	45
王家嘴	263	长峰港	12
李家嘴	121	小王家嘴	9
杨家湾	415	童家嘴	1
杨家嘴	215	地点不明	15
楼子湾	59[①]	总计	1330

四、相关概念说明

商代前期在中原文化圈内，各地遗址陶器的文化面貌多保持了一种相近性。学术界对这一时期陶器的器类、纹饰、形态、胎质等定名、定义也已基本达成共识。不过，由于地区、时代工作背景的差异，不同地区对同一器类、纹饰的描述，乃至在盘龙城不同时期考古工作中对同一器类的描述也存在部分差异。不加辨别或说明难免引发误解。例如在郑州商城，大量的小口、广肩类的陶器多被称为"瓮"，而在盘龙城原简报和报告中同类器物既有称"瓮"，也有称"罐"者[②]；盘龙城出土的施釉印纹陶器有简报称之为"原始瓷"，报告则称之为"釉陶器"[③]。同时本书还将对盘龙城陶器展开技术研究，特别涉及部分器物成型工艺。由于陶器的技术研究以往讨论得较少，相关概念还需做进一步说明。在此分器类名称、器形名称、纹饰名称、技术名称四个方面，对本书涉及的部分概念做几点说明。在概念的使用上，本书将依循学界通识的原则，并尽量沿用以往盘龙城报告或简报对陶器描述时使用的概念。

（一）器类名称

本书使用的器类名称及涵义基本沿用《盘龙城（1963～1994）》对陶器器类的定名与

[①] 2001年发表的《盘龙城（1963～1994）》重新收录了部分早年楼子湾简报公布的陶器标本，不过除了沿用墓葬出土的陶器编号外，大量改编了原简报陶器的编号。例如将原简报G1④及④层下改为H1，G2不同层位改为G2⑤。此外还有部分陶器无法对应，是否重复收录，不详。其中原简报碗T2③：1在报告中不见，但报告公布了一件碗的圈足残片；原简报罐G1⑩：1罐似表有纹饰，报告H1：16形态与此相近，但为素面；原简报大口缸G1⑦：1线图、照片均显示三道附加堆纹，报告T7⑥：4与此尺寸、形态相近，但仅有两道附加堆纹；原简报大口缸G2①：1口径45厘米，报告G2⑤：20线图显示形态与此相近，但口沿为39.2厘米；原简报T3⑤：3瓿腰部，报告公布了一件瓿T3②：3，但无图。以上这些器物是否为同一件实际已难以辨别，在此均统计为两件。而原简报发表后明确收录到报告并更改编号的陶器标本有：罐H1：4（原简报编号G1④：4）、瓮H1：12（原简报编号G1⑦：1）、大口尊H1：9（原简报编号G1⑥：1）、大口尊H1：1（原简报编号G1④：3）、大口缸H1：18（原简报编号G2④：1）、大口缸H1：3（原简报编号G2②C：1）、大口缸G2⑤：3（原简报编号G2②：3）、大口缸M3：17（原简报编号T2②：1）、簋形器H1：8（原简报编号G1⑥：1）、原始瓷尊H1：17（原简报编号G1⑨：4）、鬲G2⑤：14（原简报编号G2②A：4）、鬲G2⑤：17（原简报编号G2②B：1）、鬲G2⑤：16（原简报编号G2②A：5）、瓿篦子楼子湾T72⑤：3（原简报编号T7②：3）、爵G2②A：5（原简报编号楼子湾M7：5）。湖北省博物馆：《一九六三年湖北黄陂盘龙城商代遗址的发掘》，《考古》1976年第1期；《盘龙城（1963～1994）》，第361～391页。

[②] 河南省文物考古研究所：《郑州商城——1953～1985年考古发掘报告》，第169页，文物出版社，2001年；《盘龙城（1963～1994）》。

[③] 湖北省博物馆：《一九六三年湖北黄陂盘龙城商代遗址的发掘》，《考古》1976年第1期；《盘龙城（1963～1994）》，第472、473、484、485页。

分类。除硬陶或原始瓷外，《盘龙城（1963～1994）》共划分了鼎（鼎足）、鬲（鬲足）、甗、罐、瓿、瓮、簋、盆（研磨盆）、豆、碗、大口尊、罍、瓶、壶（壶形器、长颈壶）、斝、爵、盉、鬶、尊、杯、勺、缸（缸底）、坩埚、器座、器盖、筒形器、纺轮、网坠、陶拍、陶饼、鹰首，共计31大类。而近年来考古发现补充的新器类还有钵、中柱盂①。其中需要说明的器类名称如下。

"研磨盆"。原盘龙城简报曾将侈口、斜腹，内刻多道凹槽的盆形器称为"研磨盆"。不过，2018年之后新的简报和报告中已依学界通识将此类器物称为"刻槽盆"。本书因此将其改称为"刻槽盆"。

"坩埚"。此类陶器按照定名与属性，应为具有熔化、浇铸或冶炼金属等特殊功能的陶容器，不过原报告所谓的"坩埚"并未发现有任何金属液体残留使用的迹象，截至目前也没有明确证据表明盘龙城报告的"坩埚"具有这些功能②。报告所谓的"坩埚"从器形、材质上观察，实际为一类多层或较厚胎的缸底。本书将此统一称为"缸"。

"瓮"与"罐"。此类陶器因形制类似，以往定名较为混乱。原报告曾依据中原郑州商城陶器的定名，将尺寸较大、敛口、广肩和尺寸较小、侈口、束颈、广肩的两类陶器称为"瓮"，这两类陶器均多为泥质陶；将侈口、溜肩或无肩、鼓腹的夹砂类陶器称为"罐"。以往曾有报告或简报将前者中尺寸较小、侈口、束颈、广肩的陶器称为"罐"。考虑到"瓮"应为存储器，罐则可能为炊煮器。而尺寸较小、侈口、束颈、广肩的陶器多为泥质陶，与后者夹砂陶质明显不同，性质和功能应有别。在此，仍依据原报告，将泥质类的尺寸较大、敛口、广肩和尺寸较小、侈口、束颈、广肩的两类陶器称为"瓮"；将夹砂类侈口、束颈及相类的陶器称为"罐"。

"印纹硬陶"和"原始瓷"。原盘龙城报告曾将施釉的硬陶器称为硬（釉）陶。由于此类陶器与盘龙城普通陶器差异较大，根据目前学界通例，将此类质地坚硬，装饰印纹，但不施釉的陶器称为"印纹硬陶"；而将其施釉者称为"原始瓷"。

（二）器形名称

本书所言的器形名称指的是在描述陶器形制特征时所用的概念和特定形容词汇，例如陶器中的口、颈、肩、腹、腰、足（圈足）等；口沿描述为折沿、卷沿，口部描述为敞口、侈口、直口、敛口，腹部为鼓腹、弧腹、直腹等。这些概念的使用学界虽无统一的规范发表，但已基本形成共识。本书描述陶器形制的用词及其内涵基本按照学界通行的做法（图1.2）。不过需要注意的是，不同报告或学者对于陶器口部的认定存在一定的差异。以《郑州商城——1953～1985年考古发掘报告》为例，陶器的口部仅包括沿面以内的部分，而不包括口沿和唇部。陶器口沿外侈，而沿内内收，则均称之为敛口陶器③。而《盘龙城

---

① 需要注意的是，近年来盘龙城小嘴还发现少量的陶范。因陶范属于特殊的铸铜生产工具，材质、制作技术和使用都与一般陶器有着较大的差异，因此本书所言的"陶器"不包括陶范等工具。

② 虽然原盘龙城报告附录八，认为盘龙城出土的大口缸具备熔炼青铜的功能；不过需要注意的是，研究是基于实验考古，并非发现直接的考古遗存上的证据，因此仍无法确切说明其实际用于青铜熔炼。徐劲松、董亚巍、李桃元：《盘龙城出土大口陶缸的性质与用途》，《盘龙城（1963～1994）》附录八，第599～607页。

③ 河南省文物考古研究所：《郑州商城——1953～1985年考古发掘报告》，第46页，文物出版社，2001年。

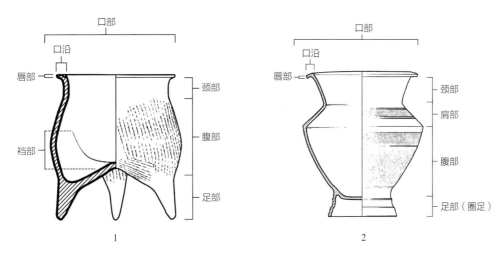

图 1.2　器形名称规范图例

1. 鬲（杨家湾 H8：1）　2. 尊（小嘴 H13：11）

（1963～1994）》则是将口沿、唇部以内整体称为陶器的口部，口沿外侈而内侧内收的陶器，均称为侈口陶器①。在此为不引起歧义，本书遵循盘龙城发掘报告中关于陶器口部描述的定义。

（三）纹饰名称

本书使用的陶器纹饰的名称及涵义沿用《盘龙城（1963～1994）》。盘龙城出土陶器纹饰以绳纹为主，并同时见有篮纹、网格纹、弦纹、附加堆纹、S形纹、C形纹、云雷纹、卷云纹、兽面纹、叶脉纹等。其中绳纹、篮纹、附加堆纹以纹饰的成型技术为特征命名，其他纹饰，如网格纹、S形纹、C形纹则以纹饰的形态特征命名。需要说明的是：原简报和报告所称的饕餮纹，现根据一般学界对于此类纹饰的定义，将其改称为兽面纹。以矩形或菱形为单元组成的纹饰，发掘报告曾根据形态的差异，分别命名为方格纹或菱形纹。实际上所谓"方格纹"或"菱形纹"属于同一施纹方式，甚至在部分器物腹部，排列规整者为"方格"，排列倾斜或杂乱者为"菱形"。在此统一将这类纹饰称为"网格纹"。

（四）技术名称

本书在讨论陶器生产技术，特别是成型技术时，将主要借鉴《盘龙城遗址普通陶器、硬陶、釉陶工艺研究》一文对于陶器成型技术分析所使用的概念②，即将陶器成型工艺整体分为："手制法""模制法"和"轮制法"。

---

① 《盘龙城（1963～1994）》。
② 李文杰：《盘龙城遗址普通陶器、硬陶、釉陶工艺研究》，《盘龙城（1963～1994）》附录九，第608～623页。

第二章

类、型与式

从分类学的角度，正确判断陶器的类、型、式，不仅是认识陶器形态、功能的重要切入点，更是之后探讨陶器分期、相对年代、文化因素的重要依据。早年《盘龙城（1963～1994）》曾对遗址出土的陶器进行了类别划分，并对不同类器物的形态演变展开了描述。不过报告并未给出分类的具体标准，也未具体划分同类器物在时间发展过程中的式别演变[①]。因此报告未能清晰地揭示盘龙城陶器器类及整体器物群的演变特征。之后，蒋刚[②]、李丽娜[③]、张科[④]等学者对盘龙城陶器类型进行了重新分析和划定。然而以上研究多关注盘龙城某一时段，或某一类器物的类型演变，缺少整体性的考虑。虽然盘龙城陶器的年代从二里头跨越到洹北时期，可对应中原不同的文化类型。但是在盘龙城遗址，陶器的特征有着十分强烈的延续性，早期陶器的特征常可见一直影响到遗址最晚阶段；而不同类器物之间也可见到相近的类型特征，特别如鬲、甗等相近功能的器物，甚至有着一致的演变趋势。此外，近五年来新的考古工作获得了一大批陶器标本，部分陶器的类型为首次发现、著录，部分则可补充之前陶器类型演变上的缺环。这些新发现需要重新考虑进盘龙城陶器的类型图谱之中。鉴于以上研究的缺憾，目前亟须对盘龙城遗址出土的陶器进行整体的分类研究，进一步把握陶器的演变特征。

陶器的分类，即学者谓之的类型学研究，在20世纪八九十年代曾是陶器研究以及考古学文化研究的主流范式。然而到21世纪初，陶器的类型学研究虽仍大量涌现，但常被视为一种基础性的描述工作，对于陶器的类型分析实际重视不够。部分研究混淆"类""型""式"三种不同层次的概念；或纯粹为了描述而进行一种机械式的、琐碎的分类。在器物类型之间的逻辑关系及其反映的文化现象未能有效揭示之下，类型学的研究出现了简单化、边缘化的趋势。近年来，已有学者重新反思类型学研究的不足而带来的问题[⑤]。而类型学研究本身无论在理论探讨或操作层面，也还有进一步夯实和深化的空间[⑥]。器物类型学研究重新引发的兴趣，实际正反映出目前学界对于类型学——这一基础性研究缺乏的不满和担忧。

本章节将对盘龙城出土的陶质容器进行类型学研究，涉及的范围包括盘龙城已发表及近年来发掘出土的所有可分辨类型的陶器种类。陶的类型学研究，本质上是一种形态的聚类

① 《盘龙城（1963～1994）》，第470～493页。

② 蒋刚：《盘龙城遗址群出土商代遗存的几个问题》，《考古与文物》2008年第1期。

③ 李丽娜：《试析湖北盘龙城遗址第一至三期文化遗存的年代和性质》，《江汉考古》2008年第1期。

④ 张科：《盘龙城与荆南寺出土陶鬲比较研究》，《江汉考古》2015年第1期。

⑤ 王青在评论《丰镐地区西周墓葬研究》一书时就曾指出，"新形势下，也出现了一些令人担忧的倾向。一方面，随着自然学科手段的大量运用，研究队伍明显趋于多元化，尤其是来自自然学科的研究人员积极参与到考古研究中来，导致研究领域也正在走向碎片化，甚至有过度科学化的趋势。另一方面，一些考古学的基础理论方法被边缘化了，甚至有人怀疑类型学分析和文化因素分析的科学性与重要性，认为是已经过时的理论方法……（《丰镐地区西周墓葬研究》）有力地证明，类型学分析和文化因素分析并未过时，恰恰相反，只有对这些基础理论方法的原理和操作有过硬的掌握与实践，运用这些'利器'对遗存的分期年代和文化因素做扎实深入的分析，才能对古代文化及社会的发展背景和框架有基本了解，才能研究更深层次的问题，否则再好的研究课题也将犹如空中楼阁，失去坚实的基础支撑"。王青：《新形势下考古学回归自我的成功之作——〈丰镐地区西周墓葬研究〉读后》，《中国文物报》2016年5月10日第6版。

⑥ 路国权：《东周青铜容器谱系研究》，上海古籍出版社，2018年；朱凤瀚：《青铜器谱系研究理论与实践的新进展——读〈东周青铜容器谱系研究〉》，《光明日报》2019年12月30日第15版。

分析[1]，以此来揭示器物的形态、纹饰之间的逻辑演变关系[2]。依照目前学界的一般操作流程，器物依据形态（包括纹饰）特征可分为"类""型"（包括"亚型"和"亚亚型"）、"式"等不同层级。类、型主要反映器物平行的，即空间上的特征分化；式则反映器物在时间上的特征演变，常以英文A、B等大写字母代表型，Aa、Ab代表亚型，Aaa、Aab代表亚亚型，以罗马数字Ⅰ、Ⅱ代表式。由于在盘龙城遗址，器物类别具有长期的延续性和稳定性，因此了解器类在时间上的演变特征格外重要。本章节将首先依据层位关系，对盘龙城遗址主要器类的演变特征进行梳理，为判断器物哪一特征变化属于型、哪一特征变化属于式提供参考；而在类型的划分中，根据陶器材质和类型的差异分为"普通陶器"和"印纹硬陶与原始瓷"两大类。此外，除囊括盘龙城出土所有可辨器类之外，针对诸如鬲口部、缸底等具有丰富类型变化的器物部件，以下也将单独作为某一类"器物"进行类型学分析。本章不仅为之后陶器分期与年代、文化因素分析等研究提供基础，更是希望通过类型学这一基础性研究，梳理和揭示盘龙城陶器各器类的演化谱系，理解以陶器为表征的盘龙城物质文化的变迁历程。

第一节　地层关系与陶器的演变特征

地层和遗迹的叠压、打破关系，是判断遗物早晚演变序列的主要证据。盘龙城遗址目前发掘的地点有城址[3]、王家嘴、李家嘴、杨家湾、杨家嘴、楼子湾、小王家嘴、小嘴八处。由于发掘地点多相距较远，之间没有统一的地层关系，以下分地点介绍遗址地层关系。

一、城址

发掘主要位于南城垣及南侧城壕、北城垣及北侧城壕以及城垣内东北角的宫殿基址。根据剖面图所示，相邻发掘探方或探沟的地层多统一编号，层位可相互串联。而城垣堆积多被

① 邹衡：《论古代器物的型式分类》，《夏商周考古学论文集（续集）》，科学出版社，1998年，（美）罗伯特·贝格利著，王海城译：《罗越与中国青铜器研究：艺术史中的风格与分类》，浙江大学出版社，2019年。原著Bagley R. *Max Loehr and the Study of Chinese Bronzes: Style and Classification in the History of Art.* Cornell University East Asia Program, 2008.

② 近年来有学者建议将"分类学"和"类型学"相区别。其中分类学特指"分类对象亲缘关系和科学谱系方法"；类型学则指为"研究分类对象的形态特征的演变规律来确定相对年代方法"。不过这种区分"分类学"和"类型学"的定义，就从研究目的和研究条件而言并非能决然区分。实际上认识分类对象的形态演变规律、确定相对年代，有赖于对对象亲缘关系和科学谱系的正确揭示。尽管学者对器物"分类"或"类型"研究，有着不同的称呼，但仅从相关论著呈现的研究方法而言，这些所谓不同名称的分类方式实际大同小异。本书无意对"分类学"或"类型学"的概念做重新的探讨，仅依据一般学术界对此相关定义而言，并将此研究统称为"类型学"研究。路国权：《东周青铜容器谱系研究》，第27页，上海古籍出版社，2018年；严文明：《考古资料整理中的标型学研究》，《考古与文物》1985年第4期；张忠培：《地层学与类型学的若干问题》，《文物》1983年第5期；赵辉：《关于考古类型学的几点思考》，《考古学研究》，文物出版社，1992年。

③ "城址"在此特指《盘龙城》报告中"城垣"所囊括的空间范围，其主要包括城垣和F1、F2两座大型建筑基址，而不包括城垣以外相关遗迹。《盘龙城（1963～1994）》，第14页。

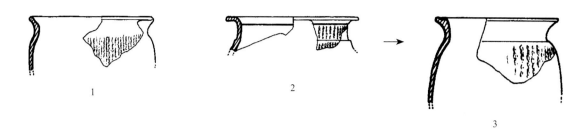

图 2.1　城址 3TB'26 ～ 31 ④C →④D →⑤→⑥层位关系所见鬲口部的形制变化

1. 城址 3TB'30 ⑥:17　2. 城址 3TB'30 ⑥:18　3. 城址 3TB'26 ④C:18

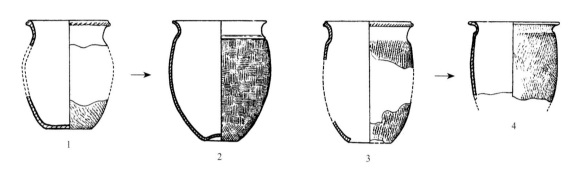

图 2.2　城址 3TZ29 ～ 33 H3 →⑧→⑨A →⑨B 层位关系所见罐的形制变化

1. 城址 3TZ33 ⑨B:1　2. 城址 3TZ30 ⑨A:2　3. 城址 3TZ33 ⑨A:1　4. 城址 3TZ33H3:4

定为所在探方第5层。城址内的发掘除宫殿基址外，多为地层堆积，出土完整器甚少。目前只于南城垣下叠压的3TZ30～33第9A、9B层，以及宫殿区4TR19第4层和西城垣M1见有少量完整陶器。不过，南城垣解剖沟3TB'26～31和3TZ29～33不同层位发表了鬲口部、罐等陶器标本，可为认识这两类器物的演变特征提供依据。

其中由上述3TB'26～31层位关系④C→④D→南城垣（即报告中的第⑤层）→⑥，可见鬲口部由沿面较薄、卷沿或平折沿，到沿面加厚、沿上有一周凹槽（图2.1）。

由城址3TZ29～33层位关系H3→⑧→⑨A→⑨B，可见罐口沿较竖直、沿颈转角较大到口沿外卷平折、沿颈转角变小，腹身较胖到腹身瘦高的变化（图2.2）。

二、王家嘴

发掘分为南、北两个区域，各区之间的地层关系无法对应，但各区内部则统一了地层[①]。陶器主要出自发掘探方第9～5层。而王家嘴发现的遗迹H1、H3、H4、H6、H7和F3、F7，则未公布出土陶器。

---

① 简报并未说明各区域内探方是否统一地层，但根据报告的文字描述，其相邻探方之间的层位关系应互相统一。《盘龙城（1963～1994）》，第78～80页。

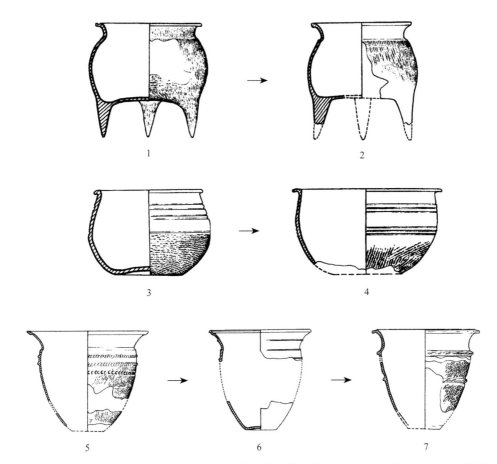

图 2.3　王家嘴（T9、T12、T17、T20、T32、T36）⑦→⑧→⑨层位关系所见鬲、敛口盆、大口尊的形制变化

1、2. 鬲（王家嘴 T20 ⑨：1、王家嘴 T36 ⑧：2）　　3、4. 敛口盆（王家嘴 T17 ⑧：32、王家嘴 T12 ⑦：14）

5～7. 大口尊（王家嘴 T20 ⑨：5、王家嘴 T32 ⑧：8、王家嘴 T36 ⑦：33）

其中由南区（T9、T12、T17、T20、T32、T36）⑦→⑧[①]→⑨层位关系，可见陶鬲口部加厚、三足渐粗、腹部最大径下移（图2.3，1、2），敛口盆最大腹径上移、出现菱形"回"字纹和弦纹装饰（图2.3，3、4），大口尊口肩径之比增大、器体变瘦高（图2.3，5～7）。

北区公布的陶器标本相对南区较晚，不过在器类、数量上则更为丰富。北区（T65、T82、T85）⑤→⑥→⑦→⑧层位关系，进一步证明陶鬲口部加厚、沿面逐步出现一周凹弦纹、三足渐粗短、最大腹径下移等时代演变趋势。此外，本组层位关系似还表明鬲口部由外侈较甚向近直演变，颈与腹部之间夹角增大（图2.4，1～3）。北区（T76、T82、T85）⑤→⑥→⑦→⑧层位关系，同样反映出大口尊口外侈加剧、口肩径之比增大、器体变瘦高（图2.4，4～6）。北区（T80、T86）⑤→⑥可见瓮由颈部较高、腹身圆鼓、腹最大径居于中部，向颈部缩短、下腹斜收、腹最大径上移变化（图2.4，7、8）。北区（T83）⑧→⑨层位关系可见豆由斜直腹、无盘口，豆柄竖直较细，向豆盘腹部渐微鼓、多盘口、豆柄加粗变化（图2.4，9、10）。

---

① 经笔者翻阅原始发掘资料，王家嘴发掘南区标明出自探方第8层的陶器，实际可能属于所发现的"长窑遗迹"Y1。
　《盘龙城（1963～1994）》，第84、85页。

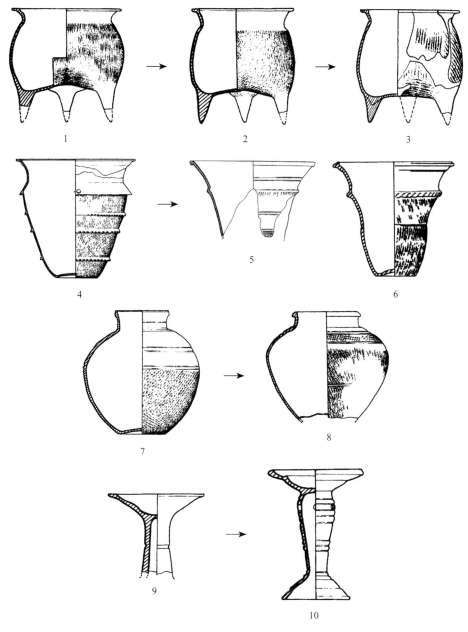

图2.4 王家嘴（T65、T76、T80、T82、T83、T85、T86）

⑤→⑥→⑦→⑧层位关系所见鬲、大口尊、瓮、豆的形制变化

1～3.鬲（王家嘴T85⑧：4、王家嘴T65⑥：1、王家嘴T82⑤：1） 4～6.大口尊（王家嘴T82⑧：2、王家嘴T76⑥：1、王家嘴T85⑤：20） 7、8.瓮（王家嘴T80⑥：4、王家嘴T86⑤：5） 9、10.豆（王家嘴T83⑧：3、王家嘴T83⑦：3）

三、李家嘴

　　该地点发掘未设置探方，也未在报告中见到有关地层的描述。发表的陶器全部出自灰坑或墓葬。该地点的遗迹仅见一处打破关系：H2→M2。而陶瓮为两单位唯一同出器类。本组层位关系同样证明瓮颈部缩短、腹部最大径逐步上移的变化趋势（图2.5）。

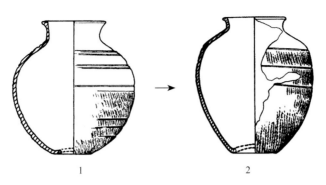

图 2.5　李家嘴 H2 → M2 层位关系所见瓮的形制变化

1. 李家嘴 M2：77　2. 李家嘴 H2：11

四、杨家湾

杨家湾的考古工作从20世纪80年代一直持续至今。陶器的发现主要涉及1980年杨家湾南坡、1997～1998年杨家湾J1、2006～2013年杨家湾南坡、2014年杨家湾南坡、2014～2017年杨家湾坡顶、2014年杨家湾北坡等发掘区域。这些不同发掘地点之间的层位多无法串联。以下按工作年度分别介绍。

根据报告的描述，1980年杨家湾南坡各探方之间的地层基本统一。其中（T23、T28、T9）④[1]→⑤→⑥层位关系进一步证明陶鬲口部外侈向近直发展，三锥足渐短小（图2.6，1、2）。（T23、T24、T25、T28）③→④→⑤同样反映出陶大口尊口部外侈加剧，口径与肩径之比增大，肩部逐步内收（图2.6，5～7）。（T5、T23）③→④表明陶豆豆盘随时间发展逐步变浅（图2.6，8、9）。（T5、T24、T28）③→④→⑤→F1则指示出陶缸早期腹部较宽、整体器身显得敦厚，晚期则腹部斜收加剧、器身显得瘦高（图2.7）。

2006～2013年杨家湾南坡各发掘探方之间的地层序列多不完整。其中Q1712区的T0816、T0817、T0915、T0917、T0918[2]见有H8→②→H9、H14。本组层位关系同样反映出陶鬲口部近竖直、三锥足趋短的变化趋势（图2.6，3、4）。

2014年杨家湾南坡发掘各探方虽未统一地层，但简报仍对其进行了层位串联（表2.1）[3]。根据T1013③、T1014③、T1015③→T1013④→T1013⑤、T1014④～⑤、T1015④～⑥→T1013⑥→T1010③、T1011③、T1013⑦→H25→T1010④、T1011④层位关系，陶鬲口部由早期的平折沿、尖圆唇演变为平折沿、口沿加厚、唇外缘方钝或直接为折沿、厚方唇（图2.8）。此外由T1013③→T1013④→T1013⑤层位关系可见，大口尊向器体瘦高、腹部装饰窗棂纹方向发展。

----

[1]　杨家湾T23标明出自第4层的陶器，实际可能属于杨家湾所发现的灰烬沟遗迹。《盘龙城（1963～1994）》，第228页。

[2]　武汉大学历史学院、盘龙城遗址博物馆、武汉市文物考古研究所：《武汉市盘龙城遗址杨家湾商代建筑基址发掘简报》，《考古》2017年第3期。

[3]　武汉大学历史学院、湖北省文物考古研究所、盘龙城遗址博物院：《武汉市盘龙城遗址杨家湾2014年发掘简报》，《考古》2018年第11期。

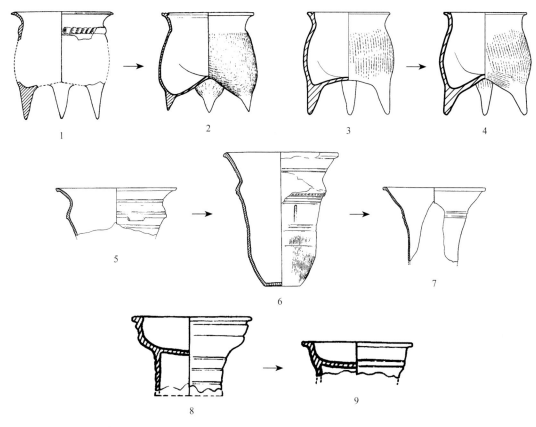

图 2.6　1980 年与 2006 ～ 2013 年杨家湾南坡考古发掘层位关系所见鬲、大口尊、豆的形制变化

1 ～ 4. 鬲（杨家湾 T9 ⑥：22、杨家湾 T23 ④：1、杨家湾 H9：1、杨家湾 H8：1）

5 ～ 7. 大口尊（杨家湾 T28 ⑤：2、杨家湾 T23 ④：5、杨家湾 T24 ③：1）　8、9. 豆（杨家湾 T23 ④：7、杨家湾 T5 ③：3）

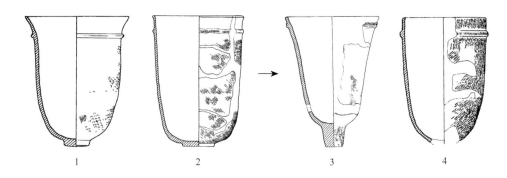

图 2.7　1980 年杨家湾南坡考古发掘层位关系所见缸的形制变化

1. 杨家湾 F1Z1：14　2. 杨家湾 T28 ⑤：5　3. 杨家湾 T24 ③：5　4. 杨家湾 T5 ④：11

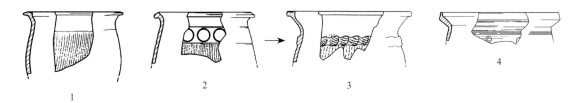

图 2.8　2014 年杨家湾南坡考古发掘层位关系所见鬲口部的形制变化

1. 杨家湾 Q1712T1010 ③：5　2. 杨家湾 Q1712T1013 ⑦：11　3. 杨家湾 Q1712T1015 ④：13　4. 杨家湾 Q1712T1014 ③：24

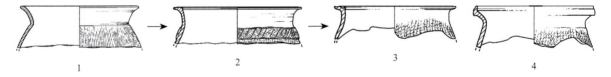

表2.1　2014年杨家湾南坡发掘区各探方地层对照表[1]

探方号	T1010	T1011	T1012	T1013	T1014	T1015
	①	①	①	①	①	①
	②	②	②	②	②	②
				③	③	③
			③	④		
地层编号			④	⑤	④、⑤	④~⑥
			⑤	⑥		
	③	③	⑥	⑦	⑥~⑧	⑦
	④	④				
	⑤					

　　2014～2017年杨家湾坡顶发掘获得了一批互有叠压、打破关系的遗迹单位，并且探方之间的地层统一，可以清晰地观察不同时期陶器的演变特征[2]。以发掘探方②→H34→③→④→H28→⑤→H35→H36→H39→⑥→H42、H43为代表可见，陶鬲口部由薄唇、外侈较甚，向平折沿、沿面逐步加厚、部分上饰一周凹槽，再至口部近直、部分出现厚方唇的演变轨迹（图2.9）。同样由H28→⑤→⑥→H31反映，大口尊口部进一步趋向外侈、肩部内收、器身由矮胖变瘦高。

　　除以上所见杨家湾出土陶器标本较多、并有多组不同时期的层位关系外，1997～1998年杨家湾还发现商代水井杨家湾J1。不过杨家湾J1的发掘并未报道遗迹的层位关系和相邻层位出土的遗物，因此无法通过该遗迹探讨陶器的演变特征[3]。2014年杨家湾北坡的发掘获得一组层位关系，但是该地点发掘陶器多较残破，不同层位同类器标本数较少。该地点发掘探方的层位关系仅能大致反映出陶鬲口部由平折沿、尖圆唇、沿面一周凹槽，向平折沿、口沿加厚、沿面两周凹槽，或直接为折沿、厚方唇等特征演变[4]。

图2.9　2014～2017年杨家湾坡顶考古发掘层位关系所见鬲口部的形制变化

1. 杨家湾 H42：3　2. 杨家湾 H35：2　3. 杨家湾 Q1813T0113 ④：17　4. 杨家湾 Q1813T0113 ④：16

① 根据《武汉市盘龙城遗址杨家湾2014年发掘简报》表一改制。武汉大学历史学院、湖北省文物考古研究所、盘龙城遗址博物院：《武汉市盘龙城遗址杨家湾2014年发掘简报》，《考古》2018年第11期。

② 武汉大学历史学院、湖北省文物考古研究所、盘龙城遗址博物院：《武汉市盘龙城遗址杨家湾坡顶发掘简报》，《江汉考古》2018年第5期。

③ 武汉市博物馆：《1997～1998年盘龙城发掘简报》，《江汉考古》1998年第3期。

④ 武汉大学历史学院、湖北省文物考古研究所、盘龙城遗址博物院：《武汉市盘龙城遗址杨家湾北坡发掘简报》，《江汉考古》2018年第5期。

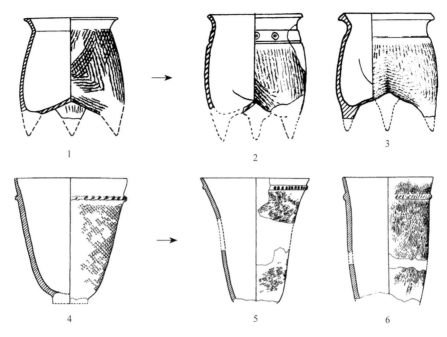

图 2.10　1980～1983 年杨家嘴考古发掘层位关系所见鬲、缸的形制变化

1～3.鬲（杨家嘴 T5 ⑥：24、杨家嘴 T3 ⑤：5、杨家嘴 T8 ⑤：2）

4～6.缸（杨家嘴 T28 ⑦：3、杨家嘴 T14 ④：2、杨家嘴 T1 ④：17）

五、杨家嘴

陶器材料主要出自1980～1983年发掘区。该地点各探方统一了地层。以杨家嘴（T3、T5、T8）⑤[1]→⑥→⑦为代表可见，陶鬲由平折沿、沿面饰一周凹槽、腹身瘦高、三锥足较长，向平折沿、口沿加厚，或折沿厚方唇、腹身渐矮胖、三锥足短小等方向演变（图2.10，1～3）。而杨家嘴（T1、T14、T28）④→⑤→⑥→⑦则同样反映出陶缸由早期腹部较宽、器身较敦厚，向晚期腹部斜收加剧、器身日渐瘦高发展（图2.10，4～6）。

此外，2014年杨家嘴抢救性发掘了M26和H14，并出土少量陶器标本。不过该地点由于常年受到湖水侵蚀，未见到与遗迹相关的早期商代地层，无法据此判断陶器的演变特征[2]。

六、楼子湾

属于抢救性的考古工作，所布探沟和探方之间并不相邻，无法统一和串联各发掘探方之间的层位关系。其中公布有陶器标本，且相互存在叠压、打破层位关系的仅有：楼子湾G2⑤[3]→H1→T7⑥。不过本组层位关系中的相邻单位同类器物发表较少，例如楼子湾

---

① 标明出自杨家嘴T3⑤层的陶器标本，实际可能属于杨家嘴灰烬沟遗迹。《盘龙城（1963～1994）》，第302页。

② 武汉大学历史学院、湖北省文物考古研究所：《2014年盘龙城杨家嘴遗址M26、H14发掘简报》，《江汉考古》2016年第2期。

③ 标明出自楼子湾G2⑤层的陶器标本实际属于楼子湾G2。《盘龙城（1963～1994）》，第376页。

G2⑤多发表有鬲，而H1则多见大口尊，因此缺乏同类器物比对，难以观察到器物的演变特征[①]。

七、小王家嘴

发掘以墓葬、灰坑为主，未见商代的地层堆积，同时遗迹之间缺少打破关系，出土的陶器标本也多较残破，标本数和器类较少。目前还难以通过小王家嘴发掘的层位关系判断器物的演变特征。

八、小嘴

2015～2018年进行了大规模的考古发掘，获取了多组年代早、晚不同的层位关系，可进一步帮助认识陶器形制的演变特征[②]。小嘴发掘区商时期地层虽不连续，但部分探方统一了地层。目前发表的有陶器标本且有相互叠压或打破层位关系的有：T0412③→G2→T0216⑤、T1918⑤。各遗迹单位出土陶器以鬲为大宗，进一步证明陶鬲由口部外侈、平折沿、尖圆唇，演变为唇部加厚、沿面上饰两周凹槽或折沿厚方唇（图2.11）。

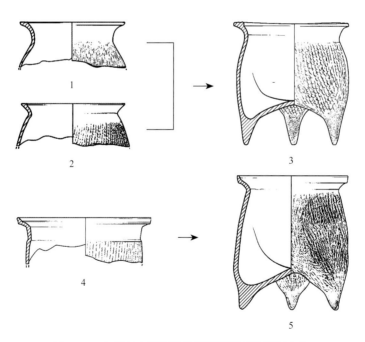

图 2.11 小嘴考古发掘层位关系所见鬲的形制变化

1. 小嘴 Q1710T0216 ⑤：15 2. 小嘴 Q1610T1918 ⑤：3 3. 小嘴 G2JP1：5 4. 小嘴 G2JP1：14 5. 小嘴 Q1710T0412 ③：10

---

① 《盘龙城（1963～1994）》，第376页。
② 武汉大学历史学院、湖北省文物考古研究所、盘龙城遗址博物院：《武汉市盘龙城遗址小嘴2015～2017年考古发掘简报》，《考古》2019年第6期。

第二节　普通陶器的型式划分

以上根据层位关系，我们可大致梳理出盘龙城陶器部分器类的演变特征。特别是如鬲、大口尊等器物，在不同地点、多组层位关系中都表现出了相近的演变趋势，反复证明了地层关系所见陶器的形制变化确实反映出陶器时代上的变化。在方法和策略上，盘龙城遗址陶器的型式划分和分期、年代的探讨也将从典型的层位关系入手，并逐步串联起整个遗址陶器的演变过程。特别是相对明确的层位关系，将作为以下判断遗物早晚，并由此划定器物型式的主要依据。由于盘龙城陶器部分体现出了自身的独特因素，器物的型式变化需在层位学证据的基础上把握较之明显的演变规律。

然而，盘龙城遗址陶器型式划分的困难在于，以上8处地点并没有一处可以较好地代表盘龙城由二里头晚期至中商阶段整个发展过程。例如，城址仅见盘龙城第五至七期的遗存，并且该地点出土的陶器多较零碎，年代特征不强；王家嘴地点遗存属于报告中的第一至五期，而第六期之后的遗存较为少见；李家嘴在原报告中被划分在第二至七期，然而该地点发掘的遗迹缺乏判断年代早晚的层位学证据；杨家湾地点则以盘龙城偏晚阶段、原报告中第五至七期的遗存为代表，而属于盘龙城第四期之前的遗存则不甚丰富。由于各发掘地点遗存的延续时间多未能涵盖整个遗址的发展过程，遗物在某一地点可能会缺乏特定阶段的标本，因此型式的划分除了参考已有的地层序列，还必须根据不同地点遗物形制的相似性进行串联，以求获得陶器更为完整的演变序列。

盘龙城遗址的文化面貌深受中原文化的影响，遗址陶器的类别和组合也基本与同时期中原地区相近。主要器类鼎、鬲、甗、罐、瓮、盆、豆、大口尊、斝、爵、壶、中柱盂、缸等，均能在中原二里头、郑州、小双桥、洹北商城等遗址中见到，并部分表现出了与中原文化相近的特征和演变规律。因此，盘龙城陶器的型式划分还可参考中原地区陶器已知的演变序列。

目前所见，盘龙城遗址出土的普通陶器主要见有鼎、鬲、带鋬鬲、甗、罐、盆、刻槽盆、平底盘、簋、豆、瓮、大口尊、爵、斝、盂、鬶、杯、壶、罍、尊、中柱盂、器盖、器座、缸、尊形器、筒形器等26大类。以下对陶器的类型分析将主要针对这26大类，并加上陶鬲口部、陶缸缸底，共28类陶器和陶器部件展开。此外，盘龙城还零星见有普通陶器，如甑、瓮形器、壶形器、小罐、瓶、杯形器等。这些器类多仅出土一件或两件，部分器物的用途或性质还不甚清楚。本章节将这一部分零星出土的陶器归入"其他类器物"中，举例叙述。而盘龙城出土的印纹硬陶与原始瓷，多与普通陶器相异。对于印纹硬陶与原始瓷类型学的分析将在下节专门探讨。

以下讨论盘龙城遗址普通陶器器类的型式划分。

一、鼎

根据器身形态特征，可分为罐形（釜形）和盆形两类，列为A、B两型。

A型　罐形鼎，腹身圆鼓、圜底，腹部呈罐或釜的形态，三尖锥足，多数在足跟处有指甲掐捏的纹饰，部分在颈部装饰多道弦纹，或饰一周附加堆纹加鋬。该类型陶鼎标本数较少且分布较为零散，难以根据层位关系梳理不同年代的形态变化，暂不分式。标本：王家嘴T20⑨：2、王家嘴T20⑨：3、王家嘴T36⑤：8、杨家湾H42：1（图2.12，1）、杨家嘴T3⑦：32、杨家嘴T3⑦：66。

B型　盆形鼎，腹身斜下内收，腹部表现为盆的形态，三扁足，足跟多作扉棱状装饰。而根据腹部深浅的差异，盆形鼎又可分为深腹和浅腹Ba、Bb两个亚型（图2.12，2、3）。

Ba型，深腹。该型鼎数量较少，暂不分式。标本：城址3TZ33⑨A：7（图2.12，2）。

Bb型，浅腹。可分为两式。

BbⅠ式：侈口、卷沿，腹部较深，腹身圜底，三扁足外撇。标本：王家嘴T31⑧：1（图2.12，3）。

BbⅡ式：口近直，腹部变浅，三扁足垂下，腹身饰有扉棱。标本：王家嘴T67⑥：4（图2.12，4）。

二、鬲

此处指一般意义上有足窝、尖锥足、侈口、鼓腹类器物，而不包括带鋬鬲等其他特殊形制的陶鬲。鬲为盘龙城遗址出土数量最多的一类炊器。其中根据形制的大小，鬲可分为口

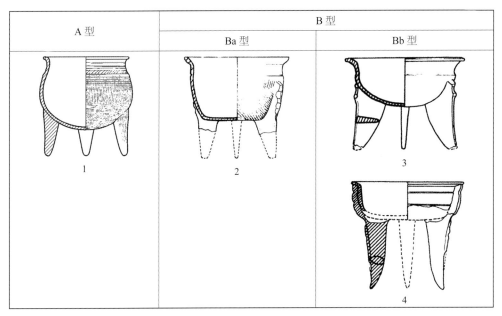

图2.12　盘龙城鼎的型式演变

1. 杨家湾 H42：1　2. 城址 3TZ33 ⑨ A：7　3. 王家嘴 T31 ⑧：1　4. 王家嘴 T67 ⑥：4

径在20厘米以下，口径在20～30厘米和口径在40厘米左右的小、中、大三类；而根据裆部形态的差异，又可分为联裆和分裆两类，前者多有一些自身本地的特征因素，口沿以尖圆唇为主、裆部较矮、锥足较长，后者则多显现出与中原地区同类器相近的特征，裆部较高、多见方唇。根据城址、王家嘴、杨家湾、杨家嘴、小嘴等多组层位关系可知，鬲的时代变化最突出反映在口部、腹部与足部。盘龙城陶鬲早期口外侈较甚，沿面较薄，尖圆唇，腹部外鼓，锥足多细长；晚期则口部近直，沿面加厚、沿面饰一或两周弦纹，唇外缘方钝、部分甚至出现厚方唇的特征，腹部则垂直向下，锥足趋于短小。此外，部分类型的陶鬲，特别是分裆鬲形态近于中原地区同类器，在此还可参考二里头晚期至殷墟一期中原地区陶鬲的演变特征。

以下将陶鬲按照形制大小，分为小、中、大A、B、C三型。

A型 口径在20厘米以下，多数在14～18厘米，少数较小者口径在10厘米左右。而根据裆部的形态变化，A型鬲可进一步分为联裆和分裆两类，列为Aa、Ab两亚型。

Aa型，联裆，多为平折沿，尖、圆唇（图2.13，1～5）。可分五式。

Aa I 式：口外侈较甚，腹部圆鼓，腹最大径近于颈部，三锥足细长，部分足部饰满绳纹。标本：王家嘴T20⑨：1（图2.13，1）。

Aa II 式：口外侈较甚，腹最大径下移，三锥足细长，足部已不饰绳纹。标本：王家嘴T12⑦：8、王家嘴T17⑧：31、王家嘴T32⑧：11、王家嘴T36⑧：2、王家嘴T85⑧：4（图2.13，2）、杨家湾M6：6、杨家嘴M6：5、杨家嘴M6：3、杨家嘴M6：4、杨家嘴M8：3。

Aa III 式：腹部呈正方体，侈口折沿，沿面内侧多见一周凹槽，部分施两周凹槽，尖唇为主，三尖锥足较长，且微外撇。标本：王家嘴T65⑥：1、王家嘴T80⑥：1、杨家湾H9：1、杨家嘴H1：2、楼子湾G2⑤：14（图2.13，3）。

Aa IV 式：腹身与A I 式相近，部分口部近直，折沿处加厚，沿面多施两周凹槽，三尖锥足变矮胖。标本：王家嘴T82⑤：1（图2.13，4）、王家嘴T86⑤：12、王家嘴T86⑤：19。

Aa V 式：腹身呈横长方体，口部近直，多见圆唇加厚或小方唇，部分折沿处见两周凹槽，或简化不施凹槽。标本：杨家湾T23④：4（图2.13，5）、李家嘴H10：4。

Ab型，分裆，根据腹部形态的差异，又可分为腹部近直、微鼓的Aba亚亚型（图2.13，6～10）和腹部斜向外张的Abb亚亚型（图2.13，11、12）。

Aba型，整体器身方正，口沿见有折沿、方唇和平折沿、尖圆唇两种形态。器形可见由侈口较甚向直口方向发展，腹部由斜向下外鼓至近直垂下，足部由尖锥足细长演变为锥足短粗。可分为五式。

Aba I 式：侈口较甚、尖唇，腹部斜下外张，足窝较深，三锥足细长。标本：王家嘴T9⑧：3（图2.13，6）、王家嘴T71⑦：5。

Aba II 式：卷沿、尖圆唇或平折沿、尖圆唇，侈口较甚，腹身呈纵长方体，三尖锥足增高。标本：杨家嘴T3⑤：8（图2.13，7）[①]、杨家嘴H2：1、杨家湾H8：1。

[①] 该件陶鬲在原《盘龙城（1963～1994）》报告中发表了两次，分别属于杨家嘴T3⑦：8和T3⑤：8，可能在发表时有所混淆。此陶鬲绳纹较粗，口为平折沿、沿面施一周凹槽，与20世纪80年代发掘的杨家嘴发掘区探方第7层陶鬲有所差异，保守暂归于T3第5层。后文分期与年代、所附型式统计表中也一并按此处理。《盘龙城（1963～1994）》，第308、321、322页。

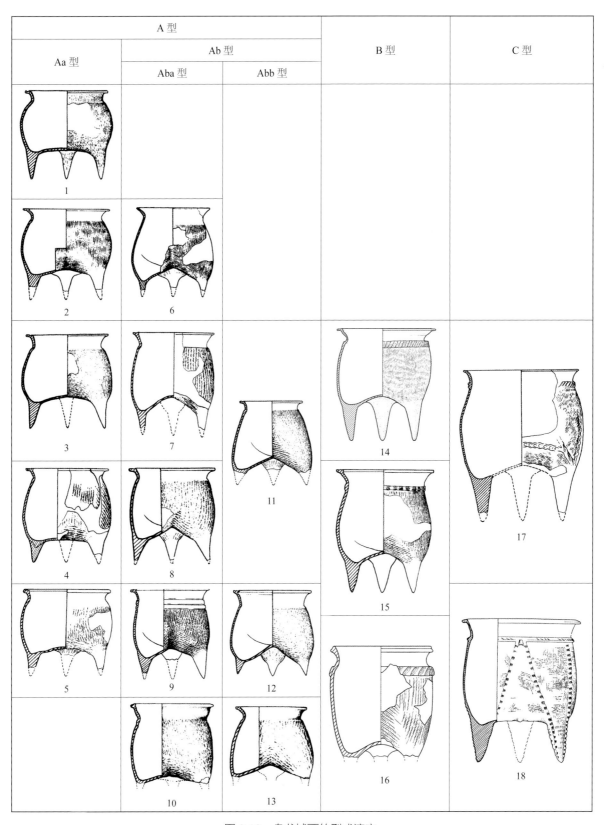

A 型			B 型	C 型
Aa 型	Ab 型			
	Aba 型	Abb 型		

图 2.13　盘龙城鬲的型式演变

1. 王家嘴 T20 ⑨：1　2. 王家嘴 T85 ⑧：4　3. 楼子湾 G2 ⑤：14　4. 王家嘴 T82 ⑤：1　5. 杨家湾 T23 ④：4　6. 王家嘴 T9 ⑧：3
7. 杨家湾 T3 ⑤：8　8. 李家嘴 H8：7　9. 杨家湾 T17 ③：2　10. 李家嘴 H10：3　11. 杨家湾 T9 ⑤：3　12. 杨家湾 T23 ④：1
13. 李家嘴 H10：1　14. 小嘴 H73：6　15. 杨家湾 T29 ④：1　16. 杨家湾 J1：28　17. 王家嘴 T80 ⑥：8　18. 杨家湾 H6：37

AbaⅢ式：器身整体呈正方体，口部外侈不甚明显，部分平折沿内见有两周凹槽，最大腹径较之上一式上移。标本：李家嘴H8∶7（图2.13，8）、杨家嘴T5⑥∶24、杨家嘴T8⑤∶2、杨家嘴T3⑤∶8、杨家嘴T3⑤∶5、杨家嘴T6⑤∶1。

AbaⅣ式：腹身同样为正长方体，三尖锥足渐矮胖，有向内收之势。平折沿者，沿内常见两周凹槽，或直接简化为平折、不见刻槽，唇部则较早期加厚；方唇者，则唇面内凹或刻有一周至两周凹槽，部分口沿内侧器壁向外突出，施加一周凸棱，颈部多施两周凹弦纹。标本：杨家湾T17③∶2（图2.13，9）、杨家湾H6∶52、杨家湾T23④∶2。

AbaⅤ式：腹身向横长方体发展，三尖锥足矮胖，口部近直，裆部较低。颈部已不施弦纹，仅绳纹抹光。标本：李家嘴H10∶3（图2.13，10）、李家嘴H18∶3、李家嘴H18∶5、杨家湾H6∶40。

Abb型，腹身向下外张，器身整体呈梯形。该型鬲应是由AbaⅠ式鬲分化出来。型式变化与Aba型相近。此可分为三式。

AbbⅠ式：整体器身较瘦高，口外侈较甚，分裆位置较高。标本：李家嘴H4∶1、杨家嘴T9⑤∶3（图2.13，11）。

AbbⅡ式：平折沿，沿面见两周凹槽，腹身整体变矮胖，三尖锥渐短小。标本：杨家湾M4∶16、杨家湾T23④∶1（图2.13，12）。

AbbⅢ式：整体器身进一步向横长方体方向发展，裆部较低。标本：李家嘴H10∶1（图2.13，13）。

B型　口径在20～30厘米，通高近30厘米，颈部通常以装饰一周附加堆纹为特征。参照A型鬲整体的演变特征，同样可见其器身渐矮胖、三锥足由长变短等时代演变趋势。可分为三式。

BⅠ式：整体器身较瘦高，口外侈较甚、平折沿、沿面常见一周凹槽。标本：杨家湾T9⑥∶22、小嘴H73∶6（图2.13，14）。

BⅡ式：口外侈的角度缩小，平折沿方钝、沿面常见两周凹槽，三锥足渐粗短且竖直向下。标本：李家嘴H1∶1、李家嘴M1∶25、杨家嘴T6④∶2、杨家湾T29④∶1（图2.13，15）。

BⅢ式：整体器身渐矮胖，口部向竖直发展，多见厚方唇，下腹部内收，裆部较矮，三锥足进一步趋短。标本：杨家湾J1∶28（图2.13，16）。

C型　体型较大，口径多为40厘米上下，颈部饰一周附加堆纹，腹部至足部饰有纵向的圜络纹。虽然盘龙城遗址见有若干标本，但拼对完整者较少。参照A、B型鬲的演变特征，可分为两式。

CⅠ式：侈口，尖圆唇，腹部外鼓，腹最大径较高，三锥足细长。标本：李家嘴H8∶4、王家嘴T80⑥∶8（图2.13，17）。

CⅡ式：侈口，折沿、小方唇，腹部近直垂下，腹最大径下移，三锥足变粗胖，圜络纹施至足上。标本：杨家湾H6∶37（图2.13，18）。

三、带鋬鬲

为盘龙城颇有特色的一类器物。一般尺寸较小，口径多在10厘米左右，腹身较浅，联

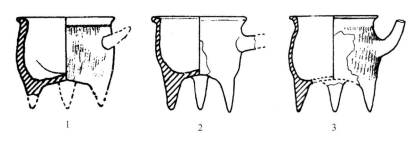

图 2.14　盘龙城出土的带鋬鬲

1. 王家嘴 T72 ⑥：12　2. 王家嘴 T12 ⑤：11　3. 杨家湾 M10：2

裆，三锥足，一侧带有或直出或曲上的鋬。该类型鬲标本数量不多，中原地区亦少见，在相联关系层位中也未发现，难以判断器物的演变特征，因此暂不分式。标本：王家嘴T72⑥：12（图2.14，1）、王家嘴T12⑤：11（图2.14，2）、杨家湾M10：2（图2.14，3）、杨家湾M1：10、杨家湾T1010③：3。

四、鬲口部

盘龙城鬲口部形态变化丰富、出土数量庞大，部分形制特征能够指示出较明确的相对年代，或反映出不同的文化背景。而盘龙城历年考古报告、简报也多发表鬲口部标本。鉴于鬲口部形态的丰富特性，以及部分陶鬲标本仅残存口沿部分，在此对鬲口部进行单独的型式分类。以下鬲口部的型式分类尽量选取鬲口部的标本；而对于"类""型""式"排列出现缺环的则选取已发表完整器的、具有此型式特征的口部用以替代。

根据鬲口部沿、唇的特征，可分为侈口、口部直接接唇、不再平折，侈口、平折沿两类，A、B两型。

A型　侈口，侈口上部直接接唇部，又根据唇部的特征可分为尖唇、圆唇和方唇三类，细分为Aa、Ab、Ac三个亚型。

Aa型，尖唇，卷沿，沿、唇较薄。该类型口沿数量较少，暂不分式。标本：王家嘴T9⑧：3（图2.15，1）。

Ab型，圆唇。该类型口部早期沿、唇较薄、沿部外侈较甚，晚期沿、唇较厚、沿面近直、逐步近折沿、部分近唇部的沿面饰刻划的弦纹。分为三式。

AbⅠ式：沿面呈外卷状。标本：王家嘴T20⑨：7（图2.15，2）。

AbⅡ式：沿面较之Ⅰ式趋于竖直，唇面上部内凹。标本：小嘴H73：53（图2.15，3）。

AbⅢ式：沿、唇趋厚，唇面内侧施有一周凹槽，唇上缘内凹。标本：小嘴H93：3（图2.15，4）。

Ac型，方唇，此类型口部最为近于同期中原地区陶鬲口部，制作上常于沿外侧贴附一周泥条按压成形。根据方唇的特征，可进一步分为方唇向下突出和方唇上下均突出，Aca、Acb两亚亚型。

Aca型，方唇向下突出，沿面较平。该类型口部早期多为卷沿、方唇较薄，晚期则多为折沿、方唇加厚、唇下缘带钩、唇面内凹。该类型口沿应由Ab型晚期演化而来。分为三式。

Aca I 式：近卷沿，方唇较薄，唇面微内凹，外缘呈圆弧状。标本：小嘴H73：49（图2.15，5）。

Aca II 式：折沿，唇面微内凹、下缘带钩。标本：小嘴H76：11（图2.15，6）。

Aca III 式：方唇进一步加厚，部分唇面内凹，唇下向外突出，沿面常饰一周弦纹。标本：杨家湾Q1712T1518③：3、杨家湾G1：19（图2.15，7）。

Acb型，厚方唇，唇上缘突出，沿面内凹。参考Aca型口沿及中原地区陶鬲口部的演变特征，早期沿面较平、方唇多上下突出，晚期则沿面趋于竖直、方唇向上突出、沿面内凹。可分为三式。

Acb I 式：沿面较平，方唇上下突出，唇下缘带钩，沿面见有一周凹弦纹。标本：杨家湾Q1712T1220③：18（图2.15，8）。

Acb II 式：沿面趋于竖直，方唇加厚，唇上缘突出使得沿面形成内凹的形态，唇外缘内凹，下缘则转折不带钩。标本：杨家湾Q1712T1014③：24（图2.15，9）。

Acb III 式：沿面进一步趋于竖直，方唇则不似早期硬折。唇上缘突出，同样使得沿面形成内凹的形态，唇外缘内凹，唇下缘则向外突出。标本：杨家湾G1：6（图2.15，10）。

B型　平折沿，即在普通外侈口沿的外侧，再转折形成平折的第二重"沿"。此类型口沿虽可见于中原地区，但在盘龙城遗址陶鬲上数量占比最大、延续时间最长，并可见有清晰的演变序列，为盘龙城遗址陶鬲一大特点。在此根据平折沿的部分是否带凹槽，可进一步分为平折、不带凹槽和平折、带凹槽，Ba、Bb两亚型。

Ba型，平折沿部分不带凹槽。根据王家嘴北区地层关系，可见该类型口沿口部由外侈较甚、唇部较薄，向口近竖直、唇部加厚、平折沿内侧常带凸棱演变。分为四式。

Ba I 式：沿、唇较薄，近尖唇，平折沿转折平顺，口近沿侧不带凹槽。标本：王家嘴T17⑧：31（图2.15，11）。

Ba II 式：沿、唇依旧较薄，平折沿内侧与口部连接的部分呈台阶状凸起。标本：王家嘴T85⑧：4（图2.15，12）。

Ba III 式：口部向竖直方向发展，口沿加厚，平折沿与口部连接处起一道凸棱。标本：小嘴H73：48（图2.15，13）、杨家湾H28：12。

Ba IV 式：口部进一步趋于竖直，口部加厚，平折沿缩短，唇部近于方钝，平折沿与口部连接处同样起一道凸棱。标本：小嘴H11：9（图2.15，14）。

Bb型，平折沿，沿面常见有一周凹槽或内凹。其演变趋势与Ba型鬲口部一致，参照王家嘴北区、杨家湾南坡和小嘴等多组地层关系可见，该型鬲口部早期外侈较甚，沿、唇较薄、平折沿面见有一周凹槽，晚期则口部近竖直、沿唇加厚、平折沿面常见有两周凹槽或内凹。分为五式。

Bb I 式：口部外侈较甚，唇部较薄，沿面上有一周凹槽。标本：王家嘴T20⑨：1（图2.15，15）。

Bb II 式：口部仍外侈较甚，唇部较薄，沿面上有一周凹槽，平折沿与口部连接处常起一道凸棱。标本：小嘴H73：50（图2.15，16）。

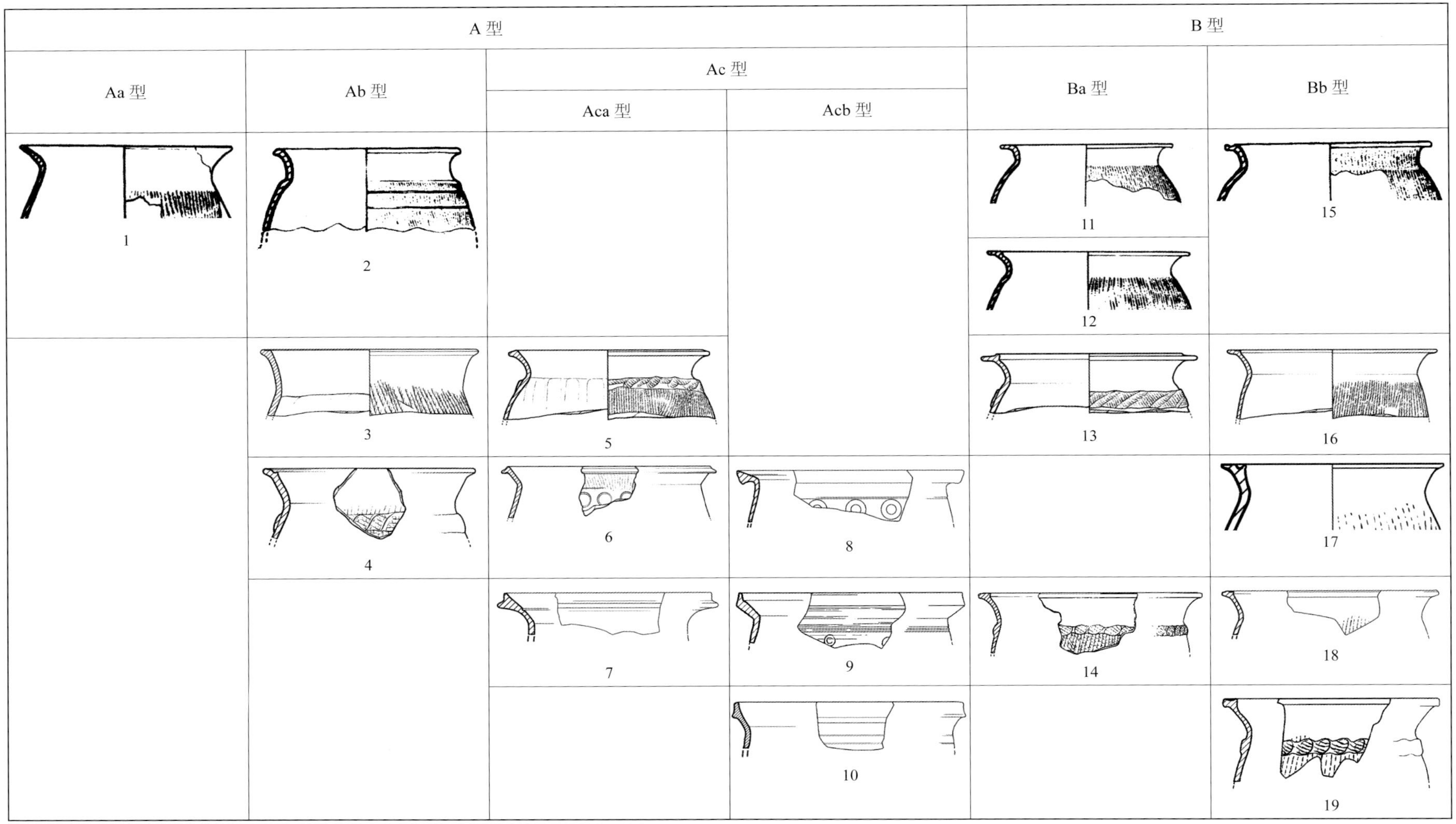

图 2.15　盘龙城高口器口部的型式演变

1. 王家嘴 T9⑧：3　2. 王家嘴 T20⑨：7　3. 小嘴 H93：3　4. 小嘴 H73：53　5. 小嘴 H76：11　6. 小嘴 H73：49　7. 杨家湾 G1：19　8. 杨家湾 Q1712T1220③：18
9. 杨家湾 Q1712T1014③：24　10. 杨家湾 G1：6　11. 王家嘴 T17⑧：31　12. 王家嘴 T85⑧：4　13. 小嘴 H73：48　14. 小嘴 H11：9　15. 王家嘴 T20⑨：1　16. 小嘴 H73：50
17. 杨家湾 H9：1　18. 杨家湾 G1：17　19. 杨家湾 Q1712T1015④：13

BbⅢ式：口部趋于竖直，沿、唇加厚，沿面仍见有一周凹槽。标本：杨家湾H9∶1（图2.15，17）。

BbⅣ式：沿、唇进一步加厚，唇外缘方钝，沿面部分见有两周凹槽。标本：杨家湾G1∶17（图2.15，18）、小嘴H4∶4、小嘴T0413③∶8。

BbⅤ式：唇外缘加厚近似方唇，沿面内凹或施两周凹槽，平折沿与口沿连接的部分呈台阶状凸起，颈外侧部分向外突出。
标本：杨家湾Q1712T1015④∶13（图2.15，19）、小嘴G16∶1。

五、鬲

亦是盘龙城出土数量较多的一类炊器，但拼合完整器较少。根据甗下部形态的差异，可分为一般常见的鬲式甗，以及形态特殊、下接实足的鼎式甗，列为A、B两型。

A型　甗下部分为鬲。上部形态则与盘龙城出土陶鬲口部相近。又根据裆部的特征，可分为分裆和联裆两类，列为Aa、Ab两亚型。

Aa型，分裆甗。鬲部的演变特征可参见盘龙城出土的B型分裆鬲，鬲部由瘦高变矮胖，三锥足由细长变粗短，分为四式。

AaⅠ式：整体器身修长，侈口，甑体斜内收，细腰，三锥足细长。标本：李家嘴M4∶11（图2.16，1）、小嘴H11∶2。

AaⅡ式：整体器身仍较瘦高，侈口、平折沿，甑体斜收，细腰，鬲体袋足外张，下接尖锥足较矮。标本：王家嘴T80⑥∶2（图2.16，2）。

AaⅢ式：整体器身开始显得宽胖，鬲体部分较上一式内收，三锥足趋于短小。标本：杨家嘴T3⑤∶13（图2.16，3）。

AaⅣ式：整体器身显方正，甑

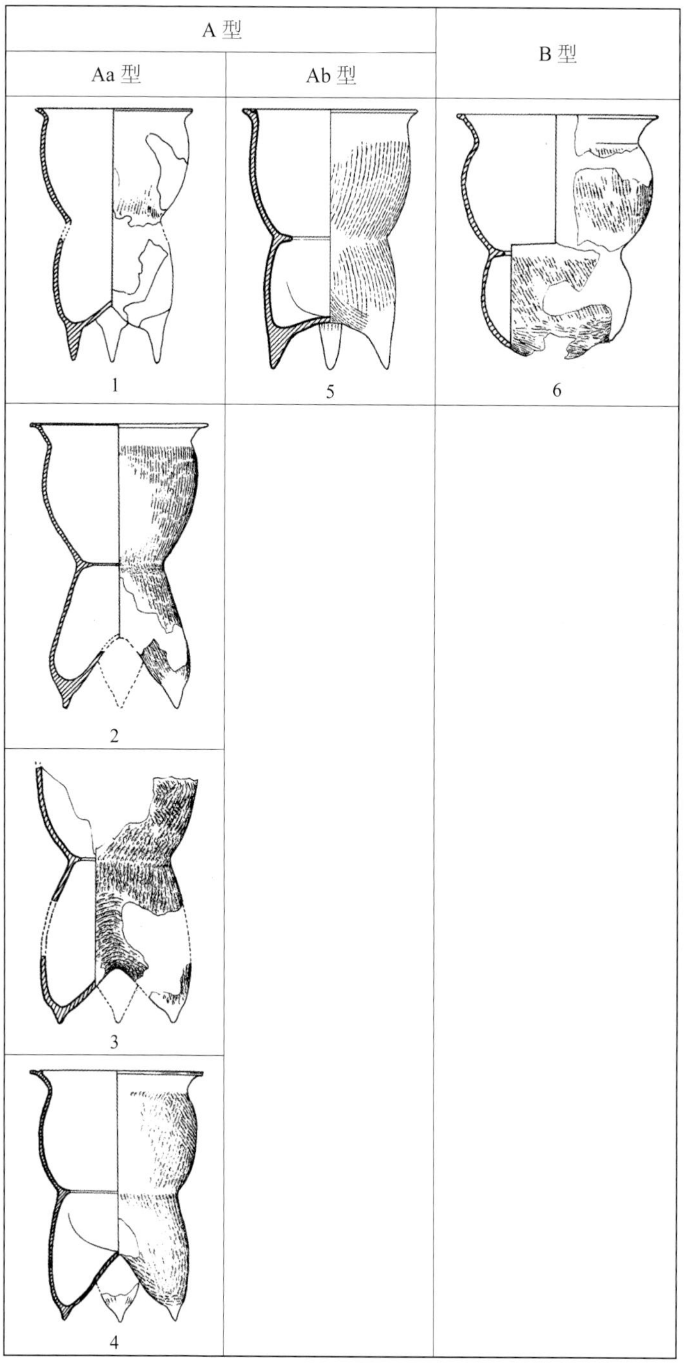

图2.16　盘龙城甗的型式演变

1. 李家嘴 M4∶11　2. 王家嘴 T80 ⑥∶2　3. 杨家嘴 T3 ⑤∶13
4. 杨家湾 H6∶54　5. 杨家湾 H8∶2　6. 李家嘴 H8∶10

部外鼓，最大腹径下移，鬲体三袋足近直，尖锥足短小。标本：杨家湾H6：54（图2.16，4）。

Ab型，联裆，裆部较浅，三尖锥足较高，口沿和裆部近盘龙城出土的A型联裆鬲。目前完整者仅见一件，暂不分式。标本：杨家湾H8：2（图2.16，5）。

B型　甗体下接的部分未见裆部，而是腹部外鼓内收，呈圜底状，推测下部为鼎，底接锥状三足。目前仅见标本一件，李家嘴H8：10（图2.16，6），暂不分式。

六、罐

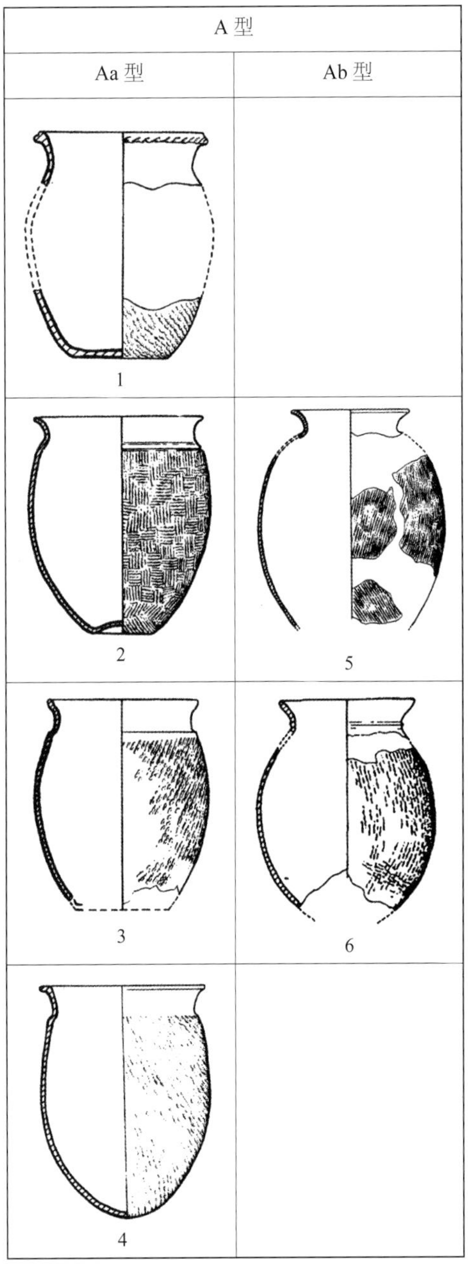

一般为敞口，束颈，鼓腹，凹圜底或圜底。罐虽整体器形较为简单，但形态变化丰富、类型庞杂。按照腹部形态的差异，可将盘龙城出土的罐分为腹部较深、尺寸较大，即通常所谓的"深腹罐"，以及腹部较浅、形态圆鼓、尺寸较小的两大类，列为A、B两型。此外，盘龙城还见有一类以折肩、斜直腹为特征的陶罐，与一般陶罐形态有别，在此作为异型，列为C型。

A型　一般尺寸较大，整体形态瘦高，腹部较深。根据口、腹形态的差异，又可进一步分为口径大于或约等于腹径、腹部弧下，以及口径远小于腹径、鼓肩或溜肩、腹部外鼓的Aa、Ab两亚型。

Aa型，大口、腹部微弧近直，根据盘龙城城址的层位关系，Aa型罐口沿由较竖直到卷沿外侈，腹身由矮胖到修长，最大腹径逐步下移，可分为四式。

AaⅠ式：整体器形较为矮胖，口部较直、装饰花边，平底。标本：城址3TZ33⑨B：1（图2.17，1）。

AaⅡ式：器形增高，口部外侈、尖圆唇，部分口部仍装饰花边，腹较外鼓，最大腹径居于腹中部，凹圜底。标本：城址3TZ30⑨A：2（图2.17，2）、城址3TZ33⑨A：1。

AaⅢ式：器形变得修长，口外侈较甚，平折沿、尖圆唇，腹微鼓。标本：城址3TZ33H3：4、杨家嘴M7：1（图2.17，3）。

AaⅣ式：整体器形变得更加瘦高，口外侈，折沿、方唇，腹部垂下，最大腹径居于腹下部，底部多为凸圜底。标本：李家嘴H16：5（图2.17，4）、杨家湾Q1712T1015③：3。

Ab型，束颈、有肩，腹部较外鼓，通体饰竖或

A 型	
Aa 型	Ab 型
1	
2	5
3	6
4	

图 2.17　盘龙城 A 型罐的型式演变

1. 城址 3TZ33 ⑨ B：1　2. 城址 3TZ30 ⑨ A：2
3. 杨家嘴 M7：1　4. 李家嘴 H16：5
5. 王家嘴 T86 ⑧：25　6. 李家嘴 H19：1

斜向排列的绳纹，参考Aa型罐的演变趋势，同样可见腹部渐修长、最大腹径下移等演变趋势，可分为两式。

AbⅠ式：侈口，最大腹径位于上腹部。标本：王家嘴T86⑧：25（图2.17，5）、杨家嘴M6：12。

AbⅡ式：腹部渐瘦长，腹部外鼓，最大腹径移至腹中部。标本：李家嘴H19：1（图2.17，6）。

B型 腹身圆鼓，整体显得较矮胖，器物尺寸较小，通高多在20厘米或20厘米以下。根据腹部曲线的差异，又可进一步分为腹部微鼓、圆弧，腹部垂下外鼓，腹部近直、外斜和腹中部外鼓、下部斜收，分为Ba、Bb、Bc、Bd四个亚型。

Ba型，腹部微鼓、圆弧。此类型罐可分为两式。

BaⅠ式：溜肩，腹部圆鼓，最大腹径近于腹中部，肩部部分装饰曲折状的几何纹饰。标本：李家嘴H25：4（图2.18，1）。

BaⅡ式：鼓肩，下腹部斜收加剧，器物通体饰绳纹。标本：杨家湾H6：41（图2.18，2）。

Bb型，该类型罐多为红陶，腹身垂下外鼓，凹圜底。参考深腹罐器形的演变趋势，该类型罐随时间发展日趋瘦长，同样可分为两式。

BbⅠ式：腹部较圆鼓、矮胖，颈部较短。标本：李家嘴H7：3（图2.18，3）、杨家嘴M4：5。

BbⅡ式：腹部较BbⅠ式显得更加瘦高，颈部增高。标本：杨家湾H25：2（图2.18，4）、楼子湾H1：16。

Bc型，颈部较高，斜肩，腹部近直斜下，整体腹身较瘦长。此类型罐数量较少，暂不分式。标本：王家嘴：0125、杨家嘴M4：2（图2.18，5）、杨家湾J1：37、杨家湾J1：42。

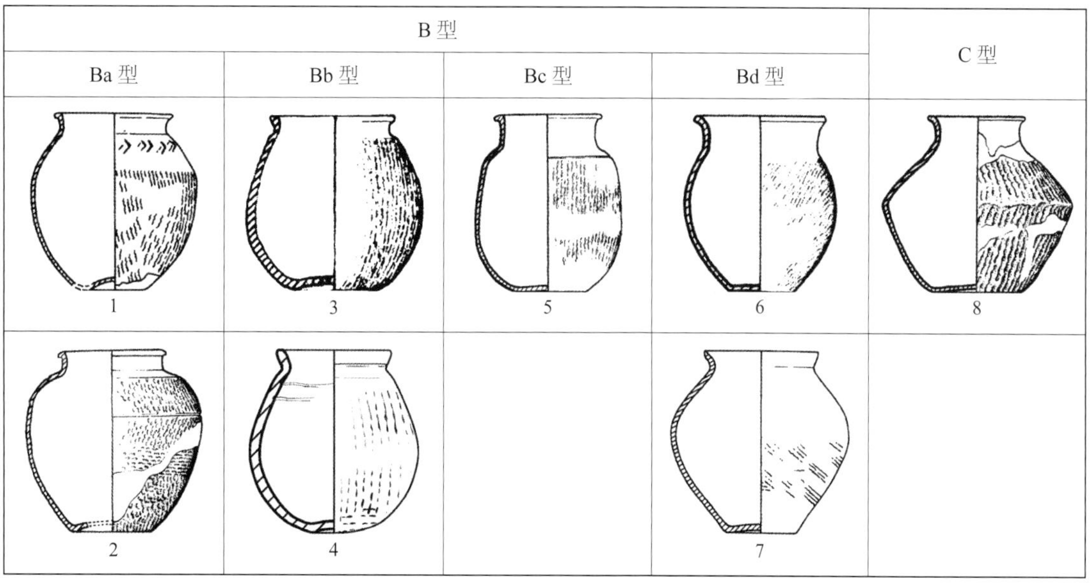

图2.18 盘龙城B、C型罐的型式演变

1. 李家嘴 H25：4　2. 杨家湾 H6：41　3. 李家嘴 H7：3　4. 杨家湾 H25：2　5. 杨家嘴 M4：2　6. 李家嘴 H4：13
7. 王家嘴 M1：16　8. 杨家嘴 M4：6

Bd型，束颈，腹中部外鼓，下腹斜收，多平底，一般装饰斜向的绳纹。可分两式。

BdⅠ式：腹中部微外鼓，下腹微弧斜收。标本：李家嘴H4：13（图2.18，6）、李家嘴M2：47。

BdⅡ式：腹中部外鼓突出，下腹斜收较甚。标本：王家嘴M1：16（图2.18，7）、楼子湾10：4。

C型　异型，与A、B型均不同，以折肩，腹部斜收为特征。此类型罐出土数量较少，暂不分式。标本：李家嘴H3：1、杨家嘴M4：6（图2.18，8）。

七、盆

为盘龙城出土数量最多的一类盛食器，形态变化丰富。不过，器物的类型多数可参照同期中原地区出土的同类器。在此，根据器物口部形态的差异，将盘龙城出土的陶盆分为敛口、直口、侈口和大敞口四类，列为A、B、C、D四型。此外，不类于以上四型、形制特殊者，单独作为异型，列为E型。

A型　敛口、折沿、圆唇，腹部较深、折腹，上腹部多装饰多周弦纹或弦纹加网格纹，下腹部多装饰绳纹。根据王家嘴南区T12、T17⑦→⑧地层关系，敛口盆腹部最大径随时代发展逐步上移。可分为三式。

AⅠ式：折腹，上腹部高于下腹部，因此器物腹最大径较低，凹圜底，器底较宽，上腹部饰五周弦纹。标本：王家嘴T17⑧：32（图2.19，1）。

AⅡ式：上腹部缩短、下腹部增高，腹最大径居于整个器身的上部，器底缩小，上腹部多装饰六周弦纹，或弦纹配网格纹、弦纹配菱形"回"字纹。标本：王家嘴T12⑦：14、王家嘴T12⑦：5、杨家嘴M8：5（图2.19，2）。

AⅢ式：腹部加深，下腹部进一步增高，最大腹径上移，器底较小，部分为小平底，弦纹和绳纹分界的位置移至下腹部。标本：李家嘴H24：5（图2.19，3）。

B型　直口或微侈口，折腹，腹部较深，上腹近直，下腹斜向内收。该型盆可能为早期敛口盆发展而来。根据中原地区此类盆的演变特征，盘龙城B型盆的形态变化可见腹部由深到浅、上腹部近直向微斜收发展。可分为四式。

BⅠ式：直口，平折沿，腹身较高，上腹部较深，下腹部较矮，上腹部多装饰网格纹。标本：李家嘴H5：1（图2.19，4）、王家嘴T37⑥：37。

BⅡ式：直口，上腹部较之上一式变矮，上腹部多装饰弦纹配网格纹，部分开始装饰圆涡纹。标本：李家嘴H1：12、李家嘴H4：6（图2.19，5）、杨家湾M10：10。

BⅢ式：口部微侈，上腹部微外张，下腹部开始斜弧内收，上腹部多装饰弦纹配圆涡纹。标本：杨家嘴T8⑤：13（图2.19，6）、杨家嘴T9⑤：9、杨家湾G1：34、杨家湾J1：7。

BⅣ式：折沿上扬，上腹部进一步外张，上下腹部间不似早期转折，而变为圆弧内收，上腹部则仍多装饰圆涡纹。标本：杨家嘴T28④：1（图2.19，7）、杨家嘴T11④：2。

C型　侈口，数量较多，同时其之间形态又各有不同。根据腹身形态的差异，可进一步分为束颈弧肩或无肩，与束颈折肩两类，列为Ca、Cb两个亚型。

盘龙城（1995～2019）（四）陶器研究

040

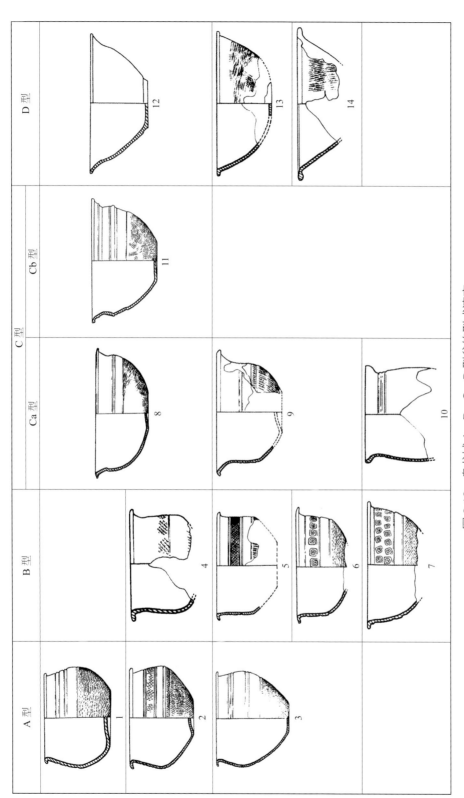

图 2.19 盘龙城 A、B、C、D 型盆的型式演变

1. 王家嘴 T17 ⑧：32 2. 杨家嘴 M8：5 3. 李家嘴 H24：5 4. 李家嘴 H5：1 5. 李家嘴 H4：6 6. 杨家嘴 T8 ⑤：13 7. 杨家嘴 T28 ④：1 8. 王家嘴 T85 ⑧：12
9. 李家嘴 H4：5 10. 杨家湾 T5 ③：7 11. 王家嘴 T65 ⑦：29 12. 王家嘴 T10 ⑧：11 13. 王家嘴 T75 ⑥：1 14. 李家嘴 H1：9

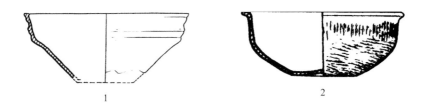

图2.20　盘龙城出土的E型盆

1. 杨家湾H1∶3　2. 王家嘴T65⑥∶2

Ca型，束颈弧肩或无肩。此类型盆中原地区亦多见。同样根据中原地区同类器的演变趋势，该类型腹部由浅至深。可分为三式。

CaⅠ式：腹身较浅，腹部微鼓，标本：王家嘴T85⑧∶12（图2.19，8）。

CaⅡ式：腹部较深，上腹近直，下腹斜收，应是受到直口盆的影响。标本：王家嘴T72⑥∶1、李家嘴H4∶5（图2.19，9）。

CaⅢ式：口做方唇，口径与腹深之比下降，腹部进一步加深、微鼓，颈部饰三周弦纹。标本：杨家湾T5③∶7（图2.19，10）。

Cb型，束颈折肩，腹部较深。此类型盆中原地区亦多见，不过目前在盘龙城出土完整器较少，难以观察不同时代的演变情况。暂不分式。标本：王家嘴T65⑦∶29（图2.19，11）、王家嘴T67⑦∶7、杨家湾G1∶41。

D型　大敞口，腹部相对较浅，向下斜收。参考中原地区同类器及盘龙城B型直口盆的演变趋势，该型盆随时代可见由腹部较深、微鼓向腹部变浅、斜直腹方向演变。可分为三式。

DⅠ式：腹部较深、微鼓，通体饰绳纹或素面。标本：王家嘴T85⑧∶10、王家嘴T10⑧∶11（图2.19，12）。

DⅡ式：平折沿，腹部变浅，微鼓。标本：王家嘴T75⑥∶1（图2.19，13）、王家嘴T71⑥∶1、杨家湾H14∶3。

DⅢ式：折沿外翻，腹部较直，斜向内收。标本：李家嘴H4∶8、李家嘴H1∶9（图2.19，14）。

E型　盘龙城另出有部分陶盆，形制特殊，无法归入以上四型的序列之中。标本：杨家湾H1∶3，侈口、无沿，折腹，通体素面（图2.20，1）。标本：王家嘴T65⑥∶2，近直口，卷沿、圆唇，腹部较浅，通体饰绳纹（图2.20，2）。

八、刻槽盆

形制与中原地区同类器一致。其形态演变由侈口、宽卷沿，腹部呈球形，圜底，发展到短沿、甚至无沿，腹部多近直斜收，凸圜底。可分为三式。

Ⅰ式：卷沿，沿面较宽，腹部微鼓，腹身近球形。标本：杨家湾H28∶1（图2.21，1）、王家嘴T18⑦∶1。

Ⅱ式：短沿或无沿，腹身仍微鼓、近球形。标本：王家嘴T67⑥∶3（图2.21，2）。

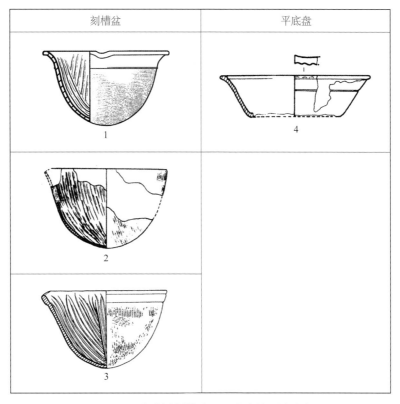

刻槽盆	平底盘
1	4
2	
3	

图 2.21　盘龙城刻槽盆、平底盘的型式演变

1.杨家湾 H28：1　2.王家嘴 T67⑥：3　3.杨家湾 T25③：2　4.王家嘴 T10⑧：4

Ⅲ式：短沿或无沿，唇部加厚，腹部斜直内收。标本：杨家湾T25③：2（图2.21，3）、杨家湾G1：25、杨家湾T1013③：24。

九、平底盘

侈口、多平折沿、浅腹、平底，部分口沿处带鸡冠形錾。盘龙城出土的平底盘标本数量较少，暂不分式。标本：王家嘴T10⑧：4（图2.21，4）、杨家湾T6⑦：22。

十、簋

形制特征多与中原地区同类器相近。其中根据圈足的形态特征，可分为宽矮者和细高者两类，列为A、B两型。

A型　圈足多直下外撇，为宽矮状。而又根据口部形态特征，可分大敞口、微侈口和敛口三类，细分为Aa、Ab、Ac三亚型。

Aa型，大敞口，腹部斜收。盘龙城出土此类型簋数量较少，无法观察演变序列，暂不分式。标本：杨家湾T26⑥：1（图2.22，1）。

Ab型，侈口、直腹。该类型簋在中原地区可见腹部随时间发展逐步加深。同时，从盘龙城杨家湾层位关系可见，其早期侈口较甚、浅斜腹，稍晚腹部加深。根据这一演变趋势，盘龙城Ab型簋可分为两式。

AbⅠ式：腹部较浅，上腹部近直，并装饰多周凹弦纹，下腹部斜收。标本：杨家湾T24④：3、杨家嘴T3⑤：21（图2.22，2）。

AbⅡ式：腹部较深，上腹部近直，多装饰弦纹配圆圈纹。标本：杨家湾T17③：5（图2.22，3）。

Ac型，敛口，部分呈束颈状，鼓腹。参照Ab型簋和中原地区同类器的演变趋势，盘龙城Ac型簋同样可见腹部逐步加深。可分两式。

AcⅠ式：上腹部近直，呈现出束颈的形态，下腹部外鼓，整体器腹较浅。标本：杨家湾T38④：2（图2.22，4）。

AcⅡ式：上腹垂直向下，下腹微鼓、转折斜收，部分器底与圈足的连接内侧向下凸出，上腹部多见圆圈纹配弦纹装饰。标本：杨家湾H6：51（图2.22，5），杨家湾M11：12。

B型　圈足细高，呈亚腰形，大敞口，腹部斜直内收，颈部和圈足见有一周压印的云雷纹样。此类型簋复原者较少，暂不分式。标本：小嘴H73：11（图2.22，6）。

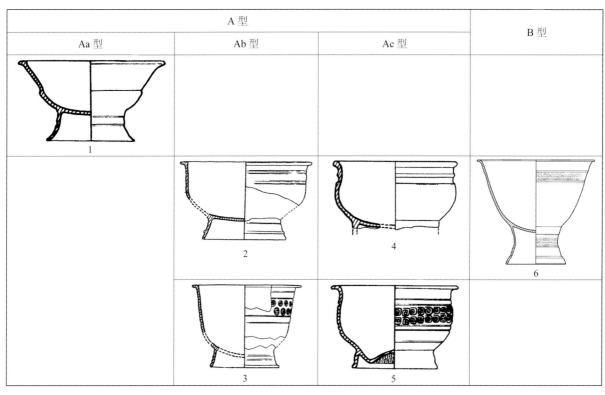

图2.22　盘龙城簋的型式演变

1. 杨家嘴T26⑥：1　2. 杨家嘴T3⑤：21　3. 杨家湾T17③：5　4. 杨家湾T38④：2　5. 杨家湾H6：51　6. 小嘴H73：11

十一、豆

根据豆盘形态的差异，可分为斜直腹、斜弧腹和直腹三类，列为A、B、C三型。此外不类于以上三型，形制特殊者，列为D型。

A型 斜直腹。又根据豆柄形态的不同，可分为细长柄和粗柄两类，列为Aa、Ab两亚型。

Aa型，斜直腹，豆盘较浅，多做盘口，豆柄细长。根据王家嘴层位关系，Aa型豆早期无盘口、豆柄多竖直较细，晚期则豆盘腹部渐微鼓、多盘口、豆柄加粗。可分三式。

AaI式：敞口、豆盘腹部斜直内收，无盘口，豆柄竖直向下。标本：王家嘴T20⑨：3、王家嘴T83⑧：3（图2.23，1）。

AaII式：盘口，豆盘腹部较浅，豆柄上部作凸出状，部分饰对穿的小圆孔。标本：王家嘴T83⑦：3（图2.23，2）、杨家嘴M6：10。

AaIII式：折沿外翻，豆盘腹部微鼓，豆盘上常装饰多周弦纹。标本：杨家湾Q1712T1011③：4（图2.23，3）、杨家嘴T11⑦：1。

Ab型，斜直腹，盘口，豆柄较粗矮。可分三式。

AbI式：盘口，豆盘较浅，豆柄为三式之中最高的，豆圈足处装饰一周凸弦纹。标本：城址3TZ33⑨A：3（图2.23，4）。

AbII式：平折沿，腹部渐深，豆柄缩短。标本：王家嘴T65⑥：28（图2.23，5）、李家嘴M1：35、王家嘴T85⑤：9。

AbIII式：折沿外翻，腹部较深，豆柄进一步缩短。标本：杨家嘴H1：13（图2.23，6）、杨家湾Q1713T1403②：1。

B型 斜弧腹，豆盘较深。同样根据豆柄形态的不同，可分为细长柄和粗柄较矮两类，列为Ba、Bb两型。

Ba型，细长柄，多平折沿，豆柄上部常带一周凸起的箍棱。盘龙城发现较少，暂不分式。标本：王家嘴T37⑧：15、杨家嘴M6：7（图2.23，7）。

Bb型，粗短柄。参照Aa、Ab型豆的演变趋势，豆柄渐粗，可分为两式。

BbI式：豆柄相对较细。标本：王家嘴T20⑦：6（图2.23，8）、王家嘴T21⑦：4、王家嘴T22⑦：6。

BbII式：豆柄进一步加粗。标本：李家嘴H25：2（图2.23，9）、小嘴Q1610T1816④：1。

C型 直腹，豆盘腹身与底部有明显的转折。根据豆柄装配的差异，可分为真腹豆和假腹豆两类，列为Ca、Cb两个亚型。

Ca型，真腹，即豆柄接于豆盘底部之内。参照杨家湾层位关系（见图2.6），以及中原地区此类器物的演变趋势，该类型豆随时代发展可见豆盘变浅。可分两式。

CaI式：平折沿，腹部较深，豆柄较高，柄上饰三周凹弦纹。标本：杨家湾T23④：7（图2.23，10）。

CaII式：平折沿，腹部变浅，豆柄部分缩短。标本：李家嘴M1：32、杨家湾T3③：4、杨家嘴T9⑤：3（图2.23，11）、杨家嘴T5⑤：8。

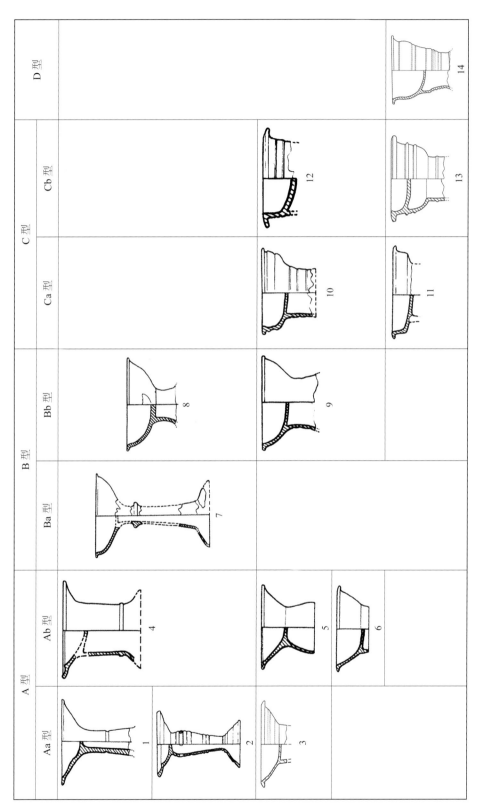

图2.23　盘龙城豆的型式演变

1. 王家嘴 T83 ⑧：3　2. 王家嘴 T83 ⑦：3　3. 杨家湾 Q1712T1011 ③：4　4. 城址 3TZ33 ⑨ A：3　5. 王家嘴 T65 ⑥：28　6. 杨家嘴 H1：13　7. 杨家嘴 M6：7
8. 王家嘴 T20 ⑦：6　9. 李家嘴 H25：2　10. 杨家湾 T23 ④：7　11. 杨家湾 T9 ⑤：3　12. 杨家湾 T6 ④：19　13. 杨家湾 J1：18　14. 杨家湾 J1：26

Cb型，假腹，即豆柄直接接于豆盘腹壁下。该类型豆与Ca型真腹豆演变趋势一致，均随时间发展豆盘变浅。可分为两式。

CbⅠ式：折沿下翻，直腹较深，腹部多见两周凸弦纹。标本：杨家嘴T6④：19（图2.23，12）。

CbⅡ式：多为平折沿，斜直腹，腹部较浅。标本：杨家嘴M4：7、杨家湾Q1713T1403②：2、杨家湾T5③：3、杨家湾J1：18（图2.23，13）、杨家湾Q1713T1303②：2、杨家湾Q1712T1013③：14。

D型　形制不类于以上三类，豆盘多斜弧腹、腹部较深，豆柄作假腹状。此类型豆均出现在盘龙城最晚的阶段。暂不分式。标本：杨家湾J1：26（图2.23，14）、杨家湾Q1712T1013③：29、杨家湾Q1712T1014③：67。

十二、瓮

根据口部和腹部形态的变化，可分为敛口、斜腹，侈口、溜肩、弧腹，以及敞口、斜肩、鼓腹三类，分别列为A、B、C三型。此外另有一类束颈、广肩、肩部装饰有按压的"人"字形纹，与其他三类瓮形制不同，在此列为D型，作为异型处理。

A型　敛口，广肩，腹部斜收，底部或接小圈足，腹部多装饰多周弦纹，部分口部发现盖有盆形的器盖。根据中原地区此类器物的演变特征，器物肩部由倾斜较大到趋向平直、腹身由宽胖到瘦高，可分为三式。

AⅠ式：肩部倾斜角较大，折肩，腹部较竖直垂下，下接小圈足，整体器身较胖。标本：李家嘴H5：3（图2.24，1）。

AⅡ式：肩部的倾角渐小，圆肩，腹部斜弧内收，整体器身仍较矮胖。标本：李家嘴H8：6（图2.24，2）。

AⅢ式：肩部倾斜角较小，折肩或圆肩，腹部斜收加剧，整体器身较瘦长。标本：楼子湾H1：12（图2.24，3）。

B型　整体器身较瘦高，侈口，溜肩，弧腹，部分标本尺寸较大，腹部饰多周附加堆纹。根据腹部宽胖、口部较宽和腹部瘦高、口部较窄等特征，可进一步分为Ba、Bb两亚型。

Ba型，该类型瓮一般尺寸较大、腹身宽胖，口径较大、卷沿，束颈，凹圜底，部分腹部饰有多周附加堆纹。可分为两式。

BaⅠ式：溜肩，腹部斜弧内收，凹圜底，上腹部饰多周附加堆纹，器物尺寸较大。标本：李家嘴H5：2（图2.24，4）。

BaⅡ式：尺寸缩小，颈部增高，束颈较甚，肩部较之Ⅰ式较外鼓，肩部见有弦纹配绳纹装饰。标本：杨家湾H1：5（图2.24，5）。

Bb型，小口，颈部较矮，腹部更为瘦长，腹部通体装饰竖向排列的绳纹。此类型瓮数量较少，形制演变序列不甚清楚，暂不分式。标本：王家嘴T32⑦：20（图2.24，6）、王家嘴T25⑦：26。

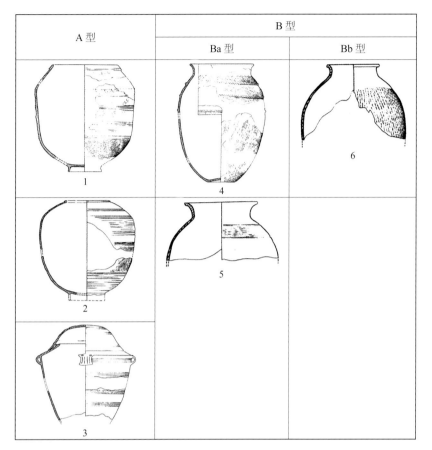

图 2.24　盘龙城 A、B 型瓮的型式演变

1. 李家嘴 H5：3　2. 李家嘴 H8：6　3. 楼子湾 H1：12　4. 李家嘴 H5：2
5. 杨家湾 H1：5　6. 王家嘴 T32 ⑦：20

　　C型　敞口，斜肩，鼓腹。为盘龙城出土数量最多的一类瓮，自身形态变化丰富。根据肩部的形态变化，可分为圆肩和折肩两类，列为 Ca、Cb 两亚型。

　　Ca 型，圆肩，腹部斜弧内收。而根据整体器形的变化，又可进一步分为矮胖和瘦高两类，分为 Caa、Cab 两亚亚型。

　　Caa 型，整体器形矮胖，装饰上以肩部见弦纹配网格纹、腹部见绳纹为特征。此类型瓮在盘龙城出土数量较多，根据王家嘴北区和李家嘴地层关系，可见早期腹部圆鼓、最大腹径居于腹中部，晚期则最大腹径上移、下腹斜收较甚、腹身变瘦长。可分为五式。

　　Caa Ⅰ 式：侈口、颈部较矮，整体腹身较宽胖，肩部至上腹部见多道双线凹弦纹，配以间断的绳纹。标本：城址 3TZ33⑨B：5（图 2.25，1）。

　　Caa Ⅱ 式：颈部加高，整体腹身仍较矮胖，最大腹径居于腹中部，下腹斜收，肩部饰有多道双线弦纹，下腹部饰间断绳纹。标本：杨家湾 M6：5（图 2.25，2）、杨家湾 H14：2、李家嘴 H13：2。

　　Caa Ⅲ 式：侈口，多见方唇，腹身圆鼓、较上一式变高，但最大腹径仍居于腹中部。在装饰上肩部仍以多周凹弦纹为特征，腹部则开始通体饰绳纹。标本：王家嘴 T80⑥：4（图 2.25，3）、王家嘴 T73⑥：3、李家嘴 M2：77。

CaaⅣ式：方唇，腹身进一步趋于瘦高，最大腹径上移，下腹斜向内收，肩部开始出现弦纹配网格纹，腹部饰绳纹。标本：王家嘴T86⑤：5（图2.25，4）、李家嘴H2：20、李家嘴H4：17、李家嘴M4：9、李家嘴M4：10。

CaaⅤ式：腹部外鼓，下腹部斜收较甚，装饰仍延续上一式的特征，肩部见凹弦纹配网格纹，腹部饰绳纹。标本：杨家嘴T19④：3（图2.25，5）。

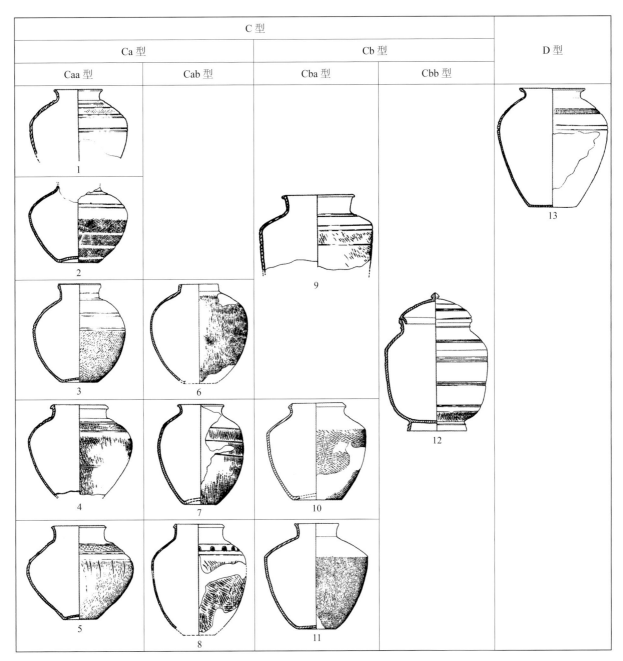

图 2.25　盘龙城 C、D 型瓮的型式演变

1. 城址 3TZ33 ⑨ B：5　2. 杨家湾 M6：5　3. 王家嘴 T80 ⑥：4　4. 王家嘴 T86 ⑤：5　5. 杨家湾 T19 ④：3
6. 王家嘴 T73 ⑥：3　7. 李家嘴 H2：11　8. 杨家湾 H5：9　9. 李家嘴 H4：21　10. 杨家湾 T8 ⑤：8
11. 李家嘴 H10：6　12. 杨家湾 M11：40　13. 王家嘴 T36 ⑧：22

Cab型，腹身较瘦高，尺寸一般比Caa型瓮略大，腹部通体饰绳纹或绳纹配弦纹。参考Caa型瓮的演变趋势，可分三式。

CabI式：整体腹身较为圆鼓，下腹弧收。标本：王家嘴T73⑥∶3（图2.25，6）、李家嘴H15∶2。

CabII式：腹身趋于瘦高，最大腹径上移，下腹斜内收，腹身装饰弦纹配间断绳纹。标本：李家嘴H2∶11（图2.25，7）[①]、杨家湾M1∶2、杨家湾M7∶13。

CabIII式：方唇、颈部加高，器身进一步变瘦高，最大腹径移至肩部，下腹斜直内收。标本：杨家湾H5∶9（图2.25，8）。

Cb型，斜折肩，根据底部的形态差异，又可进一步分为凹圜底Cba和圈足Cbb两亚亚型。

Cba型，折肩，凹圜底。同样参考Ca型瓮的演变特征，可分三式。

CbaI式：颈部较高，腹部较竖直斜下，肩部或腹部多装饰弦纹。标本：李家嘴H4∶21（图2.25，9）、李家嘴H2∶12。

CbaII式：下腹部斜收微鼓，凹圜底。标本：杨家湾H5∶8、杨家嘴T8⑤∶8（图2.25，10）。

CbaIII式：下腹部斜收较甚，平底微凹。标本：李家嘴H10∶6（图2.25，11）[②]。

Cbb型，侈口，斜折肩，底接圈足，口上带盖，肩、腹饰多周凹弦纹，下腹饰绳纹。此类型瓮目前仅发现一件完整器，数量较少，暂不分式。标本：杨家湾M11∶40（图2.25，12）。

D型　异型，形态特征不同于以上几类。侈口，束颈，广肩，腹部斜收，平底，上腹部多装饰弦纹配细密的"人"字形纹，下腹部素面。该类型瓮盘龙城出土数量较少，暂不分式。标本：王家嘴T36⑧∶22（图2.25，13）、王家嘴T12⑧∶19。

十三、大口尊

整体形态和器形演变与中原地区相近。在此根据腹身形态的变化，可将大口尊分为瘦高型与矮胖型两类，列为A、B两型。

A型　整体腹身较为瘦高，口径多宽于肩径或腹径。而根据肩部形态的差异，又可进一步分为圆肩、折肩和无肩三类，分别为Aa、Ab和Ac三亚型。

Aa型，圆肩，肩部不甚突出。此类型出现年代较早。根据王家嘴和杨家湾南坡层位关系所见大口尊演变趋势，可知大口尊器形逐步变瘦高、口部由早期外侈逐渐斜直、肩部逐步内收。可分为两式。

---

① 原报告曾将这件器物称为"圆肩斜腹罐"。不过从形态上观察，器物小口、束颈、圆肩、弧腹，实际更接近以上所分的Cab型瓮。此外根据报告文字描述，这件器物胎质为"泥质灰陶"，也与一般罐为夹砂陶不同，在用途上应为一件储藏器。在此，本书将这件器物改称为瓮。《盘龙城（1963～1994）》，第182、184页。

② 原报告曾将这件器物称为"折肩斜腹罐"。不过同样从形态上观察，其小口、束颈、高领，斜广肩，腹部斜收，实际更近于以上所分的Cba型瓮。此外根据报告文字描述，这件器物胎质为"泥质黑陶红胎"，也与一般的罐不同。在此，本书将这件器物改称为瓮。《盘龙城（1963～1994）》，第213、215页。

Aa I 式：整体器形显得较矮胖，口部外侈较甚，圆肩较外鼓，上腹部常饰三周窄条附加堆纹。标本：王家嘴T20⑨：5（图2.26，1）、杨家湾H31：1。

Aa II 式：整体器身变瘦高，口部渐斜直向外张开，肩部不甚突出，腹中部装饰多周附加堆纹。标本：王家嘴T32⑧：8（图2.26，2）。

Ab型，折肩，肩部突出明显。部分腹部饰有多道附加堆纹、附有錾首。此类型亦为盘龙城遗址出土数量最多的一类大口尊。同样根据王家嘴北区、杨家湾南坡等多组层位关系，可知其随时代发展器体逐步变瘦高、口部渐斜直向上、口部加宽、口肩径之比增大。分为七式。

Ab I 式：口径略大于肩径，口部外侈呈卷沿状，肩部突出明显，腹部微外鼓，腹部常饰三周窄条附加堆纹。标本：王家嘴T82⑧：2（图2.26，3）、王家嘴T36⑦：33、王家嘴T72⑦：4。

Ab II 式：口径大于肩径，口部外侈呈卷沿状，肩部突出较甚，腹部斜直内收，腹部同样装饰多周附加堆纹。标本：王家嘴T12⑦：12（图2.26，4）。

Ab III 式：口径进一步大于肩径，颈部仍较短，肩部开始内收，腹部已少见装饰附加堆纹，而以多周弦纹替代。标本：小嘴H73：13（图2.26，5）。

Ab IV 式：颈部加高、斜直内收，口径大于肩径，整体腹身向瘦高发展。标本：王家嘴T76⑥：1、李家嘴H4：20（图2.26，6）、杨家湾T6⑤：21、楼子湾H1：1、楼子湾H1：9。

Ab V 式：口径远大于肩径，部分口部外侈较甚，颈部进一步增高，肩部则日趋内收，口肩径之比增大，腹部斜直向下，肩部常饰附加堆纹，腹部多饰多周弦纹。标本：王家嘴T85⑤：15、王家嘴T85⑤：20（图2.26，7）、王家嘴T85⑤：20、杨家湾T28⑤：2、杨家湾T3④：41、杨家湾T42④：2、杨家湾T3⑤：37、杨家湾T10⑤：4、杨家湾T50⑤：1、楼子湾G2⑤：12。

Ab VI 式：口径远大于肩径，口部斜直外张，但外侈的角度缩小，颈部加高，腹部常见装饰窗棂纹配弦纹。标本：杨家湾T23④：5（图2.26，8）、杨家湾T43④：1。

Ab VII 式：口径远大于肩径，口部外侈的角度进一步缩小，颈部则持续增高，器身整体变得瘦高，腹部同样装饰窗棂纹配弦纹。标本：杨家湾Q1712T1013⑤：3（图2.26，9）。

Ac型，无肩或肩部仅用一周附加堆纹表示。参考Aa、Ab两型大口尊的演变趋势，该型大口尊可分为四式。

Ac I 式：整体器身较为矮胖，口部外侈较甚，腹部微外鼓，口腹之间饰一周附加堆纹。标本：王家嘴T11⑧：3（图2.26，10）、王家嘴T9⑧：11、王家嘴T72⑦：4。

Ac II 式：整体器身变瘦高，口部仍作外侈状，颈部较矮，腹部常装饰多周弦纹。标本：王家嘴T61⑥：10、王家嘴T65⑥：5、王家嘴T65⑥：33（图2.26，11）、杨家湾H14：1、杨家湾T7⑥：13、楼子湾H1：3。

Ac III 式：整体器身进一步变瘦高，口部斜直向外张开，颈部加高，腹部常素面或下腹部饰绳纹。标本：杨家湾T3④：1、杨家湾T8⑤：10、杨家湾T8⑤：11（图2.26，12）、杨家嘴T78⑤：12。

Ac IV 式：颈部进一步增高，整个器体变得瘦高。标本：杨家湾T23③：1（图2.26，13）。

B型　整体器身矮胖，颈部较短。参考A型大口尊及中原地区同类型器物的演变趋势，该类型大口尊可见由颈部较短、口径小于肩径，发展到颈部渐长、口径大于肩径。可分为四式。

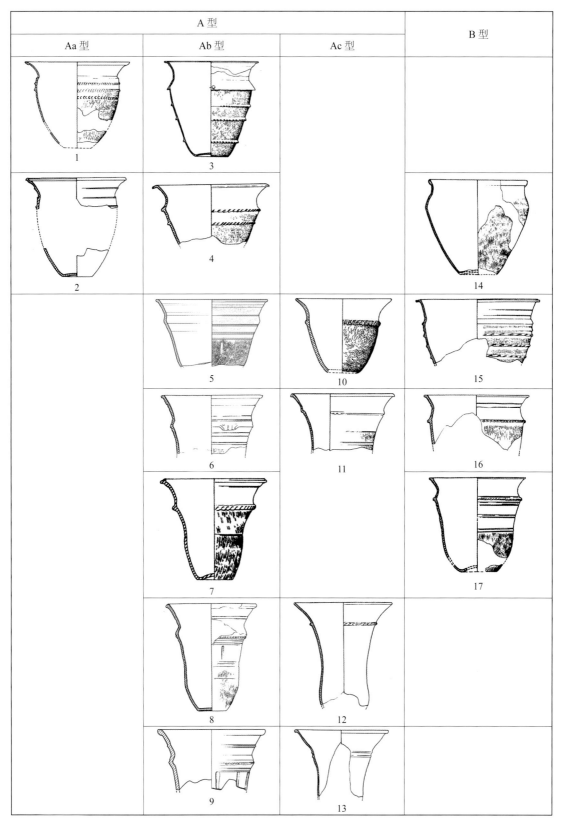

图 2.26　盘龙城大口尊的型式演变

1. 王家嘴 T20 ⑨：5　2. 王家嘴 T32 ⑧：8　3. 王家嘴 T82 ⑧：2　4. 王家嘴 T12 ⑦：12　5. 小嘴 H73：13　6. 李家嘴 H4：20　7. 王家嘴 T85 ⑤：20　8. 杨家湾 T23 ④：5　9. 杨家湾 Q1712T1013 ⑤：3　10. 王家嘴 T11 ⑧：3　11. 王家嘴 T65 ⑥：5　12. 杨家湾 T8 ⑤：11　13. 杨家湾 T23 ③：1　14. 王家嘴 T66 ⑦：22　15. 王家嘴 T66 ⑦：5　16. 王家嘴 T86 ⑥：29　17. 王家嘴 T85 ⑤：13

　　BⅠ式：口径小于肩径，颈部较短，腹部微外鼓。标本：王家嘴T66⑦：22（图2.26，14）。

　　BⅡ式：口径略等于肩径，颈部增高，腹部微外鼓。腹常饰多周附加堆纹。标本：王家嘴T66⑦：5（图2.26，15）。

　　BⅢ式：口径略等于肩径，肩下腹部微鼓。肩部饰一周附加堆纹，腹部装饰绳纹。标本：王家嘴T86⑥：29（图2.26，16）。

　　BⅣ式：口径大于肩径，腹部在肩下有微微内凹的曲线。腹部常饰弦纹配绳纹。标本：王家嘴T85⑤：13（图2.26，17）。

十四、爵

　　基本形态和其演变趋势多与中原地区一致。根据口部流、尾的形态特征，可分为无流和有长流两类，列为A、B两型。

　　A型　无流、尾。又可根据口部的形态分为侈口和直口Aa、Ab两亚型。

　　Aa型，侈口，收腰。参照中原地区陶爵的演变趋势，早期器身较瘦高，晚期器身渐矮胖。可分为两式。

　　AaⅠ式：器身较瘦高、腰部较细，腰部装饰两周凹弦纹。标本：王家嘴T65⑥：3（图2.27，1）。

　　AaⅡ式：器身较Ⅰ式矮胖，腰部较粗。标本：王家嘴T71⑦：2（图2.27，2）。

　　Ab型，直口，无腰，下腹矮胖。此类型爵在盘龙城出土数量较少，暂不分式。标本：王家嘴T17⑦：1（图2.27，3）。

　　B型　有长流。参照Aa型和中原地区同类型爵，早期尾流较长、器身较瘦高，晚期尾部消失、流部缩短、器身变矮胖。可分为五式。

　　BⅠ式：流、尾较长，流部上翘，腹身为五式之中最为瘦高。腰部常装饰双周的弦纹，如AaⅠ式爵；鋬部则见竖条状划纹和泥饼装饰，如早期陶盉上的装饰（见下文）。标本：王家嘴：0124[①]（图2.27，4）。

　　BⅡ式：流、尾较长，腹身较瘦高。标本：王家嘴T84⑦：1（图2.27，5）、杨家嘴M8：4。

　　BⅢ式：流、尾缩短，腹身分上下两部分，下腹部较高。标本：杨家嘴T23⑤：1（图2.27，6）。

　　BⅣ式：流部进一步缩短，尾部已趋于消失，下腹部变矮。标本：杨家湾M10：4（图2.27，7）、杨家嘴M10：1。

　　BⅤ式：整体腹身进一步变矮，三锥足渐短。标本：杨家湾T3③：3（图2.27，8）、杨家嘴T31④：2。

---

① 地点名称/盘龙城+0XXX为某地点或盘龙遗址的采集品，以下均同。

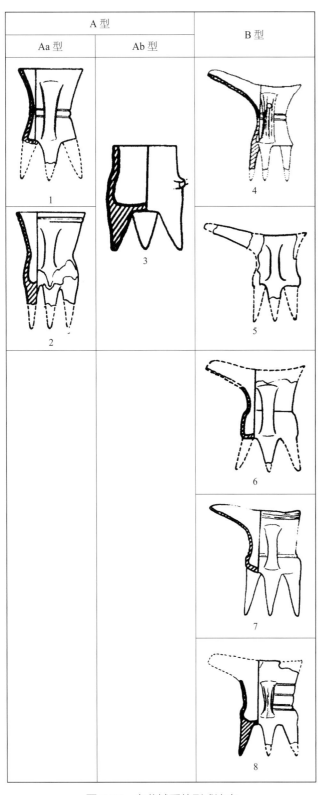

A 型		B 型
Aa 型	Ab 型	

图 2.27　盘龙城爵的型式演变

1. 王家嘴 T65⑥：3　2. 王家嘴 T71⑦：2　3. 王家嘴 T17⑦：1

4. 王家嘴：0124　5. 王家嘴 T84⑦：1　6. 杨家嘴 T23⑤：1

7. 杨家湾 M10：4　8. 杨家湾 T3③：3

十五、斝

根据口部的形态可分为侈口和敛口A、B两型。

A型　侈口，根据裆部的不同，又可细分为联裆或平裆和分裆两类，列为Aa、Ab两个亚型。

Aa型，联裆或平裆。根据中原地区陶斝的形态演变，口沿外侈到出现平折、下腹部比例增高、鋬下接的位置上移等特征，此可分为两式。

AaI式：上腹部较高，下腹部较矮，侈口、圆唇，鋬下接于近足的上部。标本：王家嘴T12⑦：13（图2.28，1）。

AaII式：下腹部增高，平折沿，鋬下接于近腰的部位。标本：杨家湾F1Z1：1（图2.28，2），杨家嘴M8：1。

Ab型，分裆。形制演变的特征可参见Aa型，分为两式。

AbI式：上腹部与下腹部大体同高，鋬下接近于足部，通体素面。标本：王家嘴T86⑧：23（图2.28，3）。

AbII式：下腹部增高，鋬下接近于腰部，上腹部多装饰两周凸弦纹。标本：王家嘴T25⑧：15、杨家嘴T9⑤：2（图2.28，4）。

B型　敛口，同样根据裆部的不同，可分为联裆或平裆和分裆Ba、Bb两个亚型。

Ba型，联裆或平裆，为盘龙城出土数量最多的一类陶斝。器物的演变特征与A型斝相近，下腹部增高，鋬下接位置上移。此外，下部鬲体的形态还可参考盘龙城陶鬲的演变特征，如三尖锥足渐短，锥足由外撇到竖直。可分为三式。

BaI式：腹身矮胖，上腹部显得较

高,下腹部向内斜收,器物轮廓近似一个倒梯形,鋬下接近于足部。标本:王家嘴T17⑤:2（图2.28,5）、王家嘴T85⑤:3、小嘴H73:3。

BaⅡ式:器腹加深,下腹部不再向内收,而是向外鼓出,器物轮廓整体近似一个亚腰形,鋬下接位置近于腰部。标本:王家嘴T33⑤:1、杨家嘴H1:5（图2.28,6）、杨家湾T38④:5。

BaⅢ式:比之上一式,三锥足缩短、竖直向下,整体器身显得较矮胖。标本:杨家湾T5③:10（图2.28,7）、杨家湾M1:5。

Bb型,分裆,口沿和腹上部与Ba型斝一致,然下腹部外张、分裆,尖锥足作外撇状。参考Ba型斝的演变特征,可分为两式。

BbⅠ式:整体腹身瘦高,下腹部外撇较甚,裆部较高,三锥足较高。标本:杨家嘴T6⑤:3（图2.28,8）。

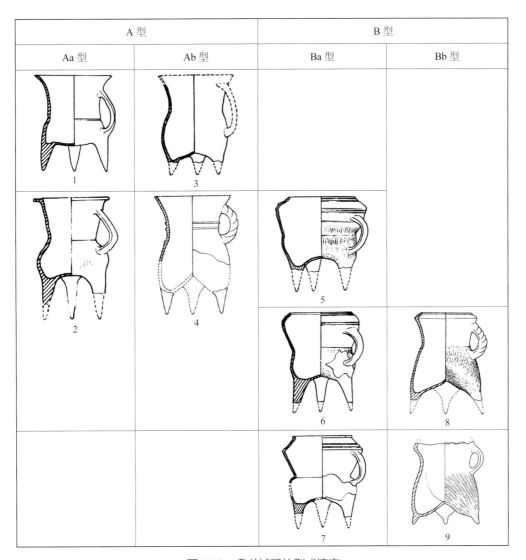

图 2.28　盘龙城斝的型式演变

1. 王家嘴 T12 ⑦:13　2. 杨家湾 F1Z1:1　3. 王家嘴 T86 ⑧:23　4. 杨家湾 T9 ⑤:2　5. 王家嘴 T17 ⑤:2
6. 杨家嘴 H1:5　7. 杨家湾 T5 ③:10　8. 杨家嘴 T6 ⑤:3　9. 杨家湾 J1:25

BbⅡ式：上腹部变得较矮，下腹部则如鬲的演变特征，整体腹身向矮胖发展，裆部渐低，锥足短小。标本：杨家湾J1∶25（图2.28，9）。

十六、盉

形制与中原地区相近，出土数量较少，暂不分式。在此仅举例叙述。标本：王家嘴T32⑧∶3（图2.29，1），残存鋬和裆部，鋬较宽，鋬顶部有两个泥饼装饰，鋬身为三道纵向的凹线纹饰，裆部饰绳纹。标本：城址4TU11⑥∶1（图2.29，2），仅残存器物下部的三足、裆部和鋬，三袋足、分裆，鋬中部内收，无纹饰。标本：杨家湾M6∶7（图2.29，3），残存鋬、腹部和三足，分裆，锥足短小，鋬面较宽，呈亚腰形，鋬顶部有两个泥饼装饰，鋬身见纵向的凹线纹饰。

十七、鬶

无盖、带流，三长空心锥足。盘龙城陶鬶同样受到中原地区影响，但又颇有自身特色。鬶在盘龙城出土数量较少，在此仅举例叙述。标本：王家嘴T39⑧∶1（图2.29，4），仅残存锥足部分，分裆、长空心锥足，饰绳纹。标本：李家嘴H4∶11（图2.29，5），保存完整。侈口无沿，带微凸出的流，上腹部斜直内收，下部为三长锥足，带鋬，腹部饰多周弦纹。该件器物原报告曾将其归为分裆的斝。不过其口部带流，并有长的空心锥足。这些特征表明器物功能应属于鬶，在此列为鬶类[①]。

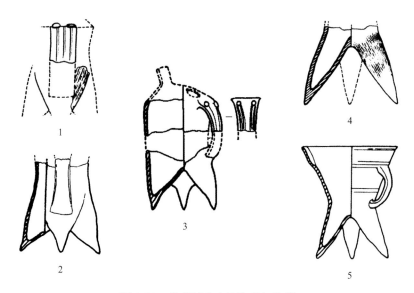

图2.29 盘龙城出土的陶盉与陶鬶

1~3. 盉（王家嘴T32⑧∶3、城址4TU11⑥∶1、杨家湾M6∶7）

4、5. 鬶（王家嘴T39⑧∶1、李家嘴H4∶11）

---

① 向桃初：《二里头文化向南方的传播》，《考古》2011年第10期。

十八、杯

出土数量较少，根据是否带鋬可以分为A、B两型。

A型　带鋬，圈足较高，整体腹身矮胖。不分式。标本：杨家湾M4：7（图2.30，1）。

B型　不带鋬，即所谓的"红陶杯"。敞口，整体腹身瘦高。该类型杯与新石器时代石家河文化的红陶杯颇为类似。标本：杨家嘴：064（图2.30，2）、盘龙城：025。

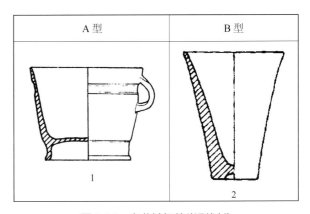

A型	B型
1	2

图2.30　盘龙城杯的类型划分

1. 杨家湾M4：7　2. 杨家嘴：064

十九、壶

根据腹部和圈足的形态变化，可分为横椭圆腹、无圈足，圆鼓腹、高圈足，以及长鼓腹、矮圈足三类，列为A、B、C三型。此外，另有一类腹身仿陶鼓的形态，具有很强的装饰性，不与以上三型相同，在此列为异型，D型。

A型　此类型器物多为黑皮陶或黑陶，腹部横向夸张外鼓，凹圜底或平底，无圈足，颈部多带一周凸弦纹，腹部多见弦纹配"人"字形纹，少见绳纹装饰。分为两式。

A I 式：颈部较细长，腹部扁圆较甚，腹部多饰弦纹配"人"字形纹。标本：王家嘴T58⑧：1、王家嘴T36⑧：30、王家嘴T36⑧：20（图2.31，1）。

A II 式：颈部较粗，腹部变高、不再近扁椭圆形，颈部饰两周凹弦纹。标本：杨家嘴M5：1（图2.31，2）。

B型　腹身圆鼓，有着较高的圈足，又被称为高圈足壶，腹部常饰倒三角排列的云雷纹，颈、腹、圈足还可见多周弦纹。此类型壶数量较少，暂不分式。标本：杨家湾H31：2（图2.31，3）。

C型　多直口或侈口，长鼓腹，下接矮圈足。此类型为盘龙城出土数量最多的一类壶。而根据附件贯耳和流的有无，可分为无耳、无流，贯耳，贯耳、带流三类，列为Ca、Cb、Cc三亚型。

Ca型，无贯耳、无流，腹身多瘦高、外鼓，少数在颈部贴加有对称的小耳，腹部常装饰弦纹和绳纹。形态演变可参考A型壶，分为两式。

Ca I 式：侈口，颈部较短，腹部较瘦高、外鼓，腹部饰凹弦纹，下腹饰绳纹。标本：王家嘴T66⑥：11、杨家湾Q1712T1013⑦：8（图2.31，4）。

Ca II 式：敛口，颈部进一步缩短，腹身向矮胖方向发展。标本：杨家湾M7：04（图2.31，5）。

Cb型，颈部或肩部带贯耳，又可称为贯耳壶。根据腹部形态的差异，还可进一步分为矮胖型和瘦高型，作为Cba、Cbb两亚亚型。

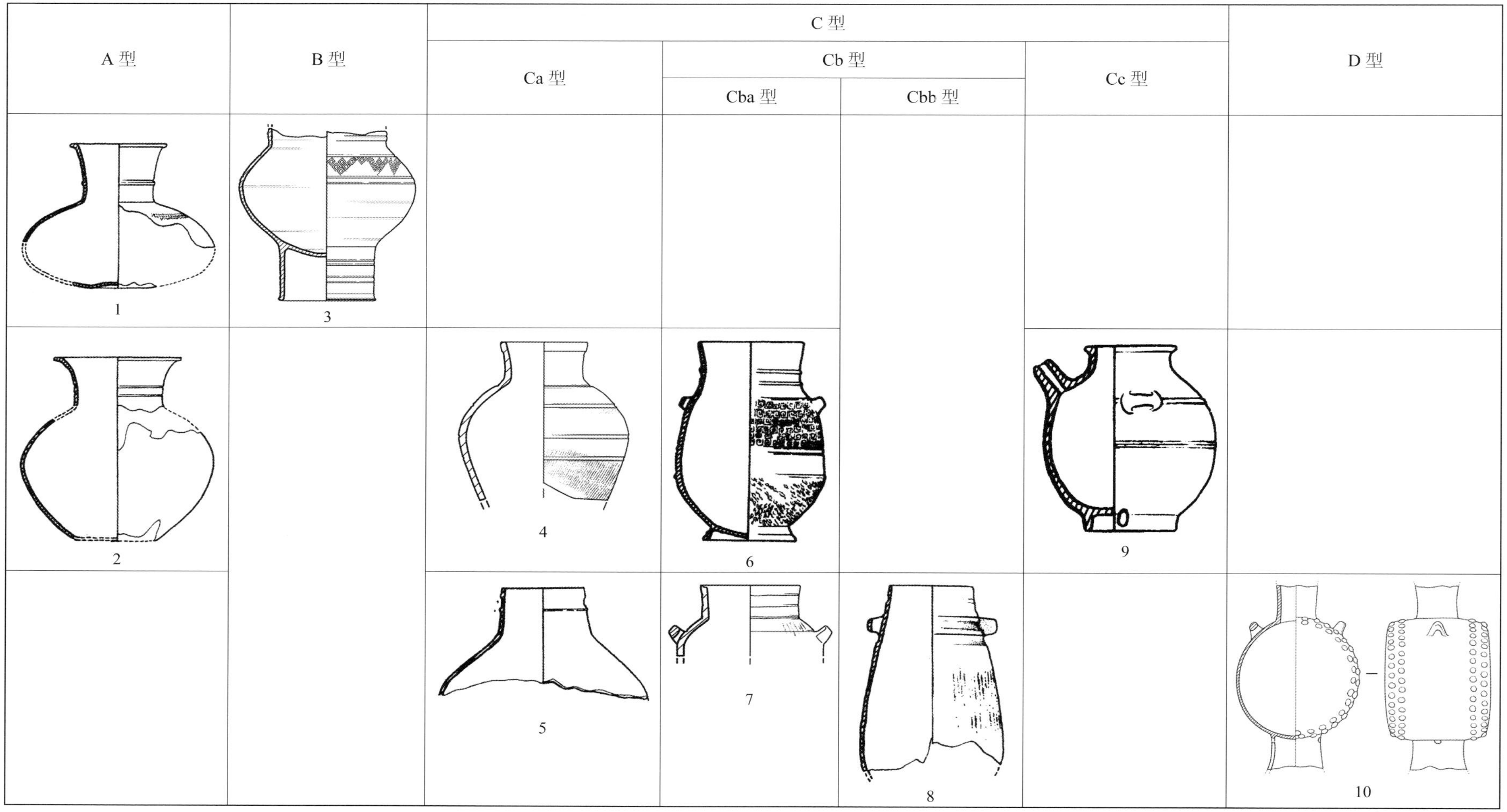

图 2.31　盘龙城壶的型式演变

1. 王家嘴 T36 ⑧：20　2. 杨家嘴 M5：1　3. 杨家湾 H31：2　4. 杨家湾 Q1712T1013 ⑦：8　5. 杨家嘴 M7：04　6. 王家嘴 T86 ⑤：22
7. 杨家湾 Q1712T1013 ③：20　8. 杨家嘴 M4：3　9. 李家嘴 M2：60　10. 杨家湾 J1：45

Cba型，短颈，器身较矮胖。参考A型壶的演变特征，可见整体器身由瘦高趋于矮胖，分为两式。

Cba I 式：整体器身仍较瘦长，颈部较高，腹部垂下外鼓，小圈足，上腹部附有两贯耳。部分器物上腹部装饰云雷纹，下腹部饰绳纹。标本：王家嘴T86⑤：22（图2.31，6）。

Cba II 式：器身渐矮胖，颈部缩短，贯耳移至肩部处。颈部部分装饰多周弦纹。标本：杨家湾Q1712T1013③：20（图2.31，7）、杨家湾Q1712T1014④：23。

Cbb型，比较Cba型壶，整体器身修长、腹部垂下。此类型壶数量较少，暂不分式。标本：杨家湾M4：3（图2.31，8）、杨家湾G1：22。

Cc型，短颈、腹部外鼓、小圈足，贯耳、带流，腹部多装饰弦纹。此类型壶形态各异，难以观察出演变序列，暂不分式。标本：李家嘴M2：60（图2.31，9）、杨家湾H1：6、杨家湾J1：24。

D型　整体腹身做陶鼓状，长颈、高圈足，器物具有较强的装饰性。标本：杨家湾J1：45（图2.31，10）。

二十、罍

盘龙城出土有少量的罍。罍均为短颈，微侈口，折肩，腹部斜收。参考青铜器的命名方式，与长颈、大敞口的尊（见下文）应分属于不同类的器物，在此单独作为一类论述。根据底部圈足的差异，盘龙城的陶罍可分为假圈足和真圈足两类，列为A、B两型。

A型　假圈足，即底部做台阶状、小平底，微侈口，折肩，多素面。此类型罍多尺寸较小，口径在12厘米左右。A型罍数量较少，暂不分式。标本：杨家湾H6：22（图2.32，1）、杨家湾T5③：9。

B型　折肩，腹部斜收较甚，底部接圈足，上腹部饰一周云雷纹，颈部和腹部饰有多周弦纹。盘龙城出土的B型罍同样数量较少，难以观察出年代变化，不分式。标本：李家嘴H8：14（图2.32，2）。

二十一、尊

比之罍，尊为大敞口。盘龙城陶尊出土数量较少，多有模仿青铜器和印纹硬陶器的特征[1]。在此仅举例叙述，不分型式。标本：小嘴H13：1（图2.33，1），大敞口，折沿，方唇，口径略小于肩径，折肩，腹部斜直内收，圈足

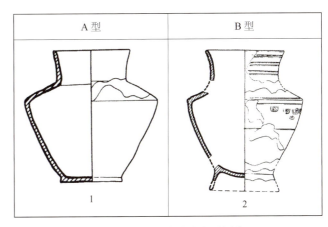

A 型	B 型
1	2

图 2.32　盘龙城罍的类型划分

1.杨家湾 H6：22　2.李家嘴 H8：14

---

① 徐深：《试论盘龙城存在的模仿印纹硬陶》，《江汉考古》2018年第5期。

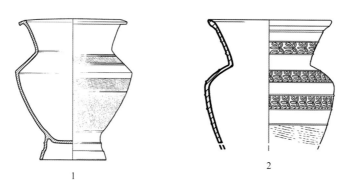

图 2.33　盘龙城出土的陶尊

1. 小嘴 H13：1　2. 杨家湾 H9：10

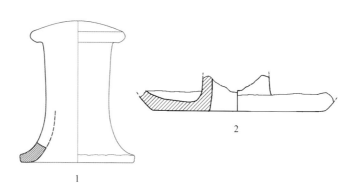

图 2.34　盘龙城出土的陶中柱盂

1. 杨家湾 H20：3　2. 杨家湾 Q1712T1013③：28

下带台阶。肩部和腹部各饰一周网格纹，下腹部饰绳纹。标本：杨家湾H9：10（图2.33，2），大敞口，圆唇，口部有加厚处理，圆肩，颈、肩和上腹部各装饰一周似兽面躯干的纹饰，下腹部同样见有绳纹。

二十二、中柱盂

多只见有中柱的部分，不见完整器。同样因出土数量较少，无法分型式。在此仅举例叙述。标本：杨家湾H20：3（图2.34，1），高柱，柱帽为蘑菇顶，素面，下部及盂的部分残缺。标本：杨家湾Q1712T1013③：28（图2.34，2），平底，盂口沿及柱残，通过柱底部尺寸推测，该件中柱盂柱的高度应与杨家湾H20：3相近。

二十三、器盖

盘龙城除陶瓷等器物可见盖有器盖外，另单独出土一批器盖，所属器类不详。在此单独分类。根据承盖和盖身形态的差异，可分为斜面或弧面、母口，弧面、子口和平面、母口三

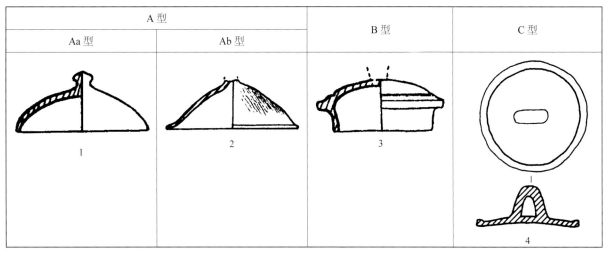

图2.35　盘龙城器盖的类型划分

1. 杨家湾 H6：53　2. 王家嘴 T37 ⑦：6　3. 杨家嘴 T8 ④：5　4. 李家嘴 H1：17

类，列为A、B、C三型。这些不同类型的器盖每类出土数量较少，目前难以观察出时代上的演变特征，以下均不分式。

A型　弧面或斜面，母口，根据盖身斜弧向下或斜直向下，又可细分为Aa、Ab两个亚型。

Aa型，盖身斜弧向下，盖纽一般较矮小，多见菌状、圆管状盖纽。标本：李家嘴H1：18、杨家湾H6：53（图2.35，1）、杨家嘴M6：6。

Ab型，盖身斜直向下，部分盖口作平沿状，盖纽多与Aa型盖一致，少数盖纽为高圆柱状，部分盖底封口。标本：王家嘴T36⑧：16、王家嘴T37⑦：6（图2.35，2）、杨家嘴T19④：10。

B型　子盖，盖身弧面，多菌状纽。标本：王家嘴T32⑧：19、李家嘴H8：18、杨家嘴T8④：5（图2.35，3）、杨家嘴T9④：4。

C型　盖身近平，多为桥形纽。标本：王家嘴T75⑥：4、李家嘴H1：17（图2.35，4）。

二十四、器座

为盘龙城颇有特色的一类器物。完整器可见器座整体呈亚腰形，腹身中部带有多排圆形穿孔，穿孔之间则装饰多周的凹弦纹。盘龙城的陶器座形制多较一致，且出土完整器较少，暂不分型式。标本：李家嘴H2：9（图2.36，1）、城址4TR25④：4（图2.36，2）、杨家嘴M26：10（图2.36，3）。

二十五、缸

可谓盘龙城遗址出土数量最多的一类陶器。除一般常见的敞口、直筒腹类的大口缸外，原《盘龙城（1963～1994）》报告所谓的"坩埚"一类陶器，形制特征与陶缸一致，未发现

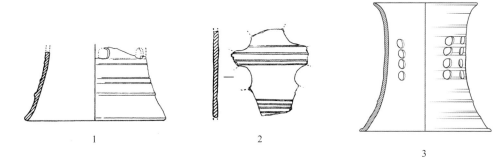

图 2.36　盘龙城出土的陶器座

1. 李家嘴 H2：9　2. 城址 4TR25 ④：4　3. 杨家嘴 M26：10

属于铸铜等生产活动的痕迹，也应属于缸一类，在此一并论述。

陶缸器形简单，多敞口，筒形腹，底部常接小平底或矮圈足，口下带附加堆纹，腹部饰绳纹、方格纹或篮纹。不过，缸虽器形简单，但不同类型之间尺寸、大小差异颇大。较大者口径可至40～50厘米，通高达100厘米；中型者口径约30厘米，通高30～40厘米；较小者口径约20厘米，通高20～30厘米；此外，还有一类微型，口径、通高不足10厘米（图2.37）。以上不同大小的陶缸，容积不同，可能反映出器物不同的功能，特别是大型缸与小型、微型缸之间容积巨大的差异，应是盛装不同的物品所致。由此，根据口径与通高尺寸的集中性，可将缸划分为大型、中型、小型和微型四类，分别列为A、B、C、D四型。此外，部分形制特殊者，不类于一般陶缸，作为异型，列为E型。而盘龙城出土的缸底部的形态和装饰也显得丰富多样，并多有标本单独出土，下文还将对缸底部另做一类，进行分型分式。

A型　大型缸，即口径在40～50厘米，通高在40厘米以上者。此类型缸除颈部装饰一周附加堆纹外，还常在腹部装饰多周附加堆纹。参考杨家湾、杨家嘴层位关系可知，缸早期腹身较为敦厚，晚期腹部斜收加剧、腹身日趋瘦高。实际上，缸形态上的这一演变趋势和大口尊的时代演变颇为一致，进一步暗示出此类器物形态演变的规律性。在此分三式。

AⅠ式：微侈口，腹部竖直向下，最大腹径居于腹下部，腹身有着敦厚的视觉感受，底接小平底。标本：王家嘴T72⑦：6（图2.37，1；图2.38，1）。

AⅡ式：直口微侈，腹部斜直内收，腹身开始显得纤长。标本：城址 4TR21④：1、王家嘴T65⑥：19、杨家湾H1：17、杨家嘴T11⑤：6（图2.38，2）。

AⅢ式：直口微侈，下腹进一步内收，下接长凸形底。标本：杨家嘴T13④：2（图2.38，3）。

B型　中型缸，即口径30～40厘米，通高30～40厘米。此类型缸占据盘龙城出土缸的半数以上，在此根据口、腹的形态特征，可分为侈口直弧腹、直口斜弧腹和大敞口斜腹三类，列为Ba、Bb、Bc三亚型。

Ba型，卷沿、侈口，腹部直下，下腹部微弧内收。根据腹部形态的差异，可进一步分为瘦高和宽胖两类，为Baa、Bab两亚亚型。

Baa型，整体腹身显得较瘦高。同样根据1980年杨家湾南坡发掘区的层位关系，此类型缸早期腹身敦厚、晚期则日趋修长。分三式。

Baa I 式：侈口较短，腹部直下，多接饼状器底，少数接圈足。标本：王家嘴T32⑨：13（图2.38，4）、王家嘴T36⑧：7、王家嘴T36⑧：8、王家嘴T36⑧：10。

Baa II 式：口部外侈、卷沿，腹部近直、微鼓。标本：王家嘴T48⑧：4（图2.37，2）、杨家湾F1Z1：14（图2.38，5）、杨家嘴T5⑤：11、杨家嘴T3⑤：56。

Baa III 式：口部外侈较短，腹部近直垂下、斜内收，整体腹身显得修长。标本：杨家湾T17④：9（图2.38，6）、杨家嘴T6④：24。

Bab型，腹身较为宽胖，参考Baa型缸的演变趋势，可分为两式。

Bab I 式：卷沿较为短小，腹部微鼓、斜收。标本：王家嘴T9⑤：1（图2.38，7）、杨家嘴H1：19。

Bab II 式：卷沿进一步趋短，腹部向下斜收加剧，底部接凸出的小平底。标本：杨家湾T18④：2（图2.38，8）、杨家湾Q1813T0113④：32。

Bb型，直口，腹部微弧斜收，底部接小圈足或饼状底。此类型缸又在B型中数量最多。而进一步根据腹部较直和较斜收的形态差异，可分为Bba、Bbc两亚亚型。

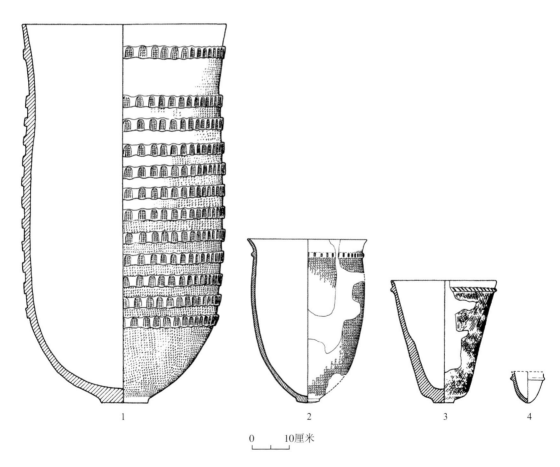

0 ___ 10厘米

图2.37　盘龙城不同尺寸的缸

1. 王家嘴 T72 ⑦：6　2. 王家嘴 T48 ⑧：4　3. 杨家嘴 M1：8　4. 杨家湾 T17 ④：4

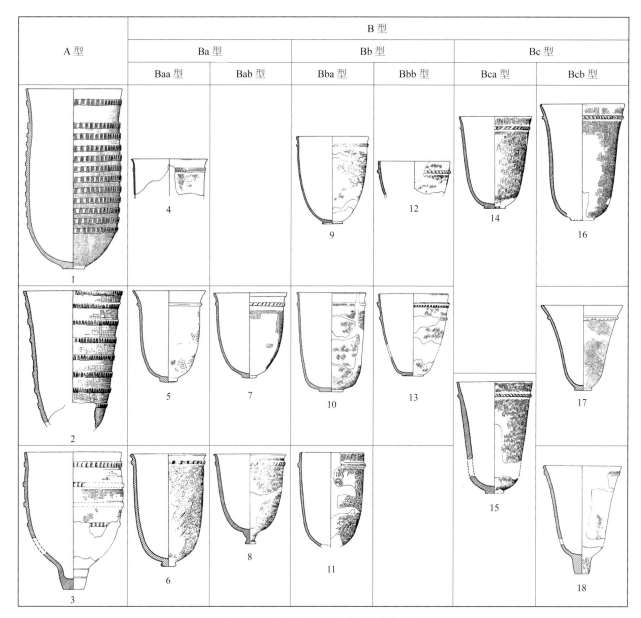

图 2.38　盘龙城 A、B 型缸的型式演变

1. 王家嘴 T72 ⑦：6　2. 杨家嘴 T11 ⑤：6　3. 杨家嘴 T13 ④：2　4. 王家嘴 T32 ⑨：13　5. 杨家嘴 F1Z1：14　6. 杨家湾 T17 ④：9
7. 王家嘴 T9 ⑤：1　8. 杨家湾 T18 ④：2　9. 王家嘴 T25 ⑦：27　10. 杨家湾 T28 ⑤：3　11. 杨家湾 T5 ④：11　12. 王家嘴 T32 ⑨：9
13. 楼子湾 T7 ⑥：4　14. 王家嘴 T65 ⑦：8　15. 李家嘴 H18：1　16. 李家嘴 H5：6　17. 杨家湾 H9：2　18. 杨家湾 T24 ③：5

　　Bba型，腹部较直，早期腹身较胖，多呈微鼓的形态，晚期则趋直，且日渐瘦长。分为三式。

　　Bba I 式：器身整体显得较胖，腹部直下微鼓，下接小平底或小圈足。标本：王家嘴 T71⑦：10、王家嘴 T25⑦：27（图2.38，9）、杨家嘴 T26⑤：2。

　　Bba II 式：腹身直下，腹部渐瘦高。标本：王家嘴 T86⑤：26、杨家湾 T28⑤：3（图2.38，10）、杨家嘴 T10⑤：5。

　　Bba III 式：整体腹部显得较为瘦长，腹部多斜直而下。标本：杨家湾 T5④：11

（图2.38，11）、杨家湾T17④：9、杨家湾T5④：21、杨家湾T3④：9。

Bbb型，腹部比较Bba型有着进一步斜收的特征。同样参考Bba型缸，可分为两式。

Bbb I 式：腹部微弧斜收，整体腹身显得较胖。标本：王家嘴T32⑨：9（图2.38，12）。

Bbb II 式：整体腹身仍显得较为矮胖，不过腹部斜收加剧。标本：楼子湾T7⑥：4（图2.38，13）、王家嘴T76⑥：5、王家嘴T65⑥：8、杨家湾T3⑤：46。

Bc型，大敞口，腹部斜向内收。又可根据腹部的形态特征，进一步分为斜直腹和斜收曲腹Bca、Bcb两亚亚型。

Bca型，腹部斜直内收。此类型缸数量较多，但早晚形态变化不甚明显。参考A型、Ba型、Bb型缸的演变趋势，可将其分为两式。

Bca I 式：腹部较宽，整体器身显得为敦厚。标本：杨家湾T17⑦：8、王家嘴T65⑦：8（图2.38，14）、杨家湾T65⑥：8、杨家湾T3④：6、杨家湾T10③：4。

Bca II 式：腹部变窄，器身变修长。标本：王家嘴T66⑥：5、王家嘴T76⑥：3、李家嘴H18：1（图2.38，15）、李家嘴H17：2、杨家湾T28⑤：4、杨家湾T28⑤：5、杨家湾T3④：9、杨家湾T5④：12、杨家湾T5④：21、杨家湾T6④：2、杨家湾H9：3、杨家湾H10：1、杨家嘴T6⑤：27、杨家嘴T3⑤：58、楼子湾H1：18、楼子湾T8④：2。

Bcb型，腹部内曲斜收。参考Ba型、Bb型缸演变特征可见，早期整体腹身较宽胖，晚期则显得日趋瘦高。分为三式。

Bcb I 式：上腹部微内收，下腹部微鼓后斜收，整体腹身显得宽胖。仅从腹部形态观察，此式实际又近于Baa II 式缸。标本：李家嘴H5：6（图2.38，16）、李家嘴H7：2、杨家嘴T3⑤：46、楼子湾G2⑤：20。

Bcb II 式：口径较宽，腹部内曲后斜收加剧，常接小平底。标本：杨家湾H9：2（图2.38，17）。

Bcb III 式：口径相对较短，腹身变得修长，部分下接长筒形底。标本：杨家湾T21③：1、杨家湾T24③：5（图2.38，18）、杨家嘴T14④：2。

C型　小型缸，即口径在20厘米左右，通高20～30厘米。原盘龙城报告曾将其称为"坩埚"。此类型缸多为大敞口，腹部斜收，小平底或小饼状凸底。根据腹部形态的差异，又可进一步分为：斜直腹，器壁从口至底部逐步加厚一类，列为Ca型；曲腹，上腹斜收，下腹曲折直下，器壁上下均较薄一类，列为Cb型[①]。Ca和Cb型缸数量较少且早晚形态多较一致，暂不分式。

Ca型，标本：杨家湾T17④：6（图2.39，1）、杨家嘴T3⑤：74、杨家嘴M1：8（图2.37，3）、杨家湾H35：21。

Cb型，标本：杨家湾Q1712T1015③：1（图2.39，2）。

D型　微型缸。盘龙城还出土有少量口径、通高在10厘米左右的缸，功能与性质应与以上缸有所区别。但目前具体功能不详，依形态特征，将其归为缸类，列为D型。在此不分

---

① Cb型缸可能属于Bcb型的一种小型器类。

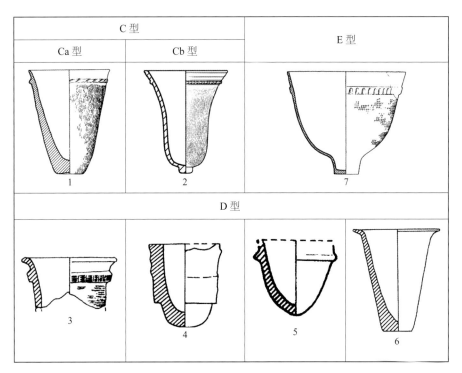

图 2.39　盘龙城 C、D、E 型缸的型式演变

1. 杨家湾 T17 ④：6　2. 杨家湾 Q1712T1015 ③：1　3. 杨家嘴 T10 ⑤：6　4. 李家嘴 H8：8
5. 杨家湾 T17 ④：4　6. 王家嘴 T61 ⑥：2　7. 杨家嘴 T13 ④：4

式，仅举例叙述。标本：杨家嘴T10⑤：6（图2.39，3）仅残存口沿，形态与Ba型缸相近，卷沿侈口，颈部近口处装饰一周附加堆纹。标本：李家嘴H8：8（图2.39，4），胎体较厚、直口，上腹较直，近底台阶状内收，圜底。标本：杨家湾T17④：4（图2.37，4；图2.39，5）口部不详，仅残留腹部和底部，斜腹内收，尖圜底，近口处有一周附加堆纹。标本：王家嘴T61⑥：2（图2.39，6），侈口，尖唇，腹部斜收，平底，器壁由口至底逐步加厚。原报告曾将其称为"喇叭形器"[①]。不过器物的形态、尺寸、胎质，特别是器壁由口至底逐步增厚的特征，多见于陶缸之上。在此将该件器物归为缸，列为D型。

E型　盘龙城出土一类缸，侈口或大敞口，口径较大，腹身较短，整体器身显得敦厚，无法列入以上型式分类，单独作为异型，列为E型。标本：杨家嘴T13④：4（图2.39，7）、杨家湾Q1813T0113⑤：12。

二十六、缸底部

盘龙城遗址亦发现有大量不同类型的缸底，但上部器身残缺。这些缸底形态、纹饰变化丰富，如离口部，部分也反映出不同的文化背景与年代关系。在此对缸底单独进行型式划分。同样，对缸底的型式分类将优先选择已发表的缸底残件，而对于某一型式有缺环的，则

① 《盘龙城（1963～1994）》，第123页。

参考完整器的缸底。

根据缸接底方式的不同，可分为圈足、平底、饼状底、高凸状底和圜底五类，列为A、B、C、D、E五型。

A型 圈足。此类型缸底部，多因在圜底或平底下接一圈泥条形成。根据圈足的形态，可细分为窄圈足和宽圈足两类，分为Aa、Ab两亚型。

Aa型，圈足较窄，圈足多按压有花边。分为两式。

AaⅠ式：圈足较高。标本：王家嘴T36⑧：27（图2.40，1）、杨家湾T5④：13。

AaⅡ式：圈足较矮，近假圈足。标本：杨家湾T21③：1（图2.40，2）、杨家湾T10③：4、杨家嘴H1：25、杨家嘴T3⑤：19。

Ab型，圈足较宽，圈足内还贴有一圈泥条，形成两重圈足的形态。该类型缸底标本仅见一例：王家嘴T36⑧：7（图2.40，3），不分式。

B型 平底，部分底部有压印的纹饰。数量较少，暂不分式。标本：王家嘴T66⑦：29（图2.40，4）、杨家湾T5④：24。

C型 饼状底。此类型多先在缸底部做一突出的榫头，之后再在其上附加一泥饼，形成有台阶状凸起的实心平底。而这一类型也是盘龙城缸最为常见的底部形态。根据附贴的泥饼底面是否呈圜底状，可细分为Ca、Cb两亚型。

Ca型，饼状底部为平面，饼状的边缘常见按压的花边，底部饰有压印的纹饰。分为三式。

CaⅠ式：附贴的泥饼底较宽，泥饼与缸底连接处向内斜收。标本：王家嘴T17⑦：34（图2.40，5）、李家嘴H4：12、李家嘴H8：9、杨家湾T23④：11、杨家湾T5④：18、杨家嘴T11⑤：11、杨家嘴T11⑤：4、楼子湾T8④：12。

CaⅡ式：贴附的泥饼趋窄，泥饼与缸底连接处开始向外斜收。标本：王家嘴T17⑦：17、李家嘴H8：2、杨家嘴H1：20（图2.40，6）、杨家嘴T5⑤：20、杨家嘴T10⑤：7。

CaⅢ式：贴附的泥饼进一步趋窄、变高。标本：杨家湾T24③：4（图2.40，7）、楼子湾T8④：1。

Cb型，饼状底部呈微凸圜底状。分为两式。

CbⅠ式：饼状底较宽矮。标本：王家嘴T48⑧：4（图2.40，8）、杨家嘴T6④：26。

CbⅡ式：饼状底渐高，变窄，形成近于菌状的外形。标本：杨家嘴T11⑤：3（图2.40，9）。

D型 高凸状底。此类型底常在缸底凸出的榫头上，泥条盘筑或泥片贴筑，形成高突出的器底。部分器底甚至有着多层泥片贴附的夸张形态。根据凸出器底形态的差异，可分为凸出小平底和凸出尖圜底两类，列为Da、Db两亚型。

Da型，缸下接凸出的小平底。分为三式。

DaⅠ式：凸出的底部为三式之中最矮的，最底部饰一圈附加堆纹。标本：王家嘴T13⑦：7（图2.40，10）。

DaⅡ式：底部渐高，最底部仍贴附一周泥条，形成凸出的形态。标本：杨家湾T18④：2（图2.40，11）。

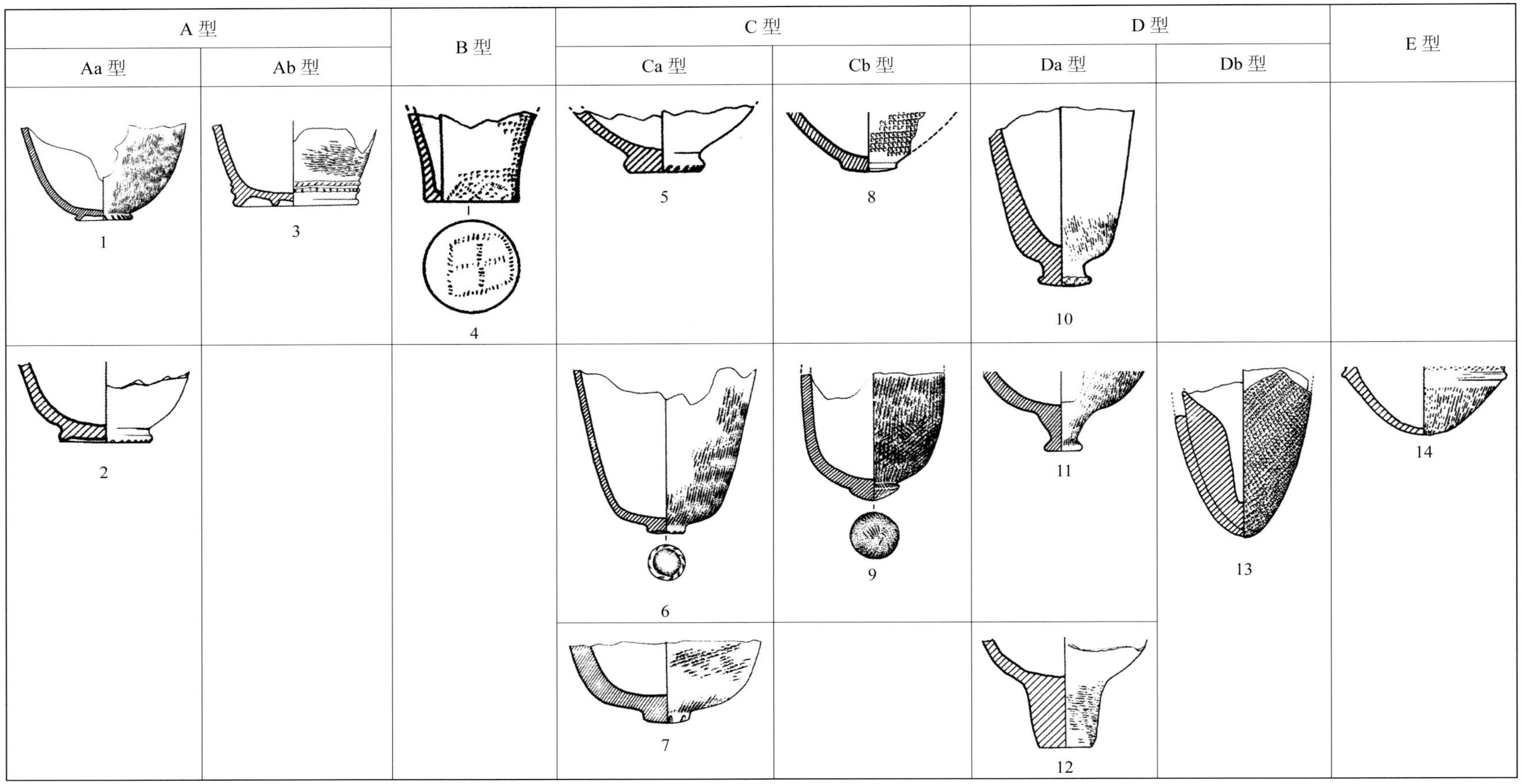

图 2.40 盘龙城缸底部的型式演变

1. 王家嘴 T36 ⑧：27　2. 杨家湾 T21 ③：1　3. 王家嘴 T36 ⑧：7　4. 王家嘴 T66 ⑦：29　5. 王家嘴 T17 ⑦：34　6. 杨家湾 H1：20　7. 杨家湾 T24 ③：4　8. 王家嘴 T48 ⑧：4　9. 杨家湾 T18 ④：2　12. 杨家湾 T24 ③：5　13. 楼子湾 M3：17　14. 楼子湾 G2 ⑤：3　10. 王家嘴 T13 ⑦：7　11. 杨家湾 T11 ⑤：3

DaⅢ式：凸出的底部增高、加宽，形态夸张，不再有附加的堆纹装饰，部分底部形成空心状，部分则筑成一个实心的泥块贴附。标本：杨家湾T24③：5（图2.40，12）、杨家嘴T13④：4。

Db型，缸下接凸出的尖圆底，部分接小平底的圈足。此类型底多出现在多层、厚胎的缸上。数量较少，暂不分式。标本：楼子湾M3：17（图2.40，13）、杨家湾Q1712T1014④：82。

E型　圆底。此类型缸底数量较少，暂不分式。标本：楼子湾G2⑤：3（图2.40，14）。

二十七、尊形器

敞口、束颈、折肩、腹部斜收，腹部多装饰绳纹。此类型器在原报告中曾被称为"尊"或"厚胎尊"。整体形态实际近于盘龙城出土的印纹硬陶尊形器（见下文）。为区别于以上所述的大口、折肩、圈足尊，在此统一称之为"尊形器"。

盘龙城尊形器出土数量不多，并集中在李家嘴、杨家嘴等地点。根据杨家嘴的层位关系，尊形器早期腹部较浅、口径等于或小于肩径，晚期则腹部渐深、口径大于肩径。分为三式。

Ⅰ式：侈口，口径等于或小于肩径，肩部向外突出，腹部较浅、斜收，器壁较薄。标本：杨家嘴T7⑦：14[1]、杨家嘴T3⑦：67（图2.41，1）、杨家湾M4：17。

Ⅱ式：侈口，口径等于肩径，腹部渐深，平底，器壁增厚。标本：李家嘴H7：4（图2.41，2）。

Ⅲ式：侈口，口径大于肩径，腹部为三式之中最深的，部分为凹圆底，器壁较厚。标本：杨家嘴T6⑤：5、杨家嘴M3：3（图2.41，3）。

二十八、筒形器

为盘龙城出土的较为特殊的一类陶器，形制不明，暂依据《盘龙城（1963～1994）》的称谓，将其称为"筒形器"。器物少见完整器，多见底部残件。完整器可见侈口、卷沿，腹部微斜直内收，下接平底或微凹圆底。此类型器物器壁一般较薄，器口径近20厘米，通高约在18厘米。筒形器数量较少，暂不分型、分式。

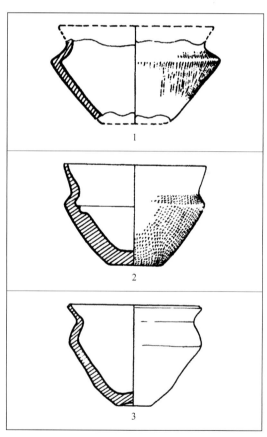

图2.41　盘龙城出土尊形器的式别演变

1. 杨家嘴T3⑦：67　2. 李家嘴H7：4　3. 杨家嘴M3：3

---

① 《盘龙城（1963～1994）》曾将该件器物归为盆。不过从形态和尺寸上看，其更接近于尊形器。不过该件器物残破严重，也不排除下接三足，为盆形鼎的可能。《盘龙城（1963～1994）》，第308页。

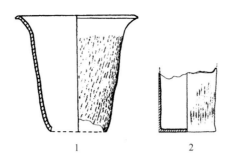

图2.42 盘龙城出土的筒形器

1.杨家湾 H5：1 2.杨家湾 T18 ③：1

标本：杨家湾H5：1（图2.42，1）、杨家湾H5：3、杨家湾T18③：1（图2.42，2）、杨家嘴T8⑤：6、杨家嘴T9⑤：6、杨家嘴T6④：8。

二十九、其他类陶器

盘龙城部分陶器器类发现数量较少，部分器类性质、功能不明确。在此归入其他类陶器中，统一进行讨论。由于这些器物发现较少，不少形制较为特殊，因此以下不分型式，仅按照器类举例叙述。

1. 甑

盘龙城出土的甑均为残件，且数量较少。标本：城址3TB'31⑥A：2，残存器底，矮圈足，底部镂孔为箅子（图2.43，2）。标本：王家嘴T66⑦：32，同样残存器底，平底不带圈足，底部有镂孔（图2.43，5）。

2. 瓮形器

标本：王家嘴T12⑧：18（图2.43，8），仅残存口部和上腹部。原报告曾将其称为"折肩瓮"[1]。不过该件器物与盘龙城所见瓮颇有差异，不过其束颈、广肩、鼓腹的形态暗示器物的功能仍可能为存储之用，在此将其改称为"瓮形器"。器物侈口、平折沿，肩部贴附有两个对称的鼻纽，素面，颈部有轮修的痕迹。

3. 壶形器

标本：王家嘴采集：038（图2.43，10），残存器物口部和上腹部。整体外形似Ca型壶，侈口，沿面起一周凸棱，圆肩，鼓腹，素面。然而器物腹中部见有两个对称的椭圆形穿孔，并据报道"器壁内侧局部涂满烟痕"。器物实际功能不详，依据原报告将其称为"壶形器"[2]。

---

① 《盘龙城（1963～1994）》，第94、95页。

② 《盘龙城（1963～1994）》，第404、405页。

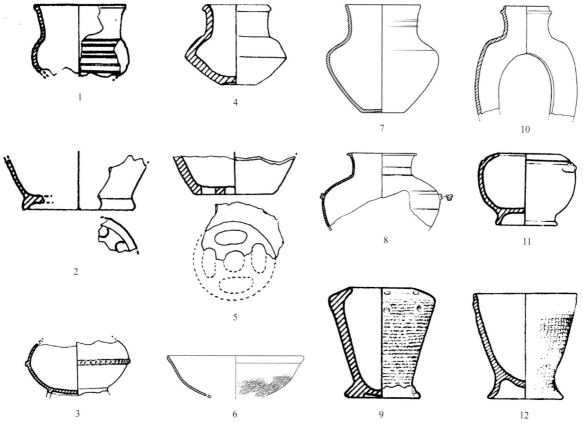

图 2.43 盘龙城出土其他类陶器举例

1. 小壶形器（王家嘴 T36⑧：32）　2、5. 甑（城址 3TB'31⑥A：2、王家嘴 T66⑦：32）　3. 簋形器（楼子湾 H1：8）
4、7. 小罐（盘龙城王家嘴采集：0103、杨家湾 M26：8）　6. 钵（杨家湾 G1：16）　8. 瓮形器（王家嘴 T12⑧：18）
9、12. 杯形器（李家嘴 H18：13、王家嘴采集：078）　10. 壶形器（王家嘴采集：038）　11. 瓿（李家嘴 M1：31）

4. 小壶形器

标本：王家嘴 T36⑧：32（图2.43，1），残存口部和上腹部。原报告将其称为"小壶"[①]，不过器物的实际功能不详，在同期其他遗址也极少发现同类器。在此将其改称为"小壶形器"。器物侈口，束颈，腹部圆鼓，腹部饰有七周平行的凹弦纹。此外，杨家湾 M6 出土一件与此相近的器物口沿（杨家湾 M6：8），原报告将其称为圆肩罐[②]，实际可能为同一类器物。

5. 小罐

形态多较一致，直口或微侈口，折肩，腹部斜收，小平底或微凹圜底。此类器物形态多较一致，原报告曾称之为"短颈壶"[③]。不过器物尺寸较小，与盘龙城一般壶差异颇大。在

---

① 《盘龙城（1963～1994）》，第94、95页。
② 《盘龙城（1963～1994）》，第220、222页。
③ 《盘龙城（1963～1994）》，第399页。

此为区别壶或类壶形器，将其改称为"小罐"。标本：盘龙城王家嘴采集：0107、盘龙城王家嘴采集：0103（图2.43，4）、杨家嘴M26：8（图2.43，7）。

6. 瓿

标本：李家嘴M1：31（图2.43，11）。敛口，鼓腹，下接圈足，肩部附有三个对称的鋬首，上装饰圆饼状乳钉。

7. 簋形器

标本：楼子湾H1：8（图2.43，3），仅残存腹部。器物实际功能与类别不详，暂且依报告将其称为"簋形器"[①]。器物残存的部分可见为鼓腹、腹中部有一周附加堆纹。

8. 钵

相对于盆而言，以无沿、斜弧腹、形制尺寸较小为特征。钵在盘龙城仅零星发现。标本：杨家湾G1：16（图2.43，6），圆唇，唇部加厚，斜弧腹，底部残，口部素面，腹部饰绳纹。标本：王家嘴T56⑦：3，圆唇、直口、无沿，折腹斜收，底部残，口及上腹部素面，腹部饰绳纹。此外，标本：李家嘴H4：23从腹部和底部的形态上看，亦可能为一件钵；不过该件器物口部残，是否为钵或盆存疑[②]。

9. 杯形器

标本：李家嘴H18：13（图2.43，9）。敛口，斜直腹，底接圈足，肩和上腹部有四个对称相通的穿孔。从形态、大小与结构上看，颇怀疑该件器物与"瓿（李家嘴M1：31）"属于同一类器物。标本：王家嘴采集：078（图2.43，12），为王家嘴采集。器物侈口，腹部斜收，圈足较高。该件器物的腹部及圈足的形态、大小与李家嘴H18：13杯形器相近，在此依据报告将其归为"杯形器"[③]。

第三节 印纹硬陶与原始瓷的型式划分

以上我们对盘龙城出土的所有可辨别类别的普通陶器进行了型式分类研究，特别是对部分出土数量较多、年代延续较长、形态变化丰富，以及可能反映不同地区文化背景的器物，梳理出了类型之间的谱系演化关系。而除普通陶器外，盘龙城还出土有大量的印纹硬陶与原始瓷。这部分陶器尽管不是盘龙城陶器中的主流因素，但部分反映出了与长江中下游、中

---

① 《盘龙城（1963～1994）》，第365、366页。
② 《盘龙城（1963～1994）》，第158、159页。
③ 《盘龙城（1963～1994）》，第403页。

原地区之间的文化联系，更具有一定时代上的指示特征。由于印纹硬陶和原始瓷在器类、器形、纹饰、材质等诸多方面与普通陶器差异颇大，而两者之内又具有相似性，甚至难以观察出差异，在此单独对这两类器物进行型式的分类研究。

印纹硬陶一般是指由高岭土，经高温烧制成型的陶器；而原始瓷则是高岭土，施釉，达到或略低于瓷器烧成温度烧制成型的陶器。这两种陶器在盘龙城遗址一般不见有明显的差异。盘龙城出土的印纹硬陶与原始瓷有罐、尊、杯、瓮、器盖、瓶、罍七大类。本书将按器类分别进行型式研究。由于印纹硬陶和原始瓷多出土于墓葬，遗址分布零散，器物之间缺少层位关系反映相对早晚。因此，下文的型式分类将重在梳理器物形制之间的逻辑演变关系，早晚相对年代将在分期与年代一章做进一步讨论。

一、罐

以印纹硬陶居多。常见侈口、高颈、圆鼓腹，下接平底或凹圜底，颈部饰多周细密弦纹，腹部见叶脉纹或云雷纹。根据上腹部是否带系的特征，可分为无系和有系两大类，列为A、B两型。此外，不类于A、B两型者，列为异型，C型。

A型　无系罐。根据颈、腹的形态差异，可分为束颈、鼓腹和不束颈、直腹两类，列为Aa、Ab两亚型。

Aa型，束颈、鼓腹，分三式。

AaⅠ式：整体器身较瘦高，口外侈、方唇，束颈，鼓腹，最大腹径较低，平底。上腹部饰云雷纹，下腹部饰叶脉纹。标本：杨家湾Q1712T1015⑥：1（图2.44，1）、王家嘴：0125。

AaⅡ式：整体器身渐矮，折沿、方唇、唇下带钩，腹部圆鼓，平底，腹部饰叶脉纹。标本：李家嘴H1：15（图2.44，2）、李家嘴H7：5、杨家嘴H1：7。

AaⅢ式：整体器身矮胖，侈口、方唇、唇上下起钩，圆鼓腹，最大腹径上移，微凸圜底。标本：城址M1：9（图2.44，3）。

Ab型，颈部顺连腹部斜直而下，分两式。

AbⅠ式：方唇、唇面内凹、上缘凸起，直腹垂下，微凹圜底，腹部饰叶脉纹。标本：李家嘴H25：5（图2.44，4）。

AbⅡ式：方唇、沿下微突出，近于同时期陶鬲的口沿，直腹微外鼓，平底，腹部同样也饰叶脉纹。标本：杨家湾H6：42（图2.44，5）。

B型　带系罐，上腹部常贴附三到四个系耳。器身整体形态近Aa型。可分三式。

BⅠ式：整体器身较瘦高，直口微侈，最大腹径位于腹中部，上腹部残见系耳，饰云雷纹。标本：王家嘴T9⑧：12（图2.44，6）[①]。

BⅡ式：整体器身渐矮胖，同样直口微侈，平折沿，最大腹径居于腹下部。上腹部贴附三个系耳，上腹部饰云雷纹，下腹部饰叶脉纹。标本：王家嘴T65⑥：8、杨家嘴T13④：1（图2.44，7）。

---

① 该器物在原报告中被称为"鼓腹尊"。不过，器物侈口，颈部较竖直，鼓腹，不带圈足，形态特征和尊形器或尊的折肩、斜腹不同，而更接近于本书所分的印纹硬陶与原始瓷罐。在此将这件器物依形态特征，列为BⅠ式。《盘龙城（1963～1994）》，第96、97页。

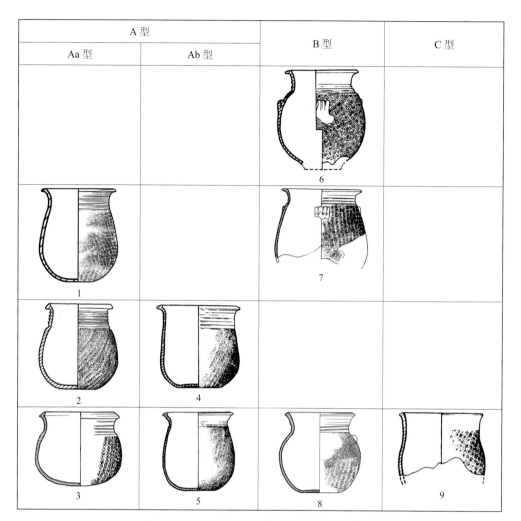

图 2.44　盘龙城印纹硬陶与原始瓷罐的型式演变

1. 杨家湾 Q1712T1015 ⑥：1　2. 李家嘴 H1：15　3. 城址 M1：9　4. 李家嘴 H25：5　5. 杨家湾 H6：42
6. 王家嘴 T9 ⑧：12　7. 杨家湾 T13 ④：1　8. 杨家湾 M18：2　9. 杨家湾 T42 ④：1

　　BⅢ式：整体器身为三式之中最矮胖，侈口较甚、方唇，腹部圆鼓，最大腹径上移至近肩处，上腹部残见一个系耳。上腹部饰云雷纹，下腹部饰叶脉纹。标本：杨家湾M18：2（图2.44，8）。

　　C型　异型，即不同于A型无系罐和B型带系罐。直口微侈，腹部微外鼓，颈部不见弦纹，腹部饰云雷纹。标本：杨家湾T42④：1（图2.44，9）。

二、尊形器

　　在此特指一类敞口、折肩、腹部斜收、凹圜底、不带圈足的印纹硬陶和原始瓷器。原报告曾将此类器物称为"折肩斜腹尊"或"双折肩斜腹尊"[①]。为区别于敞口、圈足的印纹硬陶或原始瓷"尊"，本书将此类器物称为"尊形器"，而将带圈足者称为"尊"。

---

① 　《盘龙城（1963～1994）》，第490页。

根据形态大小的差异，尊形器可分为通高在25厘米左右，以及通高在15厘米左右两大类，为A、B两型。此外不类于A、B型的尊形器，列为异型，C型。

A型　通高在25～30厘米，口径在20厘米左右。根据肩部形态的差异，又可进一步分为单折肩、腹身较矮胖和双折肩、腹身较高的Aa、Ab两亚型。

Aa型，敞口、折肩，下腹斜收，凹圜底，腹部多饰网格纹。该型尊形器比之Ab型略小。可分为三式。

Aa I 式：口径远小于肩径，下腹斜收角度较大，腹身饰网格纹。标本：王家嘴T66⑦：23（图2.45，1）。

Aa II 式：口径增大，颈部渐竖高，下腹斜收较甚，腹身同样装饰网格纹。标本：李家嘴M1：24（图2.45，2）。

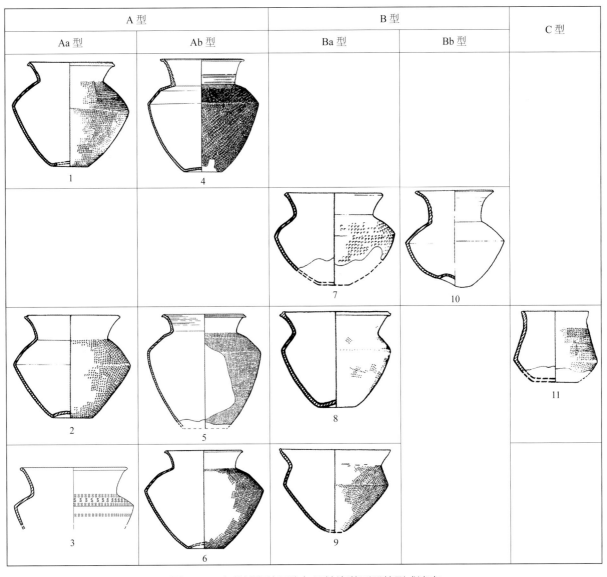

图2.45　盘龙城印纹硬陶与原始瓷尊形器的型式演变

1. 王家嘴 T66⑦：23　2. 李家嘴 M1：24　3. 杨家湾 M19：1　4. 王家嘴 T82⑧：4　5. 杨家湾 H1：10　6. 楼子湾 M10：1
7. 杨家湾 M7：02　8. 楼子湾 M6：6　9. 杨家湾 M12：1　10. 李家嘴 H4：26　11. 杨家湾 T5④：5

AaⅢ式：口径进一步增大，口径接近肩径，肩部较短、平，肩部和上腹部装饰S形纹和圆圈纹。标本：杨家湾M19：1（图2.45，3）。

Ab型，同样为敞口，不过肩部多做双折，腹部较瘦高。此类型尊形器亦为尊形中最大者，通高可达30厘米。分为三式。

AbⅠ式：颈部较高，肩部双折较为明显，腹部整体显得较宽胖，下腹部斜收角度较大，由此使得底部较宽，上腹部饰网格纹，下腹部饰叶脉纹。标本：王家嘴T82⑧：4（图2.45，4）、李家嘴M3：5、王家嘴：096。

AbⅡ式：颈部变得较矮，肩部双折不甚明显，整体腹身趋瘦。标本：杨家湾H1：10（图2.43，5）、杨家嘴T28⑦：2。

AbⅢ式：颈部较矮，下腹斜收加剧，使得器底较小。标本：楼子湾M10：1（图2.45，6）、楼子湾M10：2。

B型 尺寸较小，口径和通高多在15厘米左右，腹部多装饰单一的网格纹。又可根据颈部的形态，细分为短斜颈和高竖颈Ba、Bb两亚型。

Ba型，短斜颈。此类型尊形器数量最多。普通陶器的尊形器即仿于此。可分为三式。

BaⅠ式：口径小于肩径，肩部倾斜角较小，下腹斜收微外鼓。标本：杨家湾M7：02（图2.45，7）、王家嘴：0113。

BaⅡ式：口径约等于肩部，肩部倾斜角增大。标本：王家嘴M1：12、王家嘴：029、楼子湾M6：6（图2.45，8）。

BaⅢ式：口径大于肩直径，肩部倾斜角较大，斜腹斜收较甚，底部较小。标本：杨家湾M12：1（图2.45，9）、杨家湾H6：25。

Bb型，颈部竖直较高，腹部形态近于BaⅠ式，凹圜底。该类器物在盘龙城出土数量较少，不分式。值得注意的是，此类器物底部均发现有鼓泡的现象。标本：李家嘴H4：26（图2.45，10）、楼子湾H1：17。

C型 异型。直口，上腹部斜向外张，下腹内收较短，形态特殊，腹部饰网格纹。此类型器在盘龙城出土数量较少，暂不分式。标本：杨家湾T5④：5（图2.45，11）、楼子湾M6：5①。

三、尊

多为原始瓷。形态与普通陶器的尊一致，敞口，折肩，弧腹，下接圈足，颈部常装饰多周凹弦纹，肩部和腹部装饰网格纹或叶脉纹。目前在盘龙城此类型器物发现较少，暂不分式。标本：杨家嘴H1：8（图2.46，1）、楼子湾M1：8（图2.46，2）。

---

① 该标本仅残见器底。原报告称之为罐。不过其上腹和下腹转折，形态接近C型尊形器杨家湾T5④：5下部。同时印纹硬陶和原始瓷罐为圆鼓腹，不见折腹。在此宜将该件器物称为尊形器。《盘龙城（1963～1994）》，第366、367页。

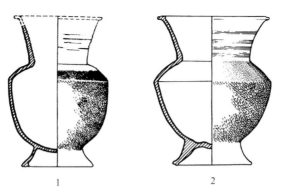

图 2.46　盘龙城出土的印纹硬陶与原始瓷尊

1. 杨家嘴 H1：8　2. 楼子湾 M1：8

四、杯

目前所见多为原始瓷。侈口或敞口，腹部常附贴三个系耳，底接圈足，腹部多装饰云雷纹或叶脉纹。此类型器在原报告中分别称为"鼓腹尊"和"杯"[①]。不过称之为"鼓腹尊"者在形态、尺寸和装饰上，均与所谓的"杯"一致。在此为区别于其他的印纹硬陶和原始瓷"尊"或"尊形器"，本书将此类器物统称为"杯"。

根据口、腹形态的差异，杯可分为侈口、鼓腹类和大敞口、斜弧腹类两大类，列为A、B两型。

A型　侈口、鼓腹类。根据口、圈足的形态特征，还可进一步分为口径大于腹径、圈足较宽，以及口径等于或小于腹径、圈足较小的Aa、Ab两亚型。

Aa型，口径大于腹径，腹部较为瘦长，圈足外撇较宽。可分为两式。

Aa I 式：侈口，口径大于肩径，腹身整体显得较矮胖，最大腹径近底。标本：李家嘴M1：23（图2.47，1）、楼子湾M3：14。

Aa II 式：口径与肩径之比增大，腹部渐瘦高，最大腹径上移。标本：杨家湾T38④：4（图2.47，2）。

Ab型，口径等于或小于肩径，腹部圆鼓，窄圈足。整体器身显得上大下小，极不协调。分为两式。

Ab I 式：腹部圆鼓，腹身显得矮胖，窄圈足。标本：杨家湾M3：4（图2.47，3）。

Ab II 式：口部外侈较甚，口径等于肩径，腹部较上式略显瘦高。标本：杨家湾H6：16（图2.47，4）。

B型　大敞口、斜弧腹类。此类型杯颈部常见多周弦纹。分为三式。

B I 式：口部近直外敞，圆唇，腹部斜直内收，颈腹交界不明显。标本：杨家嘴T3⑤：29（图2.47，5）。

B II 式：口部外张加剧，方唇、唇上缘起钩，腹部微鼓，整体腹身显得矮胖。标本：杨家湾M9：5（图2.47，6）。

---

① 《盘龙城（1963～1994）》，第366、367页。

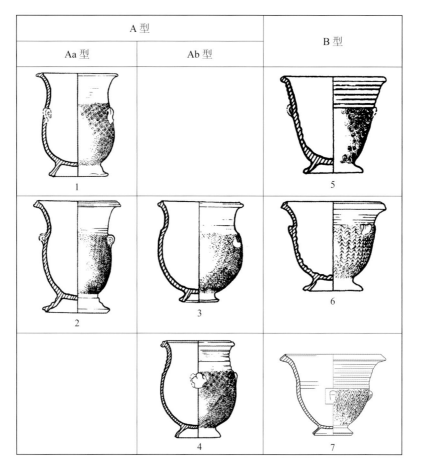

图 2.47　盘龙城印纹硬陶与原始瓷杯的型式演变

1. 李家嘴 M1：23　2. 杨家湾 T38 ④：4　3. 杨家湾 M3：4　4. 杨家湾 H6：16
5. 杨家嘴 T3 ⑤：29　6. 杨家湾 M9：5　7. 杨家湾 M18：1

BⅢ式：口部进一步外张，方唇、唇上缘同样起钩，腹部斜内收加剧。标本：杨家湾 M18：1（图2.47，7）。

五、瓮

多为印纹硬陶，少数为原始瓷。器物一般为侈口、束颈、广肩、圆鼓腹，腹部多装饰叶脉纹、云雷纹或网格纹，少数装饰S形纹。瓮不同类型形态、大小差异较大。根据瓮肩部是否有系耳，可将其分为有系瓮和无系瓮两大类，列为A、B两型。

A型　有系瓮，即肩部多附贴有三或四个系耳。此类型瓮占瓮类器中多数，多为原始瓷。根据口部直径的差异，又可进一步分为大口和小口两个亚型，列为Aa、Ab型。

Aa型，大口、颈部较短、广肩、腹部斜收，肩部常见有三个系耳，腹部多通体装饰云雷纹。分为三式。

AaⅠ式：肩部倾斜角较大，腹部斜收，整体腹身显得较高。标本：王家嘴T31⑦：1（图2.48，1）。

AaⅡ式：肩部倾斜角缩小，比之Ⅰ式整体腹身显得较矮胖。标本：杨家湾Q1712T1320③：1、杨家嘴T9⑤：7（图2.48，2）、杨家嘴T5④：7。

AaⅢ式：多为折肩，肩部倾斜角进一步缩小，腹身增宽，下腹斜收加剧，肩部系耳简化成扇形，肩部常见多周弦纹配S形纹或多周印花纹饰。标本：杨家湾G1：27（图2.48，3）。

Ab型，小口，颈部较高，肩部较窄。同样肩部常见三或四个系耳，腹部多装饰叶脉纹或云雷纹。而参考腹部形态的差异，可进一步分为斜弧腹和圆鼓腹，Aba、Abb两亚亚型。

Aba型，斜弧腹，腹部较为瘦高。可分为三式。

AbaⅠ式：侈口、束颈部，广肩，腹部斜直，整体腹身显得瘦高，颈部见有多周弦纹，腹部常饰云雷纹。标本：王家嘴T31⑦：5（图2.48，4）。

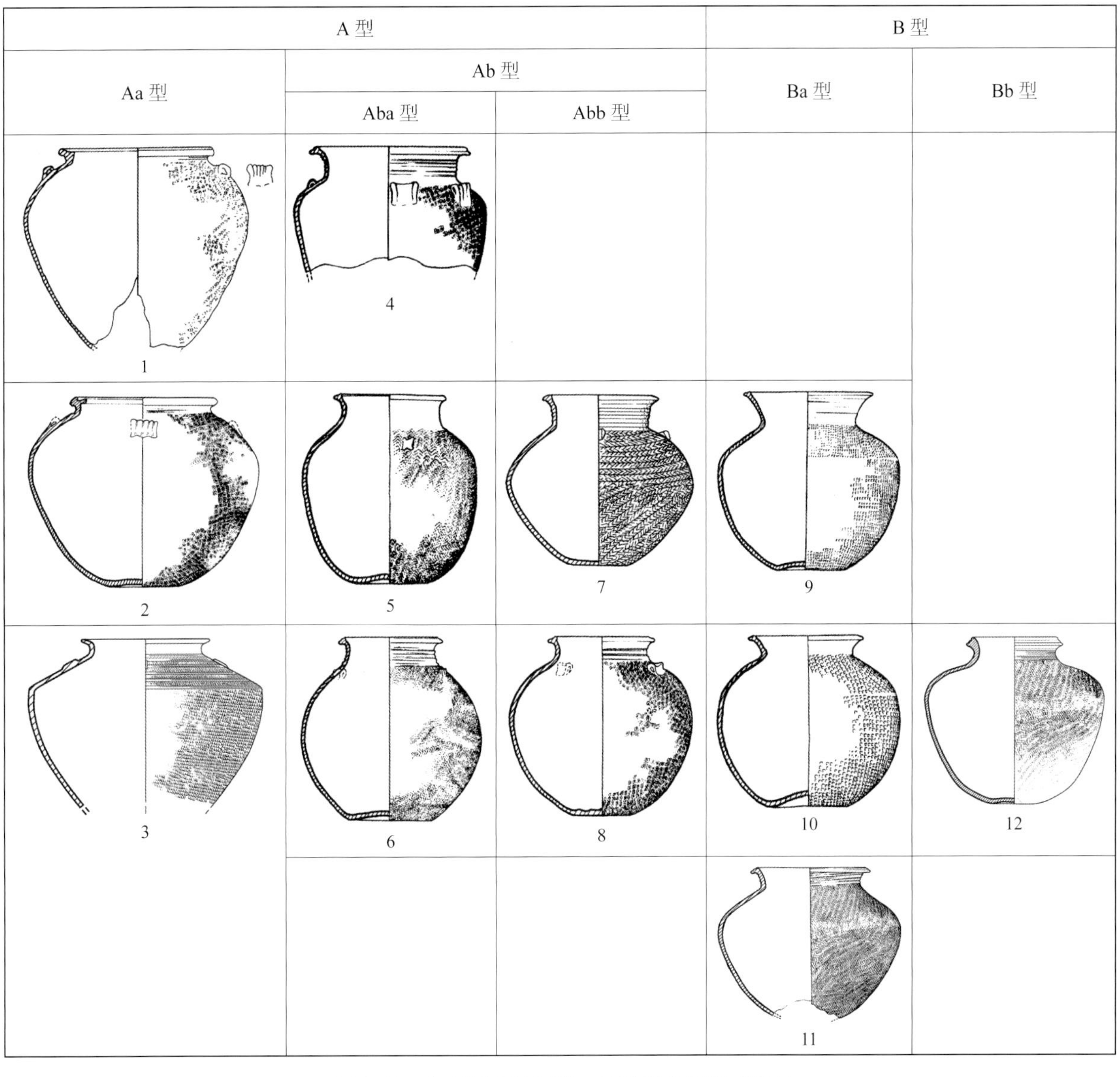

A 型			B 型	
Aa 型	Ab 型		Ba 型	Bb 型
	Aba 型	Abb 型		

图 2.48　盘龙城印纹硬陶与原始瓷瓮的型式演变

1. 王家嘴 T31 ⑦：1　2. 杨家嘴 T9 ⑤：7　3. 杨家湾 G1：27　4. 王家嘴 T31 ⑦：5　5. 杨家嘴 T3 ⑥：26　6. 李家嘴 M2：49　7. 楼子湾 M3：15　8. 杨家湾 M4：12　9. 李家嘴 M2：4　10. 杨家湾 M9：7　11. 杨家湾 T5 ③：26　12. 杨家湾 Q1712T1219 ③：1

AbaⅡ式：肩部由广肩向溜肩发展，腹身渐宽，腹部常饰叶脉纹。标本：杨家嘴T3⑥：26（图2.48，5）[1]。

AbaⅢ式：溜肩，腹部圆鼓，或是受到了Abb型瓮的影响。标本：李家嘴M2：49（图2.48，6）。

Abb型，圆鼓腹，腹部显得矮胖。可分两式。

AbbⅠ式：颈部较高，最大腹径居于腹中部，下腹斜收较甚，颈部常饰多周弦纹。标本：楼子湾M3：15（图2.48，7）。

AbbⅡ式：颈部渐矮，腹部趋于圆鼓，最大腹径上移，下腹弧收，颈部多素面。标本：李家嘴M3：18、杨家湾M4：12（图2.48，8）。

B型　无系瓮。以侈口、广肩、鼓腹，肩部无系为特征，腹部多见网格纹。部分器物形态近于尊形器，曾被原报告称为"尊"[2]。此类型器多为印纹硬陶，少见原始瓷。根据肩部的形态特征，可细分为溜肩和鼓肩两类，列为Ba、Bb两亚型。

Ba型，侈口，束颈，溜肩，腹部斜收微鼓。可分三式。

BaⅠ式：侈口，颈部较高，下腹斜收微鼓。标本：李家嘴M2：4（图2.48，9）[3]。

BaⅡ式：颈部渐矮，肩部微鼓，整体腹身近圆鼓状。标本：杨家湾M9：7（图2.48，10）[4]。

BaⅢ式：颈部进一步趋矮，溜肩，下腹斜收较甚。标本：杨家湾T5③：26（图2.48，11）。

Bb型，基本形态与Ba型一致，唯肩部鼓出、下腹斜直内收。此类型器数量较少，暂不分式。标本：杨家湾Q1712T1219③：1（图2.48，12）。

六、其他类器物

除以上论述的罐、尊形器、杯形器、瓮外，盘龙城印纹硬陶与原始瓷其他类别的器物发现较少。在此归入其他类印纹硬陶与原始瓷中，统一进行讨论。同样，以下不分型式，仅按照器类举例叙述。

1. 器盖

标本：杨家湾M16：4（图2.49，1），原始瓷。母盖，盖纽为双鸟喙状，弧面盖身，盖身装饰三周双线S形纹。

标本：杨家湾M17：32（图2.49，3），印纹硬陶。母盖，盖纽残，弧面盖身，盖身装

---

[1] 原报告将杨家嘴T3⑥：26这件器物称为"弧腹罐"。不过，该件器物小口、束颈、有肩、斜弧腹的形态特征，实际属于一件Aba型小口有系的瓮，与常见印纹硬陶与原始瓷罐大口、高领、无肩、鼓腹的形态差异较大。在此将该件器物改归于瓮。《盘龙城（1963～1994）》，第315页。

[2] 《盘龙城（1963～1994）》，第160、161页。

[3] 原报告将李家嘴M2：4这件器物称为"双折肩斜腹尊"。该件器物上部敞口、斜直的束颈形态确与本书所分的盘龙城Aa型尊形器相近。不过，该件器物弧肩、下腹微鼓，则与尊形器折肩、下腹斜直内收不同，反之整体的形态特征更接近瓮。在此根据器物的形态特征将其划归为Ba型瓮。《盘龙城（1963～1994）》，第160、161页。

[4] 原报告将杨家湾M9：7这件器物称为"弧腹罐"。同样根据本书对于印纹硬陶与原始瓷"罐""瓮"的分类标准，该件器物应该属于一件"瓮"，在此列为Ba型瓮。《盘龙城（1963～1994）》，第244、245页。

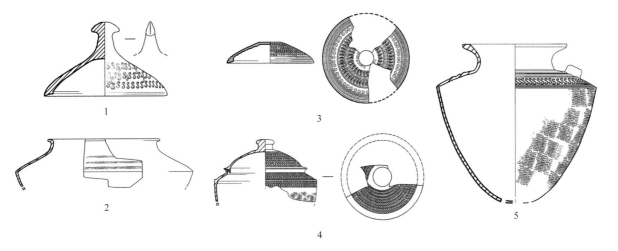

图 2.49　盘龙城出土的其他类印纹硬陶与原始瓷

1、3. 器盖（杨家湾 M16：4、杨家湾 M17：32）　2. 瓿（杨家湾 G1：58）
4. 罍形器（杨家湾 M16：3）　5. 罍（杨家湾 M19：01）

饰三周印花纹样。

此外，盘龙城曾采集一件器盖，编号盘龙城采集：098，盖纽似鸟头，盖身似装饰双线的 S 形。该件器物被描述为普通陶器，陶质为砂质红陶[①]。不过参考标本一，两者可能为同一类器物。实际上，盘龙城出土的印纹硬陶和原始瓷胎质并非特别纯净，部分羼杂有大粒的石英砂，烧成温度不高。如此盘龙城采集：098 可能为一件印纹硬陶或原始瓷器。

2. 瓿

标本：杨家湾 G1：58（图 2.49，2），原始瓷。残存口部。敛口，卷沿，广肩，肩腹之间有明显的转折，肩部装饰三组六周单线 S 形纹。

3. 罍形器

标本：杨家湾 M16：3（图 2.49，4），原始瓷[②]。直口，折肩，上部承盖，子盖母口，盖顶为圆形菌状盖纽，弧面盖身。器身和盖身装饰多周单线 S 形纹。

4. 罍

标本：杨家湾 M19：01（图 2.49，5），原始瓷。侈口，束颈，广肩，腹部斜收，底部圈足残，肩部附有小方形的系耳，肩部装饰多周弦纹和一周双线 S 形纹，腹部装饰网格纹。该件器物在原简报中称为"尊"[③]。不过根据本书对于"尊""罍"器物的划分，即大口、高领、折肩为尊，小口、矮领、折肩为罍，将该件器物改称为"罍"。

---

① 《盘龙城（1963～1994）》，第 406、407 页。

② 原简报将其称为"罍"。为区别于下之所谓的印纹硬陶与原始瓷"罍"，在此改称为"罍形器"。武汉大学历史学院、盘龙城遗址博物院：《武汉市盘龙城遗址杨家湾商代墓葬发掘简报》，《考古》2017 年第 3 期。

③ 武汉大学历史学院、盘龙城遗址博物院：《武汉市盘龙城遗址杨家湾商代墓葬发掘简报》，《考古》2017 年第 3 期。

第三章

分期与年代

盘龙城遗址出土的陶器大致从二里头文化晚期[①]，一直延续到洹北花园庄阶段[②]。部分学者认为最晚可至殷墟一期[③]。不过，虽然盘龙城历经长期的考古工作，出土大量的陶器标本，但是除《盘龙城（1963～1994）》外，目前暂未有论著对盘龙城遗址出土陶器的分期与年代展开系统研究。《盘龙城（1963～1994）》主要是根据地层关系，对出土遗物进行了期别划分。报告将陶器划分为"七期"，这一方案已被评论为"分期过细，不利于把握阶段性特征"[④]。而代表性如蒋刚、李丽娜、豆海锋、段天璟等多是对盘龙城某一阶段的陶器，如二里头、二里冈时期，进行分期研究，并未整体梳理盘龙城遗址陶器的变化过程[⑤]。近年来，笔者也曾尝试对盘龙城原报告中的"第四期"至"第七期"陶器进行分期断代[⑥]。此外，自2013年以来，盘龙城展开了持续性的考古工作，获取了一批丰富的陶器遗存。这批单位年代早晚不同，最早至二里头文化晚期或二里冈下层一期，最晚则可能突破原有盘龙城遗址下限的认识。鉴于盘龙城陶器长期缺乏分期方面的系统研究，同时近几年来新的考古工作有了对陶器材料的进一步补充，在此背景下有必要对盘龙城遗址出土陶器的分期与年代重新展开讨论。

不同于陶器的分类研究，陶器的分期与年代研究，实际需将不同类型的陶器重新回归到单位，横向地考察陶器群在某一阶段内的"共性"特征。比较以不同单位为单元的陶器组合，一方面，需要在单位内部出土的不同形制、不同类别的陶器之中，甄别出在某一时段长期稳定的组合特征；另一方面，还要找到不同单位陶器群之间的差异和共性，揭示出哪些差异属于某几个单位共有的阶段性变化。为此，本章将首先挑选陶器文化面貌、类型特征较为单纯，特别是在"类型"下拥有一致"式别"陶器的"典型单位"，考察哪些"类""型""亚型"的陶器常相互类聚，以单位为单元揭示陶器群的组合特征。此外，整体梳理盘龙城所有出土陶器的单位，利用以上的型式分类，进一步比较观察哪些型式的组合与其他型式的组合相区别，可能代表了某一阶段陶器群的特征。

由第二章陶器的分类研究可见，盘龙城陶器无论是在器形特征，还是在形制的演变趋势上，一方面显现出与中原地区的密切联系，另一方面则展现出自身相当的特色。由此，在类型学研究之上的分期与断代研究，也还需从陶器自身的演变规律着手，把握盘龙城遗址陶器整体演变的阶段性特征。同时，本章节的研究目标并非要详尽判断不同单位陶器的相对年代。因此，本章不求陶器分期过于细碎，而是重在清晰地把握陶器群的变化规律。考虑到盘龙城陶器从二里头文化晚期至洹北花园庄阶段类别、形制延续性较强，下文将整体考虑盘龙城出土的陶器遗存，不先入为主地划分为二里头阶段、二里冈阶段和洹北花园庄阶段。

① 李丽娜：《试析湖北盘龙城遗址第一至三期文化遗存的年代和性质》，《江汉考古》2008年第1期。
② 孙卓：《南土经略的转折——商时期中原文化势力从南方的消退》，第173页，科学出版社，2019年；盛伟：《盘龙城遗址废弃的年代下限及相关问题》，《江汉考古》2011年第3期。
③ 徐少华：《论盘龙城商文化的特征及其影响》，《江汉考古》2014年第3期。
④ 蒋刚：《盘龙城遗址群出土商代遗存的几个问题》，《考古与文物》2008年第1期。
⑤ 蒋刚：《盘龙城遗址群出土商代遗存的几个问题》，《考古与文物》2008年第1期；李丽娜：《试析湖北盘龙城遗址第一至三期文化遗存的年代和性质》，《江汉考古》2008年第1期；段天璟：《二里头文化时期长江中游沿岸地区的考古学文化结构》，《中国国家博物馆刊》2011年第6期；豆海锋：《长江中游地区商代文化研究》，吉林大学博士学位论文，第264～268页，2011年。
⑥ 孙卓：《南土经略的转折——商时期中原文化势力从南方的消退》，第100～113、170～173页，科学出版社，2019年。

以下，我们首先将以"典型单位"为线索，对盘龙城出土的陶器按单位进行"类""型""式"的聚类分组。之后在各陶器组的基础上，整体判断不同组之间陶器群特征的差异大小，划分盘龙城遗址陶器群演变的期别。最后以"组"和"期"为单位，对比同阶段中原地区的陶器特征，考察盘龙城遗址各期的相对年代。

第一节　典型单位出土陶器的组合特征

在以上盘龙城遗址出土陶器类型分类的基础上，我们可以将所有陶器型式归入单位，以单位为单元考察陶器类型的组合特征。不过需要注意的是，盘龙城遗址大量陶器出自地层。地层因形成时间或长或短，包含遗物往往早晚混杂。因此贸然以地层为单元考察陶器类型的组合，可能将具有不同时期特征的陶器作为共时性的组合对待。而受制于客观的现实，盘龙城遗址同样也无法找到一处单位，能够包含某一阶段所有陶器的类型。我们经常遇到的情况是，单位一发表了陶器A、B、C、D，而单位二则仅见陶器H、I、J、K。因此，分组中可能将某些单位陶器的组合作为这一阶段完整的陶器组合特征对待，单位之间所见陶器的不同组合可能反映为文化或遗迹功能的差异，而非时代因素导致的。

为在分组（以及之后的分期）中尽量避免以上干扰，本节将首先拣选出若干典型单位。从典型单位入手，考察盘龙城不同时期陶器群的组合特征，并在此基础上整体观察盘龙城遗址陶器群的分组。其中，这些典型单位应有如下特征：

（1）单位的埋藏环境较为单纯，以墓葬、房址、灰坑为最佳。若为地层也应选择没有晚期干扰、陶器群特征单纯的地层堆积。

（2）单位内出土的陶器类型尽量多样，便于之后进行陶器群的分组串联。

（3）单位内出土的陶器整体面貌应较为一致，不见有明显偏早或偏晚阶段的陶器类型。

根据盘龙城遗址陶器群整体的演变特征，以下分三大组对各典型单位出土陶器类型的组合进行分析。

一、第1组

（一）城址3TZ33⑨B~⑨A

为南城垣叠压下最早的两层堆积。南城垣出土陶片残碎，不见完整器，为典型的建筑遗存堆积。因此，被南城垣叠压地层出土的完整陶器，应未受到晚期人类活动的扰乱，年代较为单纯。根据原发掘报告，这一地层出土的陶器"多为灰陶，少灰黑陶，红胎黑皮陶和极少量褐黄陶"[①]。其中城址3TZ33⑨B被3TZ33⑨A所叠压，出土有Aa I 式罐、

① 《盘龙城（1963~1994）》，第22页。

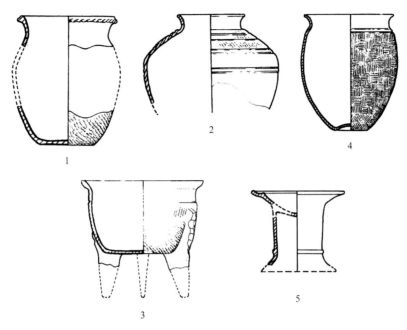

图 3.1　城址 3TZ33 ⑨ B、⑨ A 层出土陶器举例

1.Aa Ⅰ 式罐（城址 3TZ33 ⑨ B：1）　2.Caa Ⅰ 式瓮（城址 3TZ33 ⑨ B：5）　3.Ba 型鼎（城址 3TZ33 ⑨ A：7）

4.Aa Ⅱ 式罐（城址 3TZ33 ⑨ A：2）　5.Ab Ⅰ 式豆（城址 3TZ33 ⑨ A：3）

Caa Ⅰ 式瓮（图3.1，1、2）。城址3TZ33⑨A则出土有Ba型鼎、Aa Ⅱ 式罐、Ab Ⅰ 式豆（图3.1，3～5）。

（二）王家嘴T20、T32⑨

为王家嘴北区探方最早一层堆积。整个王家嘴北区最早见有一层黄土台遗迹，被编为第9层。该地层出土陶器以"以夹砂陶为主……陶色有黑、灰、黄、红四种。其中红陶占9%，其他三种约各占30%（黑陶略多些）"[①]。发表的陶器则以T20⑨为代表，见有A型鼎、2件Aa Ⅰ 式鬲、豆柄、Aa Ⅰ 式大口尊、Baa Ⅰ 式缸、Bbb Ⅰ 式缸（图3.2）。

（三）李家嘴H5

坑口近圆形，直接打破生土，深0.96米，坑壁一边作台阶状。这些迹象表明该灰坑应为一处有意识的人工遗迹，且内部的堆积无晚期其他活动的扰动或破坏。出土陶器可分辨类型的有A Ⅰ 式瓮、Ba Ⅰ 式瓮、B Ⅰ 式盆、Bcb Ⅰ 式缸（图3.3）。

（四）杨家湾H28

近年杨家湾坡顶层发掘揭示一批灰坑，其中H42、H31和H28出土的陶器类型较为一致。杨家湾H28出土的陶器多数为缸残片，而缸中红陶比例较高；其他陶器则以灰陶和黑

---

① 《盘龙城（1963～1994）》，第81页。

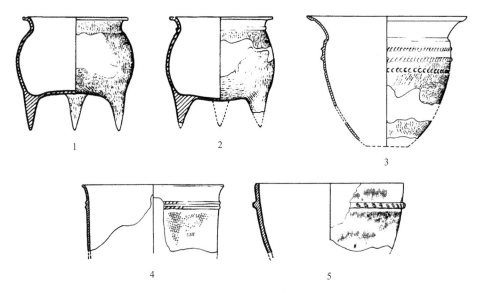

图 3.2　王家嘴 T20 ⑨层出土陶器举例

1、2. Aa I 式鬲（王家嘴 T20 ⑨：1、王家嘴 T20 ⑨：2）　3. Aa I 式大口尊（王家嘴 T20 ⑨：5）
4. Baa I 式缸（王家嘴 T20 ⑨：13）　5. Bbb I 式缸（王家嘴 T20 ⑨：9）

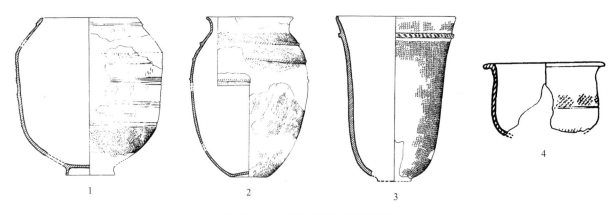

图 3.3　李家嘴 H5 出土陶器举例

1. A I 式瓮（李家嘴 H5：3）　2. Ba I 式瓮（李家嘴 H5：2）　3. Bcb I 式缸（李家嘴 H5：6）　4. B I 式盆（李家嘴 H5：1）

陶居多。在可分辨的陶器类型上，杨家湾 H28 出土有 A 型鼎、Ba Ⅲ式鬲口部[1]、Aa I 式大口尊、I 式刻槽盆、Bbb I 式缸、印纹硬陶器底残片（图3.4）。

（五）杨家湾 H31

出土陶片以普通夹砂灰陶器占比最大，其次为红陶和黄陶系的缸片，泥质黑陶亦出土数量较多。该灰坑出土可分辨类型的陶器有 Aa I 式大口尊、B 型壶、Bca I 式缸。

---

[1]　由下文可知 Ba Ⅲ式鬲，实际多出现在第二大组的单位中，因此颇怀疑这件标本为晚期遗物，在发掘或整理过程中混杂在早期单位里。武汉大学历史学院、湖北省文物考古研究所、盘龙城遗址博物院：《武汉市盘龙城遗址杨家湾坡顶发掘简报》，《江汉考古》2018年第5期。

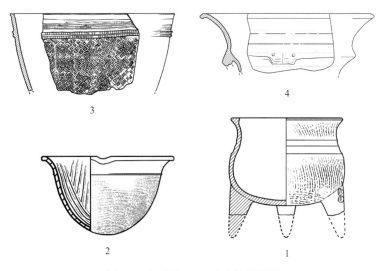

图 3.4　杨家湾 H28 出土陶器举例

1. A 型鼎（杨家湾 H28：8）　2. Ⅰ式刻槽盆（杨家湾 H28：1）
3. Bbb Ⅰ式缸（杨家湾 H28：17）　4. Aa Ⅰ式大口尊（杨家湾 H28：3）

（六）杨家湾H42

出土的陶片陶色、胎质数量比例与杨家湾H28相近，多夹砂红陶，次之为夹砂灰陶、夹砂黑陶。可分辨类型的陶器有A型鼎、Aa型鬲口部、AbⅠ式鬲口部、BbbⅡ式缸、AaⅠ式缸底，以及一件硬陶罐残件。

（七）杨家嘴M6

杨家嘴M6共见有12件陶器，可分辨类型的包括3件AaⅡ式鬲、AbⅠ式罐、Ba型豆、AaⅡ式豆、Aa型器盖和一件豆座残件（图3.5，1、2、4、5、7）。根据报告，以上器物AbⅠ式罐为夹砂红陶、AaⅠ式豆为泥质黑陶，其余为夹砂灰陶。

（八）杨家嘴M8

杨家嘴M8见有5件陶器，可辨类型的有AaⅡ式鬲、AⅡ式盆、BⅡ式爵、AaⅡ式斝（图3.5，3、6、8、9）。根据报告，以上器物AⅡ式盆为泥质黑陶，其他器物多为夹砂灰陶。

本组典型单位所见的陶器群多为夹砂灰陶、黑陶，相对而言夹砂红陶、黄陶占比较少。而在器类上，以被南城垣叠压的城址3TZ33⑨B～⑨A层为例，出土的陶器类型以Bb型侧装足、深腹盆形鼎和AaⅠ、AaⅡ式深腹罐组合为代表，不见有A型罐形鼎和Aa型鬲。而本组的杨家湾H28、杨家嘴M6、杨家嘴M8则多见A型罐形鼎或AaⅡ式鬲，王家嘴T20⑨、杨家湾H42更见有罐形鼎和AaⅠ式鬲或口部残片同出，但这些单位不见有Bb型侧装足、深腹盆形鼎和AaⅠ、AaⅡ式深腹罐。此外，与A型罐形鼎和AaⅠ式、AaⅡ式鬲伴出的还有Ab型罐、AaⅠ式大口尊、Ⅰ式刻槽盆、AⅡ式盆、BⅡ式爵、AaⅡ式斝、BaaⅠ式缸和BbbⅠ式缸。杨家湾H31则同出有AaⅠ式大口尊和B型壶，表明B型壶也可能与A型罐形鼎和AaⅠ式

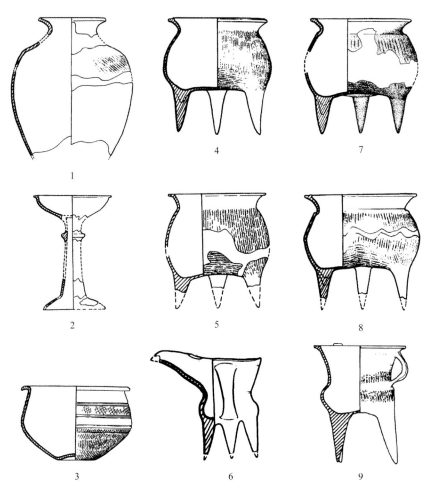

图 3.5　杨家嘴 M6、杨家嘴 M8 出土陶器举例

1. Ab Ⅰ式罐（杨家嘴 M6：12）　2. Ba 型豆（杨家嘴 M6：7）　3. A Ⅱ式盆（杨家嘴 M8：5）　4、5、7、8. Aa Ⅱ式鬲（杨家嘴 M6：5、杨家嘴 M6：4、杨家嘴 M6：3、杨家嘴 M8：3）　6. B Ⅱ式爵（杨家嘴 M8：4）　9. Aa Ⅱ式斝（杨家嘴 M8：1）

鬲、Aa Ⅱ式鬲同出。同样，这些与 A 型罐形鼎和 Aa Ⅰ式鬲、Aa Ⅱ式鬲伴出的陶器并不见于以 Bb 型鼎和 Aa Ⅰ、Aa Ⅱ式深腹罐为代表的组合中。因此，城址 3TZ33⑨B～⑨A 与本组的其他单位出土的陶器在年代或文化背景上存在一定的差异。

二、第 2 组

（一）李家嘴 H1

口圆底方，深 4.4 米，在盘龙城遗址属于较深的灰坑，应为典型的人工遗迹。灰坑直接打破生土，未有其他堆积或遗迹的叠压、打破关系，填土内的陶片年代应较为单纯。可辨的器类有 B Ⅱ式鬲、A Ⅲ式盆、B Ⅱ式盆、Ca Ⅰ式盆、D Ⅲ式盆、Aa 型器盖、C 型器盖、Aa Ⅱ式印纹硬陶罐和一件残的大口尊底部（图 3.6）。

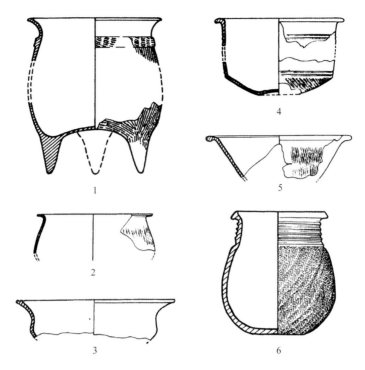

图 3.6　李家嘴 H1 出土陶器举例

1. B Ⅱ 式鬲（李家嘴 H1：1）　2. A Ⅲ 式盆（李家嘴 H1：11）　3. Ca Ⅰ 式盆（李家嘴 H1：7）
4. B Ⅱ 式盆（李家嘴 H1：12）　5. D Ⅲ 式盆（李家嘴 H1：9）　6. Aa Ⅱ 式印纹硬陶罐（李家嘴 H1：15）

（二）李家嘴H4

口、底近方形，深2.12米，同样可见为一处典型的人工遗迹。该灰坑出土器物较多，可分辨类型的陶器有Aa Ⅲ 式鬲、Abb Ⅰ 式鬲、B Ⅱ 式盆、Ca Ⅱ 式盆、D Ⅲ 式盆、E型盆、钵、Bd Ⅰ 式罐、Caa Ⅳ 式瓮、Cba Ⅰ 式瓮、2件Ab Ⅳ 式大口尊、Cc型壶、鬶、Bb型印纹硬陶/原始瓷尊形器。

（三）李家嘴H8

为一处不规则的带状灰坑，一侧坑边作台阶状，深0.65米，恐怕该灰坑上部多被破坏。该灰坑出土可辨类型的陶器有Aba Ⅲ 式鬲、C Ⅰ 式鬲、B型甗、A Ⅱ 式瓮、Ab Ⅴ 式大口尊、Ac Ⅱ 式大口尊、B型器盖、E型缸、Aa Ⅱ 式缸底、Ca Ⅱ 式缸底、罍、杯形器、甗口沿残片、尊或罍的腹部残片（图3.7）。

（四）杨家湾H9

该灰坑开口呈不规则形，斜壁弧底，最深为0.5米，从形状上推测可能并非一处人类有意识挖掘的坑状遗迹。不过该单位出土有大量陶片，特别有不少出土时完整累叠的陶器，在此作为典型单位介绍。该灰坑因为近年考古工作收获，出土的陶片胎质颜色和陶器器类都有

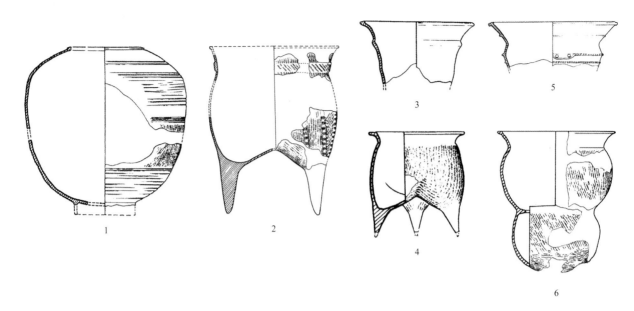

图 3.7　李家嘴 H8 出土陶器举例

1.AⅡ式瓮（李家嘴 H8：6）　2.CⅠ式鬲（李家嘴 H8：4）　3.AcⅡ式大口尊（李家嘴 H8：5）

4.AbaⅢ式鬲（李家嘴 H8：7）　5.AbⅤ式大口尊（李家嘴 H8：3）　6.B 型甗（李家嘴 H8：10）

详尽的统计。其中陶片数量以夹砂灰陶和夹砂红陶占比最大，皆超过三成；次为泥质灰陶和夹砂黄陶，各约占一成。在器类上，出土的器物以缸为大宗（27.1%），鬲、甗类为主要的炊器，盆和瓮为主要的盛食器。可辨类型的陶器有2件AaⅢ式鬲、AcbⅠ式鬲口部、6件BaⅢ式鬲口部、6件BbⅡ式鬲口部、21件BbⅢ式鬲口部、AbⅢ式大口尊、CaaⅡ式瓮、中柱盂、BcaⅡ式缸、BcbⅡ式缸、尊、甗腰残片（图3.8）。

（五）杨家湾M10

墓葬随葬陶器8件，可分辨类型的陶器有带鋬鬲、BⅣ式爵、BⅡ式盆和一件圆陶片（图3.9）。

（六）楼子湾G2⑤

楼子湾G2在最初简报中曾作为一处坑状遗迹，堆积主要分为2A和2B层[1]。不过，盘龙城原报告则取消该遗迹的分层，出土的陶器全部归入楼子湾G2⑤这一编号中[2]。在此以原报告为标准，介绍遗迹出土陶器的类型组合，同时在其后标注原简报的器物编号。楼子湾G2⑤可分辨类型的陶器有AaⅢ式鬲（原编号楼子湾G2②A：4）、疑似AaⅢ式或Ⅳ式鬲（原编号楼子湾G2②：13）、AcaⅠ式鬲口部（原编号楼子湾G2②A：5）、BⅠ式鬲（原

---

① 湖北省博物馆：《一九六三年湖北黄陂盘龙城商代遗址的发掘》，《文物》1976年第1期。

② 《盘龙城（1963～1994）》，第374～376页。

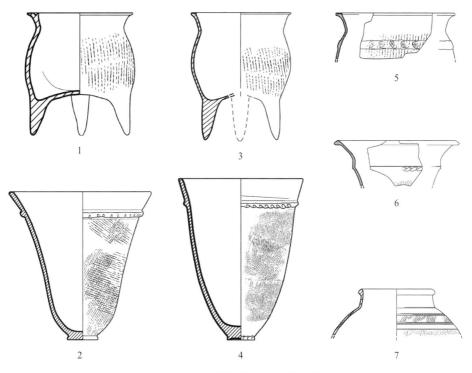

图 3.8　杨家湾 H9 出土陶器举例

1、3. Aa Ⅲ式鬲（杨家湾 H9：1、杨家湾 H9：11）　2. Bcb Ⅱ式缸（杨家湾 H9：2）　4. Bca Ⅱ式缸（杨家湾 H9：3）

5. Ba Ⅲ式鬲口部（杨家湾 H9：6）　6. Ab Ⅲ式大口尊（杨家湾 H9：5）　7. Caa Ⅱ式瓮（杨家湾 H9：4）

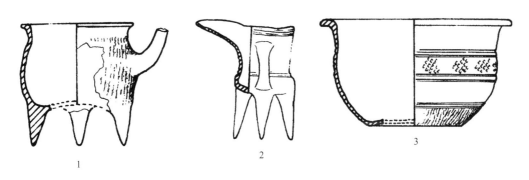

图 3.9　杨家湾 M10 出土陶器举例

1. 带錾鬲（杨家湾 M10：2）　2. B Ⅳ式爵（杨家湾 M10：4）　3. B Ⅱ式盆（杨家湾 M10：10）

编号楼子湾G2②B：1）、Ab Ⅴ式大口尊（未在简报中发表）、Bba Ⅱ式缸（原编号楼子湾
G2②：3）、Bcb Ⅰ式缸（原编号楼子湾G2①：1）、篦圈足残片（图3.10）。

（七）小嘴H73

　　灰坑开口近椭圆形，深0.84米，出土有陶片、动物骨骼、石器、青铜残片、木炭等，遗
物类别庞杂，似乎为一处废弃物填埋堆积。因近年考古发掘所获，对灰坑出土陶片颜色、

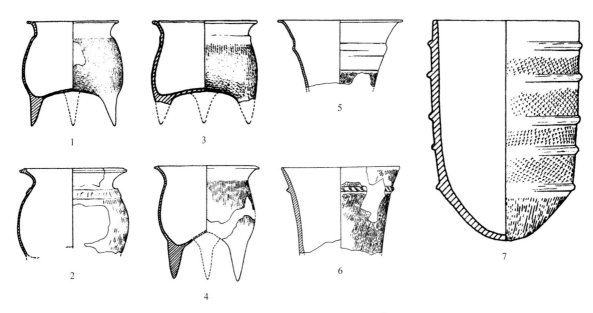

图 3.10　楼子湾 G2 ⑤出土陶器举例

1、3.Aa Ⅲ式鬲（楼子湾 G2 ⑤：14，原编号楼子湾 G2 ②A：4；楼子湾 G2 ⑤：13）
2.Aca Ⅰ式鬲口部（楼子湾 G2 ⑤：16，原编号楼子湾 G2 ②A：5）　4.B Ⅰ式鬲（楼子湾 G2 ⑤：17，原编号 G2 ②B：1）
5.Ab Ⅴ式大口尊（楼子湾 G5 ⑤：12，原编号楼子湾 G2 ②：3）　6.Bcb Ⅰ式缸（楼子湾 G2 ⑤：20，原编号楼子湾 G2 ①：1）
7.Bba Ⅱ式缸（楼子湾 G2 ⑤：3，原编号楼子湾 G2 ②：3）

陶质和器类有较为详尽的统计。该灰坑出土的陶片数量以夹砂灰陶最多（28%），次之为夹砂褐陶（19%）、夹砂黑陶（17%）和夹砂红陶（16%），此外泥质黑陶（11%）和泥质灰陶（4%）亦占有一定比例。在可辨器类上，该灰坑出土有2件Aa Ⅱ式鬲、B Ⅰ式鬲、Ab Ⅱ式鬲口部、Aca Ⅰ式鬲口部、Ba Ⅱ式鬲口部、2件Ba Ⅲ式鬲口部、4件Bb Ⅱ式鬲口部、Bb Ⅲ式鬲口部、疑似Ac型簋口沿、B型簋、2件A型盆、疑似D型盆口沿、C型豆、Ab Ⅲ式大口尊、2件B Ⅲ式爵、B Ⅳ式爵、3件Aa型斝、2件Ba Ⅰ式斝、2件B型斝口沿、Ca型壶口沿、Ab型器盖、Bab Ⅰ式缸、Bb型缸口沿、Bba型缸、4件Bca Ⅰ式缸、3件Bca型缸口沿、Aa Ⅰ式缸底部、Ca Ⅰ式缸底部、鼎扁足残片、瓿口沿残片、瓿上部和口沿残片、2件瓿腰残片、盆腹部残片、4件瓮口沿残片、爵足部残片、不明器类器底残片（图3.11）。

相比于第一组，本组典型单位出土陶器的胎质和类型已表现出相当的变化。夹砂红陶的数量开始急剧增加，已大致等同甚至超过夹砂灰陶的数量；而泥质灰陶、泥质黑陶的占比量则开始减少。这一变化的背后实际可见鬲、瓿，特别是缸，几乎成为每个单位最为主要的器类。在部分单位，缸的出土数量甚至开始占据可辨陶器器类的半数。而从可辨类型的陶器观察，本组单位已少见、甚至不见鼎、Aa型罐、A型盆、A型大口尊、A型壶、盉等器类，流行的则有Aa Ⅲ式鬲、Aa Ⅳ式鬲、Aba Ⅱ式鬲、Aba Ⅲ式鬲、B Ⅰ式鬲、B Ⅱ式鬲、Ab Ⅲ式大口尊、Ab Ⅳ式大口尊、B型盆、D型盆、B Ⅲ式爵、B Ⅳ式爵、Aa Ⅱ式斝和Ba Ⅰ式斝、Bca型缸和Bcb型缸。不过，这其中李家嘴H4、楼子湾G2⑤、杨家湾H9、小嘴H73陶器的类型组合更为接近，都以Aa Ⅱ式鬲、Aa Ⅲ式鬲、B Ⅰ式鬲、Ba Ⅲ式鬲口部、Bb Ⅲ式鬲口部、

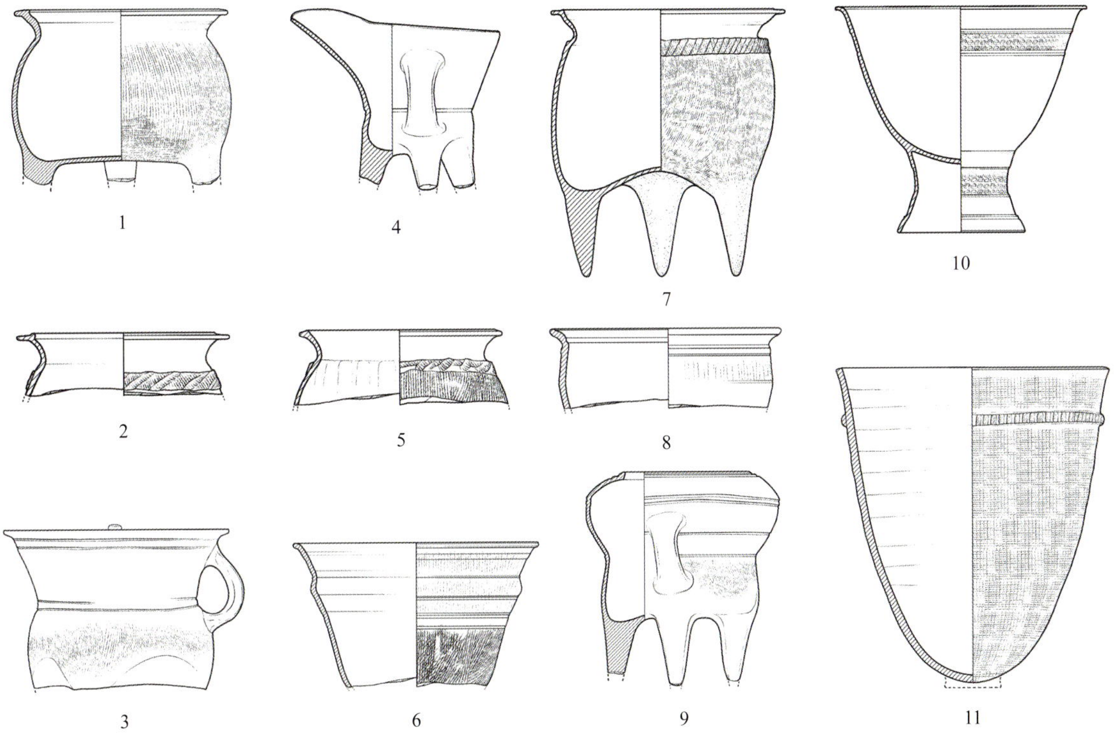

图 3.11　小嘴 H73 出土陶器举例

1. Aa Ⅱ式鬲（小嘴 H73：2）　2. Ba Ⅲ式鬲口部（小嘴 H73：48）　3. Aa 型斝（小嘴 H73：4）　4. B Ⅲ式爵（小嘴 H73：12）
5. Aca Ⅰ式鬲口部（小嘴 H73：49）　6. Ab Ⅲ式大口尊（小嘴 H73：13）　7. B Ⅰ式鬲（小嘴 H73：6）　8. 疑似 Ac 型簋口沿（小嘴 H73：22）
9. Ba Ⅰ式斝（小嘴 H73：3）　10. B 型簋（小嘴 H73：11）　11. Bca Ⅰ式缸（小嘴 H73：8）

AaⅡ式斝、BaⅠ式斝为代表，而少见AaⅣ式鬲、AbaⅢ式鬲、BⅡ式鬲。反之，李家嘴H1、李家嘴H8则以后者为代表，少见或不见AaⅡ式鬲、AaⅢ式鬲、BⅠ式鬲、AaⅡ式斝。由于AaⅡ～AaⅣ式、BⅠ～BⅡ式表现为陶鬲时代的演进关系，因此本组单位或可以进一步分为时代不同的两个小组。

三、第3组

（一）李家嘴H10

坑口近较为规整的圆形，底大口小，深1.48米。坑内出土的陶器以鬲为大宗。可辨类型的器物有2件AaⅤ式鬲、AbaⅤ式鬲、AbbⅢ式鬲、CbaⅢ式瓮和一件甗裆部残片（图3.12）。

（二）杨家湾H6

坑口近方形，深约0.64米，出土陶器、青铜器、玉器、石器等，内铺朱砂。原报告曾认为遗迹的性质为祭祀坑①。不过已有学者指出，坑口的形态、方向，出土的器物类别，以及

① 《盘龙城（1963～1994）》，第263页。

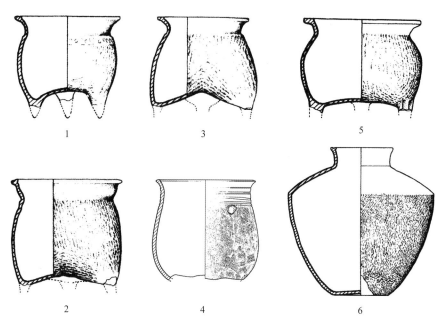

图 3.12　李家嘴 H10 出土陶器举例

1、5. Aa Ⅴ式鬲（李家嘴 H10：2、李家嘴 H10：4）　2. Aba Ⅴ式鬲（李家嘴 H10：3）　3. Abb Ⅲ式鬲（李家嘴 H10：1）
4. 甗裆部残片（李家嘴 H10：5）　6. Cba Ⅲ式瓮（李家嘴 H10：6）

坑内铺有朱砂的迹象，表明该遗迹应该属于一处贵族墓葬[1]。本书认同该遗迹为一处贵族墓葬，出土陶器应为墓葬内的随葬品，但遗迹和器物编号仍依循原报告。杨家湾H6出土可辨类型的陶器有：AbaⅣ式鬲、AbaⅤ式鬲、CⅡ式鬲、AaⅣ式甗、BaⅡ式罐、AcⅡ式簋、A型罍、AbⅡ式印纹硬陶与原始瓷罐、BaⅢ印纹硬陶与原始瓷尊、AbⅡ式印纹硬陶与原始瓷杯，以及印纹硬陶与原始瓷瓮口沿残片（图3.13）。

（三）杨家湾J1

为一处坑状遗迹，开口近圆形，深至开口1.5米处遗迹横截面呈长方形，坑底至坑口6.2米，原简报将其性质认定为水井[2]。该遗迹形状完整、直接打破原生的"砂石层"，为一处典型的人工遗迹，并不见其他人类活动干扰或破坏，同时出土的陶片又集中在近坑底的位置，推测陶片的堆积时间应较为单纯。该遗迹出土陶片以夹砂红陶为大宗（45.3%），次为夹砂灰陶（21.6%）和夹砂黄陶（10.8%），泥质陶相对少见，另有一定比例的印纹硬陶和原始瓷（4.4%）。与此相对应的，出土的陶器器类以缸多见（54.98%），次之为鬲炊器（14.56%），罐、瓮、大口尊亦占有一定的比例。从可辨的陶器类型来看，杨家湾J1出土有AaⅣ式鬲、AaⅤ式鬲、AbaⅤ式鬲、BⅢ式鬲、BaⅡ式罐、2件Bc型罐、BⅢ式盆、Cb

---

① 拓古：《盘龙城与〈盘龙城〉》，《江汉考古》2002年第4期。
② 武汉市博物馆、湖北省文物考古研究所、黄陂县文物管理所：《1997～1998年盘龙城发掘简报》，《江汉考古》1998年第3期。

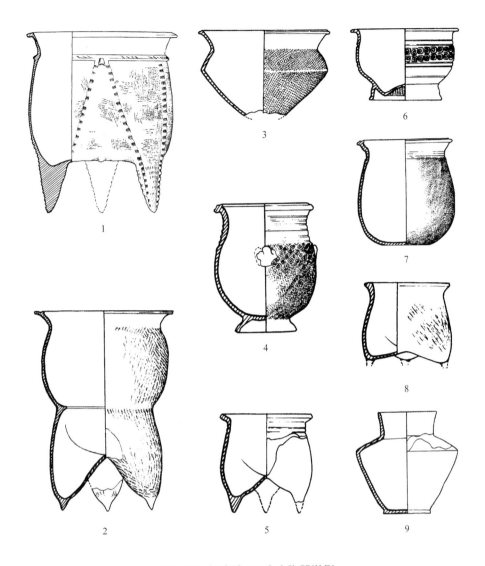

图 3.13 杨家湾 H6 出土陶器举例

1. C Ⅱ式鬲（杨家湾 H6：37） 2. Aa Ⅳ式甗（杨家湾 H6：51） 3. B Ⅲ式印纹硬陶与原始瓷尊（杨家湾 H6：25）
4. Ab Ⅱ式印纹硬陶与原始瓷杯（杨家湾 H6：16） 5. Aba Ⅳ式鬲（杨家湾 H6：52） 6. Ac Ⅱ式簋（杨家湾 H6：51）
7. Ab Ⅱ式印纹硬陶与原始瓷罐（杨家湾 H6：42） 8. Aba Ⅴ式鬲（杨家湾 H6：40） 9. A 型罍（杨家湾 H6：22）

型盆、AbⅣ式或AbⅦ式大口尊、AcⅡ式大口尊、AcⅢ式大口尊、BbⅡ式罍、CbaⅡ式壶、
Cc型壶、D型壶、D型豆、3件CbⅡ式豆、Aa型器盖、B型器盖、BcaⅠ式缸、2件CaⅠ式缸
底、CaⅡ式缸底、CbⅠ式缸底、AaⅡ式缸底、2件小壶形器、2件AaⅢ式印纹硬陶与原始瓷
罐、2件AbⅡ式印纹硬陶与原始瓷罐，此外还有豆柄残件、甗口沿残件、甗裆部残件、罍鍪
残件、爵残件、豆座残件、大口尊下腹部及器底残件和10件缸口沿残件（图3.14）。

（四）杨家湾G1

为杨家湾F4北侧一条西北—东南向的灰沟，已发掘区域长13米，最宽处4米，最深处
0.63米。因方向走势及层位证据显示的相对年代与南侧的F4一致，原简报认为属于F4使用

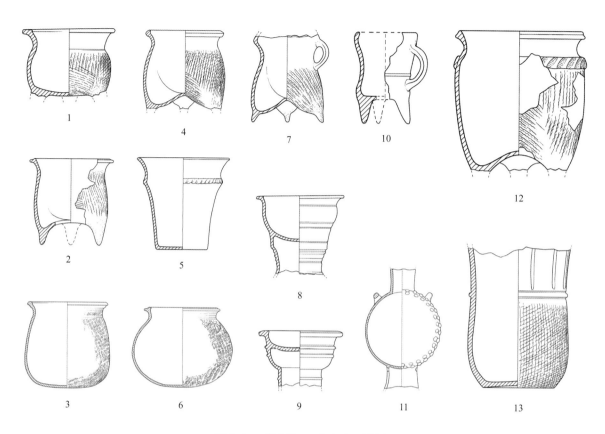

图3.14　杨家湾 J1 出土陶器举例

1. Aa V 式鬲（杨家湾 J1：19）　2. Aa IV 式鬲（杨家湾 J1：31）　3. Ab II 式印纹硬陶与原始瓷罐（杨家湾 J1：41）

4. Aba V 式鬲（杨家湾 J1：11）　5. Ac II 式大口尊（杨家湾 J1：6）　6. Aa III 式印纹硬陶与原始瓷罐（杨家湾 J1：46）

7. Bb II 式斝（杨家湾 J1：25）　8. D 型豆（杨家湾 J1：26）　9. Cb II 式豆（杨家湾 J1：18）　10. 爵残件（杨家湾 J1：27）

11. D 型壶（杨家湾 J1：45）　12. B III 式鬲（杨家湾 J1：28）　13. Ab IV 式或 Ab VII 式大口尊下腹部及底部（杨家湾 J1：5）

时期形成的废弃堆积①。在层位上，该遗迹位于探方第2层下，直接打破生土，未见被其叠压或打破的堆积，因此出土的陶器不大可能大量混杂有更早时期的。需要注意的是，杨家湾G1在发掘中曾发现有两层堆积，不过出土的遗物并未分层处理。遗迹出土的陶片胎质、颜色与杨家湾J1颇为类似，因缸残片出土数量最多，夹砂红陶占据出土陶片数量的半数以上（68.48%），次之则为夹砂灰陶（13.75%），相对应的泥质陶数量占比较少，此外印纹硬陶和原始瓷数量占有一定的比例（2.59%）。尽管该遗迹没有发现完整的陶器，但可分辨的陶器类型仍见有AbIII式鬲口部、5件AcaIII式鬲口部、AcbII式鬲口部、5件AcbIII式鬲口部、BbII式鬲口部、3件BbIV式鬲口部、BIII式盆、Cb型盆、III式刻槽盆、AcII式簋、疑似AbI式簋②、BbII式豆、CabIII式瓮、B型斝、Cbb型壶、2件Bca型缸、钵、AaIII式印纹硬陶与原始瓷瓮、Aa型印纹硬陶与原始瓷瓮、印纹硬陶与原始瓷瓶，以及2件甗口沿残片、

---

① 武汉大学历史学院、盘龙城遗址博物馆、武汉市文物考古研究所：《武汉市盘龙城遗址杨家湾商代建筑基址发掘简报》，《考古》2017年第3期。

② 该件器物仅残存口沿，底部和圈足情况不详，因此不能排除是一件B型盆。

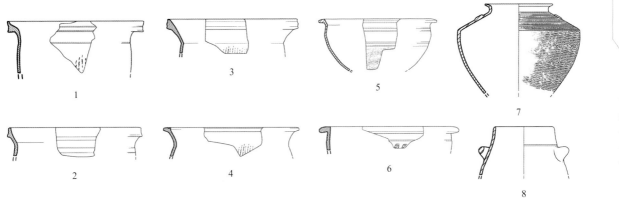

图 3.15　杨家湾 G1 出土陶器举例

1、2. Acb Ⅲ式鬲口部（杨家湾 G1：1、杨家湾 G1：6）　3. Aca Ⅲ式鬲口部（杨家湾 G1：19）
4. Bb Ⅳ式鬲口部（杨家湾 G1：17）　5. Cb 型盆（杨家湾 G1：41）　6. Ac Ⅱ式簋（杨家湾 G1：3）
7. Aa Ⅲ式印纹硬陶与原始瓷瓮（杨家湾 G1：27）　8. Cbb 型壶（杨家湾 G1：30）

罐口沿残片、大口尊腹部残片、2件印纹硬陶与原始瓷罐口沿残片（图3.15）。

　　由上可见，本组典型单位出土的陶器，无论在陶质、陶色还是在器物类型上，都在第2组典型单位出土陶器之上有进一步的发展。陶质中夹砂陶数量比例进一步增加，特别是夹砂红陶、夹砂黄陶成为主要的陶质类型，此外印纹硬陶和原始瓷也有一定比例的发现，而泥质陶比例继续下降。与此相对应的是，缸成为出土数量占比最大的陶器。同样，在可辨类型的陶器中，本组单位以陶鬲为代表，在上组单位出土陶鬲的基础上演化出AaⅣ式鬲、Aa Ⅴ式鬲、AbaⅣ式鬲、Aba Ⅴ式鬲、AbbⅢ式鬲、BⅢ式鬲、C Ⅱ式鬲，并且不仅流行平折沿类的BbⅣ式鬲口部，同时也多见厚方唇类的AcaⅢ式鬲口部、AcbⅢ式鬲口部。与此同出的还见有CbaⅢ式瓮、Cb Ⅱ式豆、Ac Ⅱ式簋、Bb Ⅱ式斝、Ab Ⅱ式印纹硬陶与原始瓷罐、AaⅢ式印纹硬陶与原始瓷。不过，上组单位常见的如带鋬鬲、A型盆、Aa型斝、Ab型斝则在本组基本消失不见。整体而言，本组单位出土的陶器类型多在上一组同类器的基础上有进一步"式别"的时代变化，特别是以鬲、甗、豆、斝等器物为代表，均是以同型较晚的式别组合为特征。

　　从以上三组单位观察，不同组内单位陶器群实际有着特定的组合关系。例如：第1组单位可见以Bb型鼎、A型Ⅰ式罐、Ab型豆为代表，以及以A型鼎、Aa Ⅰ鬲或Aa Ⅱ式鬲、A型盆、Aa型豆、Aa型大口尊、B型Ⅰ式或Ⅱ式爵、Aa型斝为代表的两类组合；第2组则可见以AaⅢ式鬲、Aba Ⅱ鬲、B Ⅰ式鬲、AbⅢ式大口尊、BⅢ式爵、Aa Ⅱ式或Ba Ⅰ式斝为代表，以及以AaⅣ式鬲、AbaⅢ式鬲、B Ⅱ式鬲、AbⅣ式大口尊、B型盆、D型盆、Ba Ⅱ式斝、BⅣ式爵为代表的两类组合；而第3组单位则见有以AaⅣ或Aa Ⅴ式鬲、AbaⅣ或Aba Ⅴ式鬲、AbbⅢ式鬲、BⅢ式鬲、C Ⅱ式鬲、CbaⅢ式瓮、Cb Ⅱ式豆、Ac Ⅱ式簋、Bb Ⅱ式斝为代表的陶器组合。各组单位内出土的陶器群均展现出了相当稳定的类型组合，并与其他组单位有所区别，表明这些类型组合确为某一时段陶器群的组合特征。而以此为基础，我们可以进一步观察盘龙城遗址各单位陶器群整体的时代分组。

第二节　陶器群的分组与分期

　　陶器群的分组与分期，不同于一般意义上遗址的分期或考古学文化的分期，而重在认识陶器类型和组合的阶段演变特征。其中对于陶器群的分组，实际上在于考察陶器类型的类聚性，以单位为单元分出陶器类型相近的小组。而对于陶器群的分期，则是在分组的基础上，考察陶器类型组合的差异性，进一步揭示陶器群不同的变化阶段。由于盘龙城部分陶器可比较中原同类器，部分单位陶器的相对年代已经较为明确，因此对于陶器群的分组与分期，更为重要的意义，还是为了认识陶器群演变的规律与特征。由上，以各典型单位出土陶器类型为切入点，我们可大致认识盘龙城陶器类型不同的组合方式，而这正是分组、分期的基础。

一、分组

　　通过对典型单位出土陶器群的分析，我们可初步了解盘龙城陶器群主要的几类组合关系。而在这些组合关系中，鼎、鬲、甗、罐、大口尊、爵、斝、盉、鬶、壶、尊、罍、盆、刻槽盆、平底盘、簋、豆、瓮、缸等出土频次较高、时代特征明显的器物，又可谓陶器群组合中的"核心器物群"。不同组合之间最为明显的差异，往往就表现在这几类陶器的有无或类型的演变上。由于盘龙城出土陶器类型庞杂，不少类型的器物并无明显的时代变化特征，在此仅以"核心器物群"为代表，将以上类别陶器的型式归入盘龙城遗址各单位，整体观察盘龙城遗址陶器群的分组情况。而部分单位由于发表陶器标本较少，特别是缺乏"核心器物群"中的器物或仅有少量型式无法辨别的残件，出土陶器无法进行分组，因此以下暂不予以讨论。

　　以盘龙城遗址陶器的型式分类为基础，我们可以将以上陶器型式归入各主要单位并由此归结为附表1、附表2、附表3。

　　从附表1、附表2、附表3中可见，陶器的型式统计在部分单位中，并不能直接地反映出早晚的分组序列。一方面，盘龙城大量的陶器标本是出于地层之中。地层因形成时间较长，部分甚至属于二次堆积，包含的遗物往往早晚混杂。在型式统计表中可见，不少地层单位存在同类器物早晚不同式别并存的现象。尽管从大的趋势而言，地层关系仍能反映出年代的早晚，但就单个地层而言，如何在分组或分期中划定组别和期别，无疑存在着模糊性。另一方面，《盘龙城（1963～1994）》报告并非公布了各单位所有可辨器类的标本，大量的地层、灰坑出土陶器类别也并不全面。因此，根据报告公布的材料，不少单位仅有一类或两类陶器标本，较难通过同单位中不同器类的比较，来对各个遗存进行横向的串联。例如，出土B型缸的单位，很少发表其他年代特征明确的陶器。因此有关B型缸不同式别的相对年代，仅能通过地层关系或同类器物串联予以确定。此外，盘龙城原报告第五至七期，文化面貌表现出了较强的延续性，部分类型的器物，特别是如罐、盆、簋、缸在型式上的变化并不十分明显。这些都使得在对陶器进行型式分析之后，为以单位而展开的分组、分期的讨论带来了困难。

基于以上问题，本书将在以上典型单位分组的基础上，整体把握盘龙城各单位陶器的分组。在此可先以陶鬲、鬲口沿、Aa型深腹罐、大口尊、斝、盆、簋等对时代变化反应敏感的器类为代表，理出不同单位之间的早晚序列。而针对部分单位发表的陶器类型不全的情况，以下还需以相关的层位关系为依据，更全面地认识盘龙城陶器群演变的阶段特征。

以南城垣叠压的城址3TZ33第9B、9A层出土陶器为代表，可列为盘龙城陶器群的第一组。根据典型单位出土陶器组合可知，本组陶器见有Ba型深腹盆形鼎、AaI式和AaII式深腹罐、CaaI式瓮、Ab型大口尊、AI式壶。整体而言，器类数量较少，不见鬲等炊器，也不见斝、爵或盉等酒器，与之后以鬲为主要炊器代表的陶器组合差异较大，可单独列为一组。

以王家嘴南区探方第9层、1998~1999年王家嘴发掘区第4~3层、杨家湾H28、杨家湾H31、杨家湾H42出土陶器为代表，可列为盘龙城陶器群的第二组。本组陶器多见A型罐形鼎、AaI式鬲、AaIII式罐、甗、AaI式大口尊、盉、AI式和B型壶、I式刻槽盆、AaI式豆、BaaI式和BbbI式缸。比较第一组，陶器类别开始增多，并形成了以A型罐形鼎和Aa型鬲为代表的炊器组合，以AI式大口尊、盉、鬶、AI式壶为代表的酒器组合；而第一组常见的Ba型鼎、Aa型深腹罐则迅速减少，乃至消失。

以王家嘴南区探方第8~7层、王家嘴北区探方第8~7层、李家嘴H5、杨家湾M6、杨家嘴M6、杨家嘴M8、20世纪80年代发掘的杨家嘴发掘区探方第7层为代表，可列为盘龙城陶器群的第三组。本组陶器多见有AaII式、AbaI式鬲，甗，Ab型罐，AaII式、AbI式大口尊，Aa型、BII式爵，AaI式、AbI式斝，盉，鬶，AI式壶，AI~II式、BI式、CaI式、Cb型、DI式盆，AaII~III式豆，AI式、BaI式瓮，AI式、BaaI~II式、BbaI~II式、BbbII式、BcaI式、BcbI式缸。从这一组开始，盘龙城陶器器类迅速增多，尤其是各种类型的盆、瓮、缸等盛食器和储藏器大量出现。而炊器则形成了以平折沿、联裆、高锥足的AaII式鬲和甗为代表的组合，第二组流行的A型罐形鼎以及第一组流行的Aa型深腹罐迅速减少。不过，本组仍多出现有盉、鬶、AI式壶、I式刻槽盆、AaI式豆，在上一组同样可见，显现出了两组陶器群之间特征的延续性。此外需要注意的是，本组中的AI式和BaI式瓮、BI式盆、BcbI式缸集中出土于李家嘴H5，未见于本组其他单位，因此目前还没有明确的证据表明这四类器物与本组其他器物同出；然而考虑到这批陶器式别较早，而同类型式别更晚的器物在下一组中多有见到，反推将李家嘴H5出土的陶器归于本组之下。

以王家嘴南区探方第6层、王家嘴北区探方第6层、李家嘴H7、李家嘴H15、李家嘴H24、杨家湾F1Z1、20世纪80年代发掘的杨家嘴发掘区探方第6层、楼子湾T7⑥，以及近年来发掘的杨家湾H9、H14、H33和小嘴H73、Q1710T0216⑤、Q1610T1918⑤出土陶器为代表，可列为盘龙城陶器群的第四组。本组陶器已形成小型平折沿、联裆、高锥足AaIII式鬲，小型分裆、高锥足AbaII式鬲，中型BI式鬲，大型CI式鬲，配分裆、高锥足AaII式甗和带鋬鬲的炊器组合。这其中鬲的类型更为丰富、多样，且前三组所见的A型罐形鼎、Aa深腹罐和甗基本消失。此外，本组陶鬲的口部特别流行口部近直、平折沿、沿面饰一周凹槽或不见凹槽的特征，即BaIII式和BbII~III式鬲口部。酒器则拥有AbIII~IV式大口尊、BIII~IV式爵、AaII式和BaI式斝，并大量出现C型壶。而早期流行的A、B型壶基本不见。盛食器和储藏器则多流行AⅢ式、BⅠ～Ⅱ式、CaⅡ式、DⅡ～Ⅲ式盆，Ⅱ式刻槽盆，B型簋，AbⅡ式豆，CaaⅡ式瓮，BaaⅡ式和BabⅠ式、BbaⅡ式和BbbⅡ式、BcaⅠ～Ⅱ式和BcbⅡ式缸。比较而言，前三组所见的平底盘、Aa型豆、A型和B型瓮发现较少。值得注意的是，本组单位中的小嘴H73，出土的部分类型的陶器显现出了更早的时代特征，如多见AaⅡ式鬲、BbⅡ式鬲口沿、AbⅢ式大口尊、Aa型斝，在本组其他单位中少见或不见，暗示出本组或可做进一步早晚的细分。不过，鉴于目前以小嘴H73为代表出土的陶器类型组合较为孤立，并且该单位同时出有如BⅠ式鬲、BaⅠ式斝、BⅢ～Ⅳ式爵等，在本组其他单位中也多见，因此暂将其归于本组之下。综上，前三组陶器群中的A型罐形鼎、AaⅠ式鬲、Aa型深腹罐、甑、盉、A型壶、平底盘等多未延续至本组，而本组又新增有B型鬲、Ba型斝、C型壶等不少新的器类，在陶器类型组合上与前三组颇有差异，可单独列为一组。

以王家嘴北区探方第5层、李家嘴H1、李家嘴H4、李家嘴H8、李家嘴M1、李家嘴M2、20世纪80年代发掘的杨家湾发掘区探方第5层、杨家嘴H1、20世纪80年代发掘的杨家嘴发掘区探方第5层、楼子湾G2⑤、楼子湾H1，以及近年来发掘的杨家湾H8、H25、Q1712T1010～T1011③、Q1712T1012⑥、Q1712T1013⑦、Q1712T1014⑥～⑧、Q1712T1015⑦等单位出土陶器为代表，可列为盘龙城陶器群的第五组。本组陶器主要见有AaⅣ式、AbaⅢ式、AbbⅠ式、BⅡ式、CⅠ式鬲，AbⅢ式、AcaⅡ式、AcbⅠ式、BbⅢ式、BaⅢ式鬲口部，AaⅢ式、Ab型、B型甗、Ba、Bb、Bc、Bd型罐，AbⅣ～Ⅴ式、AcⅡ～Ⅲ式大口尊、BⅣ式爵、BaⅡ式、BbⅠ式斝，CbbⅠ式壶，AⅢ式、BⅢ式、DⅢ式盆，AbⅠ式、AcⅠ式簋，AbⅡ式、BbⅡ式、CaⅠ式豆，CaaⅢ～Ⅳ式、CabⅡ式、CbaⅠ式瓮，AⅡ式、BaaⅡ～Ⅲ式、BbaⅡ式、BcaⅡ式、D型、E型缸。相比之上一组，多数器类在式别上显现出了更晚的年代特征。炊器中鬲的类型进一步丰富，除仍占主体的联裆鬲外，与中原地区相近的分裆鬲大量出现，陶鬲口沿也开始流行Ac型侈口、方唇和B型侈口、平折沿两类，罐则多见B型中腹罐。酒器仍以大口尊、爵、斝、壶为主，但大口尊多见AbⅣ～Ⅴ式和AcⅡ～Ⅲ式，A型侈口斝已基本消失，占据主体为BaⅡ式的敛口斝。盛食器和储藏器方面，BⅢ式和CaⅡ式盆、CaⅡ式簋、折腹的C型豆渐多。以上器物类型集中出现，均与上一组陶器群形成了差异。不过，本组单位出土的陶器仍有上一组常见的AaⅢ式鬲、AbⅣ式大口尊、BⅢ式爵、BaaⅡ式缸，同时AbⅠ式和AcⅠ式簋、CⅠ式鬲、BbaⅡ式和BcaⅡ式缸等依旧延续自上一组，表明本组与上一组陶器群特征衔接紧密，文化面貌的变化并不显著。

以李家嘴H10、李家嘴H18、杨家湾H5、杨家湾H6、杨家湾M11、杨家湾J1、20世纪80年代发掘的杨家湾发掘区探方第4～3层、20世纪80年代发掘的杨家嘴发掘区探方第4层，以及近年来发掘的杨家湾G1、Q1712T0114④、Q1712T0213④、Q1914T1811～T1911③、Q1914T1811～T1911④、Q1712T1013～T1015③、Q1712T1012④、Q1712T1013⑤、Q1712T1014④～⑤、Q1712T1015④～⑥和小嘴G2、Q1710T0413～T0412③等单位出土的陶器为代表，可列为盘龙城陶器群的第六组。本组陶器已不见有早期的AaⅠ～Ⅲ式、AbaⅠ～Ⅲ式鬲，取而代之的为AaⅣ～Ⅴ式、AbaⅣ～Ⅴ式、BⅡ～Ⅲ式、CⅡ式鬲，同时以上两组常见的BaⅢ、BbⅢ式鬲口部发展成BaⅣ式、BbⅣ～Ⅴ式，并新增加方唇类的AbⅢ式、AcaⅢ式、AcbⅡ～Ⅲ式。与以上类型的鬲相伴生则还见有AaⅣ式甗，AaⅣ式、BaⅡ

式罐，AbⅥ～Ⅶ式、AcⅣ式大口尊，BaⅢ式、BbⅡ式罃，CaⅡ式、CbaⅡ式、Cbb型、D型壶，BⅣ式、CaⅢ式、Cb型盆，Ⅲ式刻槽盆，AbⅡ式、AcⅡ式簋，CaaⅤ式、CabⅢ式、CbaⅡ～Ⅲ式、Cbb型瓮，BaaⅢ式、BabⅡ式、BbaⅢ式、BcaⅡ、BcbⅡ～Ⅲ式缸。无论是陶鬲还是其他器类，比之上一组都显现出了较晚的时代作风，特别是以上两组常见的部分器物类型，如带鋬鬲、B型大口尊、A型和B型豆在本组中基本不见，反映出了本组陶器群区别于早期其他组器群的文化特征。本组中的BⅣ式盆、CaaⅤ式瓮、BaaⅢ式缸，目前多见于20世纪80年代发掘的杨家嘴探方第4层。该地层还同出有BbⅢ式鬲口沿、AbⅤ式和AbⅥ式大口尊，但未出典型属于本组的AaⅤ式、AbaⅣ～Ⅴ式鬲等器类，并且BbⅢ式鬲口沿实际流行于第四组。不过考虑到该单位为地层，可能存在早晚不同时期器物混杂的情况，同时BⅣ式盆、CaaⅤ式瓮、BaaⅢ式缸均为同型器类最晚的形态，伴出的AbⅥ式大口尊也在本组其他单位常见。故此将杨家嘴探方第4层出土的BⅣ式盆、CaaⅤ式瓮、BaaⅢ式缸一起纳入本组。

以陶器类型和典型单位陶器群组合分析为基础，盘龙城遗址出土的陶器可整体分为六组。这六组之内各单位出土的陶器类型组合相对固定，而各组之间无论在陶器类型，还是同类器的式别上均显现出了一定的差异。但是以上各组陶器群之间的差异并非是均等的。部分组别之间显现出了更加紧密的联系，陶器型式特征延续性强，或可做进一步的合并；而部分组别之间则差异明显，陶器类别有显著的增减。以此六组为基础，我们可以对盘龙城陶器群的分期做进一步的讨论。

二、分期

根据以上陶器类型组合的分析，盘龙城遗址出土的陶器群可分为前后相继的六组。这六组中每组陶器的类型组合相对类聚，同时各组之间互有一定的差异。不过以上各组之间陶器类型的差异性并不一致。例如，第二组和第三组之间陶器的类型互有重合，而第三组和第四组之间陶器的类型则表现出了极大的不同。为进一步揭示陶器类型组合的阶段性变化，我们还需观察各组之间的差异性，对部分组别进行合并，探讨盘龙城遗址陶器群的分期。

参考陶器类型组合的差异程度，可将以上六组合并为四期（附图1～附图3；附表1～附表3）。

盘龙城陶器群第一组为盘龙城陶器群第一期。属于盘龙城陶器群第一组的遗存数量较少，发表的陶器标本和陶器类别亦见不多。不过，第一组陶器群组合以Ba型深腹盆形鼎、AaⅠ～Ⅱ式深腹罐为代表，不见之后各组常见的A型罐形鼎和Aa型平裆鬲（见图3.1）；同时，之后各组也不见第一组最有代表性的Ba型深腹盆形鼎和AaⅠ～Ⅱ式深腹罐。比较第二、三组，盘龙城第一组陶器群的组合特征明确，代表性的器物类型少有延续至其他组。因此可将第一组单独列为一期，作为盘龙城陶器群的第一期。

盘龙城陶器群第二、三组为盘龙城陶器群第二期。盘龙城陶器群第二、三组陶器类型、数量激增。这两组之间的陶器类型互有重合或相互继承，同时与前后各组陶器群形成了差异。其中，盘龙城陶器群第二、三组炊器均以A型罐形鼎、Bb型盆形鼎、AaⅠ～Ⅱ式鬲为代表，已不见第一组常见的Ba型盆形鼎和AaⅠ～Ⅱ式深腹罐，也与之后第四组开始流行的AaⅢ式、AbaⅡ式、B型和C型鬲组合不同。此外，第二、三组还共同见有AaⅠ～Ⅱ式、

AbⅠ～Ⅱ式大口尊，盉，A型壶，AⅠ～Ⅱ式盆，平底盘，Aa型豆，A型、Ba型瓮等，这在前后各组中亦极少见到。因此可将盘龙城第二、三组合并，作为盘龙城陶器群的第二期。而第二、三组之间在部分器类式别上的差异，如第二组陶鬲以AaⅠ式多见，第三组则以AaⅡ式、AbaⅠ式为代表，可视为同期中小时段的不同，可进一步将第二期分为早晚两组。

盘龙城陶器群第四、五组为盘龙城陶器群第三期。这两组有不少器物类型相互重合，或仅为同一型下的延续性发展，比较两组并未出现新的器类或器型。其中陶器类型如AaⅢ式鬲，带鋬鬲，BaⅢ式、BbⅢ式鬲口沿，AbⅣ～Ⅴ式大口尊，BaⅠ式斝，BⅡ式、CaⅡ～Ⅲ式、DⅡ～Ⅲ式盆，AbⅡ式豆，CaaⅡ～Ⅲ式、CabⅠ～Ⅱ式、CbaⅠ式瓮，BcaⅡ式缸等在两组部分单位中重复出现；同时主要器类如Aa型、Aba型、B型鬲，A型甗，Ba型斝，Cab型瓮等则多在两组之间存在式别上的差异。陶器类型组合的相近性，显现出了第四、五组在文化特征和年代上较强的关联。不过比较第二、三组，盘龙城陶器群第四、五组的类型组合整体发生了新的变化。从这两组开始，炊器中的鼎基本消失，而不同类型、尺寸的鬲，带鋬鬲和甗成为炊器中的主流；与此同时，大量的酒器如B型类的斝、C型类的壶开始出现，而早期多见的盉、A型和B型壶等则基本消失；此外盛食器和储藏器亦发生有变化，典型属于第二、三组的A型盆、A型和Ba型瓮、A型缸日趋减少，而B型和D型盆、Caa和Cab型瓮、B型类的缸多见。整体而言，盘龙城陶器群第四、五组显现出了较强的连续发展的特征，并与早期的第二、三组形成了较大的差异，在此单独作为盘龙城陶器群的第三期。

盘龙城陶器群第六组为盘龙城陶器群第四期。相较而言，这一组主要的陶器类型仍延续自上两组。不过盘龙城陶器群第四、五组不少常见的器类，如B型大口尊、A型斝、鬶、Ab型和Bb型豆、A型瓮，至本组已基本不见；同时代表本组的器物，如AaⅣ～Ⅴ式、AbaⅣ～Ⅴ式、AbbⅡ～Ⅲ式、BⅢ式鬲，AaⅣ式甗，AbⅥ～Ⅶ式、AcⅣ式大口尊，BaⅢ式、BbⅡ式斝，BⅣ式、CaⅢ式盆，Ⅲ式刻槽盆，AcⅡ式簋，CaaⅤ式、CabⅢ式、CbaⅢ式瓮，BaaⅢ式、BbaⅢ式、BcbⅢ缸等，则均属于各型器类中的最晚式别。因此比较第四、五组，盘龙城陶器群第六组显现出了较大的差别，并且年代特征集中较晚，可作为盘龙城陶器群的第四期。需要注意的是，本组中杨家湾J1、李家嘴H10、杨家湾T1013～T1015③出土的部分陶器显现出了更晚的特征，所见的陶鬲以AbaⅤ式、AbbⅢ式、BⅢ式为代表，大口尊见有AbⅦ式，豆有CbⅡ式、D型，瓮有CbaⅢ式。这些器类多不见于本组中的其他单位，暗示本组陶器群或可做进一步的细分。然而，目前近似这一批显现出更晚特征的陶器群组合发现较少，特别是其中也出土了部分本组中式别较早的其他典型器物类型，未有充分的材料可将其单独区分，因此暂不将其单独分作一组或一期，仅在下文年代的讨论中单独展开分析。

综上，我们将盘龙城陶器群前后发展的六组合并为四期。其中第一组为盘龙城陶器群发展演变的第一期，文化面貌与之后二、三组有着较大的差异。第二、三组为盘龙城陶器群的第二期，这两组同类型的器物出现频率较高，陶器群特征承袭关系紧密，属于一期中早晚两段。第四、五组为盘龙城陶器群的第三期。这两组陶器群同样文化面貌接近，并在器物类别、式别上，与前后各组展现出了相当程度的变化。最后，第六组为盘龙城陶器群的第四期。该组陶器群整体上显现出了更晚的时代特征。由此，盘龙城陶器群类型的演变可分为四期六组。

第三节　各组期的相对年代

　　陶器因其变化速率快、标本数量多，一般而言是比对遗址相对年代的最佳材料。而盘龙城遗址出土的陶器，无论从器类还是器形，又受到了中原文化的强烈影响，表现出了浓厚的中原文化特征。处于同一文化圈内，盘龙城陶器群相对于中原典型遗址的年代如何，特别是以上所分的四期六组的阶段变化与中原地区同期陶器群发展进程的关系怎样，需要对盘龙城陶器群的相对年代展开探讨。

　　盘龙城陶器群与中原地区的陶器有着大量的共性特征，可为认识盘龙城陶器各组期的相对年代提供参照。然而需要注意的是，被影响的边缘地区较之影响源的文化核心区域，其文化特征常会出现变异，乃至滞后的现象[1]。因此，在比对盘龙城陶器群与中原地区陶器之间的年代关系时，一方面需要注重两者整体的陶器组合和器物形制特征的异同；另一方面，还需考虑到边缘地区——盘龙城陶器组合和类别，往往不如核心区域——中原地区所见完整、变化速率快，同时常掺杂更多的地方因素，对于盘龙城与中原地区陶器年代之间的比对需更注重体现中原核心区域的文化因素，以及体现年代特征的器物局部或细节。此外，对于盘龙城陶器相对年代的判断，考虑到其自身的演变频率，不强求也不可能与中原文化的发展保持一致。尽管本书对于年代的判断，将主要参照已有对中原文化发展阶段的认识，如二里头文化第四期，二里冈上、下层，洹北花园庄等，但是具体的年代仍拟以典型单位、典型器物比对断代。

　　以上我们将盘龙城陶器群分为四期六组。比照中原地区陶器群的阶段特征，盘龙城遗址出土的陶器年代大致从二里头文化晚期至洹北花园庄阶段。

（一）第一期

　　本期以南城垣叠压的城址3TZ33⑨B、⑨A层陶器为代表，出土有Ba型深腹盆形扁足鼎、花边口沿的深腹罐、AbⅠ式粗柄的浅盘豆和CaaⅠ式小口广肩瓮。盘龙城原报告将这批器物比照驻马店杨庄第三期和荆南寺第一期，年代大致相当于二里头文化第二期或第三期偏早[2]。之后，张昌平、李丽娜等进一步将盘龙城最早遗存的年代改定在二里头文化第三期[3]。此外，近年来段天璟认为这批单位的年代上限可至二里头文化第二期[4]。

---

① 李伯谦：《从对三星堆青铜器年代的不同认识谈到如何正确理解和运用"文化滞后"理论》，《四川考古论文集》，第64～69页，文物出版社，1996年。

② 《盘龙城（1963～1994）》，第263页。

③ 拓古：《二里头文化时期的江汉地区》，《江汉考古》2002年第1期；张昌平：《夏商时期中原与长江中游地区的文化联系》，《华夏考古》2006年第3期；李丽娜：《试析湖北盘龙城遗址第一至三期文化遗存的年代和性质》，《江汉考古》2008年第1期。

④ 段天璟：《二里头文化时期长江中游沿岸地区的考古学文化结构》，《中国国家博物馆馆刊》2011年第6期。

如果比较器物的形制特征，盘龙城第一期陶器最接近于驻马店杨庄遗址第三期遗存[1]和方城八里桥[2]二里头文化遗存。本期出土的Ba型深腹盆形鼎，卷沿侈口、腹部近直、平底、扁足接腹身的位置较高，这些特征并非二里头遗址陶鼎的典型特征，而接近于杨庄第三期如T21③：10（图3.16，1）、JZ1：17[3]、T11②B：8、T19②：34、T22②：5、T22②：16（图3.16，2），以及八里桥H7：48、H7：49（图3.16，5）等多件器物。同样AaⅠ式的花边深腹罐，其花边、微鼓腹、平底的造型，可参见杨庄T4⑤：1（图3.16，4）、T15②：28、八里桥94FB0：8（图3.16，6）。CaaⅠ式小口瓮则可比较杨庄T19②：47（图3.16，3）。而AbⅠ式浅盘、粗柄的豆目前则少见于二里头文化，相近者如属于岳石文化的鹿邑栾台H71：4（图3.16，7）[4]。以上比对器物的单位中杨庄T4⑤、T11②B、T15②、T21③属于杨庄遗址第三期二段，被定在二里头文化第二期；杨庄T19②、T22②属于杨庄遗址第三期三段，被定在二里头文化第二期晚段至第三期；八里桥二里头文化遗存则年代特征集中，被认为属于二里头文化第三期。鹿邑栾台岳石文化遗存则被认为与泗水尹家城第二期、安丘堌堆岳石期年代大致相同，同样大致相当于二里头文化第二、三期。参考杨庄、八里桥这批遗存年代的下限，盘龙城第一期陶器相对年代应不晚于二里头文化第三期。另一方面，邻近江汉地区二里头文化时期的遗址，如淅川下王岗[5]、郧县李营[6]、邓城穰东[7]、钟祥乱葬岗[8]、枣阳法龙王树岗[9]、荆州荆南寺[10]、大悟李家湾[11]，以及以上论及的方城八里桥，年代多集中在二里头文化第三期，而暂未见到典型属于二里头文化第一、二期的遗存。由于盘龙城第一期陶器群明显可见北方中原文化因素，受到中原文化的强烈影响，因此从周邻地区整体的文化发展大势观察[12]，盘龙城遗址第一期的陶器遗存应属于二里头文化第三期，而不宜早至二里头文化第二期。

（二）第二期

盘龙城陶器群第二期分为早晚两组。其中第二期二组年代特征偏早，以王家嘴T20⑨、王家嘴T32⑨、杨家湾H28、杨家湾H31、杨家湾H42出土陶器为代表。第二期三组则年代特征偏晚，以王家嘴发掘区第8～7层、李家嘴H5、杨家湾M6、杨家嘴M6、杨家嘴M8、20世

① 北京大学考古系、驻马店市文物保护管理所：《驻马店杨庄——中全新世淮河上游的文化遗存与环境信息》，科学出版社，1998年。
② 北京大学考古系等：《河南方城县八里桥遗址1994年春发掘简报》，《考古》1999年第2期。
③ 该件器物与报告中T22②：14重合，暂不清楚哪一个编号是准确的。北京大学考古系、驻马店市文物保护管理所：《驻马店杨庄——中全新世淮河上游的文化遗存与环境信息》，第112、113页，科学出版社，1998年。
④ 河南省文物研究所：《河南鹿邑栾台遗址发掘简报》，《华夏考古》1989年第1期。
⑤ 河南省文物研究所、长江流域规划办公室考古队河南分队：《淅川下王岗》，第285～306页，文物出版社，1989年。
⑥ 武汉大学考古系、郧阳博物馆：《湖北郧县李营遗址二里头文化遗存发掘简报》，《江汉考古》2014年第6期。
⑦ 河南省文物考古研究所：《河南邓州穰东遗址的发掘》，《华夏考古》1999年第2期。
⑧ 荆州市博物馆等：《钟祥乱葬岗夏文化遗存清理简报》，《江汉考古》2001年第3期。
⑨ 襄石复线襄樊考古队：《湖北襄阳法龙王树岗遗址二里头文化灰坑清理简报》，《江汉考古》2002年第4期。
⑩ 荆州博物馆：《荆州荆南寺》，第88、90、98、99、145页，文物出版社，2009年。
⑪ 湖北省文物考古研究所：《大悟县城关镇双河村李家湾遗址发掘简报》，《江汉考古》2000年第3期。
⑫ 拓古：《二里头文化时期的江汉地区》，《江汉考古》2002年第1期；张昌平：《夏商时期中原与长江中游地区的文化联系》，《华夏考古》2006年第3期。

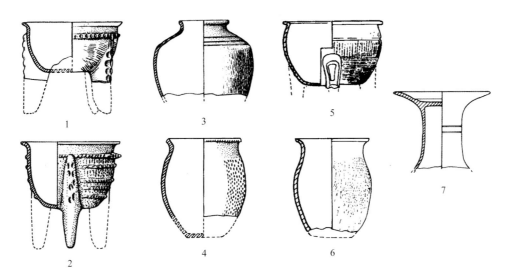

图 3.16　驻马店杨庄第三期、方城八里桥和鹿邑栾台陶器遗存

1、2、5. 鼎（T21③：10、T22②：16、H7：49）　3. 瓮（T19②：47）　4、6. 罐（T4⑤：1、94FB0：8）　7. 豆（H71：4）

（1～4出自驻马店杨庄，5、6出自方城八里桥，7出自鹿邑栾台）

纪80年代杨家嘴发掘区探方第7层出土陶器为代表。

对于第二期三组单位的相对年代目前还颇有争论。王家嘴T20⑨、王家嘴T32⑨等单位原报告曾列为"盘龙城第一期"，年代属于"二里头文化二期或三期偏早"[①]。李丽娜则认为原报告年代定得偏早，将王家嘴T20⑨、王家嘴T32⑨与被原属于"盘龙城第二期"的王家嘴发掘区第8层合并，认为其间于二里冈H9和H17之间，即"稍晚于二里冈下层一期偏早"[②]。而杨家湾H28、杨家湾H31、杨家湾H42为近年来盘龙城杨家湾发掘所获，简报将其定在"盘龙城第二、三期之交，大概接近于夏商之际"[③]。

王家嘴T20⑨、T32⑨与杨家湾H28、H31、H42陶器群实际较为接近，以A型罐形鼎、AaI式鬲、AaI式大口尊、B型壶、I式刻槽盆等为代表。若比较中原地区，这批陶器群最接近于洛达庙三期、南关外下层、二里冈C1H9、电力学校H6、化工三厂H1等单位遗存。这其中最为典型的A型罐形鼎可参考南关外C5H9：8等（图3.17，1）。盘龙城罐形鼎上腹部常饰多周凹弦纹，这在南关外多件罐形鼎或平裆鬲上均可见到。平裆鬲在南关外下层和二里冈下层第一期均有少量发现。盘龙城AaI式平裆鬲器身呈横长方体，腹部外鼓，锥足饰绳纹，最接近于郑州商城C9.1T108③：110（图3.17，2）[④]，后者被定在二里冈下层一期。不

① 《盘龙城（1963～1994）》，第442页。不过值得注意的是，报告在探讨"盘龙城第一期"相对年代的时候，并未使用王家嘴T20⑨和王家嘴T32⑨的材料，而仅参考了城址3TZ33⑨B、⑨A出土的陶器材料。由上已知，城址3TZ33⑨B、⑨A陶器群要比王家嘴T20⑨、王家嘴T32⑨陶器群早一个阶段，两者文化面貌差异较大。

② 李丽娜：《试析湖北盘龙城遗址第一至三期文化遗存的年代和性质》，《江汉考古》2008年第1期。

③ 武汉大学历史学院、湖北省文物考古研究所、盘龙城遗址博物院：《武汉市盘龙城遗址杨家湾坡顶发掘简报》，《江汉考古》2018年第5期。

④ 报告将这件器物称之为"罐形鼎"。不过从线图上观察，该件器物尽管裆部略残，但有足窝，应该属于一件鬲。河南省文物考古研究所：《郑州商城——1953～1985年考古发掘报告》，第163页，文物出版社，2001年。

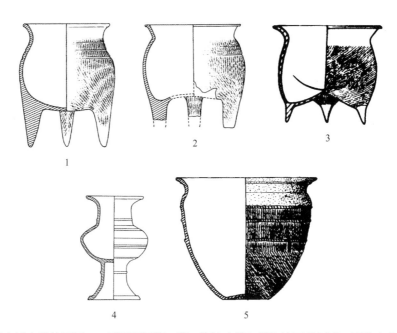

图 3.17　郑州商城南关外下层、二里冈下层第一期、洛达庙第三期和法王龙树岗二里头文化时期陶器遗存

1、2. 鼎（C5H9：8、C9.1T108③：110）　3. 鬲（化工三厂 H1：2）　4. 壶（C8T55⑤：5）　5. 大口尊（H2：2）

（1属于郑州商城南关外下层，2、3属于郑州商城二里冈下层第一期，4属于郑州商城洛达庙第三期，5属于法王龙树岗二里头文化时期）

过盘龙城的AaⅠ式鬲足部更加细长，似更接近于郑州商城化工三厂H1：2[①]（图3.17，3）、郑州商城C1H44：21[②]，乃至二里头文化第四期部分陶鬲足部特征。盘龙城出土的B型壶则与郑州商城洛达庙第三期C8T55⑤：5为同类型器（图3.17，4），仅盘龙城的这件壶圈足较宽不外撇。而盘龙城AaⅠ式大口尊鼓肩、大敞口，暂未在郑州商城或二里头遗址找到类型相近的器物。邻近早一阶段的法王龙树岗、郧县李营曾见有多件鼓肩的大口尊[③]，器物口径微大于肩径，整体腹身敦厚，年代属于二里头文化第三期（图3.17，5）。参照此类型大口尊的演变趋势，盘龙城AaⅠ式大口尊口外侈较甚，腹身较瘦高，年代特征无疑要晚于此。

不过，以上与盘龙城陶器群第二期二组比对的洛达庙第三期、南关外下层、二里冈下层第一期等陶器遗存，相关单位之间的年代关系，目前学界还多存有争论。这其中关键的节点在于南关外下层的年代问题。郑州商城报告将南关外下层单独作为"南关外期"，与洛达庙第三期大约同时，可对应于二里头文化第四期，而早于以C1H9为代表的二里冈下层第一期[④]。邹衡、罗彬柯、仇祯、杜金鹏等则将南关外下层与洛达庙第三期、二里冈下层第一

① 河南省文物考古研究所：《郑州化工三厂考古发掘简报》，《中原文物》1994年第2期。

② 河南省文物考古研究院：《郑州商城陶器集萃》，第89页，大象出版社，2015年。

③ 襄石复线襄樊考古队：《湖北襄阳法龙王树岗遗址二里头文化灰坑清理简报》，《江汉考古》2002年第4期；武汉大学考古系、郧阳博物馆：《湖北郧县李营遗址二里头文化遗存发掘简报》，《江汉考古》2014年第6期。

④ 河南省文物考古研究所：《郑州商城——1953～1985年考古发掘报告》，第40页，文物出版社，2001年。此观点实际最早可见于报告整理者安金槐的对于该问题的论述。安金槐：《对于郑州商代南关外期遗存的再认识》，《华夏考古》1989年第1期。

期视为同一阶段的遗存，相当于二里头文化第四期[①]。而陈旭则认为南关外下层与C1H9二里冈下层第一期年代相当，晚于二里头文化第四期及年代相当的洛达庙第三期[②]。与此观点类似，袁广阔将南关外下层与中层合并，同样认为属于二里冈文化下层第一期，晚于洛达庙第三期。此外，还有学者认为南关外下层比洛达庙和二里冈下层显得更早[③]。李维明就曾将南关外下层的年代定在二里头文化第三期偏晚[④]，早于二里冈下层第一期和洛达庙第三期。在此，本书基本认同南关外下层与以C1H9为代表的二里冈下层第一期属于同一阶段，而晚于洛达庙第三期。一方面，根据多位学者的研究，南关外下层与C1H9实际有类型重合的陶器，特别是对C1H9的重新整理，揭示出该单位实际包含大量褐陶类器物，而褐陶类器物是南关外下层以及电力学校H6、化工三厂H1等单位陶器的典型特征[⑤]。另一方面，洛达庙第三期仍出土有大量带按窝纹的扁足鼎、花边口沿罐、深腹罐等，正属于二里头文化因素，不过这些器类无论是在南关外下层抑或是电力学校H6、化工三厂H1等均难以发现，显现出了两者之间时代上的差异。从盘龙城等周边遗址观察，以按窝纹扁足鼎、花边口沿罐、深腹罐为代表的陶器群，同样不与鬲、锥足的罐形鼎一类遗存年代共存。考虑到南关外下层，以及电力学校H6和化工三厂H1陶鬲、甗等"二里冈文化的典型器的形体还不甚规整"[⑥]，同时共见有素面的斝等岳石文化因素，电力学校H6和化工三厂H1陶器的陶质、陶色更接近于洛达庙类型等特征，南关外下层的相对年代可能比C1H9略微偏早。

通过梳理南关外下层与洛达庙、二里冈下层一期之间的年代关系，盘龙城陶器群第二期二组可见更接近于二里冈下层第一期。尽管这一阶段所见的B型壶与洛达庙第三期C8T55⑤：5相近，但是鉴于相近的器物单独出现，并且酒器可能在周边地区有着较长的延续，例如盘龙城在较晚阶段仍能见到鬶、盉等二里头文化因素陶器，因此不排除该类器物由较早阶段延续而来。而盘龙城这一阶段主体如罐形鼎、联裆鬲等，则更多与南关外下层，以及电力学校H6、化工三厂H1陶器相近，特别是所属的AaⅠ式鬲锥足细长、装饰绳纹，有着偏早的时代特征。综上，盘龙城第二期二组的相对年代可对应于二里冈下层第一期或偏早[⑦]。

盘龙城陶器群第二期三组包括原报告所分的第二期和第三期的部分单位（图3.18）。报告曾将其分别对应于"二里头文化三期"和"二里头文化四期偏晚或二里冈下层一期偏早"[⑧]。不过原报告所定的年代明显偏早。这一阶段已不见有按窝纹的扁足鼎、深腹罐等二里头文化因素。典型代表如AaⅡ式鬲最大腹径下移，锥足较高，已接近如郑州商城

① 邹衡：《夏商周考古学论文集》，第107页，文物出版社，1980年；罗彬柯：《小议郑州南关外期商文化》，《中原文化》1982年第2期；仇祯：《关于郑州商代南关外期及其他》，《考古》1984年第2期；杜金鹏：《郑州南关外下层文化渊源及其相关问题》，《考古》1990年第2期。

② 陈旭：《关于郑州商文化分期问题的讨论》，《郑州大学学报（哲学社会科学版）》1988年第1期。

③ 李经汉：《郑州二里岗期商文化的来源及相关问题的讨论》，《中原文物》1983年第3期。

④ 李维明：《郑州二里冈下层与南关外中、下层文化遗存分析》，《中原文物》1993年第3期。

⑤ 袁广阔：《先商文化新探》，《中原文物》2002年第2期。

⑥ 袁广阔：《先商文化新探》，《中原文物》2002年第2期。

⑦ 实际上已有多位学者指出，二里冈下层一期的年代上限可至二里头文化第四期。因此盘龙城第二期二组相对年代同样可对应到二里头文化第四期，衔接于盘龙城第一期一期。邹衡：《夏商周考古学论文集》，第107页，文物出版社，1980年；高炜：《略论二里冈期商文化的分期和商城年代——兼论其与二里头文化的关系》，《中原文物》1985年第2期。

⑧ 《盘龙城（1963～1994）》，第442、443页。

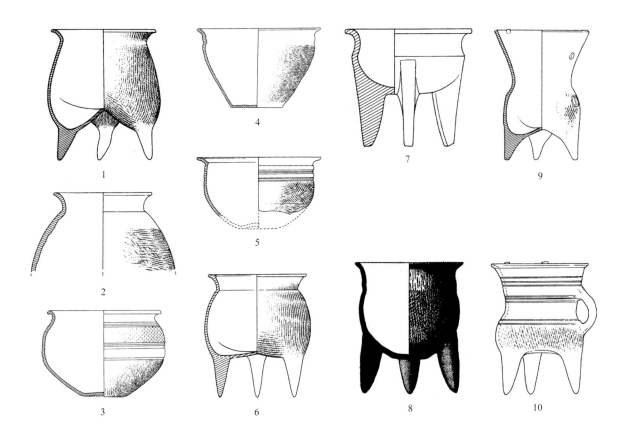

图 3.18 郑州商城二里冈下层第一期、二里冈下层第二期、南关外中层的陶器遗存

1、6. 鬲（C1H9：36、C5T61③：94） 2. 瓮（C1H9：47） 3～5. 盆（C1H9：354、C1H9：25、C1H9：15）
7、8. 鼎（C1H17：132、C1H17：39） 9、10. 斝（C5H62：21、C5H60：15）
（1～5 属于二里冈下层第一期，6～8 属于二里冈下层第二期，9、10 属于南关外中层）

C5T61③：94（图3.18，6），只是前者侈口较甚、腹部外鼓、锥足细长，有着更早时代的作风。Bb型鼎束颈、浅腹、扁足，可见源自下七垣文化的一类盆形鼎，并与郑州商城C1H17：132属于一类器物（图3.18，7）。以上这些比对的陶器均属于二里冈下层第二期。此外，这一阶段不少陶器类型还与二里冈下层第一期和所谓"南关外中层"[①]部分单位出土的器物相近。其中盘龙城第二期三组典型的Aba I 式鬲，侈口、薄唇、下腹部外鼓、锥足细短，这些特征接近于二里冈下层第一期的C1H9：36（图3.18，1）。这一阶段流行的Ba I 式瓮、A I 式盆、Ca I 式盆和D I 式盆等也与该单位出土的C1H9：47、C1H9：354、C1H9：25、C1H9：15形制特征一致（图3.18，2～5）。而属于这一阶段的Ab I 式斝，素面、錾下接近足部，则可在南关外中层C5H62找到相近者（图3.18，9）。同样的Aa II 式斝上腹部较高、锥足较长，可参见南关外中层C5H60：15（图3.18，10）。比较以上郑州商城的陶器遗存，盘龙城第二期三组陶器群既显现出了不少与二里冈下层第一期器物之间的

---

① 此处"南关外中层"的概念采自南关外发掘简报的认识。河南省博物馆：《郑州南关外商代遗址的发掘》，《考古学报》1973年第1期。

关联，但同时又可见二里冈下层第二期的文化特征。此处论及的南关外中层，层位上晚于南关外下层。郑州商城报告曾将南关外中层部分器物归入南关外下层，共同作为"南关外期"[①]。杜金鹏则认为南关外中层可单独提出，年代应晚于二里冈下层偏早的C1H9，早于二里冈下层偏晚的C1H17[②]。另一个旁证是，近年来南关街H1也发现一批介于二里冈下层第一期和第二期之间特征的陶器标本，该单位出土不少罐形锥足鼎[③]，这在盘龙城第二期三组同样常见。由此，盘龙城第二期三组的相对年代可对应至二里冈下层第一期偏晚至二里冈下层第二期偏早。

（三）第三期

盘龙城陶器群第三期同样分为早晚两组。第三期四组以盘龙城王家嘴北区第6层、杨家湾H9、小嘴H73等单位出土陶器为代表。而第三期五组则以盘龙城王家嘴发掘区第5层、李家嘴H1、楼子湾G2⑤等单位出土陶器为代表（图3.19）。

以上盘龙城第三期四组各单位出土的陶器群年代特征略有不同。小嘴H73陶器群的相对年代或略偏早，陶器类型以AaⅡ式鬲、ＢⅠ式鬲、AbⅢ式大口尊、BⅢ～Ⅳ式爵、Aa型和BaⅠ式斝为代表。该单位出土的陶鬲多平折沿，近口处附加一周凸棱或称之为凸榫，这种口沿特征常被认为属于二里冈下层第二期[④]，在郑州商城C1H17等单位陶鬲上多见（图3.19，2）。AbⅢ式大口尊口径大于肩径，颈部较短，形制特征同样接近二里冈下层第二期的如C11H17：19、C8T62③：2、C9T124②：64（图3.19，4）。BⅢ式爵流尾仍向外突出较长，还未形成二里冈上层爵尾直口的特征。Aa型斝则同样保留二里冈下层陶斝侈口的特征（图3.19，3），而同出的BaⅠ式敛口斝则同样可比较这一阶段的郑州商城C9H187：13（图3.19，5）。整体而言，小嘴H73陶器群的形制特征更多与郑州商城二里冈下层第二期陶器相近，相对年代可早至二里冈下层第二期，而应未晚至二里冈上层。

第三期四组中盘龙城王家嘴北区第6层、杨家湾H9陶器群的特征略微偏晚，既显现出了二里冈下层第二期的风格，又展现出了部分二里冈上层第一期的特征。本组鬲口沿仍以BaⅢ式平折沿、近口处起一周凸棱，或BbⅢ式平折沿、沿面施凹槽为主，这一特点与郑州商城报告所谓一类"卷沿双唇鬲"相近，后者年代集中在二里冈下层第二期[⑤]。本组代

---

① 郑州商城报告曾指出，在当年发掘过程中，在属于二里冈下层第二期的文化堆积"发现过一部分具有商代南关外期的棕色陶器……并把商代二里岗二期下部文化层和误认有一部分商代南关外期棕色陶器作为早于商代二里岗下层和晚于商代南关外期的一个商代新期，曾命名为郑州商代南关外期的二期"，同时说明"在此次发掘报告整理中……而混入第3层的所谓商代二里岗下层二期内又有较完整的同类器（即部分南关外中层陶器，笔者注），而这种陶器又不是属于商代二里岗下层者，即归入商代南关外期陶器中进行介绍"。在此可知部分层位较晚的陶器标本，在郑州商城报告中被人为归入"南关外期"（即南关外下层），而实际上并不能排除这些陶器可能确实年代较晚。河南省博物馆：《郑州南关外商代遗址的发掘》，《考古学报》1973年第1期；河南省文物考古研究所：《郑州商城——1953～1985年考古发掘报告》，第123、124页，文物出版社，2001年。
② 杜金鹏：《郑州南关外中层文化遗存再认识》，《考古》2001年第6期。
③ 简报将此类鼎称之为"鬲形鼎"。郑州市文物考古研究院：《郑州市南关街商代遗址发掘简报》，《华夏考古》2016年第1期。
④ 安金槐：《关于郑州商代二里冈期陶器分期问题的再探讨》，《华夏考古》1988年第4期。
⑤ 河南省文物考古研究所：《郑州商城——1953～1985年考古发掘报告》，第627页，文物出版社，2001年。

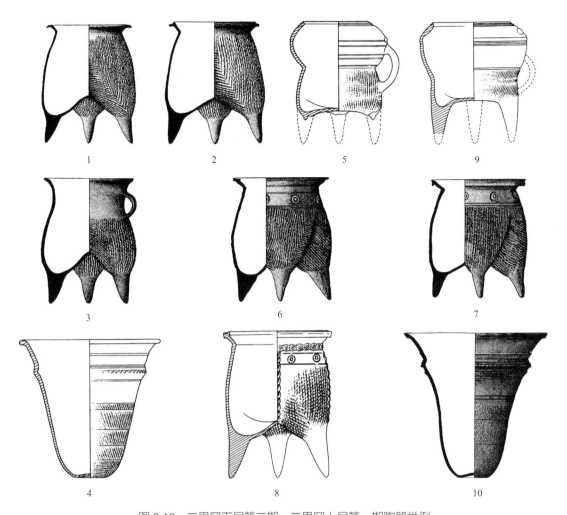

图 3.19　二里冈下层第二期、二里冈上层第一期陶器举例

1、2、6～8.鬲（C1H17：118、C1H17：119、H2乙：220、C1H1：20、C1H1：33）

3、5、9.斝（C1H17：38、C9H187：13、C5T61①：85）　4、10.大口尊（C9T124②：64、H2乙：199）

（1～5属于二里冈下层第二期，6～10属于二里冈上层第一期）

表性的如AaⅢ联裆鬲，在南关外地点二里冈下层阶段多有见到，最接近者如C5T61③：94
（图3.18，6），年代也被定在二里冈下层第二期。此外，这一阶段盘龙城陶豆BbⅡ式，腹
部斜壁内收，可参见郑州二里冈下层第二期CWM8：3、C8M8：3[1]；大口尊则见有一类B
型，口径近于肩径、腹身宽胖，可比较郑州商城同一阶段的C5H19：18等[2]，而此类型大口
尊在二里冈上层极为罕见。另外，盘龙城本组已出现尺寸较大的B型附加堆纹鬲和C型圜络
纹鬲，这在中原地区仅见于二里冈上层第一期及其之后（图3.19，8）。这一时开始流行的B
型敛口斝也可见为二里冈上层的文化特征（图3.19，9）。此外，需要注意的是，本组盘龙
城陶鬲平折沿、沿面带凹槽的特征，虽与二里冈上层主流的方唇鬲口沿差异较大（图3.19，
7），但是相近如H2乙：220（图3.19，6）、H2乙：228等，可比较这一时期所谓的叠唇或

---

① 河南省文物考古研究所：《郑州商城——1953～1985年考古发掘报告》，第641页，文物出版社，2001年。

② 河南省文物考古研究所：《郑州商城——1953～1985年考古发掘报告》，第655页，文物出版社，2001年。

折唇鬲口沿[①]。参考出现的部分二里冈上层的器物特征，本组偏晚陶器群的年代下限或可至二里冈上下层之际。而进一步综合对小嘴H73陶器群的年代分析，盘龙城第三期四组的相对年代上限不早于二里冈下层第二期，下限可至二里冈上下层之际。

盘龙城陶器群第三期五组属于第三期晚段。比较上一组，这一阶段的陶器显现出了更多二里冈上层的文化特征。这其中盘龙城王家嘴第5层、杨家湾H8、李家嘴H8出土陶鬲，以AbaⅢ式鬲为代表，可见少量的方唇、分裆者，部分颈部装饰有圆圈纹和弦纹，这是二里冈上层第一期陶鬲的典型特征[②]，相近的可比较郑州商城C1H1：20（图3.19，7）、C1H13：117[③]。AbⅤ式大口尊，口径远大于肩径，颈部较高，形制相近于二里冈上层第一期的H2乙：199（图3.19，10）、C7T101②：119。BⅣ式爵尾部变为直口，部分形成"内折直唇"状，也为二里冈上层第一期所常见。与此同时，敞口斝已基本消失，流行的敛口、联裆BaⅡ式斝和敛口、分裆BbⅠ式斝，可分别参见二里冈上层第一期的C5T61①：85（图3.19，9）和C1H2乙：35[④]，特别是BaⅡ式联裆斝下腹增高、三足外撇，根据盘龙城Ba型斝的演变趋势，其形制特征还应晚于郑州商城的这一件。因此本组的年代上限应紧接于第三期四组，不早于二里冈上层第一期。另外，本组典型的AaⅣ式联裆鬲，锥足已开始趋于粗短，一般而言这是到二里冈上层第二期陶鬲开始出现的特征。盘龙城AaⅣ式鬲，王家嘴T82⑤：1、王家嘴T86⑤：12，足部和下腹部正可比较小双桥00VH60出土的"B型陶鬲"（图3.20，1、2），显现出了偏晚的时代作风。盘龙城陶器群第三期五组的相对年代下限或可至二里冈上层第一、二期之间。

盘龙城陶器群第三期的相对年代主要集中在二里冈下层第二期至二里冈上层第一期。其中第三期早段大约与二里冈下层第二期同时，或晚至二里冈上层第一期偏早。第三期晚段则可对应二里冈上层第一期，下限或至二里冈上层第二期偏早。

（四）第四期

盘龙城陶器群第四期六组主要以20世纪80年代杨家湾发掘探方第4～3层、杨家湾J1、杨家湾H6、李家嘴H10、李家嘴H18、杨家湾G1出土陶器为代表。

从杨家湾H6、杨家湾J1、李家嘴H10、李家嘴H18等单位所见，这一阶段盘龙城陶器的形制显现出了更晚的年代特征。其中流行的AaⅤ式联裆鬲和AbaⅣ式分裆鬲，整体器身已朝正方体方向演变、三锥足趋矮，同时部分陶鬲于颈部施加一周或两周弦纹，而不见早期流行的圆圈纹或圆圈纹配弦纹，这一特征可比较小双桥和洹北商城出土的同类器。而如杨家湾J1：11、李家嘴H10：4等AbaⅤ式鬲，裆部渐矮、锥足内收，比之二里冈上层第二期的小双桥"B型陶鬲"，如ⅩH36：5、ⅤH88：8、ⅤH88：9等（图3.20，2、5）还显现出了更晚的时代作风。AaⅣ式甗杨家湾H6：54，整体器身显得敦厚，甑部外鼓、鬲部三袋足近直、尖锥足短小，最相近如二里冈上层第二期的CWT2②：6（图3.20，6）。而AbⅥ、Ⅶ式大口

---

① 河南省文物考古研究所：《郑州商城——1953～1985年考古发掘报告》，第722页，文物出版社，2001年。
② 河南省文物考古研究所：《郑州商城——1953～1985年考古发掘报告》，第724、725页，文物出版社，2001年。
③ 河南省文化局文物工作队：《郑州二里冈》，图壹，8，科学出版社，1959年。
④ 河南省文化局文物工作队：《郑州二里冈》，图伍，科学出版社，1959年。

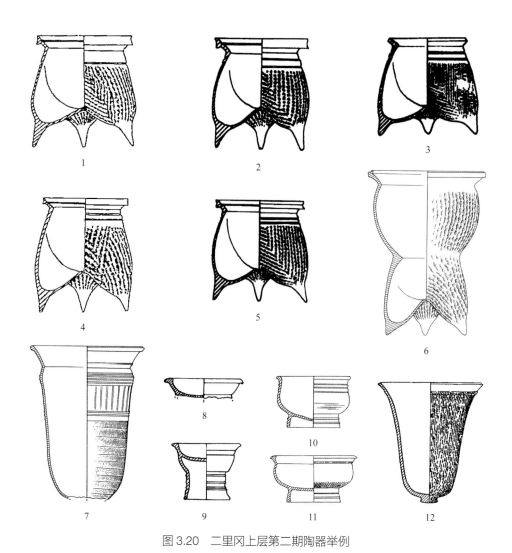

图 3.20　二里冈上层第二期陶器举例

1～5.鬲（VH60∶38、VH88∶8、VH88∶11、VH60∶39、VH88∶9）　6.瓶（CWT2②∶6）　7.大口尊（C8T18②∶25）

8、9.豆（VH60∶64、95ZXH03∶2）　10、11.簋（99ⅨH36∶34、VH60∶11）　12.缸（95ⅤG3∶62）

（1～5、8～12出自小双桥遗址，6、7出自郑州商城）

尊，颈部较高，整体腹身瘦长，并且多于腹部装饰窗棂纹，同样与二里冈上层第二期至洹北花园庄前后中原地区大口尊特征相近（图3.20，7）[1]。盘龙城这一阶段可见的AcⅠ、Ⅱ式簋，口外侈，有束颈，则在二里冈上层第二期的郑州二里冈C5H2[2]、小双桥H60（图3.20，11）、VT135④A[3]、99ⅨH36（图3.20，10）见相同形制的标本。此外，Cb型大口缸也与小双桥遗址95ⅤG3等单位发现的大口缸形制特征一致（图3.20，12）。因此，盘龙城陶器群第四期六组遗存年代上限不早于二里冈上层第二期。

本期陶器群涉及的单位在原报告中，多被作为盘龙城遗址最后一期，即"盘龙城第七

---

① 河南省文物考古研究所：《郑州商城——1953～1985年考古发掘报告》，第58页，文物出版社，2001年。

② 河南省文物考古研究所：《郑州商城——1953～1985年考古发掘报告》，第746页，文物出版社，2001年。

③ 河南省文物考古研究所：《郑州小双桥——1990～2000年考古发掘报告》，第366页，科学出版社，2012年。

期"，年代曾被定在"二里冈上层二期晚段"[①]。不过，随着"洹北花园庄"年代和分期的确立[②]，有学者开始将"盘龙城第七期"，即遗址的年代下限，对应洹北花园庄阶段[③]。在此有必要对盘龙城陶器群最后一期、组的年代下限做进一步的讨论。其中杨家湾G1出土陶鬲标本多为方唇类的AcaⅢ式和AcbⅢ式鬲口部，在形制特征上，沿面与颈部夹角多超过90°，唇上缘凸起，下缘尖凸不甚明显，部分颈部仅见一周凹弦纹。与此相类似者可见中原洹北花园庄97G4、东先贤H15、东先贤H34出土的同类型器（图3.21，1～5）[④]。杨家湾J1出土的CbⅡ式假腹豆，豆盘相对较浅、口沿平折向外突出，已趋近于藁城台西M20：3和东先贤F1：7（图3.21，6）。同单位所出的BbⅡ式敛口斝，上腹较矮、裆部亦做矮胖形态、锥足短小，比小双桥遗址所见的敛口分裆斝形制特征更晚[⑤]。以上比对的单位，如东先贤H15、H34和洹北花园庄97G4均属于洹北花园庄早期，晚于二里冈上层第二期，早于洹北花

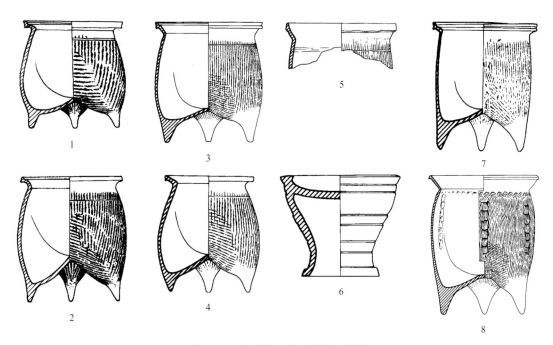

图 3.21　洹北花园庄早期陶器举例

1～4、7、8.鬲（G4：2、G4：1、H15：14、H15：41、H15：15、H34：1）

5.鬲口部（H15：71）　6.豆（F1：7）

（1、2出自洹北花园庄，3～8出自邢台东先贤）

① 《盘龙城（1963～1994）》，第446页。

② 唐际根：《中商文化研究》，《考古学报》1999年第4期；中国社会科学院考古研究所安阳工作队：《1998年～1999年安阳洹北商城花园庄东地发掘报告》，《考古学集刊》第15集，文物出版社，2004年。

③ 盛伟：《盘龙城遗址废弃的年代下限及相关问题》，《江汉考古》2011年第3期；徐少华：《论盘龙城商文化的特征及其影响》，《江汉考古》2014年第3期。不过前文比对盘龙城遗址年代下限时，所参照的器物如陶鬲标本杨家湾H5：6、杨家湾H6：52均非典型的中原式分裆陶鬲，年代特征并非十分明确；而其他参照的器物，如罐、簋、杯等，则对时代变化反映较弱，是否能够明晰地指示出确切的年代，证据仍显不足。

④ 中国社会科学院考古研究所安阳工作队：《河南安阳市洹北花园庄遗址1997年发掘简报》，《考古》1998年第10期；河北省文物考古研究所：《邢台商周遗址》，第66页，文物出版社，2011年。

⑤ 河南省文物考古研究所：《郑州小双桥——1990～2000年考古发掘报告》，图三四五-5，图三五一-19，第618页，第633页，科学出版社，2012年。

园庄晚期[1]。与此相关联，在盘龙城遗址衰落之后，南方地区的文化中心向北迁移到如庙台子、台家寺等遗址，这一阶段因各遗址所见典型的中原文化因素可知年代大体在洹北花园庄晚期至殷墟第一期[2]。从更大地区的文化格局考察，盘龙城第四期六组陶器群的年代下限不应晚至洹北花园庄晚期。

综合以上分析，盘龙城陶器群四期六组的相对年代大致可对应二里头文化第三期至洹北花园庄早期这一阶段。其中盘龙城第一期一组可对应于二里头文化第三期前后；第二期二组可对应于二里冈下层第一期偏早；第二期三组可对应于二里冈下层第二期偏早；第三期四组可对应于二里冈下层第二期偏晚至二里冈上层第一期偏早；第三期五组可对应于二里冈上层第一期偏晚至二里冈上层第二期偏早；第四期六组可对应于二里冈上层第二期偏晚至洹北花园庄早期（表3.1）。

表3.1　盘龙城遗址陶器群各组期的相对年代

盘龙城出土的陶器群		相近中原地区的典型单位	中原文化的发展阶段
第一期	第一组	杨庄 T19②、T22②、T21③，八里桥 H7	二里头文化第三期
第二期	第二组	化工三厂 H1，南关外下层，二里冈 C1H9	二里冈下层第一期偏早
	第三组	南关街 H1	二里冈下层第二期偏早
第三期	第四组	二里冈 C1H17，二里冈 H2 乙	二里冈下层第二期偏晚至二里冈上层第一期偏早
	第五组	二里冈 H1，小双桥 00VH60	二里冈上层第一期偏晚至二里冈上层第二期偏早
第四期	第六组	洹北 97G4，东先贤 H15	二里冈上层第二期偏晚至洹北花园庄早期

第四节　印纹硬陶与原始瓷的分期与相对年代

以上根据普通陶器的类型演变，我们将盘龙城遗址陶器群分为了四期六组，年代从二里头文化第三期延续至洹北花园庄早期。此外，盘龙城还出土有为数不少的印纹硬陶和原始瓷，在上文中未有涉及。这一部分器物多数零星出自墓葬或遗址，未见有不同器类集中出土，器类组合关系并不明确；同时又缺乏在相邻层位出土的同类型器物，也难以比对中原地区典型陶器群的发展序列。不过，印纹硬陶与原始瓷在盘龙城的出现，一方面反映出了长江

---

[1] 需要注意的是，报告将东先贤第一期、曹演庄第三期和葛庄第四期等遗存归为所谓的"东先贤期"，其早段以葛庄第四期H5为代表，年代约等同于洹北花园庄97G4；晚段则以东先贤H15为代表，而略晚于洹北花园庄97G4，而早于东先贤第二期。由于花园庄97G4多被认为是洹北花园庄偏早的典型单位，而东先贤第二期F1等单位属于洹北花园庄晚期，因此东先贤H15的年代可能略晚于洹北花园庄早期，而早于洹北花园庄晚期。此不排除中原地区洹北花园庄时期可进一步分为三期。河北省文物考古研究所：《邢台商周遗址》，第271页，文物出版社，2011年。

[2] 孙卓：《南土经略的转折——商时期中原文化势力从南方的消退》，第176页，科学出版社，2019年。

沿线地区与盘龙城之间的文化联系，另一方面其集中在贵族墓葬中，暗含了上层贵族对此类器物近乎奢侈品似的需求。为进一步认识印纹硬陶和原始瓷这类器物在盘龙城的演变序列，在此仍需要对印纹硬陶与原始瓷的分期和相对年代做几点说明。以下无意利用印纹硬陶或原始瓷另行分期断代，而将基于以上由普通陶器所搭建出来的分期体系，利用共出陶器之间的串联，对盘龙城印纹硬陶与原始瓷的分期与相对年代展开讨论。

我们将盘龙城印纹硬陶和原始瓷的各类型、式别归入各个单位，并以盘龙城陶器群四期六组为基本框架，由此可见附图4、附表4。

就目前的考古发现而言，盘龙城最早出现的印纹硬陶和原始瓷可见于盘龙城第二期二组。近年来杨家湾坡顶发现的属于这一阶段的单位，出土有少量印纹硬陶和原始瓷残片。如杨家湾H28出土有印纹硬陶和原始瓷残片标本50片，杨家湾H31出土有印纹硬陶和原始瓷残片标本3片，杨家湾H42出土有印纹硬陶和原始瓷残片标本22件。这些单位同出有明确属于这一阶段的陶器类型，如A型鼎、B型壶、AaⅠ式大口尊等，属于盘龙城陶器群第二期三组的典型单位。不过，以上印纹硬陶和原始瓷的标本都过于残破，器类、型式多不明确，正式发表的标本较少。杨家湾H28发表有一件疑似印纹硬陶或原始瓷罐的器底。杨家湾H42则发表过一件罐的颈部和上腹部残片，形态接近下一阶段的王家嘴T9⑧：12，可能是属于BⅠ式罐。虽然目前属于盘龙城第二期二组的印纹硬陶和原始瓷数量、类型较少，不过近年来零星的发现，指示出在原报告中这一阶段及更早印纹硬陶和原始瓷的缺失，实际有可能因发现不足或资料未报道。参考上文对这一阶段年代的判断，盘龙城第二期二组印纹硬陶和原始瓷的相对年代大致在二里冈上层一期偏早。

盘龙城陶器群第二期三组的印纹硬陶和原始瓷数量、类型显著增多，并首次见有不少形态完整、可辨器类的器物标本。这一时期的印纹硬陶和原始瓷以王家嘴南区第8、7层为代表，并暂未发现有墓葬随葬。所发现的器类集中在罐、尊形器、尊和瓮四类，具体的类型见有BⅠ式罐，AaⅠ式、AbⅠ式尊形器，AaⅠ式瓮，以及一件尊的圈足残片（图3.22，1～5）。相对而言，其他类型的器类发现较少。这一期印纹硬陶和原始瓷的相对年代根据北区第8、7层出土普通陶器类型的比对，可大致对应于二里冈下层第一期偏晚至二里冈下层第二期偏早。

盘龙城陶器群第三期四组印纹硬陶和原始瓷的类型和数量则有所减少。出土单位主要见有王家嘴北区第6层、李家嘴H7、李家嘴H12等。这一阶段仍未见有墓葬随葬印纹硬陶和原始瓷。这些单位中王家嘴北区第6层因同出土有本期组典型的普通陶器标本，如AaⅢ式、BⅠ式鬲等，已知年代属于第三期四组。而李家嘴H7同出有普通陶器Aa型鬲、BbⅠ式罐、BcbⅠ式缸、Ⅱ式尊形器等，其中多数器类同样见于盘龙城陶器群第三期四组，因此将其归入本期组。而李家嘴H12则仅发表了一件Bb型印纹硬陶或原始瓷尊，实际年代不详。不过考虑到Bb型尊尺寸较小、口径小于肩径，类似BaⅠ式尊，在此暂归入盘龙城陶器群第三期四组。

在类型上，第三期四组的印纹硬陶和原始瓷仍主要涉及罐、尊形器这两类，并以AaⅡ式、BⅡ式罐，BaⅠ式尊形器为代表（图3.23，1～4）。上一阶段常见的瓮，在本期暂未发现。但考虑到印纹硬陶或原始瓷瓮在盘龙城除本期、组外不同时段多有发现，且形态演变序

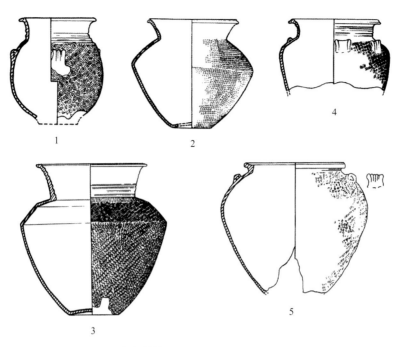

图 3.22　盘龙城第二期三组印纹硬陶和原始瓷举例

1. B I 式罐（王家嘴 T9 ⑧：12）　2. Aa I 式尊形器（王家嘴 T66 ⑦：23）　3. Ab I 式尊形器（王家嘴 T82 ⑧：4）
4. Aba I 式瓮（王家嘴 T31 ⑦：5）　5. Aa I 式瓮（王家嘴 T31 ⑦：1）

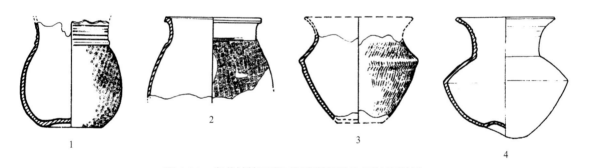

图 3.23　盘龙城第三期四组印纹硬陶和原始瓷举例

1. Aa II 式罐（李家嘴 H7：5）　2. B II 式罐（王家嘴 T65 ⑥：8）
3. Ba I 式尊形器（李家嘴 H12：3）　4. Bb 型尊形器（李家嘴 H4：26）

列完整，因此这一阶段瓮的缺失可能仅是考古发现的偶然性所致。整体而言，本期组印纹硬陶和原始瓷数量较少，类别单一。若参考上文对盘龙城陶器群第三期四组年代的讨论，本组可大致对应二里冈下层第二期偏晚至二里冈上层第一期偏早。

　　盘龙城陶器群第三期五组各单位中伴出的印纹硬陶和原始瓷主要见于李家嘴M1、李家嘴M2、李家嘴M3、李家嘴H1、李家嘴H4、李家嘴H25、20世纪80年代杨家嘴发掘区探方第5层、杨家嘴H1、楼子湾M1、楼子湾M3、杨家湾Q1712T1219③、杨家湾Q1712T1015⑥等。以上单位李家嘴H1、20世纪80年代杨家湾发掘区探方第5层、李家嘴M1、杨家嘴H1，出土的普通陶器以AaIV式、AbaIII式、AbaIV式、B II 式鬲等为代表，可谓盘龙城陶器群第三期五组的典型代表。李家嘴M1同出有普通陶器AaⅢ式鬲、Bb型罐、CaaⅢ式瓮，李家嘴H4同出有普通陶器AaⅢ式鬲、AbbⅠ式鬲、Bb型罐、AbⅣ式大口尊，杨家湾H1同出有普通陶器AaⅢ式鬲、BaⅡ式斝，其中AaⅢ式鬲虽多见于上一阶段，但此三个单位中出土的AbbⅠ式鬲、BaⅡ式斝、Bb型罐却属于盘龙城陶器群第三期五组的常见器物，因此同样宜将该单位归入本组。李家嘴M3随葬的陶器除印纹硬陶和原始瓷外，另有一件AaⅠ式甗，同类型器物还见于李家嘴M4。此外，李家嘴M3与李家嘴M1、李家嘴M2同属于盘龙城李家嘴规模最大、等级最高的几座墓葬，这些墓葬之间排列整齐、规格相当，多被认为属于同一阶段[①]。李家嘴H25普通陶器则见有BaⅠ式罐、BbⅡ式豆等，虽难以与本组中常见的普通陶器串联，但所见的AbⅠ式印纹硬陶或原始瓷尊正属于杨家湾H5：4的前一式，而后者伴出的陶器属于盘龙城第四期六组，因此暂将该单位的陶器前置于第三期五组。楼子湾M3同出的普通陶器仅有一件缸，楼子湾M1则未见普通陶器出土；然而楼子湾M3随葬的AaⅡ式尊形器、AaⅠ式杯，楼子湾M1随葬的尊，在本组其他单位同见，故此将这两个墓葬随葬的印纹硬陶和原始瓷器归入本组。另一个旁证是，两座墓葬随葬的青铜器亦与李家嘴M1、李家嘴M2相近。此外，杨家湾Q1712T1219第3层相邻探方同层出土有AcbⅠ式和BbⅠ式鬲口部，这是本组陶鬲口沿的主要特征。而杨家湾Q1712T1015第6层尽管未公布同出的其他陶器，但依据简报，该单位与相邻Q1712T1014④～⑤、Q1712T1013⑤、Q1712T1012④属于同一阶段[②]，后者出土陶器正属于本组。

从以上单位出土的陶器观察，盘龙城陶器群第三期五组印纹硬陶和原始瓷的数量和类别，比之上一阶段都有大量的增益。不少单位，尤其是贵族墓葬开始出现成组、多件的印纹硬陶和原始瓷。例如，李家嘴M1、李家嘴M2和李家嘴M3均出土有印纹硬陶与原始瓷尊、瓮或尊、杯形器的组合，显现出了在这一阶段高等级贵族在随葬印纹硬陶与原始瓷时，已经出现了具有规律性的葬器配置（图3.24，1～6）[③]。在器物类别上，本组印纹硬陶和原始瓷包括有罐、尊形器、尊、杯和瓮，具体的器类型式则有AaⅠ式、BⅡ式罐，AaⅡ式、AbⅡ式、BaⅡ式、Bb型尊形器，尊，AaⅠ式、BⅠ式杯，以及AaⅡ、AbaⅡ式、AbbⅠ式、BaⅠ式、Bb型瓮（图3.24）。若与上一组相比较，本组印纹硬陶和原始瓷全新增加有杯（图3.24，4）和带圈足的敞口尊（图3.24，7）；而在由早期延续而来的器类中，则新出现Abb型、Ba型和Bb型瓮，Aa、Ab和Ba型尊形器则演化至Ⅱ式。参考上文对本组年代的讨论，可知盘龙城第三期五组的印纹硬陶与原始瓷大致对应二里冈上层第一期偏晚至二里冈上层第二期偏早。

盘龙城陶器群第四期六组中见有印纹硬陶与原始瓷的单位有20世纪80年代杨家湾发掘区

① 张昌平、孙卓：《盘龙城聚落布局研究》，《考古学报》2017年第4期。
② 武汉大学历史学院、湖北省文物考古研究所、盘龙城遗址博物院：《武汉市盘龙城遗址杨家湾2014年发掘简报》，《考古》2018年第11期。
③ 根据本书对于印纹硬陶与原始瓷的类型划分，在这三座墓葬中，李家嘴M2实际是出土了两件瓮。不过本书所划分的Ba型瓮，敞口、鼓肩、斜弧腹，形态与Aa型尊形器类似。盘龙城报告也曾将这件器物称为"硬（釉）陶双折肩斜腹尊"。参考其他两座墓葬均随葬有一件斜肩的尊形器和一件带系的瓮或杯形器，推测李家嘴M2的这件Ba型瓮在性质上应该是用作"尊形器"。而与此可比较的是，李家嘴M1出土的印纹硬陶与原始瓷为一件尊形器和一件带系的杯形器，而这件带系的杯形器亦可能是与带系的瓮功能相同。《盘龙城（1963～1994）》，第160、161、188、189页。

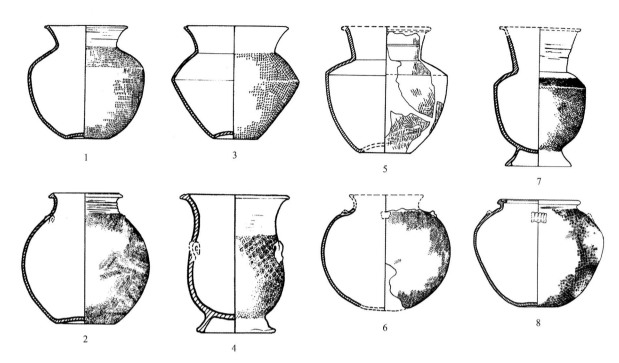

图 3.24　盘龙城第三期五组印纹硬陶和原始瓷举例

1. Ba I 式瓮（李家嘴 M2：4）　2. Aba III 式瓮（李家嘴 M2：49）

3、5. Aa II 式尊形器（李家嘴 M1：24、李家嘴 M1：24）　4. Aa I 式杯（李家嘴 M1：23）

6、8. Aa II 式瓮（杨家嘴 T9⑤：7、杨家嘴 T9⑤：7）　7. 尊（杨家嘴 H1：8）

探方第4～3层、杨家湾H5、杨家湾H6、杨家湾M9、杨家湾M11、杨家湾M12、杨家湾M4、20世纪80年代杨家嘴发掘区探方第4层、楼子湾M10、杨家湾J1、杨家湾M13、杨家湾G1、杨家湾M16、杨家湾M17、杨家湾M18、杨家湾M19等。20世纪80年代杨家湾发掘区探方第4～3层、杨家湾H5、杨家湾H6、杨家湾M11、20世纪80年代杨家嘴发掘区探方第4层、杨家湾J1、杨家湾G1均伴出有大量普通陶器标本，特别如Aa V式鬲、AbaIV～V式鬲、C II式鬲、Ac II式簋、Cb II式豆等，是盘龙城陶器群第四期六组的典型单位。而杨家湾M9、杨家湾M7和杨家湾M4则分别随葬有普通陶器Aa V～IV式鬲、AbaIV式鬲、Abb II式鬲，同样也是本组陶鬲的典型类别。杨家湾M12、杨家湾M13，以及近年来发掘的杨家湾M16、M17、M18、M19等单位，则少见同出随葬的普通陶器。不过，这6座墓葬与属于本期组的杨家湾H6、杨家湾M11等高等级贵族墓同位于杨家湾南坡，墓葬之间规格等级相近、墓葬排列规律性较强，墓葬随葬的青铜礼器也具有相同、偏晚的年代特征。已有学者指出这批墓葬共同构成了盘龙城最晚阶段高等级贵族集中埋葬的墓地[1]。因此，以上6座墓葬的相对年代同样可定在盘龙城最晚一期，即盘龙城陶器群第四期六组。

　　整体而言，盘龙城第四期六组印纹硬陶和原始瓷，比较第三期五组，虽然数量未有增

_____

[1]　武汉大学历史学院、盘龙城遗址博物院：《武汉市盘龙城遗址杨家湾商代墓葬发掘简报》，《考古》2017年第3期；张昌平、孙卓：《盘龙城聚落布局研究》，《考古学报》2017年第4期。

加，但是类别进一步丰富。不少高等级贵族墓葬开始随葬超过两件以上的印纹硬陶和原始瓷（图3.25，1～4），稍低等级的墓葬也常见随葬两件印纹硬陶和原始瓷的情况（图3.25，5～10）。在器物的类型方面，本组的印纹硬陶和原始瓷主要见有AaⅢ式、AbⅡ式、BⅢ式、C型罐，AaⅢ式、AbⅢ式、BaⅢ式、C型尊形器，AaⅡ式、AbⅡ式、BⅡ式、BⅢ式杯，AaⅢ式、AbbⅡ式、BaⅡ式、BaⅢ式瓮，以及器盖、瓶、罍形器、罍等（图3.25）。这其中主要的印纹硬陶和原始瓷的类别，如罐、尊形器、杯、瓮等，仍基本延续自上一组的类型发展，只新增有尊形器C型，而多数则是在反映年代演变的式别上有所增加（图3.25，1～3、5、6、8～10）。不过，相比较常见的这些器类而言，这一阶段零星地出现了一些器盖、罍形器、罍、瓶等（图3.25，4、7），这在往期的印纹硬陶和原始瓷中多未见到。此外，上一期组的印纹硬陶和原始瓷仅有尊、Bb型瓮暂于本组消失。不过目前印纹硬陶和原始瓷整体都发现较少，还不清楚部分器类的缺失是时代演变的标志，还是考古发现的偶然性所致。同样根据上文对盘龙城最晚阶段普通陶器的断代分析，盘龙城第四期六组印纹硬陶和原始瓷的相对年代可对应二里冈上层第二期偏晚至洹北花园庄早期。

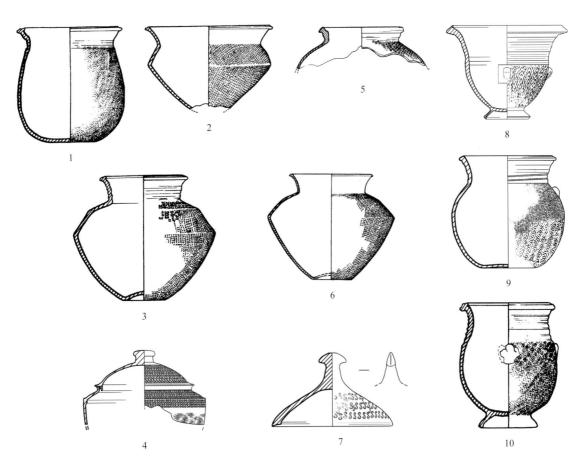

图 3.25　盘龙城第四期六组印纹硬陶和原始瓷举例

1. AbⅡ式罐（杨家湾 H6：42）　2. BaⅢ式尊形器（杨家湾 H6：25）　3、6. AbⅢ式尊形器（楼子湾 M10：1、楼子湾 M10：1）
4. 罍形器（杨家湾 M1：3）　5. BaⅢ式瓮（杨家湾 H6：57）　7. 器盖（杨家湾 M1：4）
8. BⅢ式杯（杨家湾 M18：1）　9. BⅢ式罐（杨家湾 M18：2）　10. AbⅡ式杯（杨家湾 H6：16）

以上我们以盘龙城普通陶器所构建出的年代框架，通过单位同出器物的串联，将盘龙城印纹硬陶和原始瓷归入盘龙城陶器群四期六组之内。整体观察，盘龙城印纹硬陶和原始瓷的类别虽主要集中在罐、尊形器、杯、瓮等少数的四类，但无论是各类别下的型、亚型，还是出土的总数量，都随着时代的发展日趋繁多。不过，若比较普通陶器的演变轨迹，盘龙城印纹硬陶和原始瓷的演变并未与前者保持一致，甚至显现出了不少自身的特征。一方面，盘龙城印纹硬陶和原始瓷最早仅在盘龙城陶器群第二期三组中出现。在盘龙城陶器群最早的两组中，暂未发现伴出的印纹硬陶和原始瓷。盘龙城印纹硬陶和原始瓷出现的时间节点与盘龙城普通陶器的最早年代并不一致。另一方面，从器类演变的阶段性观察，盘龙城印纹硬陶和原始瓷类型最大的一个变化，实际是发生在盘龙城陶器群第三期四组和第三期五组之间。这一阶段印纹硬陶和原始瓷在器类和数量上有一个急剧扩增的变化。相对而言，盘龙城陶器群第二期三组和第三期四组之间的印纹硬陶和原始瓷，器物类型则基本一致；同样盘龙城陶器群第三期四组和第四期六组的印纹硬陶和原始瓷，类别也基本保持一致。盘龙城印纹硬陶和原始瓷的类型演变和普通陶器之间似乎正好错了一个组别的时间差。此外，不似盘龙城普通陶器在不同阶段器类的增损，盘龙城印纹硬陶和原始瓷从早至晚主要集中在罐、尊形器、瓮等少数几类，只是在稍晚阶段新增一类印纹硬陶与原始瓷杯。第四期六组新出现的印纹硬陶和原始瓷，如器盖、瓿、罍等，仅是非常少量的发现，未在器物群中占有较大的比例。由此可见，盘龙城出土的印纹硬陶和原始瓷，与普通陶器比较而言，显现出了更强的文化上的延续性。

第四章

文化特征的考察

器类、器形和纹饰，可谓陶器最直观的文化特征，也是了解陶器及其背后文化行为的最基础的切入点。这其中器类多可反映人群在陶器使用上的文化行为，我们现在看到的大量陶器涉及烹饪、宴饮、储藏等不同活动，背后代表的是人群在这些活动中不同的文化行为。器形则与陶器的使用，乃至对器物的特殊需求密切相关，大型的储藏器和小型的饮酒器之间在容积上的巨大差异，实际因陶器不同的功能导致；同时陶器形态的变化，如陶鬲瘦高向矮胖发展或归因于人群在不同时期对外形的喜好。而最后，纹饰则多体现人群对器物外表审美上的志趣，器物肩部饰圆圈纹或方格纹、磨光陶器中饰兽面纹等，这是人群对器物表面装饰的特殊要求，虽然不能排除例如绳纹的这种装饰，实际可能是在陶器制作中加固器身胎体所用。由此可见，陶器的器类、器形和纹饰等不同方面的文化特征，背后是人群在陶器使用上所施加的诸多不同的文化行为。而通过认识陶器这些不同方面的文化特征，不仅在于整体揭示陶器群的文化特征，更是希望深度了解这些陶器如何被使用的。

本章将分器类、器形、纹饰三个方面，进一步考察盘龙城陶器群的文化特征及其时代演变，并尝试把陶器的这些特征置于中原文化向南扩张与盘龙城遗址文化特征形成的背景下，从文化的层面揭示盘龙城陶器群特征的由来。而对于陶器每一方面文化特征的分析，以分组、分期作为基础，历时性地考察器类、器形和纹饰的特征时代演变，并由此利用文化因素分析，在时间和空间两个维度追溯它的形成。

第一节　器类特征及其时代演变

盘龙城出土的陶器群主要类别在第一章已有考述。若按照功能划分，这些器物可分为炊煮器、酒器（或水器）、盛食器和储藏器等。陶器类别及其组合不仅是考古学文化类别的重要表征，更是陶器在使用中功能性的一种反映。同一功能类下的器类组合，以及不同功能的陶器组群，背后代表的是人群在烹饪、宴饮，乃至更多一般日常生活中的文化行为。由于器类在文化上的特征实际与器物的使用紧密关联，因此本节将按照不同功能类别，对器物组合及其反映出来的文化特征进行阐述，特别关注不同功能下的器物组所反映的文化因素。不过，需要注意的是，要确切了解器物的使用功能，实际目前仍有难度。且不论某些器类在当时具体的用途不明，如大口尊是属于酒器还是储藏器仍有讨论；就同一类器物而言，不同的形态亦可能有不同的功能，如不同缸各类形态、大小差异如此之大，可能在使用上完全不同。在此无意深究器类的使用功能，仍按照学界一般认识的划分，对器类功能进行大类的辨别，同时同一类别下的不同类型器物仍默认属于同一功能。以下按各期组对陶器的器类特征分别展开探讨。

一、第一至二期的器类特征及变化

盘龙城第一期一组陶器群遗存发现较少，由此所见的器物类别也不多。从发表的标本可见，这一时期的陶炊器以A型罐和Ba型鼎为代表，盛食器和储藏器则见有豆、瓮，而酒器则见有壶、大口尊（图4.1）。不过以上这些器类从文化因素的角度观察，来源颇为复杂。这批陶器主要的器类均可见到与二里头文化之间的关联，尤其是平底的花边口沿罐、平底的深腹盆形鼎，乃至小口瓮等，在二里头文化"杨庄类型"可见有同类型器（图4.1，1、2、4、6）。不过，浅盘、粗柄的豆和细长颈的壶则在二里头文化陶器群中不见。其中前者由上已知，可参见同阶段岳石文化的浅盘豆，特别是豆盘近口沿处形成一周凹槽，这正是岳石文化陶豆豆盘的形态特征（图4.1，7）。而细颈的壶，本期虽不见完整者，但参考后一阶段盘龙城所见的细颈壶，可知其腹部呈横椭圆形外鼓，相类器物在澧水流域如石门皂市、石门宝塔遗址多见，或反映为南方地区的地方文化因素（图4.1，3）[①]。整体而言，这一时期的陶器器类以北方中原地区的影响为多，主要的炊煮用器都可见中原地区二里头、岳石等文化因素；相对而言，长江流域本地区的文化因素少见，并且只见酒器，这显然并非本地大规模的人群流入，而仅是零星的文化交流。有学者曾将这一时期的陶器遗存定性为本地"后石家河文化的延续"[②]。若从主体，特别是炊器的文化因素观察，显然这一时期盘龙城的陶器群仍应归入北方中原文化系统之下。

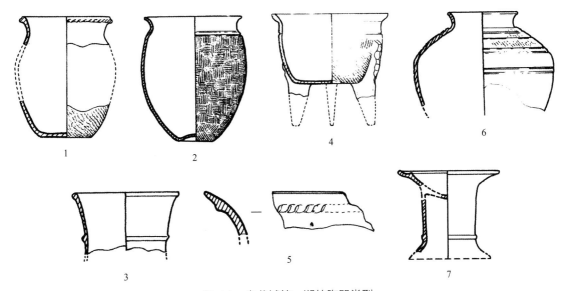

图 4.1　盘龙城第一期的陶器类型

1. A I 式罐（城址 3TZ33 ⑨ B：1）　2. A II 式罐（城址 3TZ33 ⑨ A：2）　3. A 型壶（城址 3TZ32 ⑨ B：1）
4. Ba 型鼎（城址 3TZ33 ⑨ A：7）　5. 大口尊（城址 3TZ30 ⑨ A：14）　6. Caa I 式瓮（城址 3TZ33 ⑨ B：5）
7. Ab I 式豆（城址 3TZ33 ⑨ A：3）

---

① 本书有意将地方文化和本地文化两类概念区分。其中地方文化，在本书中特指南方地区（尤其是长江流域）具有非中原文化特征的考古学文化。它强调是与有着跨地区文化影响的中原文化相对应。而本地文化则特指盘龙城当地小区域内，在中原文化强势进入以前的地方考古学文化。

② 段天璟：《二里头文化时期长江中游沿岸地区的考古学文化结构》，《中国国家博物馆馆刊》2011年第6期。

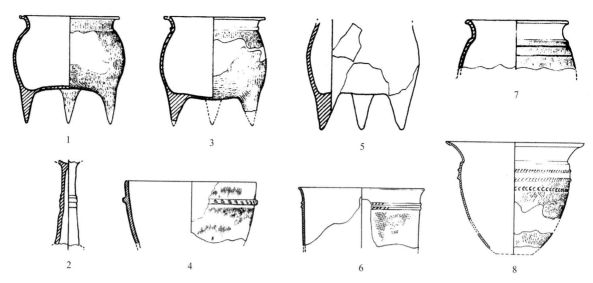

图 4.2　盘龙城第二期二组的陶器类型

1、3、5. Aa I 式鬲（王家嘴 T20 ⑨：1、王家嘴 T20 ⑨：2、王家嘴 T32 ⑨：10）　2. 豆（王家嘴 T20 ⑨：3）
4. Baa I 式缸（工家嘴 T20 ⑨：13）　6. Bbb I 式缸（王家嘴 T20 ⑨：9）　7. A 型鼎（土家嘴 T20 ⑨：7）
8. Aa I 式大口尊（王家嘴 T20 ⑨：5）

　　盘龙城陶器群第二期可分为早晚两组。在偏早的盘龙城第二期二组中，陶炊器已转为 Aa I 式联裆鬲和 A 型锥足鼎为主，扁足鼎和深腹罐逐步消失（图4.2，1、3、5、7）。炊器类别的变化，显示出这一阶段人群的炊煮方式发生了巨大的改变。不过酒器、盛食器、储藏器等，从大类上观察，则仍基本延续自上一阶段。少许的变化只是酒器新增有 B 型壶，储藏器新增有缸，粗柄的 Ab 型豆多被细柄的 Aa、Ba 型豆所替代。

　　从文化因素的来源考量，以上 Aa 型联裆鬲和 A 型锥足鼎，多可见到与郑州地区二里冈下层一期前后陶器遗存之间的联系，进一步追溯可见于下七垣文化辉卫类型[1]。新增加的 B 型壶、Aa 型浅盘豆、缸同样为洛达庙第三期至二里冈下层第一期多见。整体而言，盘龙城第二期二组陶器主要的文化因素均是源自郑州地区，而上一阶段为主的二里头文化因素则在盘龙城这一时期基本消失。此外，岳石文化因素或长江流域的地方文化因素，同样在盘龙城这一时期极少见。比较第一个阶段，盘龙城第二期二组陶器群的文化因素更为单纯，器类的文化渊源直接指向郑州二里冈最早阶段。需要注意的是，盘龙城这一阶段的陶器类型显现出与郑州南关外下层之间的文化直接关联。袁广阔据此曾认为南关外下层陶器的部分特质应源自盘龙城遗址，可能因南关外铸铜生产"同盘龙城遗址的铸铜、运输密切相关"[2]。不过从盘龙城第一期一组至第二期二组，陶器群的整体变化实际与中原地区保持了相当同步的节奏。由扁足鼎到锥足鬲的过程，反映为二里头到二里冈之间的文化更迭。而鬲本身，无论是

① 王立新、胡保华：《试论下七垣文化的南下》，《考古学研究（八）：邹衡先生逝世五周年纪念文集》，第179～193页，科学出版社，2011年。
② 袁广阔：《关于"南关外期"文化的几个问题》，《中原文物》2004年第6期。

分裆或是联裆，也都不是长江流域地方文化的传统[1]。从文化演进的过程考察，盘龙城的联裆鬲、锥足鼎应源自中原地区，而非反之。同样需要重新考量的是，盘龙城出土的缸，因数量颇多、胎质以红胎为主，原多被认为属于南方地方文化的特色[2]。然而大约属于同一时期，二里冈下层一期如C1H9实际也出土有不少的红胎缸[3]。实际上，无论是盘龙城还是郑州二里冈，这一时期的缸接近于二里头文化一类多道附加堆纹的缸，盘龙城的缸在早期阶段也更多见有装饰多道附加堆纹的特征，并且目前还未在遗址最早阶段发现缸。因此，盘龙城的缸，亦可能与鬲、鼎一道，由中原地区影响到盘龙城。只是在盘龙城稍晚阶段，类型丰富、数量庞大的缸，成为盘龙城陶器群类型中的地方特色。

近年来，以杨家湾坡顶的考古为契机，部分属于这一阶段单位的陶器有了更加详细的统计数据。在此，我们可以更直观地了解盘龙城第二期二组陶器类型出土比例的特征。这其中由属于盘龙城第二期二组的杨家湾H28、H31、H42等单位可见，这一阶段陶器群的类型实际较为单一。出土的陶片数量中，大口、红胎的缸居于多数，可占整个出土陶片总数的70%～80%（图4.4、图4.6）。而在其他非缸类的普通陶器中，鬲、罐这类炊器、储藏器又是占据大半以上（图4.3、图4.5）。相对而言，同为炊器的鼎、甗虽有出现，但均数量占比较小。此外，大口尊、爵、盉、盆、刻槽盆、豆等酒器、盛食器仅零星出土。盘龙城第二期二组陶器群器类不仅类别不多，而且十分集中于缸、鬲、罐等少数炊器、储藏器中。由于可见器类，特别是盛食器和酒器的丰富程度往往与陶器文化面貌的多样性和背后人群等级的高低相关，盘龙城这一阶段陶器类型的单一，似乎显现出了这些陶器使用者等级不高的境况。

至盘龙城陶器群第二期三组，即二期晚段，陶器类型在上一阶段的基础上开始迅速地增加（图4.7）。基本的炊器虽仍然延续上一组的鬲、鼎和甗的组合，不过新增有Bb型浅腹、扁足鼎和Aba型分裆鬲（图4.7，2、3），另外见有少量的甑。而更大的变化体现在酒器、盛食器和储藏器方面。酒器已形成了爵、斝、盉、大口尊的组合搭配，并出现了大量的A型壶，同时零星伴有鬶。盛食器则见有各种类型的盆、豆、平底盘，特别以A、Ca、Cb和D型盆，以及Aa、Ba型豆为代表（图4.7，11、12）。储藏器则出现了不同类型的瓮，包括尺寸较大的A、Ba和Bb型和尺寸较小的Caa、D型。缸的类型和大小也日趋多样，既有大型的、装饰多道附加堆纹的A型，也有中型的、颈饰一周附加堆纹的如Baa、Bba、Bbb、Bca、Bcb型。此外，这一阶段更见有一些功能不明、形态特殊的陶器，如小壶形器、罍等（图4.7，16）。盘龙城陶器群的类型在这一阶段突然变得丰富、多样，一方面显现出了人群在陶器使用上多样的选择，乃至于可能人群日益丰富的日常生活，特别是鉴于同一类陶器下出现了大

① 李宏飞：《试论商式联裆鬲》，《文物》2018年第7期。

② 陈贤一：《盘龙城商代二里岗期墓葬陶器初探》，《中国考古学会第四次年会论文集》，文物出版社，1985年。将盘龙城的缸归于南方本地文化因素的另一个依据是，部分学者认为盘龙城及南方这一时期出现的缸与本地新石器石家河文化常见的一类红陶缸之间存在渊源关系。然而，且不论盘龙城的缸在形态、纹饰和胎质方面，与石家河文化的红陶缸之间存在明显差异；盘龙城缸出现的年代与石家河文化之间存在着一定的时间间隔，这中间并未在南方地区大量见有大口、红胎的缸，兼及大口缸这类器物形态简单，器形之间的类似并不能证明之间存在文化上的关系。方酉生：《论湖北龙山文化》，《江汉考古》1985年第1期；湖北省文物考古研究所、中国社会科学院考古研究所：《湖北石家河罗家柏岭新石器时代遗址》，《考古学报》1994年第2期。

③ C1H9出土的陶片标本在当时并未完全发表。据后续整理者披露，该灰坑实际出土有大量的红陶、褐陶残片标本，以及不少的红胎缸。袁广阔：《先商文化新探》，《中原文物》2002年第2期。

单位：件

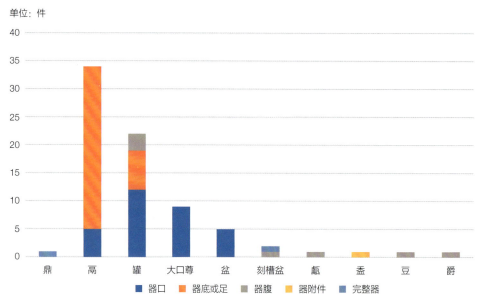

图 4.3　杨家湾 H28 非缸普通陶器器类统计

单位：件

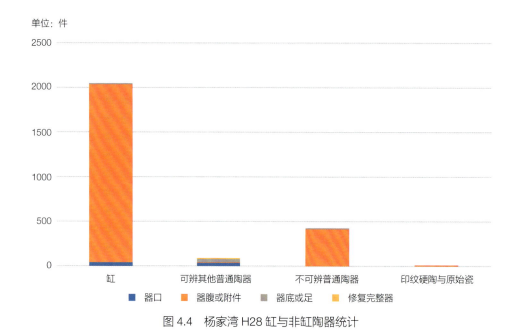

图 4.4　杨家湾 H28 缸与非缸陶器统计

量不同的类型；而另一方面，陶器类型的多样化预示了这一时期盘龙城复杂、多样的文化面貌。

　　盘龙城这一时期主要的陶器类型，特别如Aba型分档鬲（图4.7，3）、A型罐形鼎（图4.7，1）、各种类型的盆、爵、斝、大口尊（图4.7，6～8）等，在中原地区郑州商城多可见到同类器，反映出了二里冈文化的强势影响。不过，除主体的二里冈文化因素外，盘龙城第二期三组陶器群还反映出有岳石文化、早期二里头文化的遗留，以及南方地方文化三类不同的文化因素。其中，盘龙城第二期三组一件甗，腰部装饰一周附加堆纹，鬲体则装饰"条

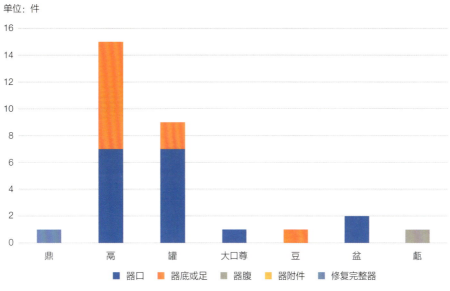

图 4.5　杨家湾 H31 非缸普通陶器器类统计

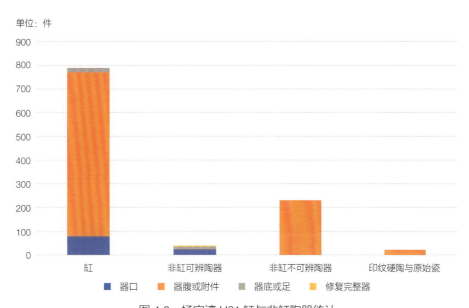

图 4.6　杨家湾 H31 缸与非缸陶器统计

纹"，这实际是岳石文化陶甗的典型特征（图4.7，5）[1]；而盘龙城这一时期还多见素面的敞口斝、素面的D型斜腹盆，也反映为岳石文化的因素。盘龙城第二期三组的平底盘、鬶，Aa Ⅱ式浅盘豆等（图4.7，9～11），则在同时期邻近及中原地区少见，反而可追溯到早一期的二里头文化晚期。而这一阶段正是中原文化大范围向南影响的初始阶段[2]。因此，这一部

① 栾丰实：《岳石文化的分期和类型》，《海岱地区考古研究》，山东大学出版社，1997年；方辉：《岳石文化的分期与年代》，《考古》1998年第4期。

② 张昌平：《夏商时期中原文化与长江中游地区的文化联系》，《华夏考古》2006年第3期。

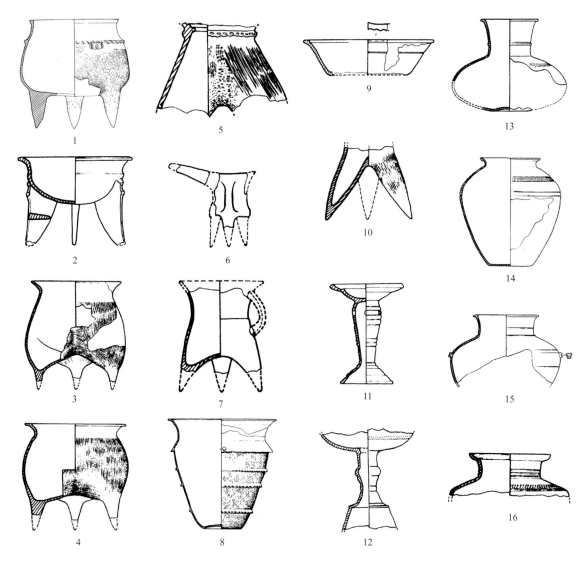

图 4.7　盘龙城第二期三组的陶器类型

1. A 型鼎（杨家嘴 T3 ⑦：32）　2. Bb Ⅰ 式鼎（王家嘴 T31 ⑧：1）　3. Aba Ⅰ 式鬲（王家嘴 T9 ⑧：3）　4. Aa Ⅱ 式鬲（王家嘴 T85 ⑧：4）
5. 甗（杨家嘴 T4 ⑦：1）　6. B Ⅱ 式爵（王家嘴 T84 ⑦：1）　7. Ab Ⅱ 式斝（王家嘴 T25 ⑧：15）　8. Ab Ⅰ 式大口尊（王家嘴 T82 ⑧：2）
9. 平底盘（王家嘴 T10 ⑧：4）　10. 鬶（王家嘴 T39 ⑧：1）　11. Aa Ⅱ 式豆（王家嘴 T83 ⑦：3）　12. Ba 型豆（王家嘴 T37 ⑧：15）
13. A Ⅰ 式壶（王家嘴 T36 ⑧：20）　14. D 型瓮（王家嘴 T36 ⑧：22）　15. 瓮形器（王家嘴 T12 ⑧：18）　16. 罍（王家嘴 T71 ⑦：11）

分器物可谓二里头文化影响的残余。盘龙城这一时期还出现了多件细颈的A型壶、广肩的D型瓮、弧腹的Ba型豆，这部分器物均以磨光的红胎黑陶、素面的腹身，以及弦纹和细密戳印纹为特征（图4.7，12～14）。与此特征一致的还有一件罍、瓮形器（图4.7，15、16）和小壶形器，都同属于盘龙城第二期三组。参考A型壶、Ba型豆等同类器物多见于澧水流域和长江上游部分遗址①。这部分器物应该属于南方地方，特别是上游邻近区域的文化因素。

① 王文建：《商时期澧水流域青铜文化的序列和文化因素分析》，《考古类型学的理论与实践》，文物出版社，1989年；湖南省文物考古研究所：《湖南石门皂市商代遗存》，《考古学报》1992年第2期；荆州博物馆：《荆州荆南寺》，文物出版社，2009年；何驽：《荆南寺遗址夏商时期遗存分析》，《考古学研究》（二），北京大学出版社，1994年；长江水利委员会：《宜昌路家河》，第71～73页，科学出版社，2002年。

不过，这一阶段盘龙城陶器的文化面貌尽管复杂多样，但不同的文化因素反映在器物使用功能上却有所差异。主体的二里冈文化因素，器类庞杂，包括炊器、酒器、盛食器和储藏器等，有着不同的功能，并暗示多种不同的使用场景。人群对陶器的使用，特别是炊器所体现的炊煮方式，都显现了二里冈文化的深度影响。岳石文化因素尽管占比较少，但也包括炊器、酒器、盛食器，同样指示出这一时期盘龙城部分人群的文化背景与东部的岳石文化有着密切的关联。另一方面，二里头文化遗留的文化因素主要以盛食器和酒器为主，不见有炊器。这一特征表明人群仅在部分陶器的使用上保留了早期二里头文化的传统，人群自身可能并非与二里头文化存在关联。同样体现南方地方文化因素的器类也仅以酒器为主，反映出盘龙城与南方本地之间应还未有大规模的人群交往，而更可能是属于物资、甚至是陶器自身的贸易流动。

盘龙城陶器群的类型在第二期阶段出现了较大的变化，即早期器类单一，突显中原郑州地区的文化特质；而晚期则器类丰富，除主体的二里冈文化因素之外，还多见岳石文化、二里头文化及南方地方文化的影响。不过，到盘龙城第三期，在城市建立的背景下，陶器群的器类组合又重新趋向单一。在这一阶段，二里冈文化因素成为盘龙城陶器群中的主体。

二、第三期的器类特征

盘龙城陶器群第三期同样可分为早、晚两组。在盘龙城陶器群第三期四组，即偏早阶段，器类主要包括鬲、甗、大口尊、爵、斝、盆、豆、瓮、缸等几类（图4.8）。这一时期各种类型的鬲和甗成为炊器中的主体，特别新增有B型鬲、带鋬鬲等。而上一期还零星可见的鼎已基本消失。酒器则定格在大口尊、爵、斝、壶等组合中。早期流行的盉、斝等也基本不见。此外，盛食器和储藏，仍以各种类型的盆、瓮为主。但是早期的A型敛口盆已被B型直口盆和D型敞口、浅腹盆所取代。瓮主要也限于Caa型、Cab型小口、圆肩瓮，相对而言尺寸较大的A型敛口瓮和B型侈口瓮少见。比较中原郑州地区，陶器在二里冈下层已形成了以鬲、甗为主要炊器，盆、豆、瓮为主要盛食器和储藏器的类型组合。盘龙城这些器类组合的特征及其变化，正与同时期二里冈文化的阶段变化保持了相当的一致性[1]。

盘龙城第三期四组陶器的各个类型，从文化因素溯源，也突显出了与中原二里冈文化之间的直接联系。Aa和Aba型鬲、甗、Ab型大口尊、爵、Aa型斝、各种类型的盆、Caa型和Cab型瓮等，都可在中原地区见到同类型者。上一阶段可见的腰部饰附加堆纹的甗、素面的斝等岳石文化因素，平底盘、盉、豆等二里头文化因素、黑皮陶的细颈壶等南方地方文化因素，至第三期四组都极为少见。尽管本组的器物形制与中原地区典型标本或有不同，但整体的器类组合反映出较为单纯的中原文化特质，少见其他地方文化因素。而零星可见的不同于中原地区常见的器类，如带鋬的鬲，或受到长江下游大别山南麓一带流行的带鋬类器的影响[2]；印纹硬陶或原始瓷尊形器，则属于长江下游文化圈的特质（图4.8，16）；而B型篮腹

---

[1] 安金槐：《关于郑州商代二里岗期陶器分期问题的再探讨》，《华夏考古》1988年第4期。

[2] 陈树祥：《从盘龙城商代出土物探析其文化内涵》，《盘龙城与长江文明国际学术研讨会论文集》，科学出版社，2016年。

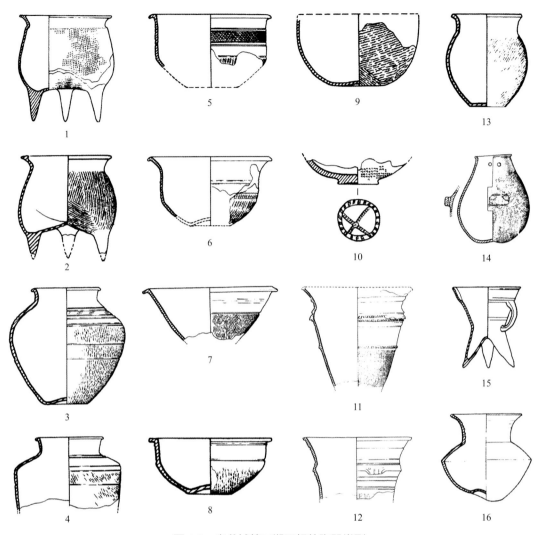

图 4.8　盘龙城第三期四组的陶器类型

1. Aa Ⅲ式鬲（李家嘴 H4∶13）　2. Abb Ⅰ式鬲（李家嘴 H4∶1）　3. Caa Ⅲ式瓮（李家嘴 H4∶17）
4. Cba Ⅰ式瓮（李家嘴 H4∶21）　5. B Ⅱ式盆（李家嘴 H4∶6）　6. Ca Ⅱ式盆（李家嘴 H4∶5）　7. D Ⅲ式盆（李家嘴 H4∶8）
8. E 型盆（李家嘴 H4∶25）　9. 钵（李家嘴 H4∶23）　10. Aa Ⅰ式缸底部（李家嘴 H4∶12）
11、12. Ab Ⅳ式大口尊（李家嘴 H4∶9、李家嘴 H4∶20）　13. Bd 型罐（李家嘴 H4∶13）　14. Cc 型壶（李家嘴 H4∶18）
15. 鬶（李家嘴 H4∶11）　16. Bb 型印纹硬陶 / 原始瓷尊形器（李家嘴 H4∶26）

部瘦高、颈部装饰"回"字形纹，可见之与澧水流域皂市、宝塔遗址陶簋之间的联系。

　　不过，盘龙城第三期四组陶器群各器类之间的数量，仍与上一阶段保持相近的比例。从部分灰坑统计数据观察，除数量最多的缸外，普通陶器仍以鬲为大宗，其他的酒器、盛食器、储藏器占比较少（图4.9、图4.10）。而缸的数量比例则一般可至40%～60%，为盘龙城这一时期最为常见的器类。但是，相比较而言，甗等炊器、斝等酒器、盆和豆等盛食器、瓮等储藏器，出土数量的比例有一定的提升。同一单位所见器类的数量也较上一阶段增多。以炊器为主要器类，少见其他功能器类的比例特征在盘龙城遗址之初表现得尤为突出，并可能与陶器的使用者等级不高相关。若这种假设成立，这一时期陶器群器类的丰富，特别是酒器、盛食器增加的趋势，或反映出人群财富、聚落等级上升的趋势。

　　盘龙城陶器群第三期四组的器类组合，多见延续至下一阶段。在第三期五组，盘龙城陶器群的类型仍以鬲、甗、大口尊、爵、斝、盆、簋、豆、瓮、缸等为主。不过比较第三期四组，本组陶器中盛食器簋迅速增加，豆则由直口、折腹的Ca、Cb型豆替代了早期的B型豆，斝则主要流行敛口的B型斝。这些器类组合的变化基本与中原二里冈陶器的演变保持了同步。不过，与上一组陶器类型大体一致的基础上，本组陶器类型中非中原地区的外来文化因素，似有进一步增多。李家嘴H8出土的一件B型甗，上部与盘龙城一般的甗无异，下部则圜底、接三足，呈现鼎的特征。这种造型的甗与源自二里冈文化的鬲体甗多有不同，却能在

单位：件

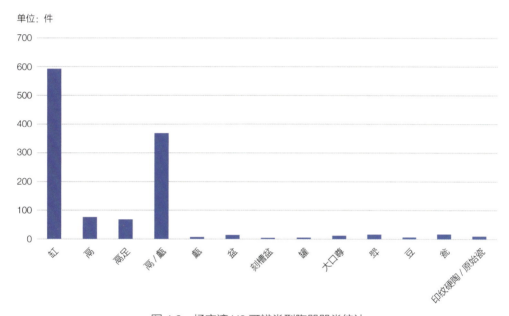

图 4.9　杨家湾 H9 可辨类型陶器器类统计

单位：件

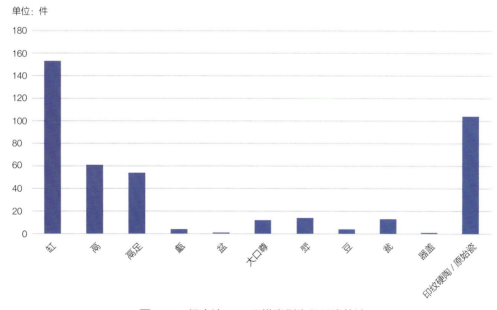

图 4.10　杨家湾 H14 可辨类型陶器器类统计

长江沿线、大别山南麓、幕阜山北侧一带，以鼎为主要炊器的地方文化中找到相近的因素，应该是属于盘龙城下游区域地方文化的影响。这一时期进一步流行的带鋬鬲，如上已述，同样可能受到了这一区域如薛家岗、百林山等遗址所见的带鋬盉、带鋬鬶等器物的影响[1]。此外，从第三期五组开始，盘龙城印纹硬陶和原始瓷的类型和数量急剧扩充，新增了印纹硬陶和原始瓷杯、尊等器类（见图3.24）。印纹硬陶和原始瓷在同一阶段鄱阳湖以东、长江下游南岸地方文化多有见到，属于长江下游的文化传统。除常见的二里冈文化因素之外，这一时期陶器的类型还多见有盘龙城下游区域地方文化的影响。饶有意味的是，如果比较盘龙城第二期三组的文化因素构成，早期盘龙城所见的南方地方文化因素多源自澧水等上游区域；而到了盘龙城第三期五组，所见的南方地方文化因素则可见转移到了幕阜山北侧、大别山南麓，以及鄱阳湖以东等盘龙城下游区域。而同样不同的是，早期南方地方文化因素仅以酒器为主，这一时期南方地方文化因素则见有鬲、甗等炊器，以及印纹硬陶和原始瓷。带有地方文化特征的炊器，或暗示具有地方文化背景的人群在盘龙城的交流活动。而印纹硬陶和原始瓷等器物的大量出现，则不排除可能为伴随而来的产品输入[2]。

在盘龙城第三期五组，各器类在出土数量占比上，除缸以外，仍以炊器鬲为大宗。不过相对而言，大口尊、斝等酒器，盆、豆等盛食器，瓮等储藏器，出土数量所占的比例似有进一步的提升（图4.11）。不同类别的酒器、盛食器和储藏器大量出现，背后显现出了陶器在这一时期多样化的使用功能，从另一层面也表现出了人群日常生活场景的丰富性。

盘龙城第三期四组、五组陶器的类别展现出了相当稳定的发展趋势。主体的陶器类别在这一时期并未有大的变化，并都可谓属于中原二里冈文化，或在二里冈文化的影响之下。盘

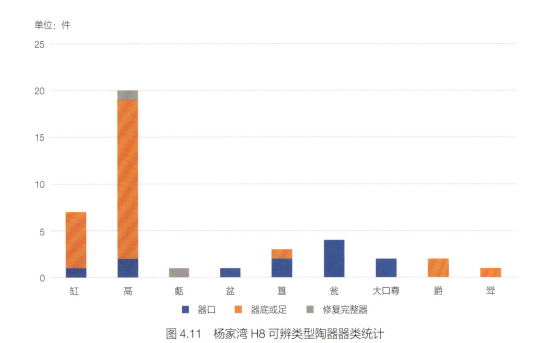

图4.11　杨家湾H8可辨类型陶器器类统计

---

[1] 安徽省文物考古研究所：《潜山薛家岗》，第518～522页，文物出版社，2004年；贾庆元：《怀宁县百林山遗址发掘简报》，《文物研究》（第12辑），黄山书社，2000年。

[2] 黎海超：《金道瓷行：商周时期北方地区印纹硬陶和原始瓷器研究》，第52～58页，上海古籍出版社，2018年。

龙城第二期三组所见的其他多样的文化因素，如岳石文化因素、二里头文化因素、澧水流域等南方地方文化因素，至这一阶段多已消失。不过，这一时期器类的组合仍有两点变化值得注意。其一，除缸外，酒器、盛食器和储藏器出土数量的比例进一步提升，特别是不同功能类的陶器类别日趋丰富。其二，盘龙城下游区域的地方文化因素开始出现，并突出反映在带鋬鬲、B型甗等炊器，以及印纹硬陶和原始瓷这三类器物之上。

三、第四期的器类特征

至盘龙城第四期六组，陶器的类别主要见有鬲、甗、罐、大口尊、爵、斝、壶、盆、簋、豆、瓮、缸等（图4.12）。炊器、酒器、盛食器和储藏器与盘龙城第三期陶器群基本保持不变。主要的器物类别仍突出地反映为二里冈文化的特质。而在普通陶器中，这一时期也极少见到其他地区文化，尤其是南方地方文化色彩的器物。上一阶段零星发现的如带鋬鬲、B型甗、A型壶、B型簋等，一些体现南方地方文化因素的器类，至盘龙城最后一个时期似都已消失。不过，印纹硬陶和原始瓷的数量和类别，则在第三期五组的基础上进一步增加。

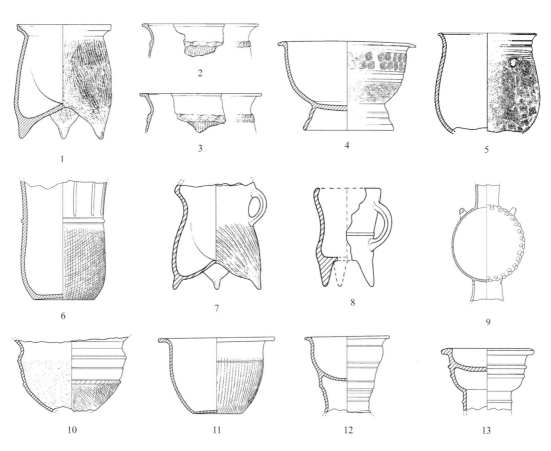

图 4.12　盘龙城第四期六组的陶器类型

1.Aba Ⅴ式鬲（小嘴 T0412 ③：10）　2.Ba Ⅳ式鬲口部（小嘴 H11：9）　3.Bb Ⅳ式鬲口部（小嘴 H4：4）　4.Ba Ⅱ式簋（小嘴 T0412 ③：1）
5.Ab Ⅱ式印纹硬陶 / 原始瓷罐（小嘴 T0214 ③：2）　6.大口尊下腹部及底部（杨家湾 J1：5）　7.Bb Ⅱ式斝（杨家湾 J1：25）
8.爵（杨家湾 J1：27）　9.D 型壶（杨家湾 J1：45）　10.Cb 型盆（杨家湾 J1：39）　11.B Ⅱ式盆（杨家湾 J1：7）
12.D 型豆（杨家湾 J1：26）　13.Cb Ⅱ式豆（杨家湾 J1：18）

133

不仅墓葬多随葬尊形器、杯、罍等，遗址也多见罐、瓮等器类。这一变化显现出盘龙城与南方其他区域，尽管显性的人群交往趋少，但是物资的流动仍然较为频繁。印纹硬陶和原始瓷可能作为某种贵重的商品，受到了人群的喜爱，而在这一时期大量流入盘龙城。

盘龙城第四期六组各单位出土的陶器类别进一步丰富，同时各器类出土数量的比例则趋向均一。除缸外，普通陶器不再以鬲等炊器占绝对多数。以杨家湾J1和杨家湾G1这两个单位出土陶器为代表，各单位均发现多种不同类别的炊器、酒器、盛食器和储藏器（图4.13～图4.16）。缸陶片的出土数量仍占比最多，分别达到29.4%和89.2%[1]。然而在其他普通陶器中，鬲这一炊器比较早期阶段不再居于主体。其陶片的数量占比下降至14.5%和4.1%。相比较而言，大口尊等酒器，以及盆、豆等盛食器，瓮等储藏器，出土数量都占有一定的比例（图4.13、图4.15）。在盘龙城最后一个阶段，不同功能陶器类别显得丰富和多样，特别如酒器、盛食器类别和数量比例的增加，同样展现出了与陶器使用相关的繁盛的日常生活景象。

在普通类陶器中，这一时期另一类大量增加的器类就是缸。盘龙城第四期六组缸不仅新增加C型小型、D型微型和E型形态异型者，大小、形态日趋复杂；更是在不少单位中出土有数量庞大的标本。这其中在20世纪80年代发掘的杨家湾地点，属于本阶段的遗存中缸出土陶器的数量比例超过了可辨器类的半数以上[2]。而上述的杨家湾G1缸陶片的出土数量，更是占据整个可辨器类陶片数量的近九成。需要注意的是，缸尽管从文化源头追溯，可能源自中原地区；但在绝对比例上，中原地区的陶缸并不属于主流陶器。同时，如此大规模地出现缸的情况，目前在其他遗址亦难见到。盘龙城这一时期缸数量和类别的急剧扩充，突显了盘龙城器类组合上的一种本地特征。

单位：件

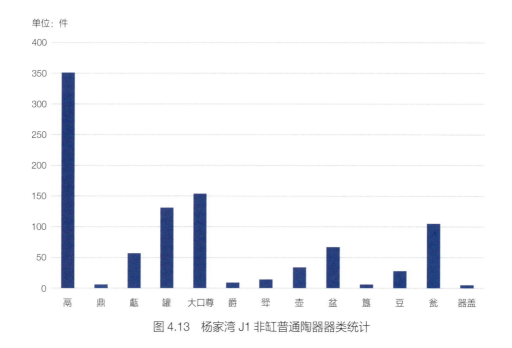

图4.13　杨家湾J1非缸普通陶器器类统计

---

① 杨家湾G1出土缸的陶片数量占比的计算，是在可辨类型的普通陶器和印纹硬陶/原始瓷中统计，而不包括其他不可辨器类的普通陶器。以下杨家湾G1出土器类陶片数量占比的统计均依据于此。

② 《盘龙城（1963～1994）》，第297页。

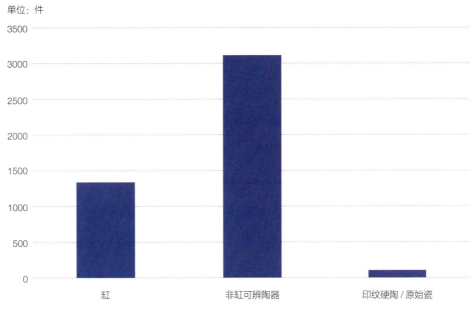

图 4.14　杨家湾 J1 缸与非缸陶器统计

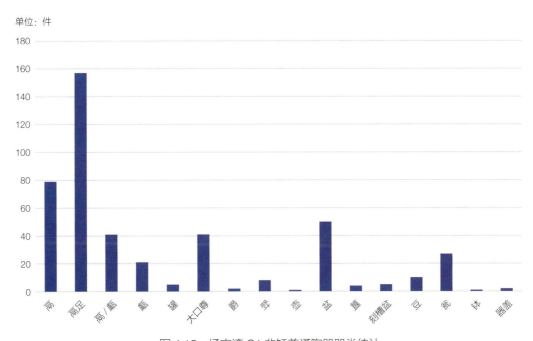

图 4.15　杨家湾 G1 非缸普通陶器器类统计

　　从目前发表的材料所见，盘龙城陶器器类的组合呈现出了由早期类别变化、文化因素复杂，到晚期逐步趋于稳定的这样一种演变历程。在第一期，盘龙城陶器的器类主要有扁足鼎、深腹罐等，反映出二里头文化的特质。至盘龙城第二期，陶器的类型发生了突然的变化。一方面，以鬲、锥足鼎、瓮、盆等为代表的遗存大量出现，陶器群主体表现出了强烈的二里冈文化的影响。另一方面，岳石文化因素、二里头文化因素的残留，以及南方地方文化因素在陶器类型中同样有所反映。这种陶器类别的变化和增减，暗示出了盘龙城城

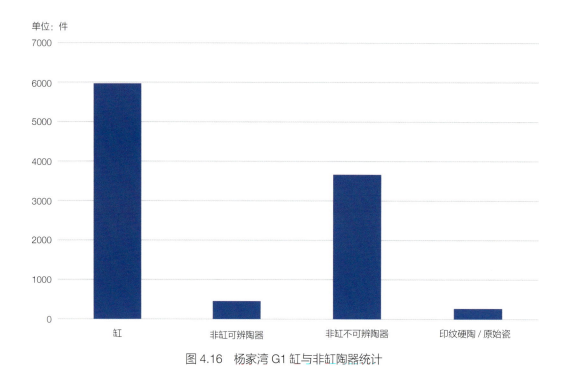

单位：件

图 4.16　杨家湾 G1 缸与非缸陶器统计

（缸　非缸可辨陶器　非缸不可辨陶器　印纹硬陶／原始瓷）

市聚落形成过程中可能出现的文化更迭和中原与本地文化之间的交流、碰撞，也从一个层面表现出盘龙城陶器文化面貌的复杂特性。进入到盘龙城第三期，早期所见二里头文化因素和反映地方文化特征的器物迅速消失，以鬲、甗、罐、大口尊、爵、斝、壶、盆、簋、豆、瓮、缸等为代表的中原式陶器进一步占据主流，并且至此之后长期保持稳定。不过，这一时期新出现有带鋬鬲、B型甗等，或源自邻近的长江下游区域。而印纹硬陶和原始瓷的类别和数量也在这一阶段有所增加，体现出盘龙城与长江下游之间的文化联系。最后在盘龙城第四期，陶器器类的基本组合与第三期大体不变，并更加少见南方地方文化因素的器类。然而，尽管陶器类别差异不大，各器类之间数量比例却较偏早阶段有一定的不同。普通陶器除炊器外，酒器、盛食器、储藏器陶器数量所占比例有所提高，多种类型、不同功能的陶器展现出了在陶器使用上多样的日常生活。缸、印纹硬陶与原始瓷出现的类型和比例也有进一步提升，这两类器物均不属于中原地区的主流类型，由此显现了盘龙城自身地方性的文化面貌。

第二节　器形特征及其时代演变

　　盘龙城陶器的器形特征，一方面，部分与器类一致，同中原地区的同类器有着相当的一致性。盘龙城的陶鬲锥足、分裆，早期腹身较高，晚期腹身较矮；深腹罐早期较胖，最大腹径较高，晚期瘦长，最大腹径下移；大口尊大敞口、折肩，早期口径近于肩径，晚期口径大于肩径、器身瘦高。这些器物的基本形态和演变轨迹，都可比对中原地区二里头、二里冈文化的器物。不过另一方面，作为地处中原文化影响下边缘区域的遗址，盘龙城陶器的形态特征又显现出了诸多自身特色。特别是比较器类而言，陶器的造型、尺寸在不少细部上都与中原地区同类器不同。盘龙城陶鬲流行联裆、长锥足，有着丰富造型的大口缸，这都在中原地区少见。本节将追溯盘龙城陶器形态特征的演变过程，探讨在中原文化影响下，盘龙城陶器群接受了中原陶器何种特征，又形成了何种自身因素，如此造就了其在器形上特有的文化面貌。

作为盛容器，陶器多有一定的深度；同时为制作的便宜，截面常以圆形或椭圆形为主，少见方形器。盘龙城陶器的基本形态，亦如中原地区的陶器，可分为三足器、圜底器、圈足类器三类。这些不同的形态多与陶器的功能直接相关。例如，三足器或凸圜底器，常需要考虑到受火使用，多为炊器或酒器；平底器、凹圜底器则多深腹，利于陈置，多为储藏器；圈足器能提升器物使用的高度、减少污染，可见多属于盛食器。以下将按照功能大类，针对不同形态的器类展开论述。

一、炊煮器类——鬲与甗

鬲与甗是盘龙城最为主要、也是流行时间最长的两类炊器，同样也是体现盘龙城与中原地区联系最重要的证据之一。这两类器物腹身均圆体，下接空心的三足，并以锥足足跟为特征。唯甗有腰箅，上下结构，上部为甑体，下部为鬲体。

从整体形态观察，盘龙城陶鬲可分为联裆和分裆两类。联裆鬲出现较早，始见于第二期二组；分裆鬲则稍晚，最早出现在第二期三组。不同于中原地区以分裆鬲为主、少见联裆鬲，盘龙城分裆鬲和联裆鬲并重，特别在第二、三期阶段，联裆鬲甚至占据主流。盘龙城联裆鬲最初腹部横向外鼓，锥足细长、饰绳纹，这些特征可见由南关外下层锥足鼎或联裆鬲传播而来（图4.17，1），由上已述可进一步追溯至下七垣文化辉卫类型。不过，中原地区联裆鬲至二里冈下层第二期已趋于式微（图4.17，2、3）。而在盘龙城联裆鬲则一直延续，并且有着较为完整的演变序列。盘龙城联裆鬲早期腹身较宽、锥足细长，之后鬲腹部趋向正方体、锥足渐粗矮；而到最后一阶段，鬲腹身虽变化较小，但锥足进一步趋矮（图4.17，4～6）。盘龙城联裆鬲的演变趋势，一方面显现出自身的演变特征，如早期腹身外鼓、晚期腹部斜直加深，但同时也可见受到中原地区陶鬲演化趋势的影响，如早期锥足较细长，晚期锥足较粗矮。与盘龙城联裆鬲的发展过程基本同步，盘龙城亦出有一定数量的分裆鬲，并且形态特征与二里冈文化陶鬲十分接近。盘龙城分裆鬲早期卷沿、腹身外鼓、裆部较高、锥足细长，晚期则多见折沿、腹部斜直、裆部渐矮、锥足较短（图4.17，7～9）。陶鬲的这些形态特征和演变节奏与中原二里冈文化下的分裆鬲保持了相当一致的特征。

盘龙城陶鬲既可见早期中原地区的联裆鬲因素，并在此基础之上，逐步形成了具有自身风格特点的联裆鬲；而与此同时，盘龙城的分裆鬲则可反映中原地区陶鬲的持续影响，由此在盘龙城形成联裆、分裆两大类陶鬲的演变序列。

以上盘龙城陶鬲所见的多条发展脉络，还突出地反映在鬲口沿部分。整体而言，盘龙城陶鬲口部可分为A型沿面较宽、圆唇或方唇类（图4.18，9）和B型平折沿、沿面较短、尖

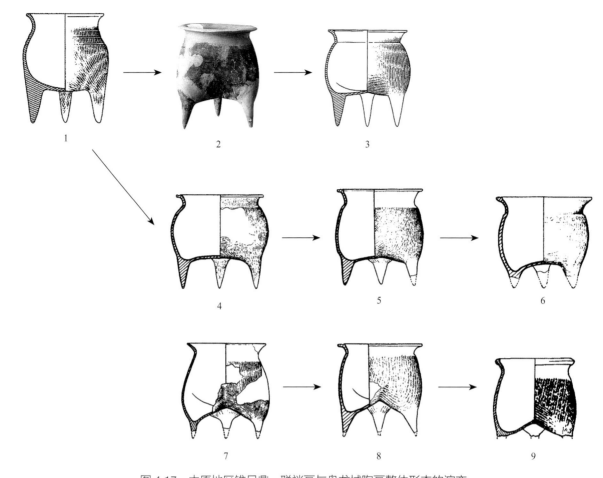

图 4.17　中原地区锥足鼎、联裆鬲与盘龙城陶鬲整体形态的演变

1. C5H9：8　2. 99ZSC8ⅡT178H5：21　3. C5T61③：94　4. 王家嘴 T20⑨：1　5. 王家嘴 T65⑥：1

6. 李家嘴 H16：2　7. 王家嘴 T71⑦：5　8. 李家嘴 H8：7　9. 杨家湾 J1：11

（1～3 出自郑州商城，4～9 出自盘龙城）

圆唇两大类（图4.18，1）。其中前者形态近于中原地区陶鬲特征，后者则颇具有盘龙城自身特征。从时间的维度观察，A型鬲口部与中原地区典型陶鬲的口沿形态演变趋势一致，由尖、圆唇向厚方唇方向发展（图4.18，9～17），并在晚期形成了唇部上下缘带钩、唇面内凹、沿面多见弦纹等特征，可视为二里冈上层至洹北时期陶鬲口沿的翻版。不过，需要注意的是，盘龙城A型鬲口部发展到后期的方唇，多在原尖圆唇外侧贴加泥条修饰形成，较之中原地区陶鬲方唇直接由唇部翻折压印而来不同，应属于本地工匠模仿中原地区陶鬲的作品。B型鬲口部在早期则可见与二里冈下层"双沿"鬲之间的联系（图4.19），相近者如郑州商城01ZSC8IT53G1：1、C11M125：7等陶鬲口部[1]。需要注意的是，盘龙城B型鬲口部的平折短沿是直接接于颈部，少见宽而外侈的沿面。虽然进入二里冈上层第二期，中原地区陶鬲口部"双沿"的特征已趋于消失；但在盘龙城，平折沿类的B型鬲口部则进一步发展

---

① 河南省文物考古研究所：《郑州商城——1953～1985年考古发掘报告》，第46、47页，文物出版社，2001年；河南省文物考古研究院：《郑州商城陶器集萃》，第127页，大象出版社，2015年。

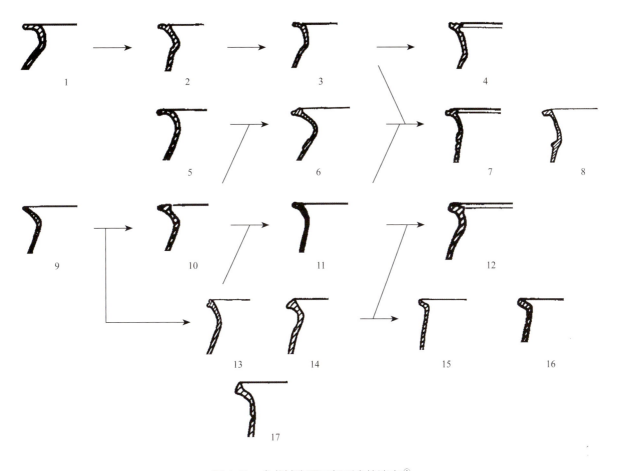

图 4.18　盘龙城陶鬲口部形态的演变 [1]

1. 王家嘴 T17⑧：31　2. 李家嘴 H4：2　3. 楼子湾 G2⑤：14　4. 杨家湾 T23④：1　5. 王家嘴 T71⑦：5　6. 楼子湾 G2⑤：16
7. 杨家湾 T17③：2　8. 杨家湾 H6：37　9. 王家嘴 T9⑧：3　10. 李家嘴 H4：1　11. 李家嘴 M4：8　12. 杨家湾 T23④：4
13. 杨家嘴 T8⑤：22　14. 杨家嘴 T8⑤：2　15. 杨家湾 M7：19　16. 杨家湾 H6：52　17. 杨家嘴 T6⑤：1

图 4.19　盘龙城 Bb 型鬲口部与郑州商城的"双沿"鬲

1. 盘龙城杨家湾 H8：1　2. 郑州商城 C11M125：7

---

①　改绘自孙卓：《盘龙城遗址出土陶器演变初探》，图四，《江汉考古》2017年第3期。

（图4.18，1~8）。受到A型陶鬲口部演变趋势的影响，平折沿鬲口部沿面开始饰凹槽（图4.18，2、3），唇部尖圆且薄的特征也向方钝过渡（图4.18，4、7、8）。至盘龙城最后一个阶段，这种形态的口沿常见沿面饰两周凹槽，并作类似薄方唇状（图4.18，8）。陶鬲口沿的装饰性和制作的工序都有进一步复杂的趋势。

　　盘龙城遗址陶鬲口部的形态演变，展示出了与陶鬲器形相近的变化节奏。一方面，早期器物形态的特征一直得以保留；另一方面，中原地区陶器在演变过程中，其新的风格、传统也能不断被盘龙城地区所接受、采纳或模仿。而在这两大类脉络演进的过程中，不同时期所形成的风格特征也会相互影响，形成某种新的形态特征。平裆鬲锥足随时间发展渐粗短，实际就可视为分裆鬲的影响。同样陶鬲Ba、Bb型平折沿口部，在晚期作薄方唇，沿面饰一周或两周弦纹，也与同时期Aca、Acb型厚方唇口部沿面施凹槽的做法异曲同工。此外，具有中原特征的Aca、Acb型陶鬲口部，在盘龙城遗址多为卷沿、沿面较短，又可见到盘龙城Ba、Bb型鬲口部的影响。

　　通过观察鬲口部的不同形态在不同时期出土数量的占比（图4.20），我们可进一步了解宽沿、方唇类（A型）鬲口部与平折短沿、尖圆唇类（B型）鬲口部在盘龙城的演进情况。其中在较早的阶段，如王家嘴发掘区第8~7层，接近中原地区陶鬲特点的Aa、Ab型鬲口部占据多数，不过具有自身特点、平折沿类的Ba、Bb型鬲口部亦占有一定比例[①]。而到了第三期，平折沿、沿面带凹槽的Bb型鬲口部占据了绝大部分。相对而言，Ba型鬲口部较少，具有中原陶鬲特点的Ab、Ac型鬲口部更是少见。根据近年来对考古发掘的部分单位出土陶鬲口沿所进行的全面统计，杨家湾H9、H14等单位Bb型鬲口部出现的比例甚至超过80%。由此可见，在中原文化影响之后，盘龙城陶鬲的自身特征逐步成型，并成为陶鬲口沿主流形态。至第四期阶段，具有中原特质的Aca、Acb型厚方唇鬲口部再次开始趋多，Bb型鬲口部占比则相对渐少。陶鬲口部厚方唇的作风，作为二里冈上层之后中原地区陶鬲的典型特征，在盘龙城最后一个阶段产生广泛影响，并形成了A型鬲口部和B型鬲口部平行发展的格局。

　　以上可见，盘龙城陶鬲的形制逐步变得复杂、多样。而这种器物形态多样化的演进趋势，还可从器物大小的变化幅度得以佐证。以口径作为指标，盘龙城陶鬲口径多为15厘米左右，但同时可见少数20厘米以上和30厘米左右的中、大型鬲。不过由第二期至第四期部分单位可知，盘龙城陶鬲口径的变化幅度是在逐步趋大（图4.20、图4.21）。这其中在盘龙城第三期，陶鬲口径多在15~17厘米，不见中型的所谓"B型"鬲和大型所谓"C型"鬲，显示波动频率的方差仅为4.93（图4.20；表4.1、表4.2）。而进入盘龙城第三期，陶鬲尺寸大小之间的差异日益明显。一是开始出现了口径在30厘米以上的大型陶鬲；一是部分陶鬲口径缩小至10厘米左右。小嘴H73陶鬲口径最大者达到36厘米，最小者则为9厘米，口径的方差达到15.84。约当同一时期的杨家湾H9出土的陶鬲同样尺寸波动较大，口径的方差接近30。而

[①]　在此，王家嘴第7、8层属于本书划分的第二期三组；杨家湾H9、杨家湾H14、小嘴H73属于本书划分的第三期四组；而杨家湾G1属于本书划分的第四期六组。其中王家嘴第7、8层因为早年发掘，仅能通过报告公布陶器标本予以统计，因此无法了解其是否囊括了所出的所有陶鬲标本，可能不能全面反映这一时期陶鬲口部的形态类型和尺寸特征。而笔者全面搜集了杨家湾H9、杨家湾H14、小嘴H73、杨家湾G1这些单位出土的陶鬲口沿标本，并将所有能够观察到形制和测量尺寸的标本予以统计。以下对于陶鬲口径的统计亦同于此。《盘龙城（1963~1994）》，第90、103页。

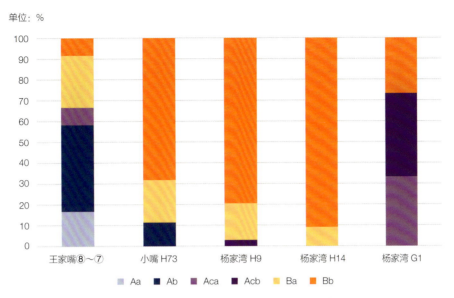

单位：%

图 4.20　盘龙城部分单位出土陶鬲口沿类型统计

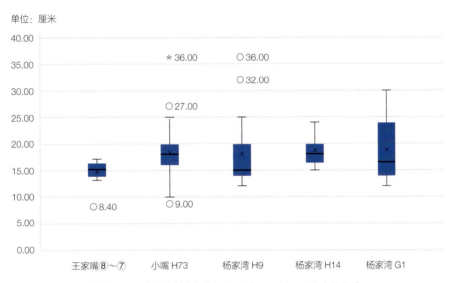

单位：厘米

图 4.21　盘龙城部分单位出土陶鬲口径统计（总和）

表4.1　盘龙城出土陶鬲口径的统计

单位	王家嘴⑧～⑦	小嘴 H73	杨家湾 H9	杨家湾 H14	杨家湾 G1
最大值 / 厘米	17.2	36	36	24	30
最小值 / 厘米	8.4	9	12	15	12
平均数 / 厘米	14.8	18.1	17.8	18.6	18.7
标准差	2.22	3.98	5.41	2.77	5.85
方差	4.93	15.84	29.27	7.67	34.22

这种尺寸大小差异化的趋势一直延续到盘龙城最后一个阶段。属于盘龙城第四期的杨家湾G1，陶鬲口径的方差高达34.22（图4.20；表4.1、表4.2）。

一般而言，陶鬲口径的大小多是与鬲的容积成正相关。陶鬲口径的离散化体现了各器物之间容积本身的波动，以及可能带来的使用上的分化。由于陶鬲是盘龙城出土数量最多的炊器，陶鬲大小的分化同样也暗示了人群在生活习惯，特别是炊煮、饮食方式上可能存在的复杂情况。从第三期开始，广泛流行的A型小型鬲、B型中型鬲和C型大型鬲三种陶鬲，明显是为烹饪不同量度的食物，可能应对不同大小家庭类型的炊煮，乃至饮食方式。可以推想，大型的陶鬲或为某一族家庭在共同的宴享中使用，而中、小型的陶鬲则仅为主干家庭或核心家庭自用。

而作为除缸外盘龙城出土数量最多的陶器类型，陶鬲尺寸大小的波动还可见陶器整体标准化程度的高低。在此，我们先将所有不同类型的陶鬲口径合在一起统计（图4.21）。除最早阶段的王家嘴第8～7层出土的陶鬲外，盘龙城第三、四期陶鬲口径波动较大，最大幅度可至17厘米，并且时代越晚，陶鬲口径的标准化程度显得越低。我们还可进一步按照小、中、大，即分为A、B、C型，对陶鬲口径分别做统计（图4.22；表4.2）。从第三期开始，每一类陶鬲口径的变化幅度仍然较大。小型和中型陶鬲口径的变化幅度多在3～4厘米。H73因标本数量较多，小型鬲口径大小的变化甚至近10厘米。唯一的变化是，至第四期，中型鬲口径的整体大小较之前有进一步的增大。由此可见，无论是盘龙城哪一型式的鬲，其大小的标准程度并非很高。从整体观察，陶鬲的尺寸波动均有相当大的幅度，并在越晚阶段这种波动性越发明显。从目前陶鬲尺寸的标准程度观察，盘龙城陶器可能并非大规模集中生产；而更有可能的是，同一类型的陶器在盘龙城有着不同的来源，盘龙城陶器或属于小规模、甚至家庭式的生产[①]。

陶甗是盘龙城仅次于鬲的另一常见炊器。不过因尺寸较大、修复难度较高，陶甗完整器

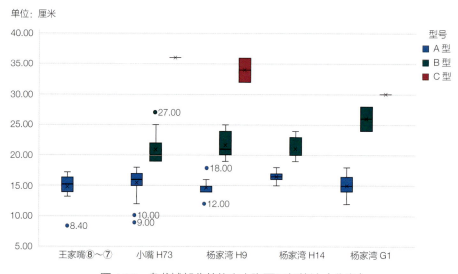

图 4.22　盘龙城部分单位出土陶鬲口径统计（分类）

单位：厘米

---

①　盘龙城陶鬲的标准化程度较低，另一个证据是，陶鬲的口部特征尽管可见一定的规律，但是每一类口部之下的不同标本在形态上都有一定差异。与陶鬲尺寸波动较大相近，陶鬲的形态并未如类型学分类所见的有如此高的标准化。

表4.2　盘龙城部分单位出土陶鬲不同类型口径　　　　（单位：厘米）

尺寸型号	王家嘴⑧～⑦	小嘴 H73	杨家湾 H9	杨家湾 H14	杨家湾 G1
	17.2	18	18	18	18
	16.8	18	16	17	17
	16.4	18	16	17	17
	16.4	18	16	16	16
	16	18	15	16	16
	15.6	18	15	15	15
	15.2	18	15		14
	15	18	15		14
	14.4	17	15		14
	14	17	15		12
	13.2	17	14.5		12
	13.2	17	14		
	8.4	17	14		
		17	14		
		17	14		
		17	14		
		16	14		
		16	14		
A 型		16	14		
		16	14		
		16	14		
		16	12		
		16			
		16			
		15			
		15			
		15			
		15			
		15			
		15			
		15			
		15			
		14			
		14			
		14			
		13			

尺寸型号	王家嘴⑧~⑦	小嘴 H73	杨家湾 H9	杨家湾 H14	杨家湾 G1
A 型		13			
		12			
		10			
		9			
B 型		27	25	24	28
		27	24	23	28
		25	24	20	24
		24	23	20	24
		24	21	19	
		23	21		
		22	20		
		22	20		
		22	19		
		21			
		21			
		20			
		20			
		20			
		20			
		20			
		20			
		20			
		20			
		19			
		19			
		19			
		19			
		19			
		19			
		19			
		19			
		19			
		19			
C 型		36	36		30
			32		

却不多见。陶甗的基本形态为上下结构，上部为甑体，下部为鬲体。其中上部甑体，特别是口沿的部分，近于盘龙城陶鬲的口部。陶甗口部多为平折沿、沿面饰一周凹槽（图4.23，6~9）。这是盘龙城最为常见的Bb型陶鬲口部的特征，与中原地区陶甗流行的折沿、方唇、唇上缘起榫多有不同（图4.23，3、4）。而在盘龙城最后一个阶段，部分陶甗口部才出现厚方唇，近似于盘龙城晚期陶鬲上的Acb型口部，由此形成两类口沿形态平行发展。陶甗口部形态的演变也可见到盘龙城陶鬲的影子。盘龙城陶甗上部与陶鬲之间的相似性，不仅显现出了两者相近的文化背景，并且口部细节及其时代变化的一致性表明，甗和鬲这两类炊器可能属于相伴共同制作。甗的下部鬲体则暗含了更多不同文化因素的影响。最为主流的Aa型分裆甗与中原地区的陶甗长期保持一致。特别如分裆袋足较深，早期足跟较长，晚期仅有乳钉状实足跟（图4.23，5~9），这些形态特征及其变化趋势都可在中原地区陶甗上找到相近之处，展现出了中原地区陶甗的持续影响（图4.23，1~4）。Ab型联裆甗，鬲体部分为联裆、长锥足，与盘龙城本地流行的联裆鬲一致。此外，盘龙城第三期还见有鬲体部分为圜

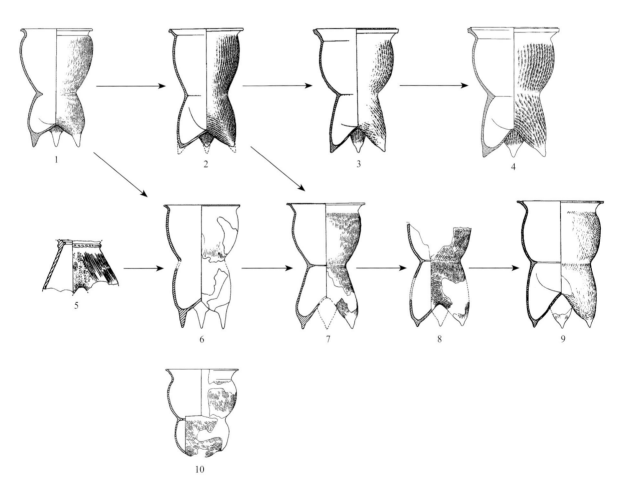

图 4.23 中原地区陶甗与盘龙城陶甗整体形态的演变

1. C9.1H118：24 2. DHH1：40 3. C5T3 ①：51 4. CWT2 ②：6 5. 杨家嘴 T4 ⑦：1 6. 李家嘴 M4：11
7. 王家嘴 T80 ⑥：2 8. 杨家嘴 T3 ⑤：13 9. 杨家湾 H6：54 10. 李家嘴 H8：10

（1~4出自郑州商城，5~10出自盘龙城）

底、锥足鼎式形态的B型甗（图4.23，10）。鬲体陶鼎化的作风可视为长江下游沿线地方文化的特质。整体而言，陶甗的形态和陶鬲有着相当接近的特征及变化节奏：一方面，陶甗的形态特征，特别是鬲体的部分，可见到中原文化的持续影响；另一方面，不同地方文化因素，特别是鬲口部形成的本地风格，在陶甗上亦有体现，使得盘龙城陶甗在形态上同时具有相当的自身特色。

鬲、甗作为盘龙城最为主要的炊器，从文化源头追溯，两种器类无疑都可归于中原文化因素。不过从形态方面考量，鬲、甗在盘龙城都具有相近的地方特征。由上可见，这种地方特色其实并非来源于当地的文化传统；而是在接受中原文化的过程中，早期所受的文化影响不断延续，逐步形成形态上自身的发展脉络。与此同时，典型的中原文化因素又会不断地传播到盘龙城。由此在第三、四期阶段，我们可以看到鬲、甗等器物的形态趋于复杂和多样，在中原地区属于"不同时期"的形态特征于盘龙城并行发展。盘龙城鬲、甗形态特征的这种演进轨迹，实际反映出在中心文化影响下的边缘地区，物质文化在形态上的一种特有的"滞后性"。以下我们可进一步窥见，盘龙城不少陶器的形制及其变化，都有着与此相近的特点。

二、酒器与盛食器类——爵、斝与盆、豆

盘龙城酒器多见大口尊、爵、斝、盉、鬶等。这些酒器的形态多较复杂。器底除大口尊为圜底器外，其他器物多为三足器；腹身则多为上下两段或有肩突出。此外，爵还多增有流和口。酒器中不少的三足器，表明不少酒器仍需受火。盘龙城的盛食器多见盆、簋、豆。相对而言，盛食器的造型较为简单，均为敞口的圆体器物。唯盆为圜底或平底器，簋、豆为圈足器。以上酒器中爵、斝出土数量较多，形态较为复杂，时代延续较长；而食器中盆、豆同样早晚多见，并且分别属于圜底器和圈足器。下面以爵、斝和盆、豆为代表，对盘龙城酒器类和盛食器类陶器的形态特征展开论述。

盘龙城陶爵的基本形态为圆体、束腰、平底，三短实足，口部多带流和尾，在流尾的对侧和一足的上方常见亚腰形的鋬（见图2.27）。其时代的流变，以最为流行、带流尾的B型爵为例可见：早期流尾较长，腹身亚腰纤细；渐晚流部趋宽短，尾部渐消失，腹身矮胖，常作阶梯状。盘龙城爵的这些形态特征和演变趋势，都可在中原二里头晚期至二里冈上层陶爵上找到相似点。不过，在整体特征及演进规律与中原地区陶爵一致的背景下，盘龙城陶爵仍显现了部分自身特点。这其中，盘龙城陶爵尾部外张的特征有着较长的延续性。特别至盘龙城第三期，即约相当于二里冈上层，中原地区陶爵尾部已多变为直口，部分口部呈台阶状[1]；但是在盘龙城，陶爵仍见不少早期的特征，常有着外侈的形态（见图2.27，6；图4.24，1、4），并且在腹部、足部形态特征一致的前提下，同一单位出土的爵有部分尾部作直口、部分尾部作侈口（图4.24）。乃至于盘龙城最后一期，如杨家湾T3③：3，腹身矮胖、三足短矮，这是陶爵年代较晚的特征，不过其尾部仍隐约可见外侈的特征（见图2.27，8）。此外，盘龙城陶爵还零星见有无流无尾、腹身圆体的素面A型爵。A型爵一类腹身呈

---

[1] 安金槐：《关于郑州商代二里岗期陶器分期问题的再探讨》，《华夏考古》1988年第4期。

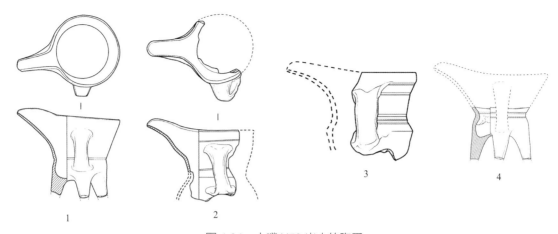

图 4.24　小嘴 H73 出土的陶爵

1. H73：12　2. H73：54　3. H73：55　4. H73：60

亚腰形，形态如B型爵，较为复杂（Aa型）；另一类则腹身近杯形，下腹鼓出，制作简化（Ab型）。这两种形态的A型爵都集中于盘龙城第二期二组。此类型爵同样在中原地区极为少见，少数标本可见于郑州南关外地点。袁广阔曾将此类圆体的素面爵，与联裆鬲一道，作为盘龙城本地的陶器特征，并认为郑州南关外的素面爵属于盘龙城反向传播所致[①]。然而，参考陶鬲的演变历程，盘龙城的A型爵仍可能属于中原地区的文化因素，特别鉴于南方地区并无爵的传统。只是不似联裆鬲，A型爵在盘龙城仅持续了短暂的一段时间。

斝为盘龙城另一类出土数量较多的陶酒器。斝的整体形态与爵颇为相似，均为圆体，上下结构，上部敞口或敛口、收腰，下部则似鬲的裆腹部，底接锥足，而在一足与上腹之间连接有鋬。斝除了在尺寸上多大于爵之外，形态方面与爵最大的差别在于无流尾，形态结构比之爵似更为简单。然而，相对而言，斝的形态变化则更为丰富。

盘龙城陶斝的上部基本与中原地区陶斝的形态特征及其演变趋势一致；而下部则可视为盘龙城陶鬲的衍生物。最早阶段的AaⅠ式和AbⅠ式斝上部均为敞口、尖圆唇，鋬跨度较长，最为接近郑州南关外陶斝C5H60：15（图4.25，2）。值得注意的是，后者并非二里冈文化陶斝的典型特征。已有学者指出，其素面作风的斝身、长跨度的鋬，应与岳石文化存在关联[②]。而斝下部的三足部分则分别可见盘龙城联裆鬲和分裆鬲的身影。Aa型联裆斝，下部裆部近平，部分甚至下凸，仅在足部见微凹的足窝，形态十分接近同阶段的Aa型鬲下部（图4.25，3）。Ab型分裆斝裆部较高、锥足细长，又有着早期Aba型分裆鬲的特征。早期盘龙城陶斝的形态实际为中原式斝和盘龙城鬲的某种结合。

进入盘龙城陶器群第三期，伴随着中原地区敛口斝的出现，盘龙城陶斝也由A型侈口斝向B型敛口斝转变。而在盘龙城陶鬲联裆和分裆的持续性发展的背景下，B型敛口陶斝也可见继续分化为联裆和分裆两个亚型。Ba型联裆斝颇具有盘龙城陶器的自身特征，斝下部由

① 袁广阔：《关于"南关外期"文化的几个问题》，《中原文物》2004年第6期。

② 袁广阔：《先商文化新探》，《中原文物》2002年第2期；方辉：《岳石文化的分期与年代》，《考古》1998年第4期；栾丰实：《试论岳石文化与郑州地区早期商文化的关系——兼论商族起源问题》，《华夏考古》1994年第4期。

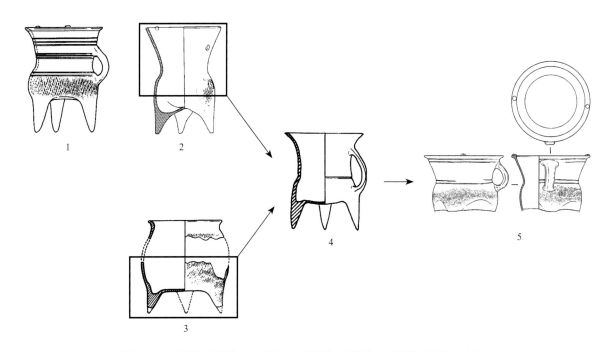

图 4.25　中原地区陶斝、盘龙城 Aa 型鬲与盘龙城 Aa 型斝之间的形态关系

1、2. 斝（C5H62：21、C5H60：15）　3. Aa Ⅱ式鬲（王家嘴 T32 ⑧：21）

4. Aa Ⅰ式斝（王家嘴 T12 ⑦：13）　5. Aa Ⅱ式斝（小嘴 H73：4）

（1、2 出自郑州商城，3～5 出自盘龙城）

锥足较长、裆腹较深，向晚期锥足渐短、裆腹变矮转变，亦如 Aa 型联裆鬲的演变序列。此类型斝在中原地区仅有零星发现，并集中在二里冈下层第二期至二里冈上层第一期，似不见更晚阶段有出[①]。而在盘龙城，Ba 型联裆斝则可视为主流，并一直延续至盘龙城最后一个阶段（见图 2.28，5～7）。Bb 型分裆斝则多近于中原地区典型陶斝的形态，下部的特征及其演变与分裆鬲保持一致：早期锥足较长、裆部较高，晚期锥足退化为乳钉状、裆腹部渐矮胖（见图 2.28，8、9）。这一形态变化也与中原二里冈文化分裆鬲、分裆斝的变化相近。综上所述，盘龙城陶斝的形态既见到中原地区陶斝的持续影响，同时又反映出盘龙城陶鬲自身所形成的风格特征，由此在中原地区陶斝形态的基础上，形成了联裆和分裆两种演变轨迹。

作为形态较为复杂的酒器，盘龙城陶爵、斝的形态特征多与中原地区同类器相近，其时代的演变也与之保持了同步。由于爵、斝等酒器在南方地区并无传统，它的出现和发展都反映出了中原文化的持续影响。不过，即便为典型的中原文化器类，盘龙城爵、斝的形态在演变的过程中，会因之盘龙城陶器群的整体器形或部分器类自身的变化轨迹，形成具有本地风格的类型。Aa、Ba 型联裆斝在盘龙城的出现和流行即为此类例证。

① 饶有意味的是，郑州商城最早出现的敛口斝多为联裆，少见分裆。二里冈下层第二期的敛口斝基本为联裆、长锥足，与盘龙城流行的敛口斝更为相近。直到二里冈上层之后，郑州商城敛口斝才以分裆类为主。这是否意味着二里冈上层流行的敛口斝，敛口的特征实际源自于南方的盘龙城，由盘龙城 Ba 型敛口、联裆类斝与中原地区流行的侈口、分裆斝结合而成。河南省文物考古研究所：《郑州商城——1953～1985 年考古发掘报告》，第 637、733 页，文物出版社，2001 年。

　　盆为盘龙城出土数量最多的一类陶盛食器。盆的基本形态为敞口、圆体，凹圜底或平底。相对于以上酒器，盆的造型极为简单，同时类型变化也较为丰富。整体而言，盘龙城盆的各种类型都能在中原地区陶盆中找到源头，不过形态的变化却颇有自身特点，特别是中原地区仅早期出现的陶盆类型，在盘龙城却有长时间的延续。盘龙城陶盆最早见于第二期三组，基本的类型与二里冈文化常见的陶盆几近一致。最为多见的A型敛口盆，敛口、卷沿、圆唇、下腹斜收、凹圜底，可同于郑州商城所谓的"敛口折沿鼓腹盆"（图4.26，13～15）。B型盆，直口、折沿或卷沿、圆唇、深腹，亦凹圜底，则明显继承于郑州商城"直口折沿深腹凹底盆"（图4.26，9～12）。C型侈口、折肩盆，又可进一步分为Ca型直弧腹和Cb型凸肩、斜腹两亚型。其中前者可比对郑州商城的"敞口卷沿折肩盆"（图4.26，6～8），而后者则应由郑州商城"敞口卷折沿深腹凹底盆"传播而来（图4.26，16～18）。而早期大敞口、斜直腹的D I 式盆，敞口的沿下微内凹、微鼓腹、平底（图4.26，3），虽与典型的二里冈文化凹圜底盆不同，但相近如郑州商城C1H9：25，同样沿下微凹、斜腹微鼓，只是腹部略深（图4.26，1）。已有学者指出这件盆可能属于岳石文化的因素[①]。进入第三期，盘龙城陶盆在以上类型的基础上进一步发展。除以上A、B、C型等腹部较深、鼓腹或直腹类的盆进一步演变出下一式别外（图4.26，8、11、12、15），D型盆从Ⅱ式演变为折沿下坠、腹部趋浅、斜腹内收、凹圜底（图4.26，4、5），数量急剧增加，并和B型盆一起成为盘龙城最为主要的两类形制的陶盆。而D型敞口斜腹盆的流行，同样可视为郑州商城"大敞口斜腹凹底盆"的影响（图4.26，2）。值得注意的是，自二里冈下层第二期，中原地区陶盆的主要类型向浅腹转移[②]，这种大敞口的浅腹盆逐步成为主流。盘龙城D型盆的演变和数量增多，与中原地区陶盆的演变趋势是一致的。此外，盘龙城在第三期还零星可见形态与常见的A～D型盆有所不同的E型盆。其中一件王家嘴T65⑥：2，尺寸较小，直口微侈，上腹略直、下腹斜收，凹圜底（图4.26，20），此类形态实际可比较郑州商城C11H116：9等一类"扁腹圜底钵"（图4.26，19），年代多在二里冈下层第二期至二里冈上层第一期。在这一时期，我们可以看到郑州商城不同类型的陶盆在盘龙城基本上都有所见。至盘龙城第四期，也是陶器群发展的最后一个阶段，陶盆形态变化趋势日渐分化，一方面A、Ca型等深腹盆腹部愈深；另一方面B、D型盆腹部则日益变浅，特别是B型直口盆，腹部也开始呈现斜收的态势，明显是受到D型盆形态的影响。不过，这一时期陶盆的类型有减少的趋势，主要流行B型和Ca型等深腹盆，第三期多见的D型浅腹盆则相对而言趋于少见。这与中原地区陶盆日渐浅腹的类型变化多有不同。同时受中原地区早期影响，在二里冈上层之后中原地区多已不见的所谓"敞口卷折沿深腹凹底盆"Cb型盆，于盘龙城最后一个阶段却零星可见。

　　盘龙城陶盆虽然器形简单，但基本的类型都是出自中原地区同类器之下，并不见如陶鬲般衍生出具有本地特征的形态者。这种一致性展现出了盘龙城人群在陶盆使用等盛食方面上的行为深受中原文化的影响。只不过在发展的晚期，中原地区流行的浅腹D型盆并未在盘龙

① 方辉：《岳石文化的分期与年代》，《考古》1998年第4期。
② 安金槐：《关于郑州商代二里岗期陶器分期问题的再探讨》，《华夏考古》1988年第4期。

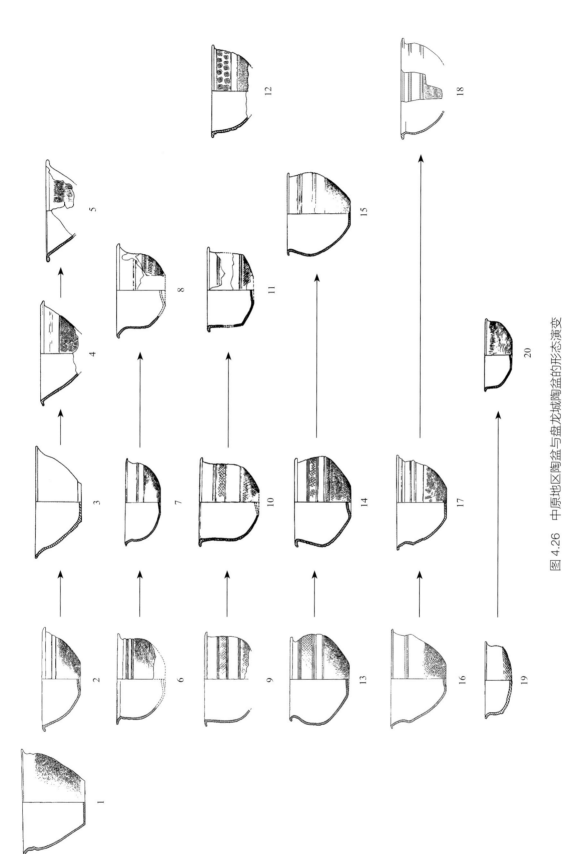

图 4.26 中原地区陶盆与盘龙城陶盆的形态演变

1.C1H9：25 2.C5H62：22 3.王家嘴 T：0⑧：11 4.李家嘴 H4：8 5.李家嘴 H1：9 6.C1H9：15 7.王家嘴 T85⑧：12 8.李家嘴 H4：5 9.C1H14：82 10.王家嘴 T37⑥：37
11.李家嘴 H1：12 12.杨家嘴 H1：12 13.C1H9：354 14.杨家嘴 H24：5 15.李家嘴 M8：5 16.C9.1H162：23 17.王家嘴 T65⑦：29 18.杨家湾 G1：41 19.C1H1H16：9 20.王家嘴 T65⑥：2

（1、2、6、9、13、16、19 出自郑州商城，3～5、7、8、10～12、14、15、17、18、20 出自盘龙城）

150

城占据主体，而中原地区二里冈下层流行，但之后逐步渐少的深腹Ca、Cb型盆则一直在盘龙城多见。这些不同使得盘龙城陶盆在形态变化上，与中原地区有了些许差异。

与陶盆形态类似的盛食器，在盘龙城还可见有陶簋。陶簋的基本结构可视为盆下接一圈足，因此腹身的形态与盆多有类似。甚至在部分出土陶器的标本中，簋的口沿和盆的口沿难以区分。其中Aa型大敞口类的簋，腹身的造型可参考D型敞口、斜浅腹盆；Ab型直口类的簋，腹身则近于B型直口、深腹盆；Ac型敛口类的簋，腹身则可比较A型敛口、深腹盆。并且Ab、Ac型簋的形态演变，也与盘龙城A、B型盆腹部渐深的变化趋势一致。由此可见，盘龙城陶簋的形态与本地陶盆，以及中原地区陶盆、簋类器的特征与演变是相似的。只不过零星的B型簋腹部较深、圈足细高，形态特征在中原地区陶簋或陶盆上难以寻觅，相反接近石门皂市、石门宝塔等遗址出土陶簋，应反映为澧水流域的文化因素。

相比较盆的形态与中原地区同类器一致，盘龙城陶豆的形态特征及其变化则显得更为复杂。豆基本的形态为上下结构，上为浅腹的豆盘，下部接粗柄或细柄的高圈足。整体的容量比之盆、簋等盛食器要小。整体而言，盘龙城出土陶豆的形态特征，反映出了中原地区、长江上游等不同地域文化的影响。值得注意的是，豆最初在盘龙城出现，并非体现为中原二里头文化的特征，而是可见与东部的岳石文化之间的关联。由上已述，Ab型豆斜直腹浅盘，豆柄较粗，最接近岳石文化栾台H71：4（图4.27，1、2）[1]。稍晚出现的AaⅠ式豆，为斜直的浅盘，底接细柄，其中豆盘近口处微向下撇、豆柄装饰凹弦纹等特征，也属于岳石文化陶豆的特征（图4.27，4、5）[2]。进入盘龙城第二期三组，陶豆的形态急剧丰富和多样，二里头文化、二里冈文化、长江上游等文化因素都可见其影响。这其中王家嘴T67⑦：22、王家嘴T83⑦：3虽在类型划分上仍属于Aa型，但斜浅腹的豆盘、豆盘近口处作下凹状，明显可见Ab型和AaⅠ式豆的影响（图4.27，2、7）；同时其豆柄连接豆盘处鼓状凸出，并见穿孔，豆柄底部则作喇叭口状，这些特征则可以与下王岗、李营、杨庄、八里桥等二里头文化的陶豆相比较（图4.27，6、9）[3]。虽然盘龙城第二期三组，在相对年代上晚于二里头时期，已进入二里冈下层；但在盘龙城部分器物上，却能集中见到具有二里头文化因素或二里头遗留影响的形态特征。这一时期盘龙城陶豆还可见到一批明显来自澧水流域或峡江地区的影响因素。王家嘴T37⑧：15、杨家嘴M6：7等Ba型豆有着弧收的豆盘、细高的豆柄、柄中部施一周凸棱、喇叭状或台阶状的柄座，这些特征可比较荆南寺、路家河等遗址出土的陶豆（图4.27，10、13、14）[4]。特别如盘龙城杨家嘴M6：7，弧盘、长柄，基本与皂市遗址T41③：138陶豆形态特征几近一致（图4.27，11、14）[5]。而盘龙城杨家嘴M6：10豆盘斜直

---

① 河南省文物研究所：《河南鹿邑栾台遗址发掘简报》，《华夏考古》1989年第1期。

② 山东大学历史系考古专业：《山东泗水尹家城遗址第五次发掘简报》，《考古》1989年第5期。

③ 河南省文物研究所、长江流域规划办公室考古队河南分队：《淅川下王岗》，第285～306页，文物出版社，1989年；武汉大学考古系、郧阳博物馆：《湖北郧县李营遗址二里头文化遗存发掘简报》，《江汉考古》2014年第6期；北京大学考古系、驻马店市文物保护管理所：《驻马店杨庄——中全新世淮河上游的文化遗存与环境信息》，科学出版社，1998年；北京大学考古系等：《河南方城县八里桥遗址1994年春发掘简报》，《考古》1999年第12期。

④ 长江水利委员会：《宜昌路家河——长江三峡考古发掘报告》，第56、65、66页，科学出版社，2002年；荆州博物馆：《荆州荆南寺》，第129～131页，文物出版社，2009年。

⑤ 湖南省文物考古研究所：《湖南石门皂市商代遗存》，《考古学报》1992年第2期。

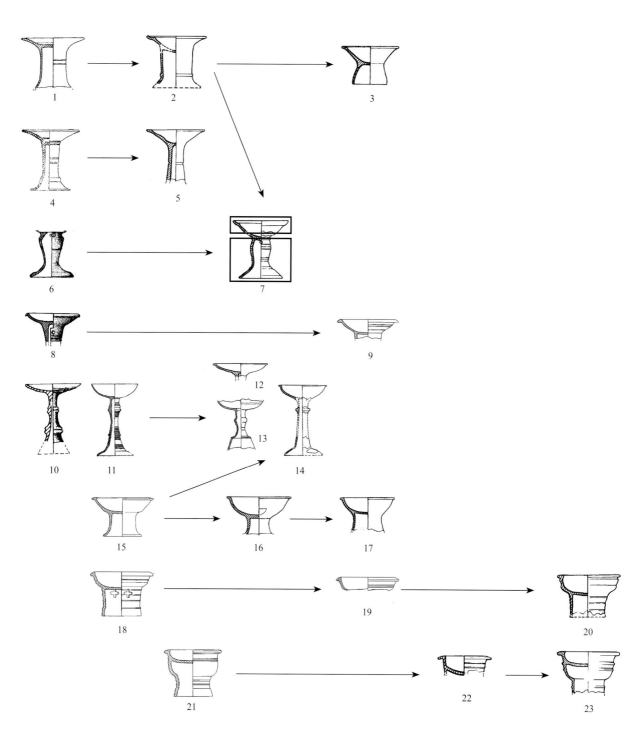

图 4.27 中原地区、澧水流域、峡江地区陶豆与盘龙城陶豆的形态演变

1. H71：4 2. 城址 3TZ ⑨ A：3 3. 王家嘴 T65 ⑥：28 4. H725：1 5. 王家嘴 T83 ⑧：3 6. H16：15
7. 王家嘴 T67 ⑦：22 8. T22 ②：13 9. 杨家湾 T1011 ③：4 10. T5 扩：40 11. T41 ③：138 12. 杨家湾 M6：10
13. 王家嘴 T37 ⑧：15 14. 杨家湾 M6：7 15. C5T50 ③：16 16. 王家嘴 T20 ⑦：6 17. 李家嘴 H25：2 18. C11H154：9
19. 小嘴 H73：14 20. 杨家湾 T23 ④：7 21. CNM5：6 22. 杨家嘴 T6 ④：19 23. 杨家湾 J1：18
（1 出自栾台，2、3、5、7、9、12、13、14、16、17、19、20、22、23 出自盘龙城，4 出自尹家城，6 出自下王岗，8 出自杨庄，
10 出自路家河，11 出自皂市，15、18、21 出自郑州商城）

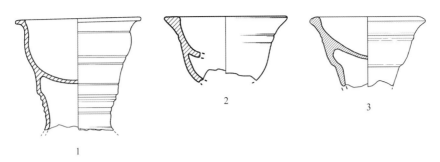

图 4.28 盘龙城出土的 D 型豆

1. 杨家湾 J1：26 2. 杨家湾 T1013 ③：29 3. 杨家湾 T1014 ③：67

腹、较浅的特征也可参照峡江流域同类器如路家河T5扩：40（图4.27，10、12）[①]。鉴于盘龙城这一时期多可见到B型长颈壶等澧水流域文化因素，颇为怀疑这批器物可能自上游澧水传播至盘龙城。不过，以上Ba型陶豆均有折沿的特征，这在同时期峡江地区陶豆中不见，相比较而言可能是受到这一时期二里冈文化同类器的影响（图4.27，14、15）。除了以上体现二里头文化、长江上游地方文化因素的陶豆形态外，从第二期三组开始，与中原二里冈文化陶豆形态相近的Bb、Ca、Cb型豆逐步增加。目前可见二里冈文化最早阶段的陶豆就已影响到盘龙城。盘龙城BbⅠ式、CaⅠ式豆等形态，分别相近于郑州二里冈下层一期弧盘类的C5T50③：16和折盘类的C11H154：9（图4.27，15、16、18～20）。到了第三期及之后，反映其他地方文化因素的A型、Ba型豆基本都已消失，但是Bb、Ca、Cb型豆则进一步趋多，成为陶豆类型中的主流。Bb、Ca型豆延续上一式的发展，在第三、四期豆盘变浅，这与中原地区真腹豆的演变趋势同步（图4.27，18～20）；而在第三期五组，盘龙城开始新出现Cb型假腹豆，同样随时代发展，豆盘变浅，也与二里冈上层开始流行的假腹豆形态特征一致（图4.27，21～23）。Bb、Ca和Cb型豆自盘龙城第二期三组的出现及之后的流行，反映出了中原二里冈文化的持续影响。

在盘龙城最后一个阶段，陶豆还可见有一类豆盘和假腹部分较深的D型。此类型豆的制作多不甚规整。虽从基本形态观察，豆盘折沿弧腹、部分唇部加厚、假腹等作风，应是脱胎于假腹豆；不过其腹部较深、假腹的柄部较高，又与这一时期中原地区或盘龙城典型的假腹豆有所不同，并且与假腹豆豆盘日趋变浅的演变趋势相左（图4.28，1～3）。这种具有地方特征的器物或是反映为假腹豆传播至盘龙城后，本地区所进行的地方化的改造。

盘龙城的酒器和盛食器，不仅器物类别与中原地区一致，各类器物的形态特征及其演变也与中原地区同类器保持同步。不过在器形演变的过程中，其非中原地区的特征因素仍不断涌现。一者，如斝、豆等器物所见，岳石文化、长江上游地方文化等其他地方文化的相关器类或器形特征传播至盘龙城。而这种影响集中在盘龙城陶器群第二期三组。二者，在时代发展的过程中，本地化的特征因素亦在不断酝酿，如斝多联裆、假腹豆豆盘较深，都与中原地区典型的斝、豆的形态不同。酒器和盛食器的地方因素则多出现在盘龙城最后一个阶段。

---

① 长江水利委员会：《宜昌路家河——长江三峡考古发掘报告》，第56页，科学出版社，2002年。

三、储藏器类——以缸为例

盘龙城储藏器多见有瓮、缸等。部分罐、大口尊实际亦有可能作存储之用。其中缸的数量较多、类型庞杂，为盘龙城最为常见的一类储藏器。特别比较中原郑州地区，盘龙城出土的陶缸无论是数量或类别都大大超过前者，也因此多被认为属于本地的文化因素①。尽管关于这类器物具体的使用，目前还多存有争论②，但多数尺寸较大的A型、B型缸无疑应是作为存储之用。在此，我们将缸作为储藏器的代表展开讨论。

缸的器形较为简单。多直口或敞口，圆唇，一般无沿，直筒腹，近底内收，底接小的圈足或凸圜底。器物整体形态显得上大下小，重心较高，难以于平地竖立，因此颇怀疑其底部应是埋在坑中或地下使用。近年来杨家湾南坡曾发现数个灰坑，其内即有完整的陶缸或陶缸底部，可能反映了部分陶缸原生的使用环境。而除一般常见的缸外，盘龙城还多见部分尺寸较小、形态特异的陶缸。如C型小型陶缸，通高在20～30厘米。此类型缸多为大敞口、腹部内收，底部又微鼓出，由此整体腹壁形成夸张的内凹曲线，底常接小凸起的假圈足。而D型的微型陶缸，通高多在10厘米左右。此类缸则形态各异，除基本符合陶缸直筒腹、下腹内收的特征外，口、底形态在不同标本上有着各异的特征。此外，盘龙城还见有一类腹壁加厚的陶缸，尺寸大小与C型缸接近，唯器壁从腹中部开始急剧加厚，并可见多层胎贴附，由此使得此类陶缸内部容积较小（图4.29）。这些形态特异的陶缸或体现出陶缸不同的用途。

盘龙城陶缸大量出现于第二期三组，并延续至盘龙城最后一个阶段，而第一期一组和第

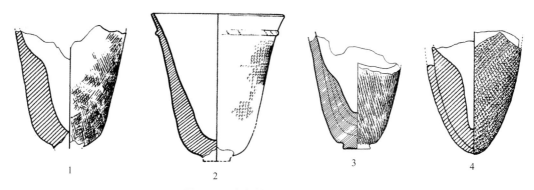

图4.29 盘龙城所见的厚胎陶缸

1. 王家嘴T65⑥：16 2. 杨家湾M9：6 3. 杨家嘴T11⑤：4 4. 楼子湾M3：17

---

① 陈贤一：《盘龙城商代二里岗期墓葬陶器初探》，《中国考古学会第四次年会论文集》，第48～56页，文物出版社，1985年；湖北省文物考古研究所、中国社会科学院考古研究所等：《湖北石家河罗家柏岭新石器时代遗址》，《考古学报》1994年第2期；方directory生：《论湖北龙山文化》，《江汉考古》1985年第1期。值得注意的是，盘龙城早期陶缸的数量并不是很多，而这一时期中原地区也可见到此类器物。另一方面，这类器物造型简单，因此也很难断定新石器时代晚期湖北地区所见的陶缸就是此类器物的源头。但盘龙城遗址较晚阶段大量陶缸集中出现确实为一特色。

② 部分学者认为这类器物与存放粮食或酿酒相关，也有认为用作冶铜或铸铜的工具，然而这些论断目前都缺少明确的证据。豆海锋：《长江中游地区商代文化研究》，第264～268页，吉林大学博士学位论文，2011年；河北省文物考古研究所：《藁城台西商代遗址》，第58页，文物出版社，1985年；湖南省博物馆等：《湖南岳阳费家河商代遗址和窑址的探掘》，《考古》1985年第1期；徐劲松、董亚巍、李桃元：《盘龙城出土大口缸的性质及用途》，《盘龙城（1963～1994）》附录八，第599～607页。

二期二组的标本则发表较少。从整体的发展轨迹看，缸有日渐小型化的趋势（图4.30；表4.3）。A型尺寸较大、多道附加堆纹的缸多出现在盘龙城第二期三组。最大者如王家嘴T72⑦：6，口径达54.4厘米，通高超过100厘米。进入第三、四期，尽管仍有少量的A型缸，但容积已大幅度缩小。以口径为指标，同型的标本杨家湾H1：27口径41.6厘米，杨家嘴T11⑤：6口径42.8厘米，整体已接近B型中型缸。而除去A型尺寸较大者外，在第三、四期，尤其从第三期五组开始，盘龙城缸虽以B型缸为主，但新出现C型尺寸较小者和D型尺寸微型者。其中前者口径大小多在28～24厘米，后者则多为10厘米上下，甚至在第四期出现10厘米以下者（图4.30）。小型缸的出现使得缸的平均尺寸大大缩小，不少陶缸的容积较之早期多有减少。而部分小型的陶缸还出现了精细化的作风。在盘龙城可见，C型的小型缸多胎质坚硬、胎体泛白色，不似一般缸胎质粗糙、火候较低。与此同时，小型或微型缸的出现，也让不同缸之间的大小差异加剧（图4.30）。这一方面体现出了在盘龙城遗址偏晚阶段，缸的用途更加多元；另一方面，从下文可见，缸的形态渐于复杂、多样①。

　　由于缸的形态简单，其早晚的演变轨迹并非如鬲、斝等如此清晰。不少器物甚至很难辨别具体的年代。不过整体观察，盘龙城缸的形态有着持续性的演变过程（图4.31）。早期的缸腹部较为外鼓、横向的直径较宽，由此腹身多显敦厚和方正（图4.31，1、4、5、8、9）。而愈晚缸则愈加瘦长，腹部斜直内收，横向的直径有所缩短，横纵间长度的比例缩小（图4.31，2、3、6、7、10、11、13），不少缸腹壁还出现内曲的弧线（图4.31，12、14）。这种器形整体的发展趋势，在不同型缸中都保持了相当一致的节奏（图4.31，11～14）。并且比较中原地区典型尊、瓮等器类，这些器物在盘龙城及郑州商城也呈现出日渐瘦高的发展方向，盘龙城陶缸可谓与之有着相似的变化过程。尽管缸这类器物的文化来源，目前还存有争论，但缸的形态变化和二里冈这一阶段很多陶器的形态演变方向同步。

　　缸不同标本口部的形态多较一致，变化非常细微，以侈口或直口为主，口下常见一周

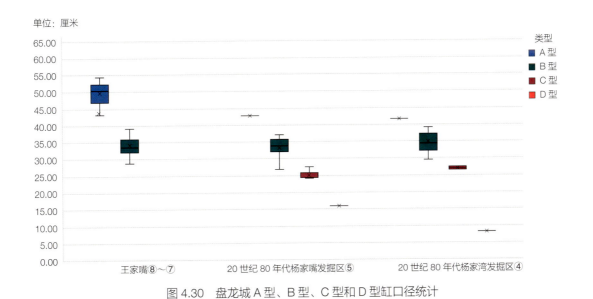

图4.30　盘龙城A型、B型、C型和D型缸口径统计

① 在此仅统计了原报告公布的部分单位出土的缸标本尺寸数据。

表4.3　盘龙城部分单位出土陶缸不同类型口径　　　　　　（单位：厘米）

尺寸型号	王家嘴⑧～⑦	20世纪80年代杨家嘴发掘区⑤	20世纪80年代杨家湾发掘区④
A型	54.4	42.8	41.6
	50.4		
	43.2		
B型	39.2	37.1	39.2
	38.2	36.8	37.6
	36.8	35.8	37.2
	36.4	35.6	36.8
	36	34.8	34.4
	36	32.8	33.6
	35.2	32	32
	34.4	32	32
	33.6	31.2	29.6
	33.6	26.8	
	33.6		
	32.8		
	32		
	32		
	30.4		
	29		
	28.8		
C型		27.6	27.6
		24.2	26.4
		24	
D型		16	8.2

附加堆纹。相对而言，缸的器底则显得复杂、多变（图4.32）。在盘龙城第二期三组，缸的底部就可见有小平底、小凸圜底、矮圈足等A、B、C三型（图4.32，1、13、16）。至盘龙城第三期四组，在A、B、C型小圈足、小平底或小凸圜底这类底部形态发展的基础上（图4.32，3、5），新出现了高筒形的Da型器底（图4.32，7、12），以及E型的大圜底（图4.32，11）。而如楼子湾M3：17等厚胎缸底部所见，这一时期部分缸底部还会出现两层、四层陶胎包裹成型（图4.32，12）。在盘龙城陶器群第四期，早期常见的A、B、C型器底仍有所延续（图4.32，2、4、6、14）。而在陶缸胎体趋厚的影响下，部分A型圈足底还可见器物底部加厚的现象（图4.32，15）。与此同时，D型高筒形底则进一步发展，特别以Da型底为代表，筒形凸出的部位日渐增高，形成高柱状的结构（图4.32，8～10）。盘龙城缸底部不仅形态多变，而且随着时代的发展日益复杂。同时在最后一个阶段，不少陶缸底形态夸张，还具有很强的装饰性。由于缸本身在中原地区发现较少，类型也比较单一，因此盘龙城

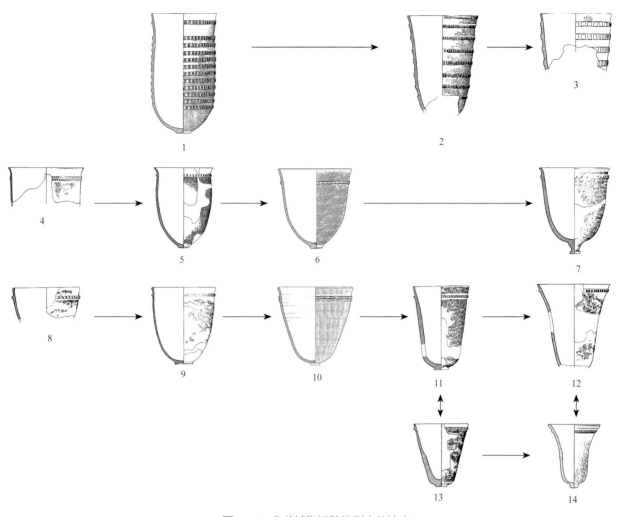

图 4.31　盘龙城陶缸整体形态的演变

1. 王家嘴 T72 ⑦：6　2、3. 杨家湾 H1：27　4. 王家嘴 T32 ⑨：13　5. 王家嘴 T48 ⑧：4　6. 小嘴 H73：7
7. 杨家湾 T18 ④：2　8. 王家嘴 T32 ⑨：9　9. 王家嘴 T71 ⑦：10　10. 小嘴 H73：10　11. 李家嘴 H18：1
12. 杨家嘴 T14 ④：2　13. 杨家嘴 M1：8　14. 杨家湾 T1015 ③：1

缸底形态的复杂化趋势，集中展现了一种不同于中原文化特质的倾向。

　　如果将缸的规格尺寸和器底形态的变化联系起来看，缸这类造型简单的器物，在盘龙城实际有着相当多变的尺寸大小和外在形态，并且随着时代的发展还表现出复杂化的趋向。缸的尺寸大小，以口径统计为代表，不同类型的器物有着相当大的不同，难以见到一个较为统一的标准。出土量最多的 B 型缸在不同阶段，口径大小之间的差值都在 10 厘米左右。同时在形态方面，以缸底为例，在盘龙城甚至很难见到两件同样形态的底部（图 4.33）。底部的造型、装饰在不同陶缸之间有着相当的不同。由此可见，盘龙城缸的尺寸大小有着较大的波动，同样器物的形态标准程度较低。从以上陶鬲类似的情形观察，盘龙城陶器群中最大量的缸同样可能并非大规模集中生产，而更有可能出自家庭式的手工业作坊。

　　不同于陶器组合从器类增减、变化到趋于稳定的演进脉络，盘龙城陶器群的器形特征展现出日渐多变和复杂的特征。从以上对盘龙城部分器类形态的分析可见，这种复杂性，一是属中原文化下的器类，在接受中原文化影响的过程中，早期的形态特征会长时期延续，由此造成盘龙城陶器形态的某种"滞后性"。如盘龙城陶鬲、斝联裆的特征，实际可以追溯到郑州南关外下层。不过至二里冈上层之后，中原地区联裆的鬲、斝已经极为少见；但在盘龙城，联裆类鬲、斝却一直延续，并长期与分裆类鬲、斝并存。又如盘龙城陶鬲口部，早期受中原地区陶鬲影响形成的平折沿、尖圆唇等特征一直得以保留，并逐步形成自身的演变轨

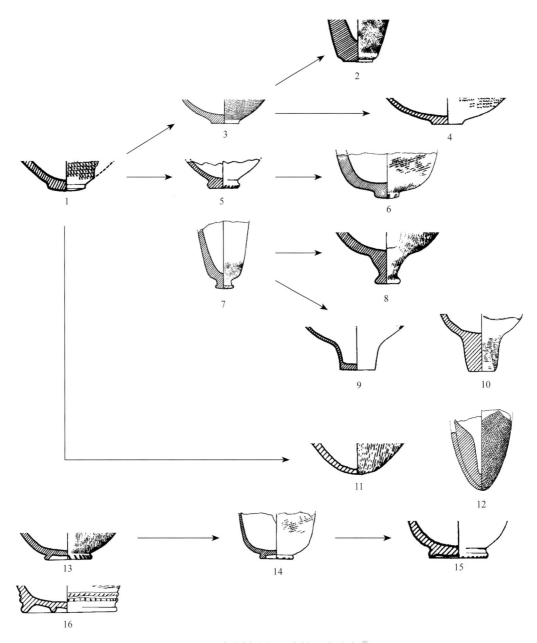

图 4.32　盘龙城陶缸器底的形态演变①

1. 王家嘴 T48 ⑧：4　2. 杨家湾 M12　3. 王家嘴 T72 ⑦：6　4. 杨家湾 T23 ④：11　5. 王家嘴 T17 ⑦：34　6. 杨家湾 T24 ③：4
7. 王家嘴 T13 ⑦：7　8. 杨家湾 T18 ④：2　9. 杨家湾 T13 ④：4　10. 杨家湾 T24 ③：5　11. 楼子湾 G2 ⑤：20　12. 楼子湾 M3：17
13. 王家嘴 T36 ⑧：27　14. 杨家湾 T5 ④：13　15. 杨家湾 T21 ③：1　16. 王家嘴 T36 ⑧：7

① 改绘自孙卓：《盘龙城遗址出土陶器演变初探》，图五，《江汉考古》2017年第3期。

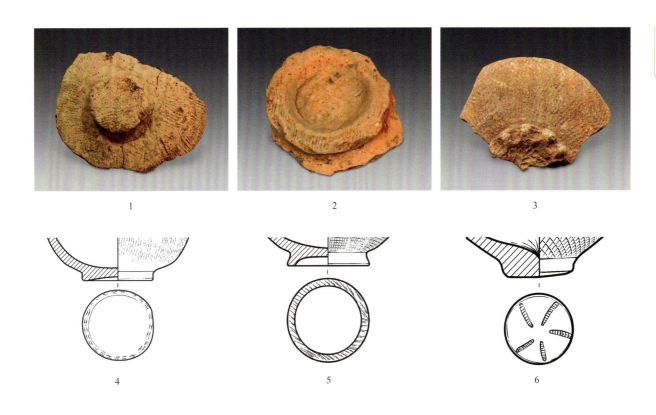

图 4.33　盘龙城陶缸底部的不同形态

1. 杨家湾 T0816 ④：6　2. 杨家湾 T0816 ④：4　3. 杨家湾 T0816 ③：8　4. 小嘴 H73：5　5. 小嘴 H73：9　6. 小嘴 H73：7

迹；与此同时，在盘龙城第三期之后，盘龙城陶鬲也接受了中原地区流行的厚方唇，形成尖圆唇、平折沿鬲和厚方唇鬲共存的局面。此外，这些源自中原不同时期的器物风格又会相互影响，产生新的、甚至是区别于中原地区陶器的特征。二是所谓地方特色的器物，其形制会进一步多变和丰富。以缸为代表，此盘龙城大量可见的特色陶器，其尺寸大小、器底形态等随着时代的发展日趋多样化，并且以器底形态为代表，在盘龙城第三、四期夸张凸出、装饰性较强。三是器形所见的非中原其他区域文化对于盘龙城陶器群的影响。盘龙城陶罍早期便能见到与岳石文化之间的联系；部分陶豆也反映出与澧水流域，乃至长江上游地区同类器之间的关联。然而，需要注意的是，这些器物并非与岳石文化或澧水流域等地域文化典型器物一致，而是在形态上有所改造。如陶罍借鉴鬲裆腹部的形态，有着联裆的特征；陶豆豆盘受到中原弧盘豆的影响，口部折沿突出。

由此，在发展的过程中，区别于同一阶段中原郑州地区陶器逐步稳定的演变轨迹，盘龙城陶器群形态突出地表现了一种复杂化的特性，并展现出盘龙城陶器群的地方风格。而这种地方风格并非源自本地区的文化传统，而是在受中心文化影响或跨地区文化互动的过程中，盘龙城——作为地处中原文化圈边陲的据点，其陶器方面对于不同时代、区域文化因素多源的选择。下节可见，陶器的纹饰同样表现出了这种复杂化的发展趋势。

第三节　纹饰特征及其时代演变

盘龙城陶器的纹饰基本延续着中原地区陶器的装饰风格。陶器表面多见绳纹，另配有网格纹、附加堆纹、篮纹、弦纹、圆圈纹、云雷纹、兽面纹等。同时在不同类别的陶器上，纹饰的搭配组合也与中原地区同类器一致，纹饰布局相对比较固定。如陶鬲颈部通常留白或饰弦纹，腹部饰竖向绳纹，裆部饰横向绳纹；陶盆则多在上腹部装饰一周网格纹和弦纹，下腹部饰绳纹；陶瓮肩部同样多见网格纹和弦纹，下腹部饰绳纹。不过，盘龙城还出土有一定数量的印纹硬陶和原始瓷。此类器物的装饰多与中原地区陶器不同，以网格纹、云雷纹、叶脉纹为主，部分瓮肩部或器盖盖面还见有S形纹、Z形纹等。

陶器的纹饰不仅与陶器的制作、使用有所关联，更是反映了陶器使用者的审美取向。比较器形和器类，纹饰的相近性或差异性更能反映出不同区域陶器之间的文化关系。盘龙城地处中原文化影响下的南部边缘，其陶器纹饰与中原地区陶器的相近性和差异性，可帮助我们认识盘龙城陶器在生产、使用等方面与中原核心区域之间的关系。由于不同类别的陶器装饰往往有所差异，在此将以器类为线索，探讨盘龙城陶器的纹饰特征及其发展演变。

一、炊器类陶器的纹饰特征

盘龙城几乎所有的炊器，如鼎、鬲、甗、罐、甑等，基本都是以绳纹为主，不见其他类型的纹饰。整体而言，炊器器物表面的装饰多显得质朴、简单。

以陶鬲、甗等出土数量最多的炊器为例。盘龙城陶鬲，无论分裆还是联裆，颈部多刮削素面、腹部装饰竖向排列的绳纹、裆部为横向排列的绳纹，尖锥的足部则多为素面。而稍大型的B、C型鬲，还会多附加有附加堆纹或圜络纹。尤其是B型鬲，常以颈部饰一周附加堆纹为特征。陶甗装饰的基本特征与鬲一致，颈部多素面，甑体腹身及以下饰竖向的绳纹，鬲体腹部饰竖向绳纹、鬲体裆部饰横向绳纹。盘龙城陶鬲、甗等这些器物的饰纹特征基本都能在中原地区同类器上找到共同之处。

不过比较中原地区陶鬲、甗等同类器，盘龙城陶鬲、甗所饰绳纹多较细，而中原地区二里冈上层及之后，鬲、甗等器物绳纹日渐加粗，尤其是到了洹北花园庄晚期至殷墟一期，这些陶器上的绳纹显得异常粗宽。反观盘龙城，鬲、甗等器物上的绳纹在不同时期多保持较细的特征，仅有少数在偏晚阶段装饰粗绳纹。同样不同的是，盘龙城鬲、甗颈部多为刮削的素面，少见圆圈纹或弦纹（图4.34，1~4）。而在中原地区，陶鬲、甗颈部装饰圆圈纹配弦纹可谓二里冈上层一期典型的时代特征（图4.34，7、8）；单周或双周的凹弦纹更多见于二里冈上层第二期至洹北花园庄阶段（图4.34，5、6）。不过，即便盘龙城陶鬲部分颈部装饰圆圈纹或弦纹，也与中原地区同类装饰有所不同。中原地区陶鬲所见的圆圈纹配弦纹，圆圈纹

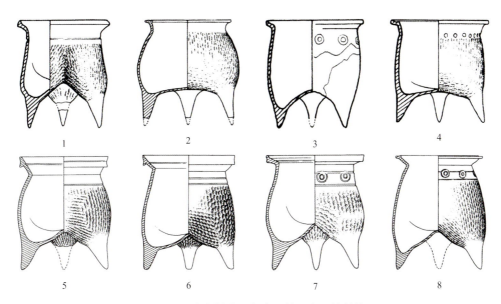

图 4.34　盘龙城陶鬲与中原地区陶鬲的装饰

1. 杨家嘴 T6 ⑤：1　2. 杨家嘴 H1：2　3. 杨家湾 M7：19　4. 杨家嘴 T5 ⑤：1　5. C8T10 ②：1

6. C5T21 ①：13　7. C11M148：16　8. C8H21：3

（1～4 出自盘龙城，5～8 出自郑州商城）

多双实线，再在圆圈纹上下各饰一周凹弦纹。盘龙城陶鬲部分圆圈纹仅为单实线或圆圈中间加一点，上下的弦纹则多有省略（图4.34，3、4）。盘龙城陶鬲、甗与中原地区同类器装饰的差异集中反映在二里冈上层及之后，也就是盘龙城陶器群第三、四期。

饶有意味的是，盘龙城颈部素面、腹部和裆部通体饰细绳纹，这种装饰更多地出现在 Aa 型联裆鬲上（图4.34，2）。此类型鬲在形态上亦与中原地区陶鬲不同，并有着自身独立的演化规律（见图4.17），多反映为地方文化色彩。另外，颈部饰圆圈纹或弦纹、腹部和裆部绳纹较粗，这种装饰则多见于 Ab 型分裆鬲上。而盘龙城的分裆鬲更为接近中原地区的典型陶鬲，可谓与中原地区有着更加密切的联系（图4.34，1）。由此可见，以陶鬲为代表，盘龙城陶器呈现出了两种发展轨迹，一种即在早期文化的影响下形成自身的风格特点，器形和纹饰都与中原地区器物有所差异；另一种即由同时期中原文化影响所致，器形和纹饰虽与中原典型器物略有不同，但仍可见在极力模仿中原地区的器物。

二、酒器类陶器的纹饰特征

盘龙城酒器可分为两大类。一类为大口尊、爵、斝、盉、鬶、B～D 型壶等，源于中原文化的影响。一类则以 A 型壶为代表，反映澧水流域的文化因素。

这其中可归于中原文化影响下的各酒器器类，纹饰基本与中原地区同类器一致。大口尊肩部可见一周附加堆纹，腹部装饰多周弦纹和竖向的绳纹。Ab 型大口尊还常于肩部附加有抽象兽首装饰的鋬。而随着时代的发展，在盘龙城第二期大口尊腹部多为附加堆纹间饰绳纹，至第三期上腹部为多周凹弦纹、下腹部配以绳纹，到盘龙城最后一个阶段上腹部变为弦纹配窗棂纹、下腹部仍饰以绳纹。爵则多通体素面，仅以简单的凹弦纹装饰腹部。早期盘龙城陶爵还可见二里头文化的影响，鋬上贴附有小圆饼、刻划有多道划纹。斝除早期受岳石文化影响的少量素面斝外，多以绳纹和弦纹装饰为主。以B型敛口斝为例，口部与上腹转折处常见两周凹弦纹；下腹部则似陶鬲的装饰，腹部饰竖向的绳纹、裆部饰横向的绳纹，绳纹多较细，尖锥足素面。A型侈口斝和B型敛口斝多在沿面贴附有泥饼，一说为抽象的兽目，但或与青铜斝的柱帽功能相关。B～D型壶除一般常见者上腹部装饰多周凹弦纹，下腹部饰绳纹外，不少标本纹饰精致，于普通陶器中少见。如杨家湾H31：2壶颈部和圈足装饰弦纹，肩部装饰三角形排列云雷纹；王家嘴T86⑤：22壶上腹部装饰细密的云雷纹，下腹部装饰绳纹；杨家湾J1：45壶则将腹身做成乐鼓的形态，并装饰两圈乳钉状圆饼，模仿鼓身铆钉的造型，极具装饰性。部分陶壶造型或装饰复杂，体现了较高的品质，或反映出使用者较高的等级。此外，盉和鬶出现的数量均较少，多见弦纹和绳纹的装饰。整体而言，以上所列举的酒器纹饰，其特点和时代演变均不出于中原地区同类陶器所见纹饰之下。

盘龙城另一类酒器A型壶则体现为南方地方文化色彩，其器物的装饰也与中原地区陶器多有不同。此类器物多为磨光黑陶，基本不见绳纹，而是在颈部装饰一周凸弦纹或两周凹弦纹，上腹部以两周弦纹、弦纹内配以细密的"人"字形纹为特征。同类风格的纹样或纹饰布局在盘龙城还见于王家嘴T37⑧：15Ba型豆、王家嘴T36⑧：22D型瓮等。由上已述，此类陶器与A型壶文化一道，都是可能源自澧水流域或长江上游等南方地方文化。

比较炊器鼎、鬲、甗、罐等仅以绳纹为主，盘龙城酒器多饰有弦纹、附加堆纹、窗棂纹、乳钉纹等其他纹饰。部分壶的标本还可见较为精美的云雷纹，或造型本身极具装饰化，显现出了在实用之外，器物本身对于审美的追求。值得注意的是，部分酒器，如爵、壶等还多为随葬品，见于李家嘴M2等较高等级的墓葬中。也正因于此，此类装饰精美的酒器，特别是部分出自贵族墓葬中的，显现出了与高等级人群之间的关联。

三、盛食器类陶器的纹饰特征

盘龙城的盛食器主要有盆、豆、簋三类，除少数类型可见源于南方地方文化之外，多数器物均体现为中原文化的影响，由此器物的纹饰也多与中原地区同类器相近。

与郑州商城陶盆一致，盘龙城陶盆在不同类型上也有着不同的装饰布局。A、B型盆都为上下两节、折腹的造型，由此在装饰上，腹部不同位置有着不同纹饰。A型盆的上腹部多为数周凹弦纹，少数在弦纹之内装饰一周细密、斜向的网格纹；而在转折的下腹部则以横向或斜向的绳纹为主，并可见一直装饰至凹圜的底部。与A型盆类似，B型盆上腹部部分也可见多周凹弦纹，下腹部至器底为绳纹。不过，B型盆更多见为上腹部装饰弦纹配网格纹，并且早期网格纹较为细密，而至盘龙城第四期则变为较大单元、一周或两周排列的云雷纹。C型盆整体呈斜收的腹部，仅在肩部有突出的结构，其纹饰布局有如A、B型盆，但不如前者复杂。C型盆上腹部多见有单周或多周的凹弦纹，下腹部同样由绳纹装饰至器底，已不见有网格纹或云雷纹装饰。而D型盆纹饰最为简单，斜收的腹部多以绳纹为主，仅部分在口沿下装饰数周凹弦纹。此外，异型的E型盆同样以绳纹为主，少数见有凹弦纹。

盘龙城陶盆，尤其是以A、B型及部分C型的深腹盆为代表，腹部的装饰分为上下两组，其中上腹以弦纹或网格纹配弦纹为特征，下腹则仅为绳纹。这种装饰布局或与盆的使用密切关联，上腹突出、视人的区域可见弦纹或网格纹等装饰性较强的纹饰，而下腹斜收、较为隐蔽的区域则装饰简单的绳纹。这也体现出了绳纹并非单纯装饰性的纹饰，而有着更多的实用功能。此外，在盆的上腹部装饰多周弦纹或弦纹配斜向的网格纹，与中原地区同时期陶盆的装饰是一致的。不过，B型盆在盘龙城最后一个时期，上腹多装饰单周或双周的云雷纹，云雷纹转折之处刻划为圆弧状，此类装饰在中原地区陶器上多不见，或体现为在偏晚阶段自身独特的装饰趣向。

簋的形态结构，除去附加的圈足，多与A、B型深腹盆近似。由此，簋的装饰也可见与A、B型盆有着相近之处。盘龙城最为主流的Ab型直口簋和Ac型敛口簋，早期上腹部多装饰数周凹弦纹或单周凸弦纹，可参考A型盆上腹部的装饰；晚期则演化成云雷纹配凹弦纹：凹弦纹多上下各两周、中间的云雷纹亦两周布局、云雷纹纹样转折处同样作圆弧状，又多见于BⅢ、Ⅳ式盆上腹部。而此类圆弧转折的云雷纹装饰，在中原地区的陶簋上也几乎不见，反映出盘龙城部分陶器装饰的地方特征。此外，盘龙城还出土有少量敞口、高圈足的B型簋，在上腹部和圈足各装饰三至四周细密的云雷纹，上下以凸弦纹为分界。此类装饰在盘龙城极为少见，目前仅见于小嘴H73：11、H73：75两件簋的标本上，由上述或与器身形态特征一同体现为南方其他区域的地方文化因素。相比较而言，簋的腹身很少发现有绳纹装饰[①]，同样也不见早期B型盆上腹部所见斜向、细密的网格纹。这些差异反映出盆、簋即使功能、器形类似，但纹饰并不互通。由此可见，盘龙城出土的盛食类陶器在不同器类上，有着相对固定的纹饰组合。簋的腹身少绳纹，多云雷纹和凸弦纹，器物较之盆具有更强的装饰性，反而接近于上面所列举的王家嘴T86⑤：22壶等酒器，或反映出簋的使用者较高的社会等级或拥有较多的财富。

豆为盘龙城另一类数量较多的盛食器，装饰相对而言较为简单。豆很少见有绳纹，主要以凹弦纹或凸弦纹装饰为主，部分甚至为素面。斜浅腹的如Aa、Ab型豆，多在柄部装饰凹弦纹或凸弦纹；而直深腹的如Ca、Cb型豆，多于豆盘腹部、豆柄部一同装饰多周凹弦纹或凸弦纹。而如Ba型豆，则多反映澧水流域或长江上游地区的文化因素，部分豆盘的腹部还会装饰如A型壶腹部的"人"字形纹。

盘龙城盛食器的纹饰与酒器颇为类似，均少见绳纹或仅在不明显的区域装饰绳纹，而主要的纹饰以弦纹、网格纹和云雷纹为代表。这与以绳纹为主纹的炊器大有不同。同样类似的是，部分盛食器，尤其以簋为代表，装饰云雷纹、凸弦纹等，制作较为精美，或与较高等级人群相关。从另一角度而言，部分特殊的如云雷纹等纹饰或具有等级的指向性。

四、储藏器类陶器的纹饰特征

盘龙城储藏器以瓮和缸为主。两类陶器均为圆体、深腹，器形尺寸较大，多见绳纹、附

[①]　簋的腹身较少装饰绳纹，但是簋的圈足底部却多见绳纹装饰。这一区域并不为一般使用者所见，进一步体现了绳纹仅是在器物制作过程中附添的，而缺少装饰性的作用。

加堆纹、弦纹、网格纹、篮纹等纹饰。其中绳纹或篮纹多竖向或斜向交叉排列，附加堆纹、弦纹和网格纹则沿圆体的器身横向布局。而瓮为中原地区典型的陶器，纹饰风格亦可比较中原地区陶器；缸则在中原地区数量较少，反之盘龙城出土量巨大，纹饰多可见到异于中原陶器的地方特征。

整体而言，陶瓮在不同类型中可见有着不同的装饰布局，并多数与中原地区同类器表现出了一致的特征。A型的敛口瓮多于肩部和上腹部装饰多周凹弦纹，并以四到五条为一组、多组排列；下腹部则装饰绳纹，此外部分肩部还附有耳鋬，鋬上部贴附两小圆饼，模仿兽面的形状。Caa型瓮一般在肩部装饰两两成组的凹弦纹，弦纹之内部分见有斜向的网格纹，下腹部至底则装饰有横向或斜向的绳纹。Cba型瓮早期和Cbb型瓮同样也是延续此类装饰布局，肩部乃至上腹部饰有两两成组的弦纹，下腹部装饰绳纹。部分腹部的绳纹装饰还常会配有若干周弦纹间断。以上这几类陶瓮装饰布局实际与A、B型盆多有相近之处，均是在器身上部显著的位置装饰弦纹或弦纹配网格纹，下部至器底以绳纹装饰为主。这种同一的特征表现出了二里冈时期盛食器和储藏器类不同陶器之间在装饰上的共性，并展现出了与炊器不同的较强的装饰性。Ba、Bb型瓮器形较大，腹身通体多装饰绳纹或附加堆纹配绳纹。与此类似的还有Cab型瓮，腹身亦通体饰绳纹，或以凹弦纹间断的绳纹装饰。仅在盘龙城最后一个阶段，CabⅢ式部分器物在颈部饰有一周圆圈纹或在圆圈纹内附加网格纹。这种装饰布局可能是受到了同期Caa型瓮的影响。CbaⅡ、Ⅲ式同样也是在腹部至器底通体装饰绳纹，不过在肩部的位置则多留为素面。这几类陶瓮装饰较为简单，均以通体的绳纹为特征，或简单地在绳纹中配有若干周弦纹，而未见方格纹等其他类纹饰。D型瓮则文化来源特殊，或与A型壶、Ba型豆一道源于澧水流域地方文化的影响。为此D型瓮肩部见有与A型壶装饰相近的弦纹配人字形纹。

从纹饰的角度观察，盘龙城陶瓮主体可分为两组。一组肩部装饰凹弦纹或网格纹配凹弦纹，下腹部才饰绳纹，包括A、Caa、Cbb型瓮。该组器物的纹饰较为丰富、装饰性强，由此显得制作更为精美。另一组几乎通体饰绳纹，或肩部素面、下腹部饰绳纹，包括有Ba、Bb、Cab、Cba型瓮。器物的装饰显得简单、朴素，也因此突显出制作上较为粗糙。纹饰的复杂与简单的差异，反映出了器物装饰性高、低的不同层次，或与使用者的财富、等级存在关联，并在不同器类上都有体现。如上述的酒器、盛食器等，同一类器物中都可见到装饰精美和仅装饰绳纹或素面等不同装饰性的器物。

陶缸的装饰布局较为简单，多数为口沿下饰一周附加堆纹，附加堆纹下至器底的整个腹部通体为绳纹或篮纹等。部分尺寸较大的A型缸腹部装饰多周附加堆纹。不过相较其他陶器，同一器类下的纹饰类别较为单一，盘龙城缸主纹的装饰却异常多样，除常见的绳纹和篮纹外，还多见有网格纹，甚至部分还装饰云雷纹。同时，陶缸中同一纹饰的施纹方式、纹样单元在不同器物标本中也各有差异。绳纹有横向施纹，也多见竖向和斜向的施纹。网格纹单元则在不同缸标本中可见大小、深浅不一等诸多不同形态，并且施纹的方向较为混乱，或斜向或纵向。此外常见的篮纹、云雷纹等也多有这样的特征。而缸口沿下的附加堆纹也形态各异。除一般常见的单周、间断以手指或其他工具按压的堆纹外，缸的附加堆纹还有一些极具装饰性的纹样。如标本小嘴H73：10，口沿下装饰两周紧密衔接的附加堆纹，并且斜向压印的绳纹纹样上下对称。标本杨家湾H29：18，口沿下附加堆纹较粗，并以竖向的叶脉纹间断压印。除口沿下的附加堆纹外，缸底部的纹饰也各有不同。部分也会在底部装饰一周压印的附加堆纹，小平底部还会压印多瓣的长条印记、其内装饰绳纹或篮纹。与器形多变的特征相仿，缸的纹饰布局虽较为统一，但是装饰的纹样和纹样的施纹方式却错落不一，缺少统一的标准，进一步指示出缸——这类盘龙城出土数量最多的器物可能出自家庭式生产。

缸的装饰还凸显出与中原地区陶器纹饰不一样的特征。由上所见，二里头文化晚期至洹北花园庄阶段中原地区陶器的纹饰一般以绳纹为主，或间在部分盛食器、酒器、储藏器上装饰少量的弦纹、网格纹等。盘龙城其他类陶器的纹饰也基本遵循了这一特征。不过，盘龙城缸腹部主体的纹饰，除去大量绳纹外，还多见有篮纹、网格纹等，甚至部分缸选择云雷纹装饰腹身（图4.35）。这些纹饰在中原地区陶器上并不常见，且多以附纹为主，未如盘龙城缸这般通体的装饰。而从时代演变的角度观察，体现中原地区陶器装饰纹样的绳纹，并未随着中原文化的不断南下，在缸的装饰中占据主流；反而其出现的比例不断下降，篮纹和网格纹这些于中原陶器不常见的纹饰在缸中比例上升。其中在盘龙城第二期二组，如杨家湾H28、杨家湾H31等单位，缸绳纹装饰的比例多在半数以上，甚至H31绳纹的装饰比例可达六成有余（图4.35，1、2）。至盘龙城第三期，缸绳纹装饰的比例虽仍近50%，但是网格纹和篮纹出现的频次明显提高（图4.35，3、4）。而在盘龙城最后一个阶段，以杨家湾G1为例，出土的缸残片中篮纹和网格纹均占比较大，绳纹装饰已不居于多数，反而篮纹成为缸中最为多见的纹饰类型（图4.35，5）。由此可见，陶缸的纹饰不仅本身多样，同时装饰的纹饰类别趋于复杂，篮纹、网格纹等不同于中原地区常见的陶器纹饰日益多见，突显出了缸装饰上的地方化倾向。

五、印纹硬陶与原始瓷的纹饰特征

盘龙城还出土有一定数量的印纹硬陶和原始瓷。这类器物多被认为受到长江下游印纹硬陶文化的影响，甚至可能直接生产自长江下游地区。因此，盘龙城印纹硬陶和原始瓷与中原地区常见的陶器器类，无论在器类、器形还是纹饰上，都有着较大的差异。印纹硬陶和原始瓷较之普通陶器，整体装饰性较强，基本不见有绳纹装饰，而是多以网格纹、云雷纹、叶脉纹等几类纹饰为主，同时部分原始瓷上还见有S形纹、Z形纹、涡云纹等较为复杂的纹样（图4.36）。

根据器表是否施釉的情况，盘龙城硬陶类器物可分为印纹硬陶和原始瓷两类。这两类器物的纹饰有着一定的差异。盘龙城印纹硬陶主要见有罐、部分类型的瓿、瓶等。以罐为代表，盘龙城印纹硬陶多通体装饰云雷纹或叶脉纹，并格外流行在上腹部明显的区域装饰云雷纹、下腹部至器底装饰叶脉纹的组合搭配（图4.37，1、2）；而在颈部则见有多周凹弦纹，这种弦纹不甚规整，推测为器物轮制修整中形成，而非有意装饰。Ab、Ba和Bb型瓿同样延续罐的装饰布局，颈部可见多周凹弦纹，腹部通体装饰叶脉纹或云雷纹；仅少数标本，如（李家嘴M2：4）BaⅠ式瓿和（杨家湾M9：7）BaⅡ式瓿，可见腹部装饰小方格形状的网格纹。不过这两型式的瓿外形实际相近于原始瓷尊形器，下文可知这一装饰应是受到了原始瓷器的影响。此外，印纹硬陶罍形器还见装饰有细密的S形纹（图4.37，3）。这种单线或双线勾勒的S形纹多出现在盘龙城最后一个阶段的原始瓷瓮上，或也是受到原始瓷装饰的影响。

盘龙城的原始瓷器主要包括尊形器、尊、杯和Aa型瓮这几类。原始瓷器身上施釉，较之印纹硬陶装饰性更强，而同样纹饰也更为丰富。盘龙城尊形器除颈部饰多周弦纹外，肩部和腹部常见网格纹、云雷纹、席纹和编织纹等。比较硬陶罐、瓮等器类，细密、小方格形状的网格纹可为尊形器装饰的特征；同时相较而言，尊形器上叶脉纹少见。在盘龙城第四期，

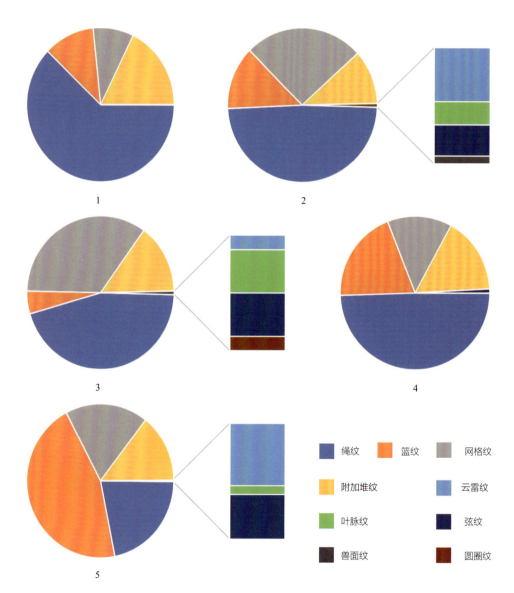

图 4.35　盘龙城不同阶段单位缸主要纹饰出现比例 ①

1. 杨家湾 H31　2. 杨家湾 H28　3. 小嘴 H73　4. 杨家湾 H8　5. 杨家湾 G1

---

① 在缸主要纹饰的统计中，如陶片标本装饰两类及以上纹饰，均分别统计在所属不同类纹饰下。此外，盘龙城还发现大量的缸素面，不过这些素面的标本可能是属于有纹饰的缸中未装饰纹饰的部分，不能说明该件器物为素面。实际上，目前盘龙城拼对较为完整的缸标本，腹身均是装饰纹样的。因此，缸素面陶片的标本未统计。以下缸陶片纹饰的统计方式均同于此。

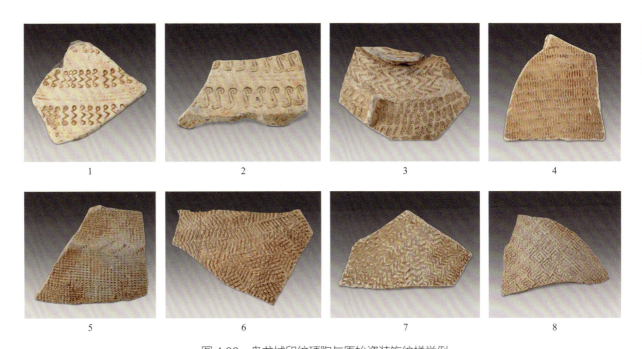

图 4.36　盘龙城印纹硬陶与原始瓷装饰纹样举例

1. 杨家湾 G1：44　2. 杨家湾 G1：45　3. 杨家湾③：1　4. 杨家湾 G1：46　5. 杨家湾 G1：52　6. 杨家湾 G1：47

7. 杨家湾 G1：48　8. 杨家湾 G1：53

图 4.37　盘龙城印纹硬陶与原始瓷部分器类与装饰纹样

1. 杨家湾 M18：2　2. 杨家湾 M18：2 腹部纹饰局部　3. 杨家湾 M16：4

4. 杨家湾 M18：1　5. 杨家湾 M17：33　6. 杨家湾 M16：3

部分尊形器在肩部和上腹部还会装饰多周的圆圈纹和双线的S形纹，器物的装饰意味更加浓厚。与此类似的还有如Aa型瓮，其早期虽多通体装饰云雷纹和叶脉纹，然而至盘龙城最后一个阶段，该型瓮肩部开始多见多周的凹弦纹和S形纹交替装饰，腹部饰细密的网格纹。此外近年来零星发现的如原始瓷器盖、瓶、罍等器物，大体都属于盘龙城第四期。其中盖面、肩部等部分常见多周的双线或单线的S形纹、圆圈纹、弦纹乃至近似于卷云状的压印纹样（图4.36，1～3；图4.37，5、6），而腹部多见细密、小方格形状的网格纹，整体器物装饰显得异常精美。此外，盘龙城原始瓷杯则装饰略显简单，颈部饰多周的凹弦纹，腹部则多见云雷纹和叶脉纹（图4.37，4），或上腹饰云雷纹、下腹饰叶脉纹。盘龙城原始瓷杯的装饰更为接近印纹硬陶罐，而不见细密的网格纹装饰。

由上所见，部分印纹硬陶和原始瓷在盘龙城最后一个阶段开始出现更加精细的纹饰，不少纹样的结构趋于复杂（图4.38）。而这一发展趋势还可见于印纹硬陶和原始瓷器所见纹饰比例的演变过程。从盘龙城第二期至盘龙城第三期，印纹硬陶和原始瓷主要见有云雷纹、叶脉纹和网格纹这三类纹饰，并且通常以叶脉纹和云雷纹居于多数，相对而言其他纹饰少见（图4.38，1、2）。然而到盘龙城最后一期，除通常见到的云雷纹、叶脉纹和网格纹外，弦纹和S形纹的比例大幅提升（图4.38，5、6）；同时席纹、附加堆纹，乃至近似于卷云状或Z字形的戳印纹饰也有零星发现。印纹硬陶和原始瓷纹样题材变得多样，整体装饰日渐复杂；

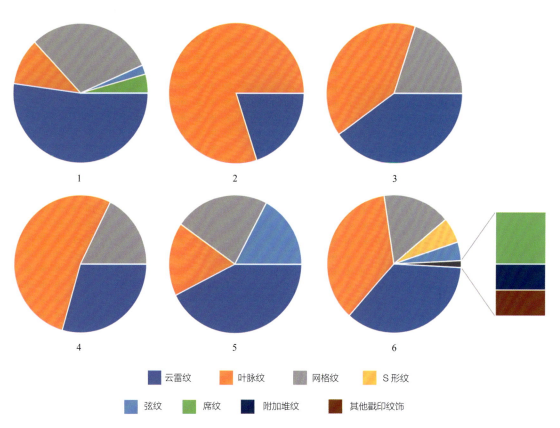

图4.38　盘龙城不同阶段单位印纹硬陶与原始瓷主要纹饰出现比例

1. 杨家湾 H28　2. 杨家湾 H9　3. 杨家湾 H14　4. 杨家湾 H8　5. 杨家湾 J1　6. 杨家湾 G1

而这些纹样多不见于普通陶器之中，更是突显了自身的风格特征。印纹硬陶和原始瓷纹饰的这一演变趋势，似乎与缸纹饰的变化有着相近的节奏：其纹饰特征与中原地区一般陶器不同，并且在发展演变的过程中，自身独特的装饰因素还在进一步强化，反映出了盘龙城陶器群装饰变化中非中原化的一面。

整体而言，盘龙城陶器的纹饰，一方面基本延续中原地区陶器的装饰风格，以绳纹为主，另配有弦纹、附加堆纹、网格纹、云雷纹等。特别是在鬲、甗、罐、大口尊、爵、斝、壶、盆、簋、瓮等中原地区传统的器类上，盘龙城陶器的纹饰布局及纹样形态都可在中原地区同类器上找到相似点。另一方面，以陶缸和印纹硬陶、原始瓷器为代表，这些在中原地区少见的陶器类型，其纹饰多展现出了与中原地区陶器主流纹饰之间的差异。缸多见网格纹、篮纹，印纹硬陶和原始瓷还可见云雷纹、叶脉纹、S形纹等。这些都在中原地区常见的陶器中少见。而从不同时期各纹饰出现的频率观察，以上非中原地区流行的纹样在盘龙城遗址却日渐增多（表4.4）。在盘龙城第一、二期，陶片中的绳纹居于绝大多数，占比可达50%有余；而网格纹、云雷纹、篮纹等其他纹饰极少发现。至盘龙城第三期四、五组，绳纹虽仍是陶器中最为多见的纹饰，不过占比已下降至40%左右；相对而言云雷纹、篮纹等纹饰开始多见。而在盘龙城最后一期，绳纹的比例已降至20%～30%，网格纹、篮纹的比例大幅提升，甚至部分已超过同单位出土绳纹的数量。非绳纹类纹饰比例的提升突出反映了盘龙城遗址陶器装饰风格的地方化趋向，也从另一层面表现出盘龙城陶器纹饰向着多样和复杂的方向演变。陶器纹饰的多样性实际又可见与陶器器形的地方化和复杂化的发展趋势相呼应。

表4.4　盘龙城遗址各阶段部分单位出土陶片主要纹饰统计表[①]　（单位：%）

单位（期组）	绳纹	网格纹	弦纹	附加堆纹	云雷纹	篮纹
杨家湾 H28（第二期二组）	45.2	19.9	4.4	12.6	1.7	9.9
杨家湾 H31（第二期二组）	55.8	9.5	2.1	9.5	0.1	0
小嘴 H73（第三期四组）	54.2	9.0	2.8	5.4	小于 0.1	1.2
杨家湾 H9（第三期四组）	46.1	3.8	2.6	3.8	0.2	1.3
杨家湾 H9（第三期五组）	34.4	6.2	2.2	7.5	0.5	8.0
杨家湾 J1（第四期六组）	34.4	18.8	2.6	7.4	1.5	16.0
杨家湾 G1（第四期六组）	19.1	9.5	1.7	8.3	1.0	22.03

[①] 本表格仅统计了各单位陶片所见的主要纹饰。部分数量较少的如S形纹、Z形纹、兽面纹等未统计。此外大量的素面陶片，因可能属于有纹饰的器物上，在此也未统计入内。

第五章

出土背景的考察

以上对于陶器群文化特征的分析，仅是从时间的轴段来进行整体的考察。然而，对于盘龙城陶器群的空间分布特点，以及其所体现的在不同空间中（如居址、墓葬）陶器的使用方式的分析，则还需将陶器归入原生的出土背景中，立体地考察盘龙城陶器群背后所反映的聚落社会。

盘龙城聚落的空间按照使用的性质可以大体分为两部分。一者为居址，即生人活动形成的堆积。本书所言的居址涉及普通居民点、贵族居住或朝政的宫城、城垣与城壕等城市设施、手工业作坊等不同类性质的活动区域，相关遗迹或堆积主要有房址、灰坑、灰沟、水井、地层等。盘龙城大部分陶器即出自这些单位中。二者为墓葬，即死人丧葬仪式后遗留的堆积，在盘龙城还包括部分可能为墓葬的祭祀坑①。墓葬出土的陶器在这一时期虽与居址出土陶器并无二致，不过其器物的组合，特别是多原始瓷和印纹硬陶，仍表现出了自身的特点，尤其是墓葬随葬的陶器反映的是丧葬仪式中的器用习惯，与日常生活陶器性质有别，在此将区分居址和墓葬两大空间，对盘龙城陶器群的出土背景进行考察。

第一节　居　　址

盘龙城聚落的形成和发展实际有一个发展、变化的过程。张昌平等曾依据高等级遗存的空间变化，将盘龙城聚落分为三个阶段②：其中原报告（《盘龙城（1963～1994）》）中的第一、二期属于盘龙城聚落第一个阶段，这一时期聚落的中心位于遗址南部的南城垣和王家嘴地点。原盘龙城报告中的第三至五期为第二个阶段，聚落的中心位于城址区和李家嘴地点。原盘龙城报告中的第六至七期为第三个阶段，聚落的中心北移至杨家湾南坡。

本书基本认同张昌平对于聚落变迁的这一认识。不过对于聚落发展每一阶段的年代跨度，在此还可做进一步的细化。原报告的第三期，如王家嘴发掘探方第7层，陶器群的文化面貌更为接近早期遗存，而与原报告第四、五期陶器群差异较大，在本书中被分在第二期三组。同时，下文可知这一阶段盘龙城还未出现城垣和李家嘴贵族墓葬，聚落的中心仍位于南部的王家嘴。因此宜将本书陶器群第二期三组这一阶段所反映的聚落社会向前归入盘龙城聚落发展的第一期。盘龙城聚落发展的第二期为原报告中的第四期和第五期。这一阶段正好对应本书的第三期四组和五组。而盘龙城聚落发展的第三期则认为属于原报告第六期和第七期，属于盘龙城聚落发展的最晚阶段，如此可对应于本书的第四期六组。此外，在对陶器的年代学分析中，本书对原报告不少单位陶器群的年代关系进行了调整。如原被定为盘龙城第二期的李家嘴H7相对年代调整至本书第三期四组，原定为盘龙城第六期的李家嘴H8调整至本书第三期五组等。由于《盘龙城聚落布局研究》一文并未详细讨论各地点单位的年代，因

---

① 拓古：《盘龙城与〈盘龙城〉》，《江汉考古》2002年第4期。
② 张昌平、孙卓：《盘龙城聚落布局研究》，《考古学报》2017年第4期。

此以下对于聚落三个阶段的划分将以本书的分期框架为基准展开讨论。盘龙城陶器群第一至二期为第一个阶段，第三期四、五组为第二个阶段，第四期六组为第三个阶段。

一、盘龙城第一至二期

盘龙城第一期陶器群主要以南城垣叠压的第9A、9B层为代表。这一时期出土陶器的单位堆积较少，集中在遗址的南部区域。陶器的类型由上已述，以Ba型扁足鼎、Aa型深腹罐为代表，体现了浓郁的中原二里头文化因素。

从盘龙城第二期二组开始，出土陶器的遗存开始分布在南城垣下、王家嘴和杨家湾坡顶等多个地点（图5.1）。以王家嘴发掘区探方第9层、杨家湾H28和H42等为代表，遗址南部的王家嘴和北部的杨家湾出土的陶器类型基本一致，均以A型罐形鼎、BaⅠ式联裆鬲为主要炊器，并同时见有AaⅠ式大口尊、B型类的缸等陶器。仅有少量的陶器，如B型壶、Ⅰ式刻槽盆、印纹硬陶和原始瓷，目前发表仅见于杨家湾坡顶，而不见于王家嘴地点。不过考虑到这一时期的遗存较少，发表的陶器也不甚丰富，因此这种差异可能仅是目前发现所限。整体而言，这一时期盘龙城不同地点出土的陶器群并未表现出类型或文化因素上的差异。

盘龙城第二期三组陶器遗存的分布进一步扩展至南城垣下、王家嘴、李家嘴、杨家湾等地点。除杨家嘴发现两座随葬陶器的墓葬外，以上各地点的陶器多出自地层、灰坑、房址和所谓的长窑类遗迹。这其中王家嘴和杨家嘴居址共同出土有A型罐形鼎、AaⅡ式联裆鬲、AbaⅠ～Ⅱ式分裆鬲、Aa型和Ab型大口尊、Aa型豆、平底盘、Bca型缸，印纹硬陶与原始瓷。王家嘴、李家嘴和杨家嘴则共出有AaⅡ式联裆鬲。各地点的炊器、盛食器和储藏器都保持了相当的一致性，并多反映为中原二里冈文化的影响。

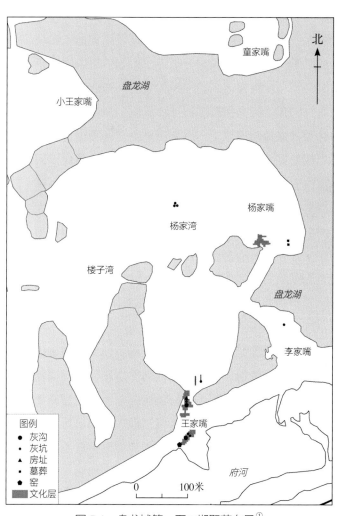

图5.1　盘龙城第一至二期聚落布局①

① 改自张昌平、孙卓：《盘龙城聚落布局研究》，《考古学报》2017年第4期。

此外，王家嘴和杨家嘴共出的Aa型斜浅盘豆、王家嘴所见的BbⅠ式扁足鼎和素面的DⅠ式盆、杨家嘴所见的饰篦纹和附加堆纹的甗等，由上已述可知体现为下七垣文化、岳石文化等因素。而这些反映下七垣文化、岳石文化因素的陶器，目前也多与二里冈文化因素的陶器同出，并在盘龙城多个地点都有发现。然而，这一时期的爵、斝、盉等酒器目前多发现于王家嘴地点，相反在李家嘴、杨家嘴等地不见；同时反映二里头遗留文化因素的Aa型豆、澧水流域地方文化因素的A型细颈壶和D型束颈瓮等也仅见于王家嘴，而暂未在其他地点出土。由于王家嘴此阶段的堆积较为丰富，而李家嘴仅有一个灰坑、杨家嘴只有探方第7层属于这一时期；因此大量酒器和反映不同文化因素的陶器集中出现在王家嘴，不排除与不同地点遗存分布的富瘠程度相关。不过饶有意味的是，属于本期组的李家嘴H5出土有A型敛口瓮、Ba型侈口溜肩瓮，这两类陶器目前不见于王家嘴和杨家嘴，不知是否反映出李家嘴地点在陶储藏器使用中不一样的文化行为。

整体而言，盘龙城第二期三组各地点出土的陶炊器、盛食器和储藏器都基本一致，多以二里冈文化因素为主体，并零星伴出少量下七垣文化、岳石文化等因素，反映北方二里冈文化、下七垣文化、岳石文化等因素陶器在盘龙城混杂式的分布。这一时期大量的人类活动集中于王家嘴地点，也由此本期组王家嘴的陶器类型最为丰富，不仅多见有酒器、印纹硬陶和原始瓷，同时更多出土有反映不同地区文化因素的陶器类别。

20世纪80年代王家嘴累计发掘了3095平方米，分为南、北两个发掘区。除部分未有遗迹的探方陶器出自第8、7层外，陶器的标本实际还多见于F4、H5和Y1、Y3等遗迹内。此处需要说明的是，Y1、Y3曾在报告中被认为属于长窑遗迹[①]。不过已有学者指出这两处遗迹"窑室"内坡度平缓、窑室结构不甚清楚，并且大量的填土为灰烬土，因此不应属于陶窑遗迹[②]。参照报告描述，Y1内部根据土质、土色，实际可以划分为K1、K2、K3三个坑状遗迹，其内出土了大量的陶片；此外另有所谓之"门1""门2""门3"[③]，土质土色亦与坑状遗迹不同，从平面图看可能属于另外小的坑状遗迹。而Y3底部"铺垫有一层质地较纯净的黄土"，并见有两条凹槽[④]，这一结构可比较近年来在盘龙城小嘴发现的灰沟遗迹，后者被怀疑与铸铜生产有关[⑤]。因此Y1可能为多个灰坑或灰沟类的遗迹，而Y3则可能与小嘴发现的灰沟类遗迹性质相同。

在此我们进一步看到20世纪80年代王家嘴发掘区出土陶器的分布情况。在盘龙城第二期三组，王家嘴所发掘区域不同探方、遗迹单位，出土的陶器类型主体都反映为二里冈文化因素，并有零星的少量下七垣文化或岳石文化因素的身影。除普遍所见的AaⅡ式鬲外，少量的其他类型的炊器，如A型罐形鼎出自王家嘴T36和王家嘴T79，BbⅠ式扁足鼎出自王家嘴，T31、AbaⅠ式鬲出自王家嘴T9和王家嘴T71，在南、北不同发掘区零星可见。王家

①　《盘龙城（1963～1994）》，第84～87、97～100页。
②　拓古：《盘龙城与〈盘龙城〉》，《江汉考古》2002年第4期。
③　此处的"门1""门2""门3"在报告中是"窑门"的简称。不过根据报告的描述，这三个"窑门"的填土分别为"浅灰黑土""黄土层夹红烧土""浅灰黑土夹红烧土"三种土色。《盘龙城（1963～1994）》，第87页。
④　《盘龙城（1963～1994）》，第98页。
⑤　武汉大学历史学院、湖北省文物考古研究所、盘龙城遗址博物院：《武汉市盘龙城遗址小嘴2015～2017年发掘简报》，《考古》2019年第6期。

嘴T36⑧层还见有AaⅡ式鬲与A型罐形鼎同出的情况。同样酒器大口尊、爵、斝、盉在王家嘴南、北两个发掘区都有发现。AⅠ式盆、Ca型和Cb型盆、DⅠ式盆也在王家嘴不同地点多有发现。此外，印纹硬陶和原始瓷分布于王家嘴T9、王家嘴T12、王家嘴T17、王家嘴T31、王家嘴T37、王家嘴T66、王家嘴T72、王家嘴T82，也分属于王家嘴南、北两个发掘区（图5.2）。印纹硬陶和原始瓷多被认为属于等级较高人群所使用。不过，在盘龙城第二期三组，王家嘴出土的印纹硬陶和原始瓷并未集中分布，出土的遗迹单位或相邻探方的遗迹单位多为小型房址、灰坑和灰烬沟类遗存，推测这一时期印纹硬陶和原始瓷还未形成一定的等

北

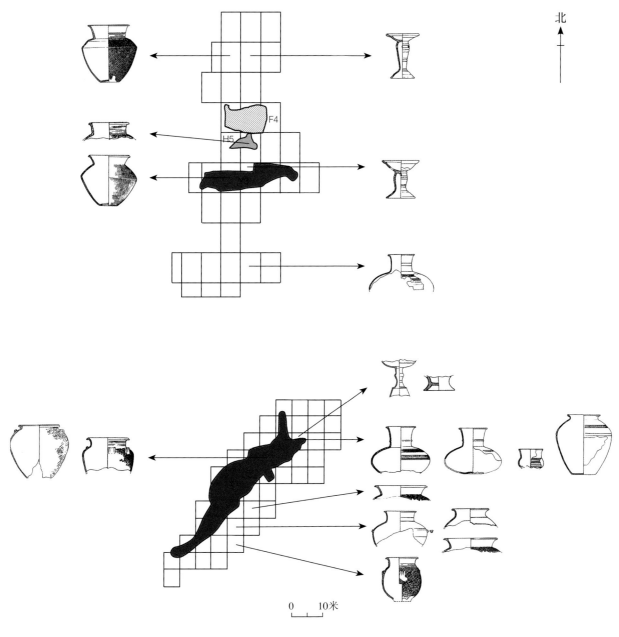

0　　10米

图 5.2　盘龙城王家嘴发掘区 A 型壶、D 型瓮、Aa 型和 Ba 型豆、小壶形器、瓮形器及印纹硬陶与原始瓷的空间分布

级含义。而值得注意的是，体现澧水流域地方文化因素的A型壶、Ba型瓮、Ba型豆、小壶形器、瓮型器等，则集中分布在王家嘴南部发掘区，尤其以王家嘴T36⑧层、王家嘴T37⑧层为代表；北部发掘区目前仅见有一件A型壶（图5.2）。与此集聚分布类似的是，反映二里头遗留文化因素的AaⅡ式豆，则多出自王家嘴北部发掘区，如王家嘴T83⑦层、王家嘴T67⑦层（图5.2）；相对应的是，体现二里冈文化因素的Bb型豆多出自南部发掘区。

如果默认陶器废弃之后应与其使用的地点差距不远，以上王家嘴陶器类型的分布或反映出了如下一些现象。一方面，二里冈文化因素、岳石文化因素和下七垣文化因素的陶器多是混杂出土，因此零星所见的岳石文化、下七垣文化因素应是伴随着二里冈文化对盘龙城的扩张而来。特别考虑到岳石文化、下七垣文化因素的陶器有鼎、甗等炊器，我们可推测这一时期盘龙城除大量二里冈文化背景的人群进入，同时还带来了少量岳石文化、下七垣文化等文化背景的人群。另一方面，二里头遗留的文化因素、澧水流域地方文化因素等陶器类型似有集中分布的趋向，但这些陶器因素都没有发现炊器，反而同出以鬲、甗为代表的炊器，且类型与盘龙城其他地点的陶炊器未有区别。由此可见，这两类因素的陶器不同于盘龙城所见的岳石文化或下七垣文化因素，仅被少部分人集中使用，而并未外传到聚落其他地点。假设存在澧水流域文化背景人群的迁入，这一部分人群可能在盘龙城聚落中有着特定的居住、活动范围，并在炊煮方式上接受聚落其他人群的影响。

笔者曾考察过荆南寺遗址陶器类型在空间上的分布，发现以鬲、罐、大口尊、豆、盆等为代表的"中原式"陶器组合，与以釜、鼎、灯形器、斜浅盘豆、尖底器等为代表的"地方式"陶器组合，在聚落发展的早期有着各自相对集中的分布区域①。不过，在盘龙城我们并未发现不同文化因素陶器类型如此集聚的分布态势，反而以中原文化因素为主体、掺杂少量周邻文化因素的陶器群在不同地点类型都较为一致，表明人群并未因文化背景的差异在空间上形成严格的划分。

二、盘龙城第三期

盘龙城第三期为聚落发展的一个鼎盛阶段②。这一时期陶器遗存在王家嘴、城址③、李家嘴、杨家湾、杨家嘴、楼子湾、小嘴等多个地点都有分布（图5.3）。比较上一阶段，盘龙城第三期四、五组的陶器遗存在各地点的丰富程度有着迅速的提升，其分布所体现的聚落规模也较之急剧扩大。

除灰坑、灰沟、小型房址、地层等普通居址类的遗迹或堆积外，盘龙城第三期更是出现了环壕、城垣、宫殿类基址等体现高等级人群活动的遗迹现象。这其中叠压城垣的地层城址3TB′26④C、城址4TR25④C出土有BbⅢ式鬲口部、饰直棱的大口尊腹片、Ac型簋，本书的分期中多归于盘龙城第三期五组至第四期六组。而被城垣叠压的如城址3TB′30⑥、城址4TU11⑥则出土有A型罐形鼎、AbⅠ式鬲口沿，多见于盘龙城第二期二、三组。环壕最

---

① 孙卓：《南土经略的转折——商时期中原文化势力从南方的消退》，第207～211页，科学出版社，2019年。

② 张昌平、孙卓：《盘龙城聚落布局研究》，《考古学报》2017年第4期。

③ 城址在盘龙城并非一个严格意义上的地点名称，而是特指环壕和城垣所围绕的区域。

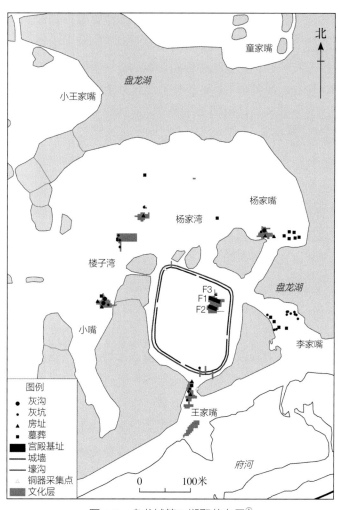

图 5.3　盘龙城第三期聚落布局[1]

底层的堆积出土陶片较为残破，可分辨的器形有A型壶[2]、BaaI式缸，属于盘龙城第二期三组至第三期四组之间。城垣和环壕出现的年代上限应不早于盘龙城第二期三组，下限则不早于盘龙城第四期六组。城垣东北角目前还揭露出3座大型建筑基址，即F1、F2和F3。原报告将其谓之"大型宫殿建筑基址"[3]。叠压或打破宫殿基址的地层、遗迹城址4TR19③、城址4TM17③、城址H2则出土有AcbII式[4]、BaIV式、BbIV式鬲口部，多见于盘龙城第四期六组；被宫殿基址叠压的地层城址4TU11⑥出土有一件盉三足部位的标本，一般出现在盘龙城第二期二、三组。宫殿基址的相对年代大致可定在盘龙城第二期二组至第四期六组间。参考宫殿基址在布局上与城垣之间的关联、基址的方向也与城垣和环壕一致，城垣、环壕和宫殿基址主体使用的年代应在同一阶段，属于盘龙城第三期四、五组。此外，除城垣、环壕和宫殿基址之外，城址东部的李家嘴也发现属于这一时期的贵族墓葬[5]，进一步体现出城垣和李家嘴这一区域在整个聚落中所占据的核心位置。

不过比较其他地点，城址区域发表的陶器类型、数量偏少，陶器的标本较破碎。属于这一阶段的陶器有鬲、甗、大口尊、盆、簋、缸等器类。这些陶器多与盘龙城其他地点陶器群的组合相近，并未见有任何体现相关等级特征的因素，如印纹硬陶和原始瓷、精致化的陶器等。由于城址区域属于这一阶段的陶器标本多出自城垣夯土和宫殿建筑的台基部分，而并非常见的灰坑、灰沟等遗迹；因此这些陶片标本可能多不属于当时城址区域的人群所使用，仅零散混于建筑营建的夯土内。城址区域人群所用陶器的废弃堆积或另有其他地点。这一现象

---

① 改自张昌平、孙卓：《盘龙城聚落布局研究》，《考古学报》2017年第4期。

② 城址3TU38⑥∶1原报告认为属于一件斝的口部和腹部，不过从器物线图观察，该件器物口小、束颈、颈部较高，应为一件A型壶的口部。《盘龙城（1963～1994）》，第40页。

③ 《盘龙城（1963～1994）》，第42页。

④ 城址4TR19③∶7原报告认为属于一件甗的口部，不过该件器物颈下有着外鼓的趋势，颈部装饰一周附加堆纹，这是盘龙城B型鬲的特征，而不见于甗类器物上，因此这件器物应该属于一件鬲。《盘龙城（1963～1994）》，第67页。

⑤ 关于李家嘴贵族墓葬年代的分析见下节墓葬的论述。

也反映出高等级人群的居址布局有着更严格的规范，相关废弃物的埋藏可能离居所有一定的距离。

围绕城址区域，盘龙城第三期阶段的陶器遗存主要出现在王家嘴、李家嘴、杨家湾、杨家嘴、楼子湾和小嘴六处地点。出土陶器的类型组合以鬲、甗为主要炊器，并伴出大口尊、爵、斝、盆、簋、豆、瓮、缸等酒器、盛食器和储藏器。在不同的地点，这种陶器类型的组合搭配都大体一致。

在此，我们主要根据原报告简单统计了各地点出土陶器主要类型的组合特征（表5.1、表5.2）。在盘龙城第三期四组，盘龙城陶器遗存主要分布于王家嘴、李家嘴、杨家湾、杨家嘴、小嘴等地点。其中王家嘴和李家嘴出土的陶器类型最为丰富。近年来杨家湾南坡和小嘴地点也多见有这一时期的陶器遗存。相对而言，杨家嘴属于本组的陶器遗存较少。以上地点多以Aa型联裆鬲、Aa型分裆甗、Ab型大口尊、Aa和Ba型联裆的斝、B型盆、Caa型瓮和B型类的缸为主要的陶器类型，爵、簋、豆等器类仅零星发现，未见某一类或几类陶器在一地集中出土的情况（表5.1）。而体现非中原文化因素的陶器，如Bb型鼎、带鋬鬲、鬶、A型壶等也是分散在各个地点。不过，李家嘴、杨家嘴见有Aba和Abb型分裆鬲。这种类型的鬲比较Aa型联裆者，更接近于同时期中原地区的陶鬲。此外，李家嘴出土的印纹硬陶和原始瓷数量也为这一期组最多。考虑到李家嘴离城址区较近，同阶段更有李家嘴M2、李家嘴M1等贵族墓葬，李家嘴在整个盘龙城聚落中可能有着除城址区之外、高于其他地点的等级，所见的这一时期的陶器也或暗含了等级较高的使用者。联系到李家嘴多见形态接近中原地区的陶鬲、来自长江下游地区的印纹硬陶和原始瓷，盘龙城高等级的贵族可能更倾向于使用典型中原形态特征的器物，以及如印纹硬陶和原始瓷这样来自异地的珍贵陶器。另一个旁证是，李家嘴出土的大口尊均为尺寸较大的Ab型，这也与中原地区大口尊形态相近，而未见在盘龙城多见、却在中原地区少见的一类尺寸较小、肩部不突出的Ac型。相反Ac型大口尊与Aa型联裆鬲在王家嘴、杨家嘴、小嘴等其他地点多见。

在盘龙城第三期五组，城址区域以外的陶器遗存扩展至李家嘴、杨家嘴、杨家湾、楼子湾、小嘴等地点。这一期组主要类型陶器的空间分布与上一期组基本一致。以中原二里冈文化因素为主体的陶器类型，如鬲、甗、大口尊、爵、斝、盆、簋、瓮、缸等，在盘龙城不同地点有着相近的组合搭配。零星发现的体现长江下游地方文化因素的带鋬鬲、下部为鼎的B型甗等，同样在王家嘴、李家嘴、杨家嘴和杨家湾等多个地点都有分布，并未出现集中于一地的情况。不过，与上一期组类似的是，在李家嘴和杨家嘴的居址区，发现有较多的Aba和Abb型分裆鬲，而其他地点则多以Aa型联裆鬲为主。这两处地点也发现了较多的印纹硬陶和原始瓷器，以及可能是仿铜器的陶尊或陶罍（表5.2），或非一般民众所能使用。联系上一组李家嘴出土陶器组合的特征，形态接近中原地区的分裆类陶鬲、印纹硬陶和原始瓷、仿铜的尊或罍，或指向李家嘴和杨家嘴在盘龙城第三期五组可能居于较高的等级。

由于城址内部所属第三期的陶器遗存较少，我们很难了解盘龙城这一时期最高等级人群陶器使用的状况。不过从周边地点出土陶器类型观察，无论是中原二里冈文化因素陶器，还是来自周边地方文化的影响，各类陶器并未在某一地点形成强烈的集聚效应，相反各个地点陶器类型组合较为一致。同类不同型的陶器也常在同一单位共出，如20世纪80年代杨家嘴发

表5.1　盘龙城第三期四组主要陶器器类在不同地点的分布状况①

（单位：件）

出土地点	鬲 A型 Aa型	鬲 A型 Aba型和Abb型	鬲 B型	鬲 C型	甗 Aa型	大口尊 Ab型	大口尊 Ac型	爵	斝	盆 A型	盆 B型	盆 D型	簋	豆	盉 Caa型	盉 Cab型	缸 B型类	缸 C、D型类	印纹硬陶和原质始瓷	其他非中原文化因素陶器
王家嘴	3		1	1	1	2	2	2			1	2		2	2	3	6	1	1	Bb型鼎1、带鋬鬲1
李家嘴	5	1				2				1	1	1			2	1	1		3	鬶1
杨家湾			1				3	1	1	1	1						2			带鋬鬲1
杨家嘴		1			1	2							1						1	A型盉1
近年杨家湾发掘②	3					3	1		1		3	4		2	1	1	4			
小嘴（H73）③	2		1			2	3	7		2		1	2	1	4	4	10		1	扁足鼎1

① 在此仅统计已发表并确定年代期组的陶器标本。未正式发表、仅在陶器统计表中有记载者，由于无法看到线图或照片，确定陶器器型式，在此暂不予以统计。同时有的单位仅发表一伴陶器标本，年代特征并不明确，在此也未统计在内。需要注意的是，由于近年来新的发掘报告或简报中，选取发表的陶器标本的标准与原报告不同，尽量将所有口沿或器形特征部位的标本悉数发表，因此发表的标本数要远远大于原报告。以下统计方式均同于此。

② 近年杨家湾发掘指的是2006～2015年杨家湾南坡的发掘所获。武汉大学历史学院、盘龙城遗址博物院，武汉市文物考古研究所：《武汉市盘龙城遗址杨家湾商代建筑基址发掘简报》，《考古》2017年第3期；武汉大学历史学院、盘龙城遗址博物院、湖北省文物考古研究所：《武汉市盘龙城遗址杨家湾2014年发掘简报》，《考古》2018年第11期；以下涉及近年杨家湾发掘均指于此。

③ 在此主要涉及小嘴H73单位出土陶器标本。

（单位：件）

表5.2　盘龙城第三期五组主要陶器器类在不同地点的分布状况

出土地点	鬲				甗		大口尊		爵	斝	盆			簋	豆	瓮		缸		尊或罍	印纹硬陶和原始瓷	其他非中原文化因素陶器
	A型 Aa型	A型 Aba和Abb型	B型	C型	Aa型	Ab型	Ab型	Ac型			A型	B型	D型			Caa型	Cab型	B型类	C、D型类			
王家嘴	5						2			3		1	1	1		1	2	3				带鋬鬲1
李家嘴		2	2	1	2	1①	2	2			2	1	1		3	5	3	3	1	2	1	瓶1、B型甗1
杨家湾	1						1											3				
杨家嘴	4	9	2		1	1③	4	5	4	3	1	3	1	3	3	1		20②	2	1	7	带鋬鬲1
楼子湾	2	1④					3			1		3		1		1		3	1			钵形器1
近年杨家湾发掘							√			√	1	2			5	1		1	1	1		
近年杨家嘴发掘						1						1				1		1			1	带鋬鬲1
小嘴⑤			1							1			1		1			1	1	1		

① 陶甗标本李家嘴H8：11仅残留甗部，下部鬲体是否为分裆或联裆不详。《盘龙城（1963～1994）》，第208、209页。

② 杨家嘴本期组的缸多是出自"灰坑沟遗迹"，因此数量较多。缸数量较多，出土数量不详。实际上，根据笔者在盘龙城库房观察，由于发表所限本期组各地点都出土有缸。《盘龙城（1963～1994）》，第317页。

③ 陶甗标本杨家嘴T3⑤：44同样仅残留甗部，下部鬲体形态不详。《盘龙城（1963～1994）》，第323、324页。

④ 陶鬲标本楼子湾G2⑤：16裆部残，是否为分裆或联裆不详。《盘龙城（1963～1994）》，第374、376页。

⑤ 武汉大学历史学院、湖北省文物考古研究所、盘龙城遗址博物院：《武汉市盘龙城遗址小嘴2015～2017年发掘简报》，《考古》2019年第6期。

掘区第5层就同时出土有Aa型联裆鬲和Aba型分裆鬲。这不仅延续了盘龙城第一、二期陶器在各地点的分布特征，同时也与这一时期盘龙城整体的文化面貌趋于单一相吻合。不过，印纹硬陶和原始瓷、仿铜的尊或罍等陶器则有相对集中的分布，并且这些地点还往往出土形态近于中原地区的分裆陶鬲、分裆斝等，在盘龙城其他地点少见。而这些类型的器物有可能是由上层贵族所使用。在盘龙城第三期，陶器类型在聚落各地点的差异，可能更多地反映为一种等级的高低，而非人群文化来源的不同。

在盘龙城第三期，随着城垣、宫殿建筑的出现，遗址呈现出了繁盛的城市景观。出土的陶器类型，除以二里冈文化因素为主之外，还有少量的印纹硬陶和原始瓷、带鋬鬲、下部为鼎的B型甗等，展现出了中心性城市对周边区域文化、物资，乃至人口的吸纳能力。这一时期以城址为中心，陶器遗存广泛出现在王家嘴、李家嘴、杨家嘴、杨家湾、楼子湾、小嘴等地点。这些地点出土的陶器类型组合，目前观察都大体一致，显现出聚落不同地点人群构成相近，暂未发现南方地方或某一地外来人群在此单独居住、管理。不过，除城址区所体现出的高等级贵族活动的迹象外，李家嘴、杨家嘴等地这一时期出土的陶器多见印纹硬陶和原始瓷、仿铜的尊和罍等，则显示出了两地人群可能有着较高的等级。并且从陶鬲观察，盘龙城的高等级贵族与中原核心地区人群之间有着更为密切的联系。盘龙城聚落内部不同等级高低的人群，在这一时期可能有着陶器使用上的分式。

三、盘龙城第四期

盘龙城第四期六组，也是聚落发展的最后一个阶段。这一时期，一方面，随着城址、宫殿建筑功能的废弃，聚落的核心区域迁移到北部的杨家湾南坡；另一方面，童家嘴、小王家嘴等外围多个地点还多发现属于这一时期的墓葬，盘龙城聚落分布进一步向北部外围扩散（图5.4）[1]。

杨家湾南坡发现的大型建筑杨家湾F4，贵族墓葬杨家湾M11、杨家湾H6、杨家湾M13等墓葬群构成了这一阶段盘龙城遗址的核心。杨家湾F4建筑上部和基础部分被后期破坏严重，但仍在较高处残存了较为完整的柱坑和础石。杨家湾F4柱坑直径约1米，础石则最长径30~40厘米；同时根据残存部分的复原可知其面阔40余米，进深约10米，与城址F1、F2规模相当，无疑属于一处大型的宫殿类建筑[2]。杨家湾F4由于上部破坏严重，并未发现废弃堆积和基础内的陶片。不过杨家湾F4叠压的探方第3层，出土有AbⅢ式、AcaⅡ式、AcbⅠ式、BbⅢ式鬲口部，多属于盘龙城第三期五组鬲口部的典型特征[3]。因此杨家湾F4的始建年代不早于盘龙城第三期五组。而在杨家湾F4北部还发现一条与其方向平行的灰沟遗迹杨家湾G1（图5.5），推测与杨家湾F4的使用相关。该遗迹正属于盘龙城第四期六

---

① 张昌平、孙卓：《盘龙城聚落布局研究》，《考古学报》2017年第4期。

② 孙卓：《试论近年盘龙城杨家湾发现的商代建筑遗迹及其相关问题》，《盘龙城与长江文明国际学术研讨会论文集》，科学出版社，2016年。

③ 武汉大学历史学院、盘龙城遗址博物馆、武汉市文物考古研究所：《武汉市盘龙城遗址杨家湾商代建筑基址发掘简报》，《考古》2017年第3期。

组的典型单位。同时参考周边所发现的贵族墓葬也都属于盘龙城最后一个阶段，杨家湾F4的使用阶段无疑应在盘龙城第四期六组。

目前在整个杨家湾南坡发掘区，除墓葬以外，属于本阶段的遗迹或堆积主要包括房址、灰坑、灰沟、地层和所谓的"灰烬沟"。其中1980年发掘区发现两座中小型房址，稍大者面积为80平方米，稍小者面积为22.5平方米。房址的东北侧发现有少量的灰坑，灰坑面积都不大。而在杨家湾F2北侧，被F2叠压，还有一处长达27.5米的灰烬沟遗迹，出土有较多的陶片标本。结合这些遗迹的性质和分布，这一区域应该属于盘龙城第四期六组的一处普通居址。相对应的是，2006～2013年发掘区从上述已知，发现有大型宫殿类建筑杨家湾F4，周边围绕杨家湾G1、杨家湾G2、杨家湾G5等多处沟类遗迹，

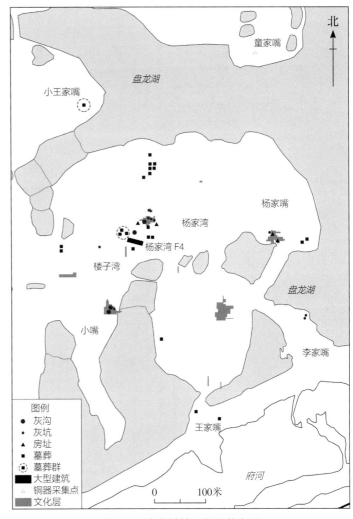

图5.4　盘龙城第四期聚落布局

形成了高等级贵族的活动居所。而同样在出土陶器类型上，1980年发掘区与2006～2013年发掘区之间也有着一定的差异（图5.5）。除去主要陶器鬲、大口尊、盆、豆、簋、瓮、缸一致以外，1980年发掘区灰坑、灰烬沟遗迹陶鬲口部多为具有地方特征的Ba和Bb型平折沿，侈口方唇鬲少见；印纹硬陶与原始瓷较少，并且为尊形器，多装饰网格纹，相反更具有装饰性的S形纹、云雷纹、叶脉纹等少见。比较而言，2006～2013年发掘区灰沟出土陶鬲口部多为Aba和Abb型的侈口、方唇，形态特征与同时期中原地区陶鬲口部几近一致，体现了本地特征的Ba、Bb型平折沿鬲则相对少见；印纹硬陶和原始瓷标本较多，除尊形器外还多见瓮、罐等器类，纹饰除网格纹外还多见单线或双线的S形纹、Z形纹、云雷纹等，器物的类别和装饰比较1980年发掘区更加丰富。

从第三期阶段盘龙城李家嘴与其他地点陶器类型的比较可知，居址中出现更接近中原形制特征的陶器（尤其是陶鬲）、较多的印纹硬陶和原始瓷，可能指向了较高等级的人群。而杨家湾地点贵族活动居所与普通居址出土陶器类型的比较，更进一步印证了这一认识。盘龙城在最晚阶段高等级人群使用的陶器，一方面仍彰显出了中原核心地区器物的特征；另一方面可能属于远距离贸易的印纹硬陶和原始瓷也较为多见，其器类和纹饰也更为多样。相反

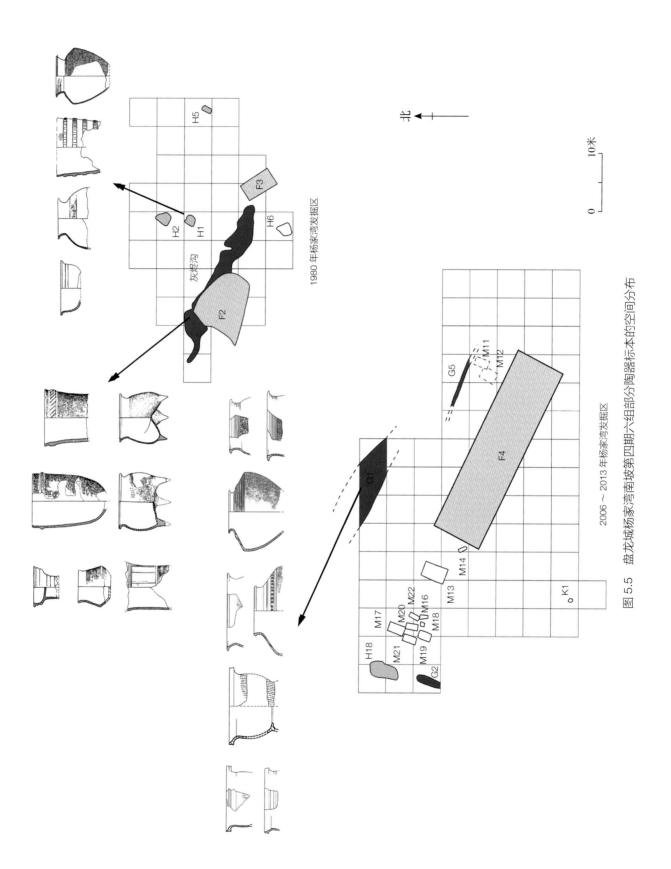

北

0　　　　10米

1980 年杨家湾发掘区

2006 ~ 2013 年杨家湾发掘区

图 5.5　盘龙城杨家湾南坡第四期六组部分陶器标本的空间分布

184

的是，普通居址的陶器在形制上更显本地化，反映外来文化因素的印纹硬陶和原始瓷也较为少见。

除杨家湾南坡之外，这一阶段居址所见的陶器遗存还出现在城址、李家嘴、杨家嘴、楼子湾、小嘴等地。城址、楼子湾地点的陶器遗存多出自地层堆积；李家嘴、小嘴等地点还发现属于这一时期的灰坑等人工遗迹，杨家嘴发现房址等迹象。在主要的陶器类型上，以上几处地点出土的陶器展现出了相近的特征：缸出现比例较高，鬲、甗、大口尊、爵、斝、盆、篮、豆、瓮亦较常见（表5.3）。值得注意的是，这一阶段除印纹硬陶和原始瓷外，各地点均少见非中原地区外来文化因素的陶器，同样尊、罍等仿铜的陶器也基本消失。相比较而言，在以上地点中，杨家嘴出土陶器的类型和数量最多，其他地点的陶器类型和数量较上一阶段都有大幅度的减少。同时杨家嘴也是除杨家湾外，在这一阶段出土印纹硬陶和原始瓷数量最多的地点（表5.3）。从地理位置考察，杨家嘴和杨家湾实际属于同一岗地的东西两部分。整个岗地在盘龙城最后一个阶段有着大量陶器集中出土，进一步显现出了这一时期盘龙城杨家湾至杨家嘴岗地人群居住密集，聚落的中心从城址向北迁移。此外，比较盘龙城第二、三期，印纹硬陶和原始瓷往往集中于某一处地点，盘龙城第四期六组印纹硬陶和原始瓷则在杨家嘴至杨家湾都有广泛的分布，甚至小嘴地点也有一定数量的出土。印纹硬陶的分布趋势，似反映出这类器物的使用在盘龙城最后一个阶段不再限于少数贵族，而是向更多群体扩散。

盘龙城最后一个阶段，随着聚落中心的北移，陶器遗存大量出现在杨家湾至杨家嘴的这一岗地。陶器在不同地点的分布，仍表现出了与上一阶段相近的特征，即不同地点陶器群文化面貌基本一致，未见某几类陶器集中出土的现象。同时在不同等级的居址区中，高等级贵族的居址更多见装饰精美的印纹硬陶和原始瓷、形态接近中原地区的鬲和甗；普通居址区则印纹硬陶和原始瓷较少、鬲和甗等炊器在形态上多有自身特征。不过整体观察，盘龙城这一阶段非中原地区的外来文化因素趋于消失，除杨家湾和杨家嘴外其他地点陶器遗存均不甚丰富，这些现象都体现出盘龙城对外域文化吸纳能力的降低，以及盘龙城聚落所呈现出的衰落态势。

表5.3　盘龙城第四期六组主要陶器器类在不同地点的分布状况 （单位：件）

出土地点	鬲 A型 Aa型	鬲 A型 Aba型和Abb型	鬲 B型	鬲 C型	甗 Aa型	甗 Ab型	大口尊 Ab型	大口尊 Ac型	爵	斝	盆 B型	盆 D型	篮	豆	瓮 Caa型	瓮 Cba型	缸 B型	缸 C、D型	印纹硬陶和原始瓷	其他非中原文化因素陶器
李家嘴	2	4				1			1				1					1	2	
杨家湾	1	3			2	1			1		2	1		1			12	2	3	
杨家嘴		1				4	2							1	1		10		3	
楼子湾																	3			
杨家湾J1	2	2			1	1	1		2	1	2	1				5	16		4	长柄形豆
近年杨家湾发掘				1	2	4	1		1		8	4	3		5	2	12	2	6	
小嘴		1							1					1					2	

考察不同阶段盘龙城聚落居址出土的陶器，陶器群的类型在空间分布上表现出一脉相承的特点。在炊器层面，不同阶段盘龙城都未有某类器物在一地集中出土，而是在不同地点表现为相当一致的文化面貌。这种单一性与荆南寺等同样属于中原文化边缘或外围区域的遗址点，其陶器的分布格局有较大的差异。后者出土的陶器有着更为多元的文化因素，并且不同文化因素的陶器在空间分布上有着一定的区分。尽管在盘龙城聚落早期（第二阶段），部分可能来自澧水流域的文化因素，如A型壶、D型瓮、小壶器等集中分布在王家嘴地点，但未发现可能为相应文化因素的炊器。而炊器与人群的文化背景有着更加密切的联系，且不容易发生改变；以上陶器群空间分布的一致性，反映出在整个盘龙城聚落，人群结构保持了相对的稳定，并且有着长期的延续。虽然作为一处中心性的城市聚落，盘龙城可能存在一定比例的外来人口，但这些外来人群无疑是与本地人群相互混杂，而难以从遗存中区分。相对而言，盘龙城部分陶器在空间上的集聚态势，更多与聚落中人群等级的差异相关。高等级的贵族居址附近的遗存更多可见印纹硬陶和原始瓷、更近于中原核心区的陶器类型；一般平民居址附近的遗存则少见印纹硬陶和原始瓷、陶器形态更具有地方特征。如此可见，盘龙城聚落的社会构成，并非如一般我们所认识的郑州商城、安阳殷墟等王朝都城，存在某一族聚集生活的区域，由不同的"族邑"和"族邑"构成[1]；而更有可能仅存在单一序列的、不同等级的人群，为一种由上至下的垂直化管理。同时，盘龙城居住人群的主体都应源自北方中原地区，聚落中的贵族则与中原核心地区有着更为紧密的联系。

不过，以上对于陶器分布特征的观察，仅能作为一个大致的趋势判断。由于早年报告未能全面公布各地点出土陶器各类型的数量，因此仅从发表材料分析，难免样本数不足。对于盘龙城聚落陶器在各地点的分布状况，以及由此反映出的聚落社会结构，还有待于今后进一步对盘龙城各地点居址展开考古工作，并形成出土各类型陶器的统计数据。

第二节　墓　葬

除居址以外，盘龙城墓葬亦随葬有一定数量的陶器（包括印纹硬陶和原始瓷），并在高等级贵族墓葬和一般平民墓葬中都有发现。这些随葬品，不仅体现了盘龙城聚落人群在丧葬仪式中陶器的使用特征，同时也可能暗含了墓主人的族群归属、身份等级等信息。虽然在这一时期，盘龙城墓葬随葬的多数陶器，如鬲、爵、斝、盆等，其型式与居址出土同类器几近一致；但是在器物类别上，墓葬更多随葬有陶质的酒器，以及杯形器、尊形器等印纹硬陶和原始瓷，丧葬器物的使用仍与居址陶器有着一定的不同。在此，本书将按照时代划分对盘龙城墓葬出土陶器作进一步的探讨。

---

① Jing Zhichun, Tang Jigen. Rapp George and Stoltman James, Recemt Discoveries and Some Thoughts on Early Urbanization at Anyang. *A Companion to Chinese Archaeology*, 2013.

需要注意的是，对于盘龙城墓葬随葬陶器的分析，首先需要辨析墓葬出土的陶器为随葬品还是填土中的残件。由于盘龙城不少墓葬打破商代文化层，填土里多少会混杂一些居址中废弃的陶器；而原报告并未对此有所甄别，少量可能属于填土中的陶片被误作随葬品处理。如M5墓中发现一件陶鬲的鬲足，这在盘龙城墓葬随葬品中极少发现，可能原属于填土中的陶残片。为此，根据随葬品的一般埋藏特征，本书将依据以下三个标准判断是否为随葬的陶器：

（1）陶器保存较为完整；

（2）陶器有比较规整和集中的摆放位置；

（3）陶器类型为盘龙城墓葬常见的陶器随葬品。

满足以上三点者无疑应属于随葬的陶器，而若有2～3点不符合则可能属于填土中的陶片残件，在以下分析中需要存疑、剔出。

一、盘龙城第二期

盘龙城遗址目前发现年代较早的墓葬有杨家嘴M6、杨家嘴M8和杨家湾M6三座。其中杨家嘴M6和杨家嘴M8为盘龙城第二期三组的典型单位。杨家湾M6出土有AaⅡ式鬲、盉，同样多见于盘龙城第二期三组；此外同墓中随葬的青铜容礼器也有年代较早的作风，可比对二里冈下层第二期同类器，也与盘龙城第二期三组年代相当。因此杨家湾M6、杨家嘴M6和杨家嘴M8年代同属于盘龙城第二期三组。而盘龙城第一期一组、盘龙城第二期二组目前暂未有墓葬发现。

本期组的三座墓葬随葬的陶器均为普通陶器，未发现有印纹硬陶和原始瓷随葬（表5.4）。规模最大的杨家湾M6明确为随葬品的陶器有鬲1、盉1、瓮1计3件。这座墓葬也是随葬有青铜的容礼器。这3件陶器集中置于墓室的东南角，与青铜器在墓室西南角相对应。该墓葬还见有一件陶罐残片，不过器物仅残存口沿，同时不与其他陶器置于一处，怀疑原属于填土。杨家嘴M6和杨家嘴M8则墓葬规模较小。杨家嘴M6随葬陶器有鬲3、罐1、豆7、

表5.4　盘龙城第二期三组墓葬出土陶器数量统计

墓葬编号	墓坑（长×宽）/米	方向	青铜器	玉器	普通陶器									疑似填土陶器	备注
					鬲	罐	爵	斝	盉	盆	豆	瓮	器盖		
杨家湾 M6	（残）底：2.3×（1～1.16）	不详	爵1、斝1、鬲1	戈	1				1			1		罐1	被破坏
杨家嘴 M6	1.9×（0.9～0.95）	280°			3	1					7①		1		
杨家嘴 M8	2×0.68	180°			2		1	1		1					

---

① 根据原报告，杨家嘴M6随葬的陶豆分别为"陶豆（残）"4件、"陶浅盘细柄豆"2件、"陶豆座"2件，总计7件。不过除已发表杨家嘴M6：7陶豆较为完整外，其余陶豆均为残片，不排除部分残片可能实际合为一件，特别是杨家嘴M6：11豆座可能是属于其余6件陶豆上的。因此实际随葬的陶豆数量或要少于7件。

器盖1，随葬的陶器均位于墓主人的脚下。杨家嘴M8则随葬陶器有鬲2、爵1、斝1、盆1，同样器物多位于墓主人脚下或墓主人肢骨西侧。从器物的类型数量观察，这3座墓葬陶器多以鬲为大宗，数量可达2~3件，而伴出的爵、斝、盉、盆、瓮等酒器、盛食器和储藏器则每类仅出1件（见图3.5；表5.4）。饶有意味的是，杨家湾M6虽规模较大、出土有青铜器，但随葬陶器数量却是3座墓葬中最少的。但如果将陶器和青铜器统一计算，杨家湾M6出土的随葬品实际与杨家嘴M6、杨家嘴M8出土陶器的类型又基本一致，为2件鬲，一套爵、斝和盉的酒器，以及1件瓮的盛食器（图5.6）。由此可见，杨家湾M6随葬的陶器是作为青铜器的补充而存在。从另一角度而言，多件的陶鬲搭配一套爵、斝的酒器，以及1件盆或瓮等盛食器、储藏器，似已成为盘龙城这一时期墓葬葬器的礼仪规范，只是等级较高的墓葬用青铜制作部分器物，等级较低的墓葬则均以陶质的器物替之。此外，比较特殊的杨家嘴M6随葬有7件陶豆，这在其他两座墓葬中均不见，也不见于下文介绍的盘龙城其他时期的墓葬。根据发表的部分标本，这批陶豆均为浅盘、细长柄，属于本书划分的Ba型，应为上游峡江地区的文化因素。此类陶豆集中于杨家嘴M6可能并非一种普遍性葬器规范的体现，而具有其他的意味，或暗含墓主与峡江地区之间的文化关联，或为丧葬仪式中葬礼参与者的特殊赠予。

中原二里冈下层二期墓葬随葬的陶器，以郑州商城为例，可大致分为三类[①]。其一以鬲为代表，同时多见深腹盆、簋、豆、杯等盛食器和爵、斝等酒器。这一类组合，无论是鬲还是其他陶器，每类陶器多仅随葬1件。其二则以爵和斝为代表，不见陶鬲，伴出仅有盆、簋等盛食器。这一类组合同样每类陶器仅随葬1件。其三则既不见鬲，也未发现爵、斝，仅

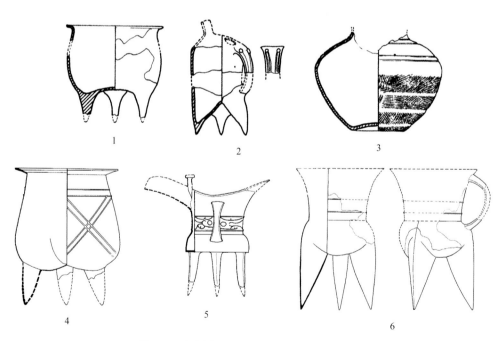

图5.6　盘龙城杨家湾M6随葬陶器和青铜器

1.陶鬲（杨家湾M6：6）　2.陶盉（杨家湾M6：7）　3.陶瓮（杨家湾M6：5）　4.青铜鬲（杨家湾M6：2）
5.青铜爵（杨家湾M6：1）　6.青铜斝（杨家湾M6：4）

---

① 河南省文物考古研究所：《郑州商城——1953~1985年考古发掘报告》，第570页，文物出版社，2001年。

以盆、瓮等盛食器、储藏器随葬。此外，墓葬C8M32同时还随葬青铜器鬲1、斝1、豆1、器盖1，这种随葬品组合应属于上述第一类[1]。

如果将盘龙城这一时期的墓葬与郑州商城的相比较，盘龙城墓葬随葬的陶器显现了一定的自身特点。除杨家嘴M6外，盘龙城墓葬很少发现有豆等盛食器随葬，而杯、簋等器物则更未发现。盘龙城墓葬随葬的陶盆流行敛口，而郑州商城则流行直口深腹盆。盘龙城这一时期的墓葬随葬有多件陶鬲，或1件陶鬲配1件青铜鬲。这一葬器特征目前不见于郑州商城。虽然目前盘龙城这一时期的墓葬标本较少，但比较居址中陶器类型与中原地区的相近性，盘龙城墓葬陶器的随葬仍体现了不少地方特征，特别是从陶器组合形成的葬器制度考察，盘龙城这一时期墓葬陶器有着自身的一套器用规范。

二、盘龙城第三期

在盘龙城第三期四、五组，遗址墓葬数量大量增加。以李家嘴M2和李家嘴M1为代表，这一时期盘龙城出现了规模较大、随葬多套青铜礼器和多件玉器的贵族墓葬。而同时部分墓葬面积在1平方米左右、随葬单件的陶器、不见青铜器和玉器，应属于等级较低的平民墓。伴随着盘龙城第三期城市的营建、聚落内部人群层级的分化，墓葬的等级差异也日益凸显。而人群等级分化在墓葬随葬的陶器中同样有所体现。

这一时期规模最大、等级最高的墓葬当属李家嘴M2和李家嘴M1。这两座墓葬均出土有大量的青铜容（礼）器、兵器和玉器，李家嘴M2在二层台上甚至有殉人陪葬。在具体年代上，因李家嘴M2和李家嘴M1分别随葬有1件Bd I 式罐和1件B II 式鬲，而这两类陶器为盘龙城陶器群第三期五组所常见，因此本书将两座墓葬的年代统一归于盘龙城第三期五组[2]。李家嘴M2随葬的陶器有鬲1、罐1、壶1、瓮1、饼1，以及2件印纹硬陶和原始瓷瓮（图5.7）。此外，原报告公布了李家嘴M2还随葬有1件陶缸。不过该件器物未发表，推测为残件，并且根据墓葬平面图，器物位于殉人脚下、墓室西南角，与陶器集中放置的墓室东南角有别，此处也未有其他随葬品放置，因此怀疑这件缸可能不属于墓葬的随葬品[3]。李家嘴M1则早年被破坏，随葬品实际为采集出土。根据原报告附表及发表器物所示，李家嘴M1出土有鬲1、豆1、瓮1、瓶1，以及印纹硬陶和原始瓷尊形器、杯和罐各1件[4]。由于未经严格发掘，对李家嘴M1随葬陶器的数量和类型无法做进一步的甄别，不排除部分小件、残破的陶器已经遗失（表5.5）。

作为盘龙城这一时期等级最高的两座墓葬，李家嘴M2和李家嘴M1随葬的陶器有着一定

---

[1]　河南省文物考古研究所：《郑州商城——1953～1985年考古发掘报告》，第563页，文物出版社，2001年。

[2]　尽管根据出土陶器的型式，李家嘴M2和李家嘴M1可大致归为同一年代组；但是原报告以及部分学者（包括笔者），参照青铜器纹饰和形制判断，多认为李家嘴M2相对年代要早于李家嘴M1。这一现象也反映出陶器和青铜器的演变速率并非完全一致，也不一定陶器的演变速率总是要快于青铜器。《盘龙城（1963～1994）》，第444页。

[3]　《盘龙城（1963～1994）》，第154页。

[4]　原报告附表公布了李家嘴M1随葬印纹硬陶和原始瓷器尊2件和罐1件。不过根据正文发表的印纹硬陶和原始瓷类型观察，2件尊在本书中分别属于尊形器和杯。另1件印纹硬陶和原始瓷罐未发表，具体类型不明。《盘龙城（1963～1994）》，第181、189、506页。

表5.5　盘龙城第三期四、五组墓葬出土陶器数量统计

墓葬编号	墓坑（长×宽）/米	方向	青铜礼器	普通陶器															印纹硬陶和原始瓷					疑似填土陶器	备注
				带盖鬲高	鬲高	瓿	罐	爵	斝	壶	豆	盒	甗	盆	缸	器座	壶形器	饼	尊形器	杯	尊	罐	盒	缸	
李家嘴M1			瓿3、爵4、斝6、鼎2、甗2、壶1，尊2、盉1、盘1，尊1①	1							1	1	1	1			1		1	1		1②			被破坏
李家嘴M2	3.77×3.4	20°	瓿1、斝3、爵4、盂1、鼎6（包括1个鼎足），尊3、瓿1、盘1、簋1，斝1③	1			1			1		1	1					1					2	1	
李家嘴M3			斝1④	2		1	1					3	3					2	1⑤				1		陶片1⑥
李家嘴M4				2			1					1	1												

① 《盘龙城（1963～1994）》中李家嘴M1出土青铜容器22件，并在报告附表三中列有瓿3、爵4、斝6、鼎2、甗2、壶1，盉1（即壶）1件。1976年发表的考古简报则公布该墓出土有瓿3、爵5、斝6、鼎2、甗2、壶1、盘1、盉1（即壶）1件。此外，《盘龙城（1963～1994）》的正文记述和附表三都给出该墓出土1件盉、2件尊，尊的数量应是不差。而对于瓿、尊的数量应是不差。因此，目前由于缺乏完整资料的公布，数据暂无法得到确认。

② 李家嘴M1出土的陶器类型在正文描述与附表记载、所发表的器物中也多相互对不上。其中正文记载李家嘴M1出土有两、豆、盒、盒和印纹硬陶（原始瓷）尊；然而在附表中李家嘴M1却出土有两1、豆2、盒1和印纹硬陶（原始瓷）尊2（根据发表的器物线图观察，两件尊实际为1件尊形器和1件杯），罐1、无陶盘，增加了印纹硬陶（原始瓷）罐。由于李家嘴M1未被破坏，因此随葬陶器具体的类型和数量无法做进一步的甄别。《盘龙城（1963～1994）》，第181、189、506页。

③ 《盘龙城（1963～1994）》公布李家嘴M2出土的青铜容器有瓿1、斝3、爵4、盂1、鼎6（包括1个鼎足），高1、盘1、簋1件，共20件。《盘龙城（1963～1994）》第154、505页；张昌平：《盘龙城商代青铜容器的初步考察》，《江汉考古》2003年第1期。其中正文描述和发表的器物均显示李家嘴M2印纹硬陶和原始瓷器为1件尊形器。而墓葬平面图则公布李家嘴M2出土的青铜容器的组合是瓿1、斝3、爵4、盂1、鼎6（包括1个鼎足），高1、瓿1、尊1、盘1、簋1件。因此李家嘴M2出土的青铜容器的组合应是瓿1、斝3、爵4、盂1、鼎6（包括1个鼎足），高1、瓿1、尊1、盘1、簋1件，共20件，但在1976年的考古简报上公布的鼎只有5件（包括1个鼎足）。从墓葬平面图可知，斝1、鼎6（包括1个鼎足），高1、瓿1、尊1、盘1、簋1件，器类不详。《盘龙城（1963～1994）》第154、505页；张昌平：《盘龙城商代青铜容器的初步考察》，《江汉考古》2003年第1期。

④ 根据墓葬平面图所示，李家嘴M3另出土有一铜片，器类不详。

⑤ 李家嘴M3出土的印纹硬陶和原始瓷在报告附表、正文平面图和正文描述中存在相互的抵触。其中正文描述和发表的器物均显示李家嘴M3印纹硬陶和原始瓷器为1件尊形器和1件瓷。而墓葬平面图则记录李家嘴M3出土有3件印纹硬陶和原始瓷器为2件尊。此外，在报告附表中，李家嘴M3出土3件印纹硬陶和原始瓷组合与盘龙城贵族墓葬随葬瓷器物一致，本书推测李家嘴M3随葬的印纹硬陶和原始瓷器应为1件尊形器和1件瓷。实际上，尊形器和瓷或杯和瓷等两类器物组合为盘龙城贵族墓葬随葬瓷的常例。《盘龙城（1963～1994）》，第181、183、188、189、506页。

⑥ 根据墓葬平面图和报告附表，李家嘴M3另出有1件陶片，但具体器类不详。《盘龙城（1963～1994）》，第183、506页。

续表

墓葬编号	墓坑（长×宽）/米	方向	青铜容礼器	普通陶器													印纹硬陶和原始瓷					疑似填土陶器	备注
				高领带鋬盉	罐	爵	斝	壶	豆	瓮	瓿	盆	缸	器座	壶形器	饼	尊形器	杯	尊	罐	瓮		
杨家湾 M10	2.3×0.5	355°		2		1	1					1				1							残器2①
杨家嘴 M1	2.64×(1.04~1.32)	20°	爵1、斝2、鼎足1									1	1										
杨家嘴 M5	1.8×(0.64~0.66)	19°						1		1													
杨家嘴 M7	1.9×0.7	20°			1																		
杨家湾 M10	2×(0.6~0.7)	180°				1				1													
杨家湾 M26	3.3×1.6	20°	鼎3、觚1、爵1、斝1、尊1		1	1	1					1		1	1								
楼子湾 M1	2×1	5°	斝1、爵1、鼎1					1								1							
楼子湾 M3	2.62×(1.02~1.24)	348°	鼎1、斝1、爵1		1				1			1	1			1	1	1	1				残
楼子湾 M4	2.55×1.22	350°	爵1、斝1、鼎1、觚1、斝足1													1	1	1			1	大口缸1	
楼子湾 M5	2.55×(1.1~1.55)		觚1、爵1、斝1												1	1				1		
楼子湾 M6	0.8×0.7	27°	觚1、爵1、斝1					1												1		破坏	残
楼子湾 M7			斝1		1																		
总数			9	2	4	3	2	3	1	8	1	3	2	1	1	8	4	2	1	2	4		

① 杨家湾M10随葬有8件陶器，不过墓葬平面图未标注随葬品的类别，而原报告正文标注随葬器物的类别，其中正文记载杨家湾M10出土带鋬盉、罐、爵、斝、盆、饼等六类，但各类数量不详；附表中杨家湾M10随葬的陶器则为带鋬盉2、爵1、斝1、盆1、饼1、以及残器2，未有罐。目前可以明确的是，杨家湾M10陶器有带鋬盉1、爵1、斝1、盆1、饼1，余3件器物的类别不详。《盘龙城（1963～1994）》，第223、506页。

191

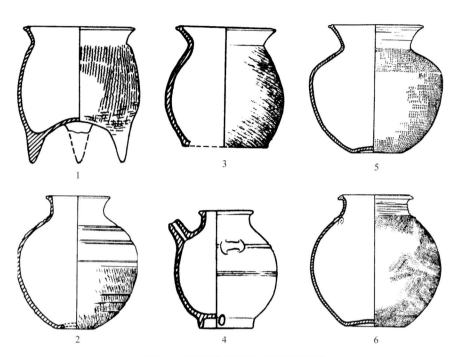

图 5.7　盘龙城李家嘴 M2 随葬陶器

1. 鬲（李家嘴 M2：48）　2. 瓮（李家嘴 M2：77）　3. 罐（李家嘴 M2：47）　4. 壶（李家嘴 M2：60）

5、6. 印纹硬陶与原始瓷瓮（李家嘴 M2：4、李家嘴 M2：49）

的共性。其中普通陶器多见有鬲、罐、瓮等器类，每类器物均只随葬1件，不见早期多件鬲的随葬现象。而随葬的陶器壶、瓶等，前者圈足、有横向的环耳、带流（图5.7，4），后者圈足、敛口、肩部带抽象兽首装饰的鐎。这两类器物尺寸较小，属于一类制作精巧的酒器，在居址中都暂未发现，怀疑专为贵族所使用。此外，墓葬中的印纹硬陶和原始瓷则以尊形器、杯和瓮、罐搭配，每类器物同样只随葬1件。李家嘴M2虽随葬有2件印纹硬陶与原始瓷瓮，但实际上1件为AbaⅢ式、1件为BaⅠ式（图5.7，5、6），而后者从形态观察应是仿自Aa型尊形器（图5.7，5），或具有尊形器的含义[①]。

等级稍次一点的墓葬，这一时期可见于杨家嘴M1、楼子湾M1、楼子湾M3、楼子湾M4、杨家嘴M26等。这些墓葬的规模多在2.5～5平方米，出土一套觚、爵、斝，配鼎或尊等青铜器。楼子湾M3、杨家嘴M26随葬有普通陶器CaⅡ式罐、DⅡ式盆，印纹硬陶和原始瓷AaⅡ式尊形器、AbbⅠ式瓮等，多见于盘龙城陶器群第三期五组。楼子湾M1、楼子湾M4虽未出现年代特征明确的陶器，但青铜器形制、纹饰与楼子湾M3、杨家嘴M26一致，并且这批青铜器与上述的李家嘴M2、李家嘴M1同样属于同一年代组。因此可将这批墓葬统一归入盘龙城第三期五组。尽管这批墓葬规模大小、年代特征一致，但随葬的陶器在类型和数量上略有差异。楼子湾M1和楼子湾M3均随葬有印纹硬陶和原始瓷，器类以尊形器配瓮，或单件的尊为代表（图5.8，1～3；表5.5）。而这两个墓葬普通陶器出土数量较少，仅楼子湾M3出土一件缸底部（图5.8，4）。杨家嘴M1、楼子湾M4和杨家嘴M26则出土有普通陶器，未见印纹硬陶和原

[①] 原报告实际将该件器物称之为尊。《盘龙城（1963～1994）》，第160、161页。

始瓷（表5.5）。其中除杨家嘴M26随葬的陶壶形器、器座等目前不见于其他墓葬，其余墓葬出土鬲、带鋬鬲、罐、瓮、盆、饼等陶器，同样每类器物只有1件。

以楼子湾M5、楼子湾M7、楼子湾M6为代表，这一组墓葬规模多在2平方米左右，最多随葬一套斝、爵、觚，或单件觚等青铜酒器，属于最低等级的铜器墓。同样依据墓葬青铜器形制特征的相近性，可知这批墓葬的年代属于盘龙城第三期五组。这组墓葬中楼子湾M6随葬有印纹硬陶和原始瓷器，同样由尊形器和罐两类器物搭配。楼子湾M5和楼子湾M7随葬的普通陶器则有鬲、爵、壶、饼等器类，每类陶器仅有1件。楼子湾M7随葬青铜器仅见有1件觚，但同时又出有1件陶爵，可知部分陶器，特别是爵、觚等陶酒器有着作为补充青铜酒器组合的功能。

杨家湾M10、杨家嘴M5、杨家嘴M7、杨家嘴M10仅随葬有陶器，而不见青铜器，墓葬规格多在1.5平方米左右，仅能容下墓主人，应属于平民墓。根据出土陶器的类型可知，杨家嘴M5、杨家嘴M7属于盘龙城第三期四组，杨家湾M10和杨家嘴M10属于盘龙城第三期五组。以上这四座墓葬均未发现印纹硬陶和原始瓷。杨家湾M10和杨家嘴M10随葬有多类陶器，组合上以鬲或带鋬鬲为炊器，配有爵、觚等酒器，以及盆或瓮等盛食器和储藏器，每类陶器仅随葬1件（图5.9；表5.5）。杨家嘴M5和杨家嘴M7则规模更小，仅随葬1件陶器（表5.5）。

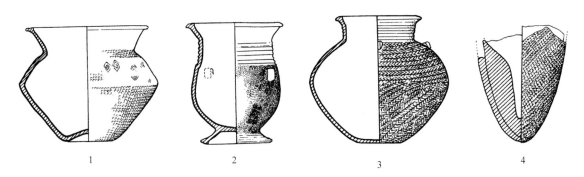

图 5.8 盘龙城楼子湾 M3 随葬陶器

1. 印纹硬陶与原始瓷尊形器（楼子湾 M3∶16） 2. 印纹硬陶与原始瓷杯（楼子湾 M3∶14）
3. 印纹硬陶与原始瓷瓮（楼子湾 M3∶15） 4. 缸底（楼子湾 M3∶17）

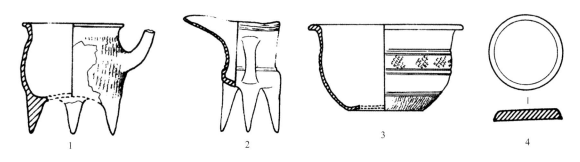

图 5.9 盘龙城杨家湾 M10 随葬陶器

1. 带鋬鬲（杨家湾 M10∶2） 2. 爵（杨家湾 M10∶4） 3. 盆（杨家湾 M10∶10） 4. 饼（杨家湾 M10∶6）

　　尽管未像青铜礼器套数可见严格的等级划分，陶器的随葬也体现出了这一时期盘龙城人群等级的差异。从表5.5中可见，这一时期最高等级的墓葬往往普通陶器与印纹硬陶和原始瓷都有一定量的发现，普通陶器见有带流壶、瓿等精致的酒器，印纹硬陶和原始瓷则以尊形器或杯配以罐或瓮为特征。而次级的墓葬或见有印纹硬陶和原始瓷，或见有鬲、带鋬鬲为代表的普通陶器组合。最后在平民墓中，印纹硬陶和原始瓷则完全消失，仅见有普通陶器。少数随葬陶器较多者还出现爵、斝等酒器，应是代替青铜酒器的含义；而多数小型墓葬仅随葬1件陶器。此外，青铜器贵族墓葬中还多见有一类圆形的陶饼，这目前在平民墓葬中也未发现。

　　从随葬陶器类型的整体数量观察，鬲仍为这一时期最为流行的随葬陶器，在7座墓葬中出土有9件。此外，带鋬鬲在2座墓葬中出土2件，而这两座墓葬均不随葬陶鬲，推测带鋬鬲在墓葬中与陶鬲随葬含义一致。如此，随葬鬲（包括带鋬鬲）的墓葬就高达9座。数量其次的为陶瓮、圆饼和罐，分别在5座墓葬中出土有8件、6件和5件。而甗、爵、斝、壶、瓿、盆、豆、缸等则往往与鬲（包括带鋬鬲）相伴出，目前发现的数量在2～3件（图5.10）。印纹硬陶和原始瓷由上已述，均出自铜器贵族墓葬中，并且以尊形器或杯搭配瓮或罐的组合为特征。因此相对而言，尊形器和瓮出土数量较多，在4座墓葬中出土有4件；杯和罐较为少见，在2座墓葬中出土有2件（图5.11）。

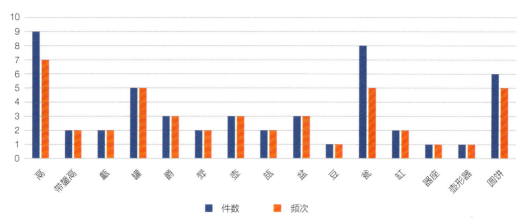

图 5.10　盘龙城第三期墓葬普通陶器随葬统计

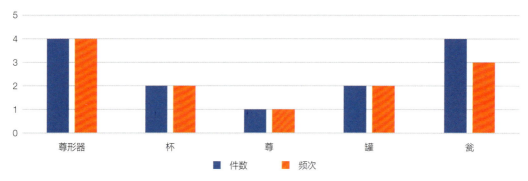

图 5.11　盘龙城第三期墓葬印纹硬陶和原始瓷随葬统计

如果比较中原郑州商城，盘龙城这一时期青铜器贵族墓葬随葬的陶器与之有一定的相似性。两者均多随葬陶饼、印纹硬陶和原始瓷；部分墓葬出土有单件的鬲，同时在稍低等级的墓葬中以陶爵、斝等来替代同类的青铜器。不过，盘龙城墓葬印纹硬陶和原始瓷呈现尊和瓮的搭配组合，在郑州商城贵族墓葬中不见，后者基本只随葬1件原始瓷尊。盘龙城墓葬目前未见有陶觚出土，但郑州商城墓葬多出土陶觚，部分从组合上应是代表青铜觚的含义。此外，盘龙城墓葬随葬陶器更大的不同体现在低等级的平民墓葬中。盘龙城陶器墓随葬的带鋬鬲、A型的细颈壶，均不见于郑州商城陶器墓葬。杨家嘴M7单独随葬1件深腹罐，同样未在郑州商城墓葬中发现。而郑州商城流行的以陶觚、爵、斝的酒器配簋、豆的盛食器组合[1]，在盘龙城墓葬中发现较少，特别是陶簋在盘龙城仅于最晚阶段墓葬中有零星出土，而陶豆也不见于这一时期的陶器墓葬。比较贵族青铜礼器丧葬用器与中原地区的一致性，盘龙城以陶器为代表的平民的丧葬习俗可见有更多的自身特点。

三、盘龙城第四期

盘龙城第四期六组的墓葬为各期中最多，主要分布于杨家湾、杨家嘴地点，特别是杨家湾地点发现多座等级较高、随葬多件青铜礼器的贵族墓葬。这一分布态势正应和了遗址最晚阶段，盘龙城聚落的核心北移到杨家嘴—杨家湾岗地。而除杨家湾、杨家嘴以外，这一时期在盘龙城外围区域也零星发现多座墓葬。北部的小王家嘴地点就曾发现多座墓葬集中排列，年代属于盘龙城最晚阶段，应为聚落外围一处单纯的墓地[2]。盘龙湖北岸的童家嘴地点也曾采集多件青铜器、玉器，怀疑出自墓葬。此外，南部的西城垣、王家嘴等地点也多发现属于这一时期的墓葬。

盘龙城最后阶段高等级的墓葬集中在杨家湾南坡，并以杨家湾M11、杨家湾H6[3]、杨家湾M13、杨家湾M17等为代表。这批墓葬随葬有多套（两套以上）的觚、爵、斝等青铜容礼器或大型牌形器、金片绿松石器等特殊器物，墓葬规模在3平方米以上，部分墓葬如杨家湾M13甚至可达10平方米。这4座墓葬同样出土有一定数量的陶器。杨家湾M11和杨家湾H6见有AbaⅣ式鬲、AbaⅤ式鬲、CⅡ式鬲、AaⅢ式甗、AcⅡ式簋，可谓盘龙城陶器群第四期六组的典型代表（见图3.13）。杨家湾M13出土有印纹硬陶（原始瓷）AbⅠ式杯，同样多见于盘龙城最后一期。杨家湾M17虽陶器形制特征不明，但同墓中青铜器的纹饰、形制近于以上杨家湾M11、杨家湾H6出土青铜器，也应属于这一阶段。然而，这4座墓葬出土的陶器类型差别较大。陶器数量最多的杨家湾H6随葬品主要以鬲、甗等炊器为主，另配有爵、罍等酒器和簋等盛食器；同时墓葬出土多达4件的印纹硬陶和原始瓷器，可视为尊形器、杯与罐、瓮的两套组合（见图3.13；表5.6）。杨家湾M11虽出土青铜器最为丰富，但伴出的陶器以簋、瓮、罐、缸等盛食器和储藏器为主，未见印纹硬陶和原始瓷（图5.12，1、3、5）。同

---

① 胡洪琼：《试论早商时期墓葬陶器组合》，《殷都学刊》2012年第2期。

② 武汉大学历史学院、湖北省文物考古研究所、盘龙城遗址博物院：《武汉市盘龙城遗址小王家嘴墓地发掘简报》，《江汉考古》2018年第5期。

③ 杨家湾H6虽编号为灰坑，原报告认为属于祭祀坑遗迹；但已有学者指出其性质应属于一处墓葬。拓古：《盘龙城与〈盘龙城〉》，《江汉考古》2002年第4期。

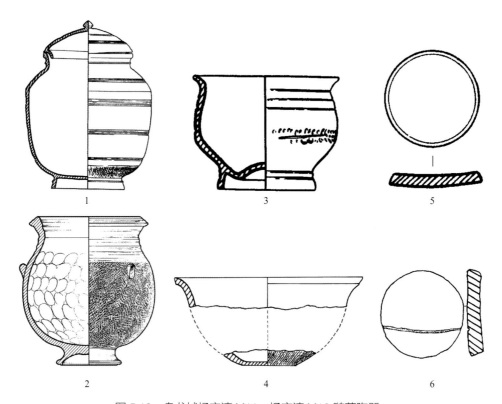

图 5.12　盘龙城杨家湾 M11、杨家湾 M13 随葬陶器

1.瓮（杨家湾 M11：40）　2.印纹硬陶与原始瓷杯（杨家湾 M13：26）　3.簋（杨家湾 M11：12）
4.盆（杨家湾 M13：3）　5、6.饼（杨家湾 M11：53、杨家湾 M13：18）
（1、3、5 出自杨家湾 M11，2、4、6 出自杨家湾 M13）

样，杨家湾M17虽墓葬规格较大，但也未随葬印纹硬陶和原始瓷，反而多见炊器、储藏器等一般生活用器（表5.6）。杨家湾M13则因墓葬南部多被破坏，可能有一些随葬的陶器遗失（图5.12，2、4、6）。盘龙城高等级贵族墓葬这一时期随葬的陶器显得较为随意，甚至多见有缸等一般储藏用器。印纹硬陶和原始瓷也不再是高等级贵族墓葬中的标配。陶器的类型和形制并未显现出与居址出土陶器有些许的差异。不过值得注意的是，这批墓葬见有大量陶质圆饼，杨家湾M11、杨家湾M17更不只出土1件，似乎暗示出这种陶圆饼器有着特殊的等级含义（图5.12，5、6）。

王家嘴M1、杨家湾M4、小王家嘴M26随葬有两套觚、爵、斝，并多配罍、鼎等青铜容礼器，墓葬规格多在3平方米左右，等级应次于以上4座墓葬。这4座墓葬根据青铜器的形制特征，可知与杨家湾M11、杨家湾H6同属于盘龙城最后一期。王家嘴M1、杨家湾M3、杨家湾M4、小王家嘴M26均随葬有印纹硬陶和原始瓷，并且各墓数量仅为1件，或尊形器、杯、瓮，不见有早期常见的尊形器或杯配瓮或罐的组合搭配。不过杨家湾M4除随葬有1件印纹硬陶和原始瓷瓮外，还见有1件普通陶质的尊形器。从形态上看，这件尊形器明显是仿自印纹硬陶和原始瓷尊形器[①]，与印纹硬陶和原始瓷瓮一道，在杨家湾M4中可能仍表明存在尊形器和瓮的搭配。在普通陶器随葬方面，除杨家湾M3未见，其他3座墓葬总计有鬲、罐、

① 徐深：《试论盘龙城存在的模仿印纹硬陶》，《江汉考古》2018年第5期。

表5.6　盘龙城第四期六组墓葬出土陶器数量统计

墓葬编号	墓坑（长×宽）/米	方向	青铜容礼器	普通陶器 高	瓿	大口尊	爵	斝	壶	罍	瓮	簋	盆	豆	缸	尊形器杯	器盖	饼或纺轮	印纹硬陶和原始瓷 尊形器杯	杯	罐	瓮	罍	尊形器	器盖	疑似填土陶器	备注
城址M1	2.35×1.52	180°	爵1、斝1、瓿1、鼎1、尊1①																								、
王家嘴M1			斝2、爵4、斝3、尊1、鼎2			1												1								
杨家湾M1	1.88×（0.4~0.48）	350°	爵1	2							1		1						1							
杨家湾M2	1.8×0.6	351°	瓿2、爵1、残斝柱1、斝足1		1	1	1	2			1②		1							1						
杨家湾M3	长约2米																									被破坏
杨家湾M4	2.1×0.98	360°	尊1、高1、爵2、斝2、瓿2	1				1								1	1	1			1	1				高圈足、罐1
杨家湾M5	1.1×0.66	342°	瓿1、爵1、斝2													1	1					1				罐1
杨家湾M7	2.28×1.08	20°	高1、斝1、尊1、爵1	1				1										3（包括1个纺轮）③						1		高1、罐1、大口尊1、爵1、瓮1、簋1、盆1、圈足1、尊形器1①
杨家湾M9	1.81×0.5	360°	瓿1、爵1、斝1	2											2				1			1		1		

① 该墓葬出土有1件铜器残片，器类不详。

② 杨家湾M2正文记载出土的陶器为斝2、爵1、盆1、瓮1、高1；但是在附表中却为斝2、爵4、斝3、尊1、盆1、瓮1、高1，由1件"圆肩原腹罐"取代了瓮。由于小口瓮和罐类器物在盘龙城并不好区分，附表所言的"圆肩圆腹罐"从形态上推测应该为小口的瓮。因此附表中的"罐"可能为瓮的误写，在此该墓出土的陶器类型与数量遵循正文的记载。《盘龙城（1963~1994）》，第232、507页。

③ 杨家湾M7出土的陶器分为墓室陶器和填土陶器。其中墓室陶器较为完整，更可能属于墓葬的随葬品；而填土的陶器则均为残破的标本，器类也与一般盘龙城随葬陶器不同，或属于墓葬回填土中偶然混杂进去的，并非为随葬品的一部分（在原报告中，填土的陶器编号为PYWM7：0X）。杨家湾M7墓室出土的陶器在原报告正文描述和平面图，报告附东北角也铺有陶片，主要是1件灰陶罐。"不过，罐和大口尊在墓葬平面图和报告附表中均未见。杨家湾M7棺外的东北角实际随葬有1件瓮，推测所谓之的罐应是瓮的误写。而大口尊则在填土中曾有发现。杨家湾M7西南角的大口尊怀疑可能是填土者的填土中的大口尊。《盘龙城（1963~1994）》，第213、235、507页。

④ 杨家湾M7填土出土有为数不少的陶器。报告中编号PYWM7：0X即为此。不过原报告正文、平面图和附表中所记载的填土出土的陶器也相互有出入。正文曾记载该墓葬填土"根据复原可看出有9件（陶器）"，分别为高、罐、大口尊、壶、爵、瓮、簋圈足、印纹硬陶（原始瓷）尊形器。然而在平面图中墓葬填土的陶器仅有瓮、爵、斝、印纹硬陶和原始瓷尊形器，正文记载中的高、罐、大口尊、簋圈足则在平面图中均未见。墓葬附表则未将任何填土中的陶器计算在内。《盘龙城（1963~1994）》，第213、235、507页。

续表

墓葬编号	墓坑(长×宽)/米	方向	青铜容礼器	普通陶器														印纹硬陶和原始瓷						疑似填土陶器	备注
				高领瓮	大口尊	爵	壶	罍	盉	簋	盆	豆	缸	尊形器	杯	器盖	饼式或纺轮	尊形器	杯	罐	瓿	罍形器	器盖		
杨家湾M11	2.5×1.4	20°	斝4、爵4、觚4、尊3、盉1、鼎1	1									2				4								
杨家湾M12	2.6×1.85		斝1						1				1				1	1			1①				破环
杨家湾M13②	3.9×2.65	18°	鼎4、觚2、爵2、斝2、尊1								1						1③			1					残
杨家湾M16	1.52×(0.5~0.8)		鼎足、斝柱帽1											1											
杨家湾M17	2.9×1.6	20°/200°	觚形器1、爵1、斝1、斝柱帽1、尊形器1④		2								1			1	2⑤		1				1		
杨家湾M18	0.82×(0.56~0.78)																		1						残

---

① 原报告正文记载该墓葬出土了陶器5件，但仅描述了四个器类，分别为盉、缸、纺轮、印纹硬陶（原始瓷）尊形器。报告附表则记载了完整的5件陶器，分别为盉1、缸1、纺轮1、印纹硬陶1和印纹硬陶（原始瓷）瓿1。由于印纹硬陶（原始瓷）瓿的尊形器和瓿在附表中是伴生出土，在此本书遵循报告表中出土陶器的记载。《盘龙城（1963～1994）》，第233、507页。

② 该墓葬随葬品最早曾于1973年农民自建房屋时发掘出土，编号杨家湾M13。当时由于墓葬一半被压于村民房基之下，因此根据揭露的部分器物分多次发掘报告。出土的遗物编号在不同简报中亦有所不同。目前该墓葬最为完整的资料见于《武汉市盘龙城杨家湾M13发掘简报》（《江汉考古》2018年第5期），出土的遗物情况以该简报为准。《盘龙城（1963～1994）》，第397、428页；武汉市黄陂区文管所、武汉市文物考古研究所、武汉市盘龙城遗址博物馆（筹建处）：《商代盘龙城杨家湾十三号墓清理简报》，《江汉考古》2005年第1期；武汉市盘龙城遗址博物馆：《黄陂盘龙城遗址杨家湾十三号墓发掘记》，《武汉文博》2009年第1期；盘龙城遗址博物馆、武汉大学历史学院，盘龙城遗址博物院：《武汉市盘龙城杨家湾M13发掘简报》，《江汉考古》2018年第5期。

③ 该墓葬另出土有若干陶器残片，器类不明。盘龙城遗址博物馆、武汉大学历史学院，盘龙城遗址博物院：《武汉市盘龙城遗址杨家湾商代墓葬发掘简报》，《考古》2017年第3期。

④ 出土有1件青铜器残片，器类不明。武汉大学历史学院，盘龙城遗址博物院：《武汉市盘龙城遗址杨家湾商代墓葬发掘简报》，《考古》2017年第3期。

⑤ 杨家湾M17另出土有若干陶器残片，器类不明。《武汉市盘龙城遗址杨家湾商代墓葬发掘简报》，《考古》2017年第3期。

续表

墓葬编号	墓坑(长×宽)/米	方向	青铜容礼器	普通陶器															印纹硬陶和原始瓷					疑似填土陶器	备注
				鬲	甗	大口罐	爵	斝	壶	罍	瓮	盆	豆	缸	尊形器	杯	器盖	饼或纺轮	尊形器	罐	瓮	罍形器	器盖		
杨家湾 M19	2.38×1.58	200°	鬲1、罍1、尊1、斝足5、斝柱帽1、罍盏2①																1			1			
杨家湾 M21	2.16×1.3	20°/200°		1																					王柄形器
杨家湾 H6	2.3×2.18		觚2、尊4、鬲1、斝3、爵3、鼎足1②	3		1	1			1										1	1				残器2
楼子湾 M9			觚1、斝柱帽1、斝足1、爵1									1	1					1		1	1				
楼子湾 M10	2.46×(0.9～1)	30°	斝1、爵1	1		1				1									2					缸1、盒2	破环
杨家嘴 M3	2.5×0.9	10°												1		1									
杨家嘴 M4	1.93×0.72	360°				3	1	1	1			1	1		1			1			1				
杨家嘴 M13	3.72×1.68	13°								1									1						
杨家嘴 M14	2.7×1.28	20°	爵1③															1							
小王家嘴 M1	1.15×0.55	330°	鼎1、爵1、斝1		1													2（1件为纺轮）							
小王家嘴 M3	1.0×0.49	340°	爵1	2④																					

① 出土有2件青铜残片，器类不明。武汉大学历史学院、盘龙城遗址博物院：《武汉市盘龙城遗址杨家湾商代墓葬发掘简报》，《考古》2017年第3期。
② 出土有1件青铜器残片，器类不明。
③ 出土有1件青铜器残片，器类不明。
④ 其中1件为高足。

199

墓葬编号	墓坑(长×宽)/米	方向	青铜容礼器	高领瓮	瓿	罐	大口尊	爵	斝	壶	罍	盉	簋	盆	豆	缸	尊形器	杯	器盖	饼或纺轮	尊形器(印纹)	杯(印纹)	罐(印纹)	瓷	罍形器	器盖(印纹)	疑似填土陶器	备注
				普通陶器																	印纹硬陶和原始瓷							
小王家嘴 M5	0.64×0.46	342°/162°		1																								
小王家嘴 M7	0.9×0.48	332°					1	1																				
小王家嘴 M9	1.0×0.52	340°												1														
小王家嘴 M10	1.0×0.56	340°												1														灰陶片1
小王家嘴 M11	1.2×0.42	340°	爵1									1																
小王家嘴 M15	1.14×0.42	337°/157°										1																
小王家嘴 M16	1.1×0.9	170°										1																
小王家嘴 M17	1.6×0.6	335°/155°	爵1	3				2				2	1			1				1			1					
小王家嘴 M18	2.6×(0.62~0.65)	337°/157°		1							1																	
小王家嘴 M21	0.64×0.5	333°/153°														4				1								陶器口沿1
小王家嘴 M23	1.58×0.6	336°/156°				1														1								陶器口沿1
小王家嘴 M24	2.6×(1.5~1.6)	340°	爵1、觚1、斝1、鼎2													4												
小王家嘴 M25	1.9×(0.98~1)	340°	爵1、斝1			1														1								
小王家嘴 M26	1.96×(0.87~0.9)	320°	鼎2、爵2、觚2、斝2														1					1						
总数				22	3	9	2	6	6	1	3	8	4	6	1	12	2	1	2	22	8	6	4	4	1	1	1	

杯等（表5.6），杨家湾M4、小王家嘴M26还各随葬1件陶圆饼。不过由于如王家嘴M1、杨家湾M3被破坏发现，墓中所见的陶器可能不能反映实际情况。此外，杨家湾M12虽未见有青铜器，但在墓葬规格上与这批墓葬颇为近似，墓葬规模达到近5平方米。该墓随葬有印纹硬陶（原始瓷）尊形器配瓮的组合，同时伴出了缸、瓮等日常生活用器。鉴于多件印纹硬陶和原始瓷的出土，杨家湾M12的等级可能亦高于一般陶器墓，而与本段所论的4座墓葬相当。

随葬一套觚、爵、斝配尊、鼎、鬲等，或仅随葬一套觚、爵、斝的青铜器组合墓葬，在这一时期出现颇多。这批墓葬的规格多在1～2平方米。目前发表这一时期属于该等级的墓葬共10座[①]，9座出土有陶器（包括普通陶器与印纹硬陶和原始瓷）[②]，6座见有印纹硬陶和原始瓷。同时，杨家嘴M13虽未出土青铜器，不过随葬有印纹硬陶和原始瓷尊形器、墓室大小接近3.5平方米，可能也是属于这一等级，只是墓葬原随葬的青铜器已被破坏；杨家湾M18残存一个墓底，出土印纹硬陶与原始瓷杯、罐的组合，亦可能原来随葬有青铜容礼器[③]。以上12座墓葬随葬的普通陶器主要有鬲、甗、瓮、盆、缸和饼，组合上多以鬲配瓮，盆、饼或鬲配缸、饼为代表，并且鬲、饼出土最多，前者在4座墓葬中见有5件、后者在4座墓葬中见有6件。杨家湾M7甚至出土有2件陶饼和1件纺轮，该墓葬也是同级中规模较大、出土青铜容礼器较多者。这批墓葬出土的印纹硬陶和原始瓷则有尊形器、杯、罐、瓮、罍、罍形器、器盖等，主要器类虽仍以尊形器、杯和罐为主，但比之上一阶段新增加有罍、罍形器、器盖。4座墓葬随葬有两件印纹硬陶和原始瓷，2座为杯和瓮或杯和罐的组合，1座为尊形器和罍的组合，1座出土2件尊形器。另有4座墓葬仅随葬1件印纹硬陶和原始瓷，分别为尊形器、杯和罐。尽管这一等级的墓葬印纹硬陶和原始瓷出现的比例较高，但不见最高等级如杨家湾H6随葬多达4件印纹硬陶和原始瓷的情况。

这一阶段主要随葬陶器、不见青铜礼器的墓葬有13座[④]，墓葬规格多在2平方米以下。杨家湾M1、杨家嘴M4、杨家嘴M14虽见有青铜爵的残片或青铜残件，但墓葬规格较小，在此仍将其归于一起讨论。这16座墓葬随葬的陶器均为普通陶器，未见印纹硬陶和原始瓷。不同于以上青铜器贵族墓葬随葬的陶器多见鬲、缸，这一等级的墓葬陶器以爵、斝组合为主。在16座墓葬中有3座随葬有一套陶质的爵、斝；另外杨家湾M1虽仅出土有1件陶斝，但该墓同出有1件青铜爵，可以与陶斝相配。由此可见，较低等级的墓葬实际在用陶质的爵、斝来取代青铜爵、斝的容礼器。而以爵、斝组合为核心，墓葬同时可配有鬲、甗、罐、盆、簋、瓮等陶器（图5.13）。其中多见的陶瓮、盆，目前分别公布有5件、4件，分布在4座墓

① 依据青铜容礼器的套数和组合来判定墓葬的等级虽在多数墓葬中可行，但仍然存在一些例外的情况。例如，楼子湾M10见有斝1、爵1，杨家湾M10见3件残斝配鬲1、尊1、罍1，杨家湾M7见有斝1、斝1配鬲1、尊1。以一套觚、爵、斝作为判定的标准为例，这些墓葬都不随葬完整的青铜觚、爵、斝的组合。不过，这些墓葬的规格大小、部分伴出的青铜鼎、鬲、罍等器物，仍显现出了其有着较高的等级，与随葬一套青铜觚、爵、斝的器物组合墓葬相近。同时考虑到，盘龙城不少墓葬被后期破坏，墓中所见的随葬品可能已不完整。在此将盘龙城出土青铜爵、斝，或青铜爵、斝搭配的其他器物的墓葬仍归于这一等级讨论。

② 这一等级中唯一未见有陶器出土的墓葬为盘龙城童家嘴M1。不过该墓葬实际并未经过科学的发掘，而仅依据采集品定性。因此同墓中出土的陶器（包括印纹硬陶和原始瓷）在当初调查时可能未引起注意，不排除该墓葬原随葬有陶器。

③ 武汉大学历史学院、盘龙城遗址博物院：《武汉市盘龙城遗址杨家湾商代墓葬发掘简报》，《考古》2017年第3期。

④ 这13座墓葬中不包括可能属于上述较高等级贵族、但未见青铜器被破坏的杨家湾M12、杨家湾M18、杨家嘴M13三座。

葬中；陶鬲公布有6件，分布在5座墓葬中（见表5.6）。杨家嘴M4和杨家嘴M14还各出土有1件陶圆饼。这两座墓葬正为以上16座墓葬中随葬品较丰富、规模较大者：杨家嘴M4出土有9件陶器，在这批墓葬中出土陶器数量最多（表5.6；图5.13）；而杨家嘴M14墓室大小接近3.5平方米，除陶饼外还出土1件青铜的爵。

整体而言，这一时期不同等级墓葬随葬的陶器类型特征与上一阶段基本一致。印纹硬陶和原始瓷仍主要出自等级较高的贵族墓葬。规模最大、出土多套青铜容礼器的墓葬，如杨家湾H6，出土有4件印纹硬陶和原始瓷；两套青铜斝、爵、罍的墓葬则常见有尊形器配瓮或杯配瓮等2件组合的印纹硬陶和原始瓷；稍小的配一套斝、爵、罍的墓葬部分仅见有1件印纹硬陶和原始瓷，甚至出现用普通陶器模仿印纹硬陶替代的现象；而小型的平民墓葬则基本不见印纹硬陶和原始瓷。另外可能与墓葬等级相关的随葬陶器则属圆饼。以上论及等级较高、出土青铜容礼器的26座墓葬中[①]，出土圆饼者14座，占比近五成余[②]。部分有着较多青铜容礼器的墓葬，如杨家湾M7、杨家湾M11、杨家湾M17等甚至可见2～4件圆饼。相对应的是，7座小型的平民墓葬中仅2座随葬有圆饼，出现比例不到三成[③]。严志斌曾认为夏商时期墓葬中的陶圆饼，可能为漆觚腰部中的隔断，它的出现代表墓中曾随葬有漆觚[④]。由于漆器往往

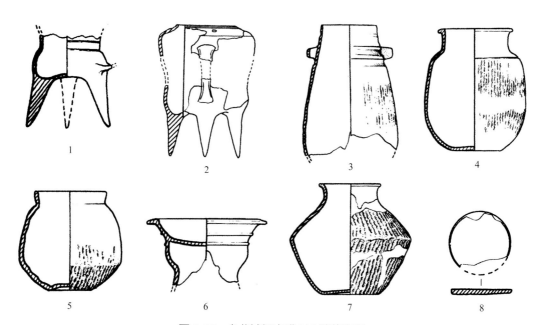

图5.13　盘龙城杨家嘴M4随葬陶器

1. 爵（杨家嘴M4：1）　2. 罍（杨家嘴M4：4）　3. 壶（杨家嘴M4：3）

4、5、7. 罐（杨家嘴M4：2、杨家嘴M4：5、杨家嘴M4：6）　6. 豆（杨家嘴M4：7）　8. 饼（杨家嘴M4：8）

---

① 这26座墓葬包括杨家湾M12、杨家湾M18，这2座墓葬虽未发现青铜器，但考虑到墓葬已被破坏，同时墓葬规模较大或出土玉器、印纹硬陶和原始瓷，推测应属青铜器贵族墓葬。

② 需要注意的是，由于陶饼体积较小，在墓葬后期破坏中极容易被扰乱遗失；而盘龙城不少青铜器贵族墓葬实际是青铜器已在地表裸露之后再进行的抢救性工作，部分甚至仅采集了青铜器，在这一工作背景下小型的陶圆饼亦可能有所忽视。因此，青铜器贵族墓葬中陶圆饼的出现比例应该更高。

③ 这两座墓葬中还包括了杨家嘴M14，该墓出土了1件残爵。

④ 严志斌：《漆觚、圆陶片与柄形器》，《中国国家博物馆馆刊》2020年第1期。

制作难度较大、在先秦时期多见于等级较高的墓葬之中，这一解释或可说明为什么陶圆饼会更多出现在贵族墓葬中。实际上，杨家湾M17在发掘中曾揭露出1件漆瓤的残痕，腰部正有1件圆饼[①]。这一发现可进一步补充严文对于陶圆饼的解释。

而除印纹硬陶和原始瓷、陶圆饼外，其他普通陶器在墓葬中暂未显现出明显的等级差异。并且，墓葬之间随葬的陶器并无特别的规律，甚至可见就是直接挪用普通的生活用器。仅较低的平民墓葬会更多地出现陶爵、斝的组合，由上已述，这应是用来替代青铜质地的容礼器。这一时期，盘龙城墓葬普通陶器的随葬还未形成一定的范式。从不同器类在墓葬中的出现数量和频次观察，陶鬲这一时期出现最多，在15座墓葬中出土22件。其次，罐、瓮、盆、爵、斝等陶器亦较为常见，分别在7座墓葬中出土9件、7座墓葬中出土8件、6座墓葬中出土6件、5座墓葬中出土6件、5座墓葬中出土6件（图5.14）。除爵、斝外，以上陶盛食器、储藏器多是与鬲相搭配出现。普通陶器的这些随葬组合，可见与上一阶段仍大体相近。不过比较而言，这一时期墓葬中的普通陶器多见缸，其在7座墓葬中出土12件，甚至超过了以往墓葬常见的瓮、盆、爵、斝等器类数量。而缸在第三期墓葬中仅见2件，数量较少。缸在盘龙城最后一期墓葬中涌现，一方面与这一时期居址生活用器中缸数量占比较大相呼应，另一方面，此类器物于中原地区少见，更不见于郑州商城、偃师商城墓葬之中，进一步显现出了盘龙城丧葬陶器类型日渐本地化的趋势。同样，盘龙城第四期墓葬普通陶器新增加器盖，印纹硬陶和原始瓷新增加罍、罍形器和器盖（图5.15），这些器类也基本不见于中原地区墓葬陶器中，突出反映为一种地方性的葬器习俗。

在商代前期，墓葬一般多邻近居址，形成"居葬合一"的布局特征。由此，通过墓葬分布可进一步观察不同人群在聚落中的组织状况。盘龙城第四期阶段墓葬广泛分布于杨家湾、杨家嘴、楼子湾、西城垣、王家嘴、小王家嘴和童家嘴等地点。不过从出土陶器的角度观察，不同地点的墓葬并未出现随葬陶器类型、形制的差异。杨家湾墓葬群出土的陶鬲、簋、盆等传统中原式陶器、缸等体现地方文化因素的陶器，在小王家嘴墓葬群中亦有所见。不同

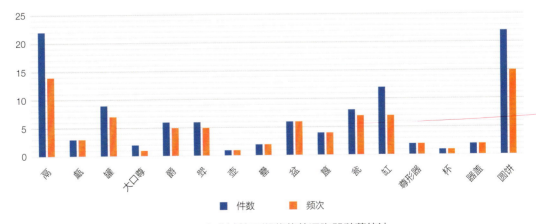

图 5.14　盘龙城第四期墓葬普通陶器随葬统计

---

① 武汉大学历史学院、盘龙城遗址博物院：《武汉市盘龙城遗址杨家湾商代墓葬发掘简报》，《考古》2017年第3期。

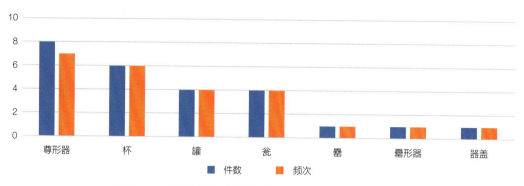

图5.15　盘龙城第四期墓葬印纹硬陶和原始瓷随葬统计

地点墓葬出土的陶器类型基本一致，这与上述的居址陶器分布状况类似，指示出盘龙城聚落内不同地点的人群构成应是相近的。

　　以上需要指出的是，目前发现的盘龙城墓葬并不能完全说明盘龙城墓葬出土的陶器情况。比较中原核心地区，盘龙城青铜器贵族墓葬数量比例较高，而一般平民陶器墓葬较少。这实际因为盘龙城早年工作，多是在已露出青铜器或发现青铜器后才确认墓葬，而并未针对墓葬本身有过大规模发现。由此普通陶器墓葬在盘龙城发现较少，并长期以来有所忽视。例如杨家湾T38第4层集中出土有较完整的斝1、簋1及印纹硬陶和原始瓷杯1，此类器物组合很少见于居址地层中并完整出土，颇怀疑应是出自附近的墓葬[①]。盘龙城墓葬，特别是一般平民墓葬陶器的葬器特征，仍需要将来进一步工作展开探讨。

第三节　小　　结

　　盘龙城聚落在鼎盛阶段面积达6.5平方千米，遗存内涵包括城垣、大型的公共类建筑、青铜器贵族墓葬、铸铜手工业作坊，以及外围分布的普通居址，为长江中游地区商代前期的中心性聚落。而不同等级的人群构成、非农业的生产部门、超出一般聚落的规模，更突显出盘龙城的城市属性，远非一般性的村庄或小型城镇。作为中心性的城市聚落，盘龙城理应对周边资源和人口有着广泛的吸纳能力，并可能扮演地区管理者的角色。可以预想，城市内部人群来源多样，存在一定的外来人口，同时有着不同的职业分工和复杂的层级管理体系。而陶器作为一般民众日常大量使用的器物，更可以此探讨城市内部人群和组织的构成、复原在城市形成和发展过程中人群之间的互动关系。

　　从居址的角度观察，盘龙城聚落在形成之初可见一波不同地区文化背景人群急剧汇入、

---

① 值得注意的是，杨家湾T38实际为杨家湾H6贵族墓葬的西侧相邻探方，不排除这一区域可能有集中墓葬的分布。

交流互动。在盘龙城第二期二、三组，即城垣、大型公共类建筑营建之前，居址陶器广泛见到二里冈文化、岳石文化、下七垣文化、二里头文化、澧水流域地方文化等文化因素，展现出了城市化早期聚落对周边人群的吸纳能力。而至盘龙城第三期，聚落的鼎盛阶段，居址的陶器面貌则趋于单一，以二里冈文化因素为主体的文化面貌趋于定型。但这一时期居址仍可见如带鋬鬲、一定量的印纹硬陶和原始瓷，展现出了盘龙城城市与邻近长江流域其他地区的文化交流。至盘龙城最后阶段，邻近长江流域的外来文化因素日益减少，带鋬鬲和A型壶消失，城市与外界的交流呈现出了衰落态势。不过，这一时期盘龙城仍大量可见印纹硬陶和原始瓷，表明城市与长江下游印纹陶文化区在某些特殊器物上有着物资的流通。

尽管盘龙城居址可见各类不同地区的文化因素，但是在空间的分布上，这种不同地区的文化因素更多地表现为一种混杂的结构。在盘龙城第二期，各地点陶器均以二里冈文化因素为主，零星源自北方的岳石文化因素、下七垣文化因素等混杂其中，而未见某一地点集中出土这些特定文化因素的陶器类型。可以推想，盘龙城聚落人群主体来源于中原地区，同时其还携带有岳石文化、下七垣文化等文化背景的人群南下。而不同地区文化背景的人群在盘龙城则是混杂而居，并未单独形成自己的生活圈。仅是在王家嘴地点，我们可见澧水流域文化因素和二里头文化因素有部分集中的分布。但是这种分布又只涉及酒器、盛食器等部分陶器，因此其出现可能有着其他的背景。进入盘龙城第三、四期，各地点的陶器类型同样表现出一种均一性，零星可见长江地方文化因素混杂其间，未见有集中分布的现象。不过从这一阶段开始，伴随着盘龙城城市内部空间等级分化的加剧，高等级贵族和一般平民居址使用的陶器类型显现出了一定的差异。其中李家嘴、杨家湾、杨家嘴等近于城垣、大型建筑的地点，多出现与中原地区形制特征一致的陶器、印纹硬陶和原始瓷；而一般平民居址陶器则在形制上有着更多自身特征，并且少印纹硬陶和原始瓷。由此可见，高等级的贵族与中原核心地区有着更为紧密的联系，而普通平民则在发展过程中文化的地方特征日趋突出。

盘龙城居址陶器的分布暗示出城市内部的结构，可能并非如通常认为的都邑性质的城市这般，由聚族而居的族邑构成；而更可能为一种单线的由上至下的层级管理。而贵族或称为城市的统治者，则是在中原地区的强势影响下展开对城市，乃至于周边地区的管理。

从墓葬的角度观察，陶器在盘龙城墓葬的随葬情况更多地表现为等级的差异，而非空间分布的不同；这一点与居址陶器的分布格局颇为类似。从盘龙城第三期开始，随着墓葬层级分化日益加剧，高等级贵族墓葬在陶器上更多使用印纹硬陶和原始瓷，特别是以尊形器或杯配罐或瓿的组合搭配为代表；与此同时可能属于漆觚部件的陶圆饼也多在等级较高的墓葬中出现。相对应的是，平民的陶器墓葬则基本不见印纹硬陶和原始瓷，以及陶圆饼。不过在普通陶器的随葬上，不同等级的墓葬未显现出严格的区分，尽管如李家嘴M2、杨家湾H6等规模较大的墓葬会出土更多的陶器。在陶器的组合上，这一时期盘龙城似并未形成较为统一的规范，不同墓葬之间随葬的陶器类别相差较大。虽然从整体的数量分布而言，盘龙城墓葬随葬的陶器与中原地区墓葬陶器有着一定的相近性，如多随葬鬲、爵和斝常同出、配有盆和簋等盛食器；但是与中原地区的差异更是显著。盘龙城墓葬少见陶豆、陶簋，且不见陶觚，反而这三类器物在郑州商城、偃师商城墓葬中多见；盘龙城墓葬在最后阶段多出现陶缸，由上已知缸具有本地文化特征，同样此类物在中原地区墓葬中基本不见；此外，盘龙城高等级贵族墓葬常出现两类不同印纹硬陶和原始瓷的组合，这在中原地区墓葬中亦少见。虽然，一方面，盘龙城墓葬青铜器的组合和形制与中原地区几近一致，但是丧葬使用的陶器却有着更多自身的特征，并在平民墓葬中表现得尤为明显。另一方面，盘龙城不同地点墓葬出土的陶器并未展现出可能的差异。抛开等级的不同，盘龙城各地点墓葬随葬陶器的类别、形制都大体相近。包括与长江下游关联的带鋬鬲，所属的墓葬分别位于杨家湾和杨家嘴；出土缸的墓葬更是广泛分布于杨家湾、杨家嘴、楼子湾、小王家嘴等地。如果把陶器作为墓主人文化背景来源的指标，盘龙城不同地点人群的构成同样展现出一种混杂或谓之相互一致的景象。

陶器因与人群的日常生活有着直接的联系，更易体现出人群的文化来源、互动往来，乃至人群之间的社会关系。这也是认识陶器背后社会属性的基础所在。将盘龙城出土的陶器归入其原本的出土背景，一方面可见，聚落的人群结构仍是以二里冈文化背景为主体，零星混杂有少量岳石文化、下七垣文化等其他文化背景的人群；另一方面，聚落内部的社会结构更多体现在由上至下的等级分层，而非不同地区人群之间的平行互动，并且高等级的贵族愈发展现出与中原地区之间的关联，而普通平民却日益形成了自身独有的文化习惯。

第六章

区域间的文化互动

盘龙城作为夏商时期长江流域的一处中心性城市聚落，邻近长江和府河（涢水）的交汇处，一如当今的湖北武汉，具有天然的地理交通优势。已有学者研究，府河在夏商时期与澴水、滠水为同一水系，并不入涢水；从盘龙城遗址向北溯河而上，可到桐柏山地区，由此进入中原腹地[①]。而盘龙城遗址东南约10千米即为长江干流，顺府河而下入江，便可以长江为通道连接东西。与此同时，中心性城市的属性又使得盘龙城不仅对周邻人口和资源有着强大的吸纳能力，同时相反也应有一定的辐射和控制范围。夏商时期中原王朝向南的经略即可能以盘龙城为中心，再向外围地区扩散[②]。

在这一背景之下，盘龙城与周邻地区，乃至远距离、跨区域之间有着广泛的物资和文化交流。盘龙城与北方中原地区之间的紧密联系、以盘龙城为中心的地区文化格局、长江沿线地区的往来互动，都展现出了这一地点多维度的文化交流的格局。而陶器作为人群日常使用、有着较强的文化"黏性"的物质遗存，更易体现出不同地区间，特别是在其基层民众之间的交流与互动。盘龙城陶器群所见二里冈文化因素、二里头文化因素、岳石文化因素、澧水流域地区文化因素、长江下游地区文化因素，都在不同程度上反映了盘龙城与这些地区之间的文化联系。

盘龙城陶器群一方面整体表现为较为浓郁的中原文化特质，另一方面又在不同阶段掺杂有不同地区的文化因素，特别是长江流域地方文化因素。而作为一处中心性的聚落，盘龙城以自身为中心又会形成对外的文化辐射。因此，论及盘龙城陶器群所见区域间的文化互动，实际可将其分为三个维度（图6.1）。其一，以盘龙城为中心，周邻地区所形成的小文化圈，陶器群的文化互动多体现为盘龙城向周边地区的影响。其二，盘龙城周邻以外的长江中下游地区，陶器群的文化互动多体现为零星因素的相互交流。其三，以郑洛地区为核心的中原文化圈，陶器群的文化互动多体现为中原文化向盘龙城的影响，仅零星因素可能为盘龙城反向回馈至中原地区。鉴于不同维度中其文化互动的方向、内涵、背景与机制都有所不同，以下将分三个层面对盘龙城陶器群所见的区域间的文化互动展开讨论。

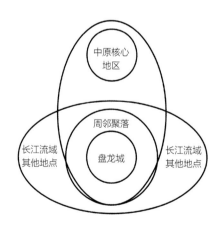

图6.1　盘龙城与周邻地区文化关系结构示意图

① 邹秋实：《景观考古视角下江汉地区夏商时期聚落研究》，第305～311页，武汉大学出版社，2023年。
② 盛伟：《夏商时期中原文化在江汉地区的进退——以盘龙城遗址的兴废为中心的考古学观察》，武汉大学硕士学位论文，2012年；孙卓：《南土经略的转折——商时期中原文化势力从南方的消退》，第335页，科学出版社，2019年。

第一节　盘龙城与周邻聚落陶器群的文化互动

　　与盘龙城聚落出现、发展和衰落同步，长江干流及其邻近流域同一时期还分布着数处文化面貌颇为近似的聚落点（图6.2）。这些遗址的陶器类型、陶器形态多与盘龙城相近，均体现为浓郁的中原文化色彩，但同时又有着一定的地方特征，由此形成了所谓的中原文化"盘龙城类型"[①]。受到中原文化向南扩张的影响，目前发现的这些聚落点主要位于盘龙城以北的涢水、滠水、澴水和举水流域，聚落距盘龙城多在30～50千米，形成了沿河流条带状分布。而沿长江干流东西两侧，在长江北岸、大别山西南麓有意生寺遗址，长江南岸、洞庭湖以东有铜鼓山遗址。以上两处聚落点距离盘龙城150千米左右，陶器群的文化面貌同样与盘龙城有着极大的相近性，可能属于盘龙城影响下的二级聚落。以上遗址点正属于与盘龙城有着密切联系的"周边聚落"。

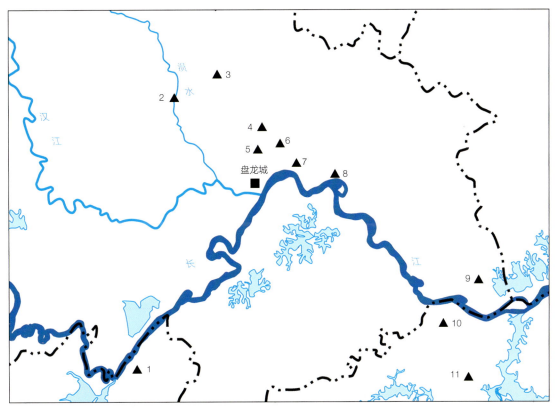

图6.2　盘龙城与同时期周邻主要聚落的分布

1.铜鼓山　2.晒书台　3.聂家寨　4.钟家岗　5.钟分卫湾　6.郭元咀　7.香炉山　8.下窑嘴　9.意生寺　10.铜岭　11.荞麦岭

---

① 邹衡：《试论夏文化》，《夏商周考古学论文集》，第126页，文物出版社，1980年；《盘龙城（1963～1994）》，第498页；中国社会科学院考古研究所：《中国考古学·夏商卷》，第266页，中国社会科学出版社，2003年。

一、盘龙城以北的长江支流和干流北岸

长江干流及其以北的涢水、澴水、滠水、倒水、举水等流域，与盘龙城同阶段的遗址目前见有香炉山、聂家寨、晒书台、郭元咀、钟家岗、钟分卫湾、下窑嘴、凤凰台、好石桥、大台子、庙寨、城隍墩、凤凰台（孝昌）、凤凰墩、涨水庙、下坝电站、花园、女儿台、徐家洲、光山造、甑山、台子湖、小王家山、寨上等二十余处。其中香炉山、聂家寨经过了科学的考古发掘，陶器材料较为丰富，年代集中在商代早中期①。晒书台有小规模的试掘和多次调查，目前发表了部分采集的陶片，仅可大约推置于商代前期②。郭元咀早年曾采集1件商代前期的青铜爵和属于这一阶段的陶片③；近年来该遗址进行了进一步的考古工作，揭露出商代前期的一处铸铜作坊。根据笔者目测，郭元咀出土的陶片多属于商代中期前后，不过目前该资料尚在整理。钟分卫湾、袁李湾、下窑嘴则分别采集有商代前期的青铜器、玉器④，但均未展开进一步的考古工作，出土陶器类型不详。凤凰台、好石桥、大台子、庙寨、城隍墩、凤凰台（孝昌）、凤凰墩、涨水庙、下坝电站、花园、女儿台、徐家洲、光山造、甑山等遗址则仅经过简单的调查，零星采集有属于这一阶段的陶器标本⑤。此外，小王家山、寨上等遗址虽经过了较大面积的考古发掘，然而目前资料都还未正式发表。

以上遗址中，香炉山与聂家寨发表的陶器材料较多，可作为盘龙城以北周边聚落的典型材料。香炉山遗址位于长江北岸、倒水以西，东距盘龙城近30千米。根据两次的发掘所获，香炉山商时期的遗存主体在二里冈上层至殷墟一期，约与盘龙城遗址同时或稍晚⑥。遗址出土的陶器多见夹砂陶，类型以鬲、罐、豆、缸为主，并零星见有印纹硬陶和原始瓷、簋

① 武汉大学历史系考古教研室、武汉市博物馆、新洲县文化馆：《湖北新洲香炉山遗址（南区）发掘简报》，《江汉考古》1993年第1期；香炉山考古队：《湖北武汉市阳逻香炉山遗址考古发掘纪要》，《南方文物》1993年第1期；北京大学考古专业商周组、山西省考古研究所、河南省安阳、新乡地区文化局、湖北省孝感地区博物馆：《晋豫鄂三省考古调查简报》，《文物》1982年第7期；湖北省孝感地区博物馆：《孝感市几处古遗址调查简报》，《江汉考古》1983年第3期；孝感地区博物馆、孝感市博物馆：《湖北孝感聂家寨遗址发掘简报》，《江汉考古》1994年第2期。

② 余丛新：《安陆县晒书台商周遗址试掘》，《江汉考古》1980年第1期；北京大学考古专业商周组、山西省考古研究所、河南省安阳、新乡地区文化局、湖北省孝感地区博物馆：《晋豫鄂三省考古调查简报》，《文物》1982年第7期；熊卜发：《湖北孝感地区商周古文化调查》，《考古》1988年第4期；孝感地区博物馆：《湖北孝感地区古文化遗址调查》，《考古》1986年第7期；孝感地区博物馆：《湖北安陆市商周遗址调查》，《考古》1993年第6期。

③ 孝感地区博物馆：《孝感、黄陂两县部分古遗址复查简报》，《江汉考古》1983年第4期。

④ 郭水廉：《湖北黄陂矿山水库工地发现了青铜器》，《考古通讯》1958年第9期；熊卜发、鲍方铎：《黄陂出土的商代晚期青铜器》，《江汉考古》1986年第4期；熊卜发、刘志升、李晓明：《黄陂县出土玉器铜器》，《江汉考古》1981年增刊1期。

⑤ 云梦县博物馆：《湖北云梦商、周遗址调查简报》，《江汉考古》1990年第2期；周厚强：《孝感地区的商代文化》，《江汉考古》1990年第2期；孝感市文管所：《孝感市大台子新石器时代遗址调查》，《江汉考古》1990年第2期；湖北省孝感地区博物馆、湖北省孝感地区博物馆：《孝感市几处古遗址调查简报》，《江汉考古》1987年第3期；孝感地区博物馆：《孝感、黄陂两县部分古遗址复查简报》，《江汉考古》1983年第4期；北京大学考古专业商周组、山西省考古研究所、河南省安阳、新乡地区文化局、湖北省孝感地区博物馆：《晋豫鄂三省考古调查简报》，《文物》1982年第7期；孝感地区博物馆：《湖北孝感地区古文化遗址调查》，《考古》1986年第7期；孝感地区博物馆：《湖北安陆市商周遗址调查》，《考古》1993年第6期；孝感地区博物馆：《湖北省汉川县考古调查简报》，《考古》1993年第8期；李端阳、陈明芳：《湖北孝感市古文化遗址调查简报》，《考古》1994年第9期。

⑥ 武汉大学历史系考古教研室、武汉市博物馆、新洲县文化馆：《湖北新洲香炉山遗址（南区）发掘简报》，《江汉考古》1993年第1期；香炉山考古队：《湖北武汉市阳逻香炉山遗址考古发掘纪要》，《南方文物》1993年第1期。

等。在陶器形态上，香炉山出土的陶鬲可分为具有一定地方特征的联裆鬲（图6.3）和与中原地区陶鬲形态一致的分裆鬲（图6.3，1），此外还少量见有饰圜络纹的大型陶鬲，这些特征均表现出了与盘龙城遗址陶鬲一致的特征（图6.3，8、9）；香炉山出土的缸作长筒形器底，上饰网格纹、下饰竖向的绳纹（图6.3，3），此类型缸虽未在盘龙城见到类型一致者，但明显可以看出应源自盘龙城BcbⅢ式缸（图6.3，10）；此外，诸如假腹豆、簋等陶器也可见与盘龙城同类器之间的相近之处（图6.3，4、11）。聂家寨遗址位于澴水东侧，西北距盘龙城遗址约68千米。其中商时期的遗存主体属于殷墟一期前后，略晚于盘龙城遗址，但不排除部分早期与盘龙城同时[①]。聂家寨商时期的陶器以灰陶居多、次之为红陶，并有少量的印纹硬陶和原始瓷，器类则多见鬲、甗、瓮、大口尊、缸等。聂家寨陶鬲同样分作联裆和分裆两类（图6.3，5、6），大口尊多为小型、肩部不突出者，并且缸流行底部长筒、凸出的形态（图6.3，7），都可以看出与盘龙城遗址同类器之间的关联（图6.3，8～10）。不过比较香炉山，聂家寨出土的陶器有着一定的、不见于盘龙城的自身特征。例如，部分陶甗腰部加粗、饰一周"指甲

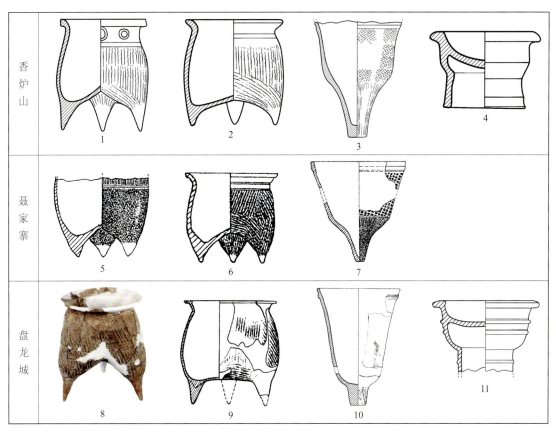

图6.3 香炉山、聂家寨与盘龙城出土陶器比较

1、2、5、6、8、9.鬲（H45：1、T1019②A：6、T2③D：18、T2③A：1、杨家湾H2：1、王家嘴T82⑤：1）

3、7、10.缸（T0918②C：1、xy采：1、杨家湾T24③：5） 4.豆（H45：4） 11.豆（杨家湾J1：18）

---

① 北京大学考古专业商周组、山西省考古研究所、河南省安阳、新乡地区文化局、湖北省孝感地区博物馆：《晋豫鄂三省考古调查简报》，《文物》1982年第7期；湖北省孝感地区博物馆：《孝感市几处古遗址调查简报》，《江汉考古》1983年第3期；孝感地区博物馆、孝感市博物馆：《湖北孝感聂家寨遗址发掘简报》，《江汉考古》1994年第2期；孙卓：《南土经略的转折——商时期中原文化势力从南方的消退》，第137、138页，科学出版社，2019年。

纹"；陶鬲出现腹身正或略横的长方体者。考虑到遗址整体的年代偏晚，部分陶器形制的独特因素或因其时代晚于盘龙城而衍生出新的变化。

由上可见，香炉山、聂家寨商时期陶器在类别和形态上，基本不出盘龙城遗址陶器群的范畴。甚至部分多见如联裆鬲、肩部不突出的大口尊、凸底的缸等，这些陶器器形不常见于中原地区，反为盘龙城陶器群的特色，表明这两处遗址陶器群的文化特征并非单纯源于中原地区，而应受到盘龙城或类似文化格局的影响。不过从目前已发表的材料观察，香炉山、聂家寨出土的陶器以鬲最为多见，次之为瓮、缸等储藏器，另有少量的簋、豆等盛食器。比较盘龙城，香炉山和聂家寨的陶酒器基本不见，也不见如器盖、尊形器、杯等形制特殊的类别，或反映非中原二里冈文化之外的如岳石文化、下七垣文化、长江流域地方文化等因素的陶器。此外，这两处遗址同一类别的陶器，其形态也较为单一，细的分型较少。而反观盘龙城，陶鬲、鼎、瓮、豆、簋、缸等在尺寸、形态上变化丰富。香炉山、聂家寨与盘龙城陶器群的这些差异或因于不同遗址等级或规模的不同。中心性的聚落，如盘龙城，可能因对人口和资源较强的吸纳，陶器的文化面貌更加复杂多样、器类与器形更为丰富；而次之的二、三级聚落则人群构成简单、缺乏地区间的文化交流，因而陶器的文化面貌更显单一。同样盘龙城比较郑州商城，前者属于地方性的聚落，后者为中心性聚落；因此相对而言，盘龙城陶器群缺少酒器、器类较为单一，而郑州商城则酒器和盛食器占比较大，器类多样，有着更为复杂的文化来源。

除香炉山、聂家寨之外，盘龙城周边遗址多为调查，部分采集有这一时期的陶片。其中见有年代特征、类型特征较为明确的陶器标本的遗址有如下几处：

晒书台遗址，西北距盘龙城约80千米，涢水西岸。该遗址经过试掘和多次调查，采集的陶片如带附加堆纹的鬲口沿、缸口部、无肩的大口尊等（图6.4，1～4），基本都可在盘龙城见到同类标本，年代大致相当于盘龙城第三、四期[1]。

好石桥遗址，西北距盘龙城约70千米，同样位于涢水西岸。遗址调查采集的陶片多属于西周时期，但采：08缸底部下作凸出的形态、器壁有明显的加厚（图6.4，6），陶鬲方唇、分裆、腹身呈正方体（图6.4，5），在盘龙城遗址同样可见，约与盘龙城第三、四期同时[2]。

凤凰台遗址（云梦），西北距盘龙城约56千米，邻近澴水西岸。该遗址采集有素面的陶鬲锥足、向下凸出的陶缸底部（图6.4，7、8），与盘龙城第四期陶器特征相近[3]。

涨水庙遗址，西北距盘龙城近74千米，同样位于澴水西岸。遗址采集有陶鬲足、缸底部（图6.4，9、10），可比较盘龙城遗址陶器群[4]。

① 余丛新：《安陆县晒书台商周遗址试掘》，《江汉考古》1980年第1期；北京大学考古专业商周组、山西省考古研究所、河南省安阳、新乡地区文化局、湖北省孝感地区博物馆：《晋豫鄂三省考古调查简报》，《文物》1982年第7期；熊卜发：《湖北孝感地区商周古文化调查》，《考古》1988年第4期；孝感地区博物馆：《湖北孝感地区古文化遗址调查》，《考古》1986年第7期；孝感地区博物馆：《湖北安陆市商周遗址调查》，《考古》1993年第6期。

② 云梦县博物馆：《湖北云梦商、周遗址调查简报》，《江汉考古》1990年第2期；周厚强：《孝感地区的商代文化》，《江汉考古》1990年第2期。

③ 云梦县博物馆：《湖北云梦商、周遗址调查简报》，《江汉考古》1990年第2期。

④ 北京大学考古专业商周组、山西省考古研究所、河南省安阳、新乡地区文化局、湖北省孝感地区博物馆：《晋豫鄂三省考古调查简报》，《文物》1982年第7期；熊卜发：《湖北孝感地区商周古文化调查》，《考古》1988年第4期。

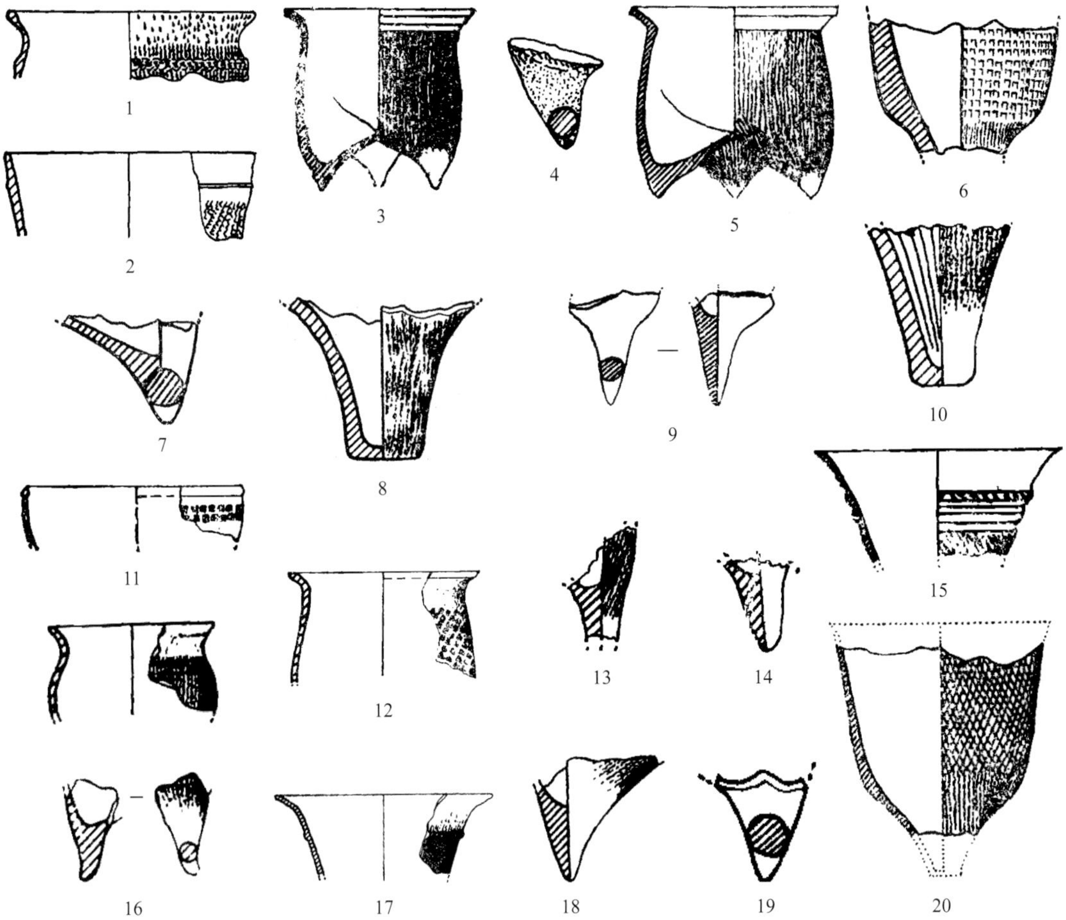

图 6.4 盘龙城邻近周边部分调查遗址采集陶片标本

1. 鬲口沿 2、6、20. 缸 3、5. 鬲 4、7、9、13、14、18、19. 鬲足 8、10. 缸底部 11. 盆
12. 印纹硬陶与原始瓷罐 15、17. 大口尊 16. 鬲口沿和鬲足
[1～4 出自晒书台，5、6 出自好石桥，7、8 出自凤凰台（云梦），9、10 出自涨水庙，11～13 出自凤凰台（孝昌），
14 出自凤凰墩，15、16 出自城隍墩，17、18 出自郭元咀，19、20 出自小王家山]

凤凰台遗址（孝昌），位于澴水流域。遗址采集有陶尖锥的鬲足、敛口盆、印纹硬陶和原始瓷罐（图6.4，11～13），基本与盘龙城同类陶器形态特征一致，同样可比照于盘龙城第三、四期[①]。

凤凰墩遗址，位于磕子河东岸，为澴河的支流。遗址采集有陶素面尖锥的鬲足（图6.4，14）、大口尊等，大约与盘龙城商时期属于同阶段[②]。

城隍墩遗址，西北距盘龙城约40千米，东近澴水。该遗址调查所编第9层曾采集1件尖锥的鬲足，足尖略微外撇，被认为属于"早商文化"（图6.4，15、16）[③]。根据鬲足外撇的特征，其陶器群的年代可对应于盘龙城第四期或略晚。

① 李端阳、陈明芳：《湖北孝感市古文化遗址调查简报》，《考古》1994年第9期。
② 李端阳、陈明芳：《湖北孝感市古文化遗址调查简报》，《考古》1994年第9期。
③ 孝感地区博物馆：《孝感、黄陂两县部分古遗址复查简报》，《江汉考古》1983年第4期。

郭元咀遗址，东北距盘龙城34千米，滠水东岸。该地点南部的鲁台山遗址早年在发掘西周墓葬时，曾报道于墓葬填土发现商代陶片[1]。之后遗址调查采集有素面尖锥的立足、无肩的大口尊（图6.4，17、18）。其中鬲足形态矮胖，可比较盘龙城第四期陶鬲特征[2]。近年来，郭元咀遗址展开了进一步的考古发掘。不过目前资料尚在整理过程中。根据笔者实地考察，遗址出土的陶器部分与盘龙城陶器群相近，但整体年代应略晚于盘龙城。

小王家山遗址，西北距盘龙城近60千米，涢水东岸。遗址早年经过调查，采集有矮尖锥鬲足、底部凸出的缸等陶器（图6.4，19、20），与香炉山、聂家寨同类器颇为近似[3]。小王家山遗址后做过考古发掘，但目前资料暂未发表。根据笔者观察遗址出土的陶器主要集中在盘龙城第四期或稍晚阶段。

此外，大台子、庙寨、下坝电站、花园、女儿台、徐家洲、光山造、甑山、台子湖等遗址，经调查、采集陶片，被认为属于商时期[4]。不过目前这些遗址采集的陶器标本较为残破或器类形制特征不强，暂难确定其具体的年代，也难以与盘龙城陶器群相比较。

以上经过调查的遗址，因仅有少量采集的陶片，可能难以完整反映遗址陶器群的情况。不过，根据目前发表的资料，这些遗址与香炉山、聂家寨陶器群颇为相近，器类上多见鬲、大口尊、盆、罐、缸等，并有少量的印纹硬陶和原始瓷，而极少见爵、斝等酒器；器形上颈部饰附加堆纹的中型鬲、无肩部的大口尊、底部凸出的缸等又多能在盘龙城遗址找到同类一致者。此外，目前这些遗址均未发现特殊的，或有其他地方文化背景的陶器类型。由此可见，围绕盘龙城遗址以北的区域，聚落的陶器展现出了一种单一的、与盘龙城陶器群相近的文化特征，并缺乏多元的外来文化因素。而盘龙城不少略显地方特点的器物形态，在以上这些遗址中也多有发现。可以试想，这一时期中原文化势力应是自北向南进入盘龙城，但是北部近山地的聚落并未比之盘龙城表现出更加浓厚的中原文化因素。反而一种可能是，这些聚落人群比之中原核心地区，实际与盘龙城有着更为紧密的联系。陶器的使用、生产，以及相关体现的人群和物资的流通，在这一区域均是以盘龙城为中心向外联系展开的。

二、盘龙城以南——铜鼓山

铜鼓山遗址位于长江南岸、幕阜山以西，西南距盘龙城约157千米。遗址主体的年代为二里冈时期，可大致对应盘龙城第二至四期。铜鼓山遗址曾做过较大规模的考古发掘，发表大量的陶器标本，从中可见与盘龙城遗址的紧密联系[5]。

① 黄陂县文化馆、孝感地区博物馆、湖北省博物馆：《湖北黄陂鲁台山两周遗址与墓葬》，《江汉考古》1982年第2期。
② 孝感地区博物馆：《孝感、黄陂两县部分古遗址复查简报》，《江汉考古》1983年第4期。
③ 周厚强：《孝感地区的商代文化》，《江汉考古》1990年第2期。
④ 云梦县博物馆：《湖北云梦商、周遗址调查简报》，《江汉考古》1990年第2期；湖北省孝感地区博物馆：《孝感市几处古遗址调查简报》，《江汉考古》1983年第3期；孝感地区博物馆：《湖北安陆市商周遗址调查》，《考古》1993年第6期；孝感地区博物馆：《孝感、黄陂两县部分古遗址复查简报》，《江汉考古》1983年第4期；湖北省孝感地区博物馆：《孝感市几处古遗址调查简报》，《江汉考古》1987年第3期；周厚强：《孝感地区的商代文化》，《江汉考古》1990年第2期。
⑤ 湖南省文物考古研究所、岳阳市文物工作队：《岳阳市郊铜鼓山商代遗址与东周墓发掘报告》，《湖南考古辑刊》（第5辑），《求索》杂志社，1989年。

铜鼓山遗址陶器群整体"以夹砂陶为主，泥质次之，硬陶很少"，陶色又"多红色、红褐或灰褐色，还有部分深褐色与灰色"①。这些特征与中原地区陶器的陶质、陶色构成有所不同，而与盘龙城陶器群颇为近似。铜鼓山出土的陶器类型包括鬲、甗、鼎、罐、釜、大口尊、斝、爵、簋、豆、缸和印纹硬陶或原始瓷器，并以鬲和缸最为多见。这同样也是盘龙城陶器群器类组合的特征。在具体的器形上，铜鼓山绝大部分陶器更可在盘龙城找到与之形制特征一致者（图6.5）。铜鼓山陶鬲可分大型和小型两类，并多见联裆和分裆，口沿亦流行盘龙城多见的平折沿、带凹槽和折沿、厚方唇（图6.5，1～4、13～15）；甗和斝以联裆类为主，特别是敛口、联裆斝的形态与盘龙城陶斝几近一致（图6.5，6、17）；盆可见敛口鼓腹、侈口鼓腹、侈口折肩等多种形态，特别是1件侈口、腹微鼓斜收、平底、饰横绳纹者（铜鼓山T2③：1），可比较下七垣文化同类器，而后者对盘龙城有着明显的影响；簋见有敞口、直腹者，可比较盘龙城杨家湾T17③：5（图6.5，7、18）；缸敞口、腹斜收，大型者为多周附加堆纹，中型者颈部饰一周附加堆纹、腹部饰网格纹或绳纹，与盘龙城陶缸也基本无差别（图6.5，12、22）。此外，铜鼓山还出土有如细颈、横鼓腹、装饰多周弦纹和"人"字形纹的壶，侈口、束颈、腹部较深的罐，或反映澧水流域或长江地方文化因素，这在盘龙城遗址亦多见（图6.5，8、9、11、19、21）。铜鼓山遗址中的大量陶器，比较盘龙城遗址几近一样，甚至让人怀疑这批东西是在盘龙城制作再运输而来。

铜鼓山陶器群展现出了与盘龙城基本毫无差异的文化面貌，这在同一时期其他区域也不多见。若撇开两地150多千米的距离，铜鼓山似乎就是另一个盘龙城。并且除一般中原地区常见的陶器外，盘龙城对一些中原式陶器的地方化改造，如大量流行平折沿联裆鬲、联裆的甗和联裆的斝等，也均被铜鼓山遗址所继承。铜鼓山与盘龙城陶器群的相近性，似乎表明其应是盘龙城直接派遣人员所建立的。并且饶有意味的是，铜鼓山的陶器类型庞杂，除去一般的炊煮和储藏器外，酒器亦多见；此外反映不同地区文化因素的陶器，如下七垣文化、澧水流域、长江下游等，亦在铜鼓山零星出土。这与盘龙城以北邻近地区聚落的陶器的器类较少、单一的组合特征不同。多样的陶器类型，涉及广泛的文化因素，似乎表明铜鼓山等级不低。实际上，铜鼓山也曾有商代前期的青铜器出土②。铜鼓山可能为盘龙城控制下，夏商时期南下前沿的一处次级中心。

铜鼓山不仅可见大量与盘龙城一致的陶器类型，另外还有少量单纯反映地方文化因素的器物。铜鼓山T7H6集中出土了多件陶釜、鼎、鼎足、装饰方格纹的甗（腰部）、簋、豆等（图6.6）。釜、鼎类陶器，有别于以鬲、甗空足器为代表的中原文化炊器类型，实际体现了与南方费家河文化、澧水流域地方文化之间的联系，当属长江以南山地族群的文化特征。该单位为铜鼓山商时期遗存最后阶段，大致与盘龙城第四期五组同时③。值得注意的是，这种与南方山地族群之间的文化互动，曾在江汉地区西部的荆南寺遗址有见，但暂未出现在盘龙城遗址。

① 湖南省文物考古研究所、岳阳市文物工作队：《岳阳市郊铜鼓山商代遗址与东周墓发掘报告》，《湖南考古辑刊》（第5辑），《求索》杂志社，1989年。

② 胥卫华：《湖南岳阳市铜鼓山遗址出土商代青铜器》，《考古》2006年第7期。

③ 向桃初：《湖南岳阳铜鼓山商代遗址试析》，《南方文物》1993年第3期；孙卓：《南土经略的转折——商时期中原文化势力从南方的消退》，第140、141页，科学出版社，2019年。

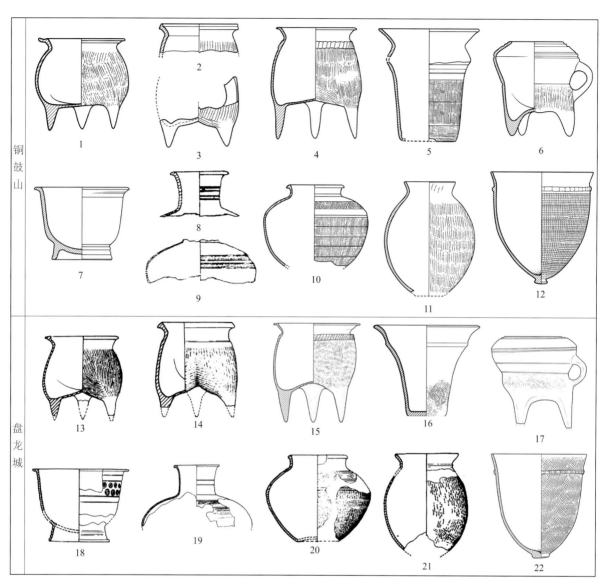

铜鼓山

盘龙城

图 6.5　铜鼓山与盘龙城出土陶器比较

1、4、13～15.鬲（T13④：16、T14④：1、李家嘴 H4：1、杨家嘴 T8⑤：2、小嘴 H73：6）　2.鬲口部（T13③：24）
3.鬲裆足部（T6H8：1）　5、16.大口尊（T13④：22、小嘴 H14：1）　6、17.斝（T13⑤：2、小嘴 H73：3）
7、18.簋（T7H6：4、杨家湾 T17③：5）　8.壶口部（T13④：33）　9.壶腹部（T2③：2）　10、20.瓮（T7H10：1、李家嘴 H13：2）
11、21.罐（T13④：60、李家嘴 H19：1）　12、22.缸（T14⑤：45、小嘴 H73：7）　19.壶（王家嘴 T58⑧：1）

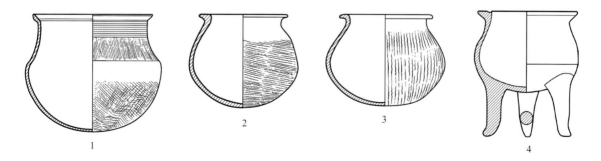

图 6.6　铜鼓山陶器群中的地方文化因素

1～3.釜（T7H6：1、T7H6：17、T7H6：2）　4.鼎（T7H6：3）

三、盘龙城以东——意生寺

意生寺遗址位于盘龙城东南170余千米，大别山南麓、长江北岸。该遗址主体的年代属于商代前期，部分或早至二里头阶段，大体与盘龙城第一至四期时间重合。意生寺遗址出土的陶器同样体现出了与盘龙城之间的密切联系；但不同于铜鼓山遗址，其有着更多独特的因素，有学者曾将其称为"意生寺类型"。

整体上观察，意生寺陶器群与盘龙城有一定的相近性。陶质陶色以夹砂陶为主、泥质陶少见，多见灰陶、红陶和褐陶系，陶色较为多样，这与中原地区以泥质陶为主、多见灰陶系有所不同，反而属于以盘龙城为代表的南方地区陶器群特征（图6.7）。意生寺陶鬲和甗流行联裆、平折沿（图6.8，1、2），盆多为折肩、深腹类（图6.8，5），并见一定数量的缸（图6.8，6），同样应是受到盘龙城的影响（图6.8，7～12）。不过，意生寺并非表现如铜鼓山那样，后者比较盘龙城陶器群几近一致。意生寺遗址多黑皮陶，同时有着一定数量的磨光陶（图6.7），器类见有穿孔的钵和罐、双耳罐、小口折肩的瓮，这些特征都不见于盘龙城遗址。笔者曾分析过意生寺遗址陶器群文化因素的构成，其穿孔的罐、钵等器类或与江南的鄱阳湖以西地区的龙王岭、铜岭一类遗存有着关联[①]。此外，意生寺曾出土1件陶鬲，腹饰三道细长条的堆纹，似模仿铜器上扉棱的装饰（图6.8，2）。同类装饰的陶鬲还曾在盘龙城出土1件（图6.8，8），属于盘龙城第四期五组。考虑到这种装饰并非中原地区陶鬲的特征，在盘龙城亦显独特，或暗示出意生寺遗址反向的影响。

意生寺遗址的陶器群展现出了在盘龙城影响下边缘地区的一种文化特征。大量出土的

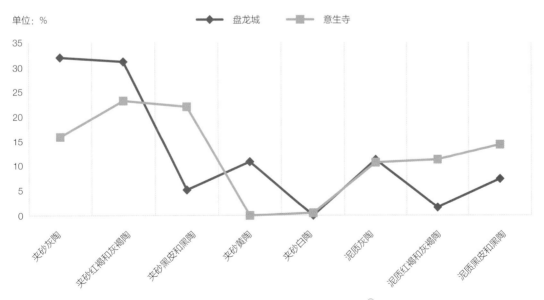

图6.7　意生寺与盘龙城陶质陶色比较[②]

① 孙卓：《南土经略的转折——商时期中原文化势力从南方的消退》，第196、197页，科学出版社，2019年。
② 盘龙城陶质陶色的数据以小嘴H9为例。此外，意生寺实际出土有一定数量的印纹硬陶和原始瓷，不过简报将其与陶质较为坚硬的普通陶器一起统计，并未区分。

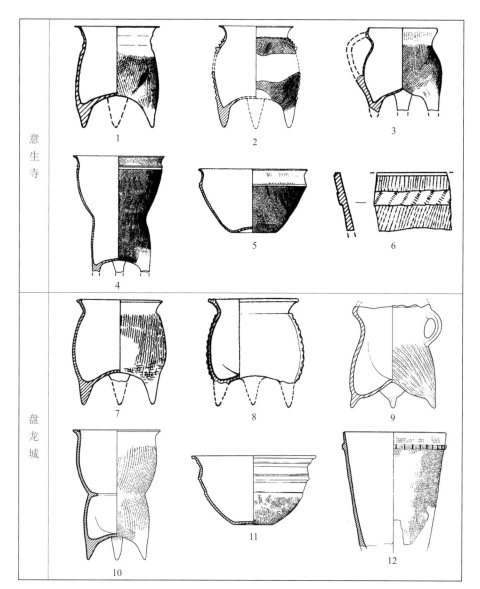

图6.8 意生寺与盘龙城出土陶器比较

1、2、7、8.鬲（H1：2、T3⑤：4、李家嘴M2：48、李家嘴H18：3） 3、9.斝（H1：10、杨家湾J1：25）

4、10.甗（H1：7、小嘴H8：2） 5、11.盆（H1：9、王家嘴T65⑦：29）

6.缸口部（T1⑤：11） 12.缸（杨家湾T6④：2）

鬲、甗、盆、豆、瓮等器类，虽可见同期中原文化的影响，但具体而言无疑与盘龙城遗址有着更为直接的联系。联裆、平折沿这些在盘龙城所形成的地方陶器特征，都进一步传播至意生寺，虽然这些陶器并未与盘龙城表现得完全一致。同样与铜鼓山类似，意生寺遗址陶器种类较为庞杂，除大量的炊器外，豆、盆等盛食器和爵、斝等酒器都有发现，基本涵盖了盘龙城所见的陶器类型。虽然意生寺遗址出土有罐、钵等地方文化类型的陶器，体现出了在盘龙城外围区域中心文化与地方文化之间的互动关系，但是这些地方文化因素的陶器并未包括大量的炊器，也未在整个陶器群中占据主流。尽管我们可以进一步将意生寺陶器群细分为"意生寺类型"，但其与盘龙城（而非中原地区）之间的紧密联系，应仍是以盘龙城为中心的文化势力对于长江下游地区扩张的一种表现。同类、同形的陶器特征，突出反映了意生寺与盘龙城之间在基层民众的生活习惯，乃至人群构成方面的一致性。

以盘龙城为中心，北邻大别山、西至洞庭湖以东、东至大别山南麓，这一区域内陶器群的文化特征均与盘龙城遗址有着极强的相近性。虽然整体的陶器组合以鬲、甗等空足器为代表，仍可归属于中原文化影响之下；但是从器物的陶质陶色、形态细节上观察，周邻遗址陶器群应与盘龙城遗址存在更为直接的联系。而这种联系似乎又可分为两个层次。其一，在盘龙城以北的周邻聚落，陶器类别虽限于盘龙城遗址陶器群组合，但数量比之较少，仅以炊器和储藏器为主；其二，距离盘龙城稍远的铜鼓山和意生寺，陶器组合与盘龙城一致，类别较为庞杂，炊器、酒器、盛食器、储藏器多见，同时还可见与长江本地文化因素之间的互动。以上两种差异或反映为以盘龙城为中心对外影响的不同。北部邻近地区遗址可能属于盘龙城控制下的二、三级聚落，等级不高，基层民众显现出由盘龙城向外的迁徙与扩张；而南边的边缘区域聚落则可能在整个区域组织结构中有着较高的地位，在对外物资流通、文化交流方面扮演着重要的角色。整体而言，在江汉地区东部，商代前期陶器的文化面貌表现出了一种同质性，而这种同质性不能简单地解释为族群或民众生活习惯的趋同。实际上，考虑到如盘龙城、铜鼓山等遗址陶器的形态特征如此一致，我们不得不怀疑以盘龙城为中心，这一区域可能存在广泛的制陶工匠乃至陶器本身的流通和交换；甚至作为中心性的城市聚落，盘龙城或许可为其他地区制作、输出陶器，并由此形成对这一区域某种经济上的影响和控制。

第二节　盘龙城与长江流域其他地点陶器群的文化互动

通过长江干流及其支流水系，南方地区东西向之间可见广泛的文化交流。在这一区域中，盘龙城正处于长江中游W形的中心（图6.9），有着天然的地理交通优势。在以上对陶器群类型的分析中，盘龙城遗址可见到澧水流域、长江下游地区等长江流域不同地方的文化因素。而以盘龙城为中心，上自峡江地区、下至长江下游，广大区域同期遗址亦可发现具有盘龙城类型特征的陶器，展现出了盘龙城遗址与长江流域其他地区之间的文化交流。

受到中原文化的广泛影响，长江中下游这一区域的遗存大体可分为三个类型。一者如盘龙城、大城墩、龙王岭，主体受中原文化影响，但又具有一定的地方特征，属于中原文化下的"某某类型"。二者如荆南寺、皂市、薛家岗等，既有中原文化特征的陶器，同时大量出现地方文化因素。三者如路家河等，主体以地方文化因素为主，零星见有少量的中原文化因素。探讨盘龙城与长江流域其他地点陶器群的文化互动，需要注重不同地区遗存的文化性质，以及由此体现出的各有差异的互动关系。在此根据文化特征和地理格局，分江淮地区和大别山南麓、鄱阳湖以西地区、江汉平原西部和澧水流域、峡江地区展开论述。

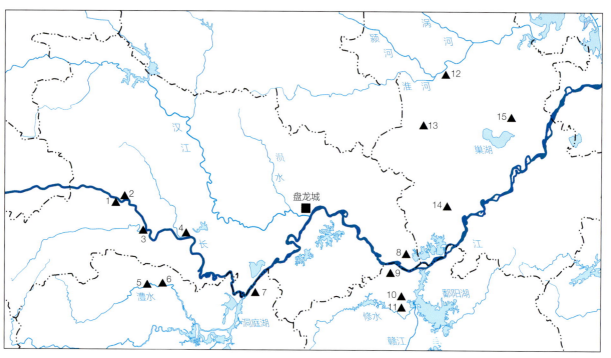

图 6.9　盘龙城与同时期长江流域相关聚落的分布

1. 长府沱　2. 路家河　3. 王家渡　4. 荆南寺　5. 皂市　6. 宝塔　7. 铜鼓山　8. 意生寺　9. 铜岭
10. 神墩　11. 龙王岭　12. 斗鸡台　13. 六安　14. 薛家岗　15. 大城墩

一、江淮地区和大别山南麓

　　与盘龙城同期，江淮地区和大别山南麓主要见有斗鸡台、吴大墩、丁家庙、三江坝、乌龟滩、大城墩、薛家岗等遗址。此外六安曾采集1件青铜觚和1件青铜斝，年代属于商代前期，与盘龙城大体同时[①]。这其中位于淮河与长江之间的斗鸡台、三江坝、大城墩等遗址，文化面貌接近中原二里冈文化。以大城墩遗址的发现为代表，该区域商代前期的考古学文化多被归属于中原文化下的"大城墩类型"[②]。大别山南麓、皖河流域的薛家岗则具有更加浓郁的地方色彩，与盘龙城之间的文化联系也更加紧密。有学者将其单独分出[③]，或可称为"薛家岗一类遗存"。

　　江淮地区商代前期的聚落，多位于盘龙城以东300～400千米的范围内。两地之间受到大

① 孟宪珉、赵力华：《全国拣选文物展览巡礼》，《文物》1985年第1期。

② 王立新：《早商文化研究》，第185～190页，高等教育出版社，1998年；中国社会科学院考古研究所：《中国考古学·夏商卷》，第200、266页，中国社会科学出版社，2003年。需要注意的是，江淮地区商代前期的考古学文化或可做进一步的划分。邹衡就曾将沿淮地区商代前期的考古学文化直接归属于中原文化。王迅曾将沿淮和环巢湖地区分开，前者命名为二里冈文化"皖西类型"，后者属于二里冈文化"大城墩类型"。相类似的是，宫希成也将皖西北和环巢湖地区分开。邹衡：《试论夏文化》，《夏商周考古学论文集》，第123页，文物出版社，1980年；王迅：《东夷文化与淮夷文化研究》，第58～62页，北京大学出版社，1994年；宫希成：《夏商时期安徽江淮地区的考古学文化》，《东南文化》1991年第2期。

③ 宫希成：《夏商时期安徽江淮地区的考古学文化》，《东南文化》1991年第2期。

别山和桐柏山的阻隔，交流的通道并不顺畅（图6.9）。其中沿长江水道顺流而下，经大别山南麓，可进入巢湖地区。不过这一线路因长江走势曲折，旅途漫长。此外，沿滠水、举水而上，穿过大别山，亦可进入江淮地区西部。但同样，该线路受山麓的阻隔、地势复杂，交流可能多有阻碍。相反的是，江淮地区北部邻接平坦的黄淮平原，顺淮河的支流涡河、颖河，可直接进入中原腹地。在这一地理环境的背景下，江淮地区与盘龙城尽管同属于长江流域，但实际却受到更多的中原文化的影响，而与盘龙城之间的联系较为微弱。

江淮地区与盘龙城同阶段遗址的陶器群也反映出了这样一个特点。以资料发布较好的大城墩遗址为代表，陶器的文化特征，如多见鬲、深腹罐、瓮、大口尊、中柱盂等，可在中原地区找到同类标本；同时鬲以分裆、方唇为主，形态特征也更接近中原地区，而非盘龙城①。然而，有一些零星的陶器或反映出江淮地区与盘龙城之间的文化交流。大城墩出土1件大口尊颈部外卷较甚、肩部饰两周附加堆纹、上腹素面不见弦纹，与中原地区常见的大口尊有所不同，而多见于盘龙城王家嘴、杨家嘴等地点（图6.10，1、4）。同样，大城墩遗址还见有一定数量的缸，同类型者更多见于盘龙城遗址（图6.10，2、3、5、6）。不过，鉴于中原地区亦出土有一定数量的缸，暂还难以判断大城墩出土的缸是直接源自盘龙城，还是由中原地区二次传播而来。整体而言，江淮地区与盘龙城陶器群之间的关联并不显著，少量陶器上的相近性或反映出两地之间的文化交流，但这种交流似乎并未经常发生，缺少可见人群之间直接文化互动的证据。

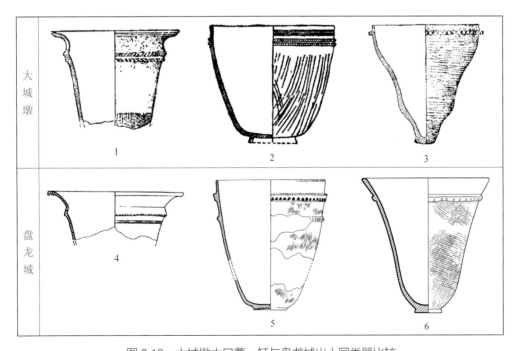

图 6.10　大城墩大口尊、缸与盘龙城出土同类器比较

1、4. 大口尊（T3⑤B：4、王家嘴 T85⑤：15）　　2、3、5、6. 缸（T18⑮：225、采：13、楼子湾 T7⑥：4、杨家湾 H9：2）

---

① 安徽省文物考古研究所：《安徽含山大城墩遗址发掘报告》，《考古学集刊》（第6集），中国社会科学出版社，1989年；安徽省文物考古研究所、含山县文物管理所：《安徽含山大城墩遗址第四次发掘报告》，《考古》1989年第2期。

　　与之相反的是，大别山南麓皖河流域，以薛家岗遗址为代表，陶器群的文化面貌与盘龙城之间有着更加紧密的关系①。薛家岗遗址东距盘龙城遗址约225千米，位于大别山东麓。薛家岗与盘龙城两地直线之间虽相隔大别山，但顺长江而下实际有着较为便捷的交通。其中位于两地之间的意生寺遗址，如上所述，陶器群的特征即与盘龙城之间有着诸多共性，可能是属于盘龙城影响下的一处二级聚落。在此背景下，薛家岗遗址陶器群不少特征都可见溯源至盘龙城。

　　薛家岗夏商时期遗存的年代大体可对应于整个盘龙城遗址，只是其最晚阶段或略晚于盘龙城②。薛家岗遗址陶器"以鼎、鼎式鬲、鬲、豆、罐为主要器类"③。这其中鼎和鼎式鬲多见，被认为属于薛家岗的特色类器物。不过前者颈部较高、罐形腹、尖锥足，部分锥足还饰两个对称的按窝，同类型者在长江流域早期仅见于盘龙城（图6.11，4、10）；而后者所谓的"鼎式鬲"则为平裆、足窝较浅，实际也与本书划分的盘龙城Aa型联裆鬲相近，应属于同一类器物（图6.11，1、7）。此外，薛家岗遗址早期所见空心三足的鬻、浅盘、高柄、上柄凸出的豆等，虽可溯源至二里头文化，但同样在盘龙城第二期多见（图6.11，2、8；图6.11，3、9）。薛家岗遗址还出土有多件缸，特别如H35：32饰多周附加堆纹，可比较盘龙城A型缸（图6.11，5、11）。薛家岗采集的1件陶鬲，联裆、平折沿、沿面内侧起凸棱、唇部方钝，正属于盘龙城Aa型鬲和BaⅢ、Ⅳ式鬲口部特征，并非典型中原式陶鬲上所常见（图6.11，6、12）。

　　薛家岗陶器群显现出了诸多与盘龙城之间的相近性，反而少见邻近江淮地区的同类型陶器。这一线索表明，以盘龙城为中心的文化扩张，沿长江顺游而下，进入意生寺后，还进一步扩展至大别山以南区域。值得注意的是，薛家岗与盘龙城相近的鼎、联裆鬲、鬻、豆，多集中在薛家岗夏商时期偏早阶段，对比盘龙城则属于陶器群第一、二期。这正是盘龙城城市聚落形成、文化面貌复杂多样的阶段。由此可见，盘龙城城市形成的背后，展现出了长江沿线之间广域的文化交流和文化影响。并且这种文化上的影响并非单向，而可见双向间人群的文化互动。例如薛家岗多见带鋬的盉，有学者就曾指出其可能反过来传播到盘龙城，形成所谓的带鋬鬲陶器④。

　　江淮地区和大别山南麓夏商时期虽同样受到中原文化的强势影响，但两者与盘龙城之间的关系却截然不同。江淮地区仅有一些零星的陶器类型展现出了两地之间的文化关联；但是大别山南麓却有着大量与盘龙城同类型的陶器，反映出了两地更加直接、密切的文化互动。这种差异的形成，无疑因于两地交通地理环境的不同。江淮地区北面地势开阔，更加直接受到北方中原文化势力的影响，反而与盘龙城之间有着桐柏山和大别山的阻隔；大别山南麓地

① 安徽省文物考古研究所：《安徽潜山薛家岗遗址第六次发掘简报》，《江汉考古》2002年第2期；安徽省文物考古研究所：《潜山薛家岗》，第433～523页，文物出版社，2004年。
② 孙卓：《南土经略的转折——商时期中原文化势力从南方的消退》，第165页，科学出版社，2019年。
③ 安徽省文物考古研究所：《潜山薛家岗》，第433页，文物出版社，2004年。
④ 陈树祥：《从盘龙城商代出土物探析其文化内涵》，《盘龙城与长江文明国际学术研讨会论文集》，科学出版社，2016年。此外，单附一个向上翘起的小鋬同样常见于万年文化的陶器中，特别如盏、钵、杯、盅等小型、浅腹的陶器上。江西省文物考古研究院、鹰潭市博物馆：《角山窑址——1983～2007考古发掘报告》，第321、322页，文物出版社，2017年。

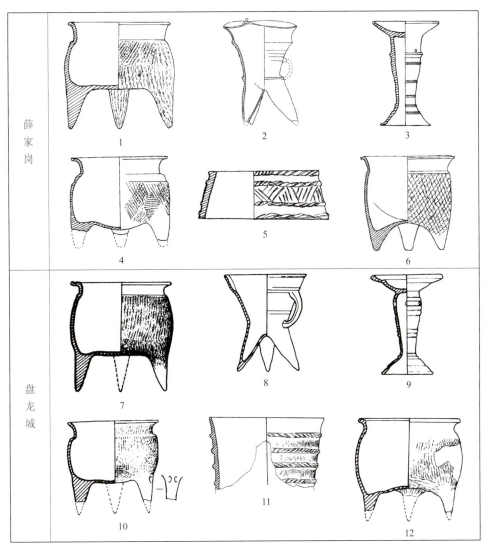

图 6.11　薛家岗与盘龙城出土陶器比较

1、6、7、12.鬲（H25:111、采:1；王家嘴 T36 ⑧:4；杨家湾 T23 ④:4）　2、8.鬶（H25:90；李家嘴 H4:11）

3、9.豆（H25:93；王家嘴 T83 ⑦:3）　4、10.鼎（H35:2；王家嘴:0120）　5、11.缸（H35:32；王家嘴 T65 ⑥:19）

理环境较为封闭，仅能通过长江对外联系，而盘龙城正处于长江中游的中心位置，成为这一地区聚落联系中原的重要节点。此外，从意生寺到薛家岗可见，盘龙城陶器因素沿大别山南麓向东形成了强势的文化影响。鉴于南部的长江南岸山地为传统的铜矿富集地带，这种文化影响的背后还可能体现为盘龙城对资源的获取，以及由此带来的地区间的交流。

二、鄱阳湖以西地区

从盘龙城顺长江而下，即可进入鄱阳湖以西地区。这一区域在与盘龙城同期主要见有铜岭、檀树咀、石灰山、龙王岭、荞麦岭等遗址，主要分布在长江南岸山地至修水北岸一线，北距盘龙城在165～223千米的范围内。这其中除铜岭可能属于采矿、冶炼类的聚落，性质特殊，其他遗址多发现有普通居址、灰坑，为一般性的居住址。整体而言，这一区域陶器的文化面貌受到中原文化的强势影响，但是比较盘龙城或江淮地区其地方文化因素也较为浓厚，有一定比例的地方类型的陶器组合。豆海锋曾将偏早的龙王岭遗址归属于中原二里冈文化之下，而稍晚的以石灰山遗址为代表，称之为"石灰山文化"[①]。

鄱阳湖以西与盘龙城同期的遗存最早可追溯到龙王岭遗址[②]。以龙王岭J1、T4③层为代表，陶器见有鬲、鼎、盘、罐等，多被认为与郑州商代C1H9年达相当，可对应盘龙城陶器群第二期一组。不过，龙王岭这一阶段所见的陶鬲卷沿翻唇、腹身瘦高、分裆、小尖锥足（图6.12，1、2），与中原地区同类器别无二致，而比较盘龙城流行的腹身较矮、联裆者有一定的差异（图6.12，4、5）。同样龙王岭所见的陶鼎腹身为盆形、沿下饰一周附加堆纹、底接小三锥足，也不同于盘龙城这一时期常见的罐形鼎（图6.12，3、6）。此外，盘龙城第一、二期发现的大量缸、盉和鬶等酒器、浅盘高柄的豆等，基本不见于龙王岭；而龙王岭出土的如高圈足的盘、小口折肩的罐等，同样未出现在盘龙城。饶有意味的是，约在盘龙城第二期，以意生寺、薛家岗等遗址为代表，盘龙城与大别山南麓之间有着广泛的文化交流。但从目前龙王岭材料观察，这种交流似乎并未影响至江南地区。鄱阳湖以西地区陶器群的文化面貌在这一时期更加接近中原地区，其陶器的制作、使用习惯似乎直接受中原地区的影响。

荞麦岭遗址东北距龙王岭近2千米，笔者曾将其与龙王岭作为同一遗址中的不同地点对待。近年来该遗址曾展开了考古发掘，出土一批二里冈至洹北时期的遗存，大致相当于盘

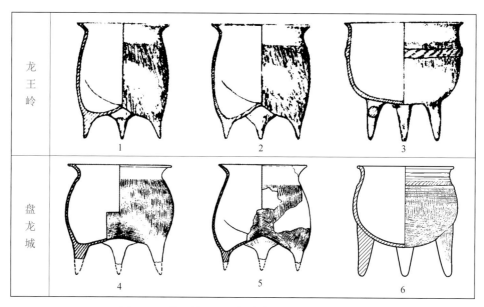

图6.12 龙王岭鬲、鼎与盘龙城出土同类器比较

1、2、4、5.鬲（J1：5、J1：3、王家嘴T85⑧：4、王家嘴T9⑧：3） 3、6.鼎（T4③：1、杨家湾H42：1）

① 豆海锋：《试论赣北地区石灰山文化》，《考古与文物》2014年第6期。

② 江西省文物考古研究所，九江市文化名胜管理处、九江县文物管理所：《九江县龙王岭遗址试掘》，《东南文化》1991年第6期。

龙城陶器群第三、四期[①]。遗址出土的陶器延续龙王岭，同样显现出了较强的中原文化特质（图6.13，1～4）。有学者曾指出，荞麦岭为代表的一类遗存应是受到盘龙城的影响，"荞麦岭遗址，龙王岭遗址一、二期，铜岭遗址一期都在盘龙城类型商文化的影响和控制之下"[②]。荞麦岭出土的大口缸形制特征与盘龙城大量出土的缸一致，确与盘龙城有着一定的文化交流（图6.13，4、11）。不过，从典型的鬲、斝等中原式陶器类型观察，荞麦岭陶器群实际有着更多的自身特征。荞麦岭陶鬲、斝以分裆类为主，并未见到盘龙城地方流行的联裆类者；并且陶鬲口部折沿、小方唇或尖圆唇，多颈部较高、尖锥足跟部分呈外撇的形态（图6.13，1、2），而陶斝也多为分裆、敛口、上部较宽而下腹较窄、足跟略外撇（图6.13，3），这些特征与盘龙城所见的分裆类鬲和分裆类斝亦有所不同（图6.13，8～10）。荞麦岭还出土一定数量的印纹硬陶和原始瓷，器类以圆腹的罐为主（图6.14），形态与盘龙城出土的印纹硬陶和原始瓷器也多有差异。尽管荞麦岭出土的缸体现出了与盘龙城之间的联系，但是无论是主流的中原文化因素器物还是印纹硬陶和原始瓷器，其出土的其他陶器并未见到盘龙城影响的证据。

与此相类似的还有铜岭遗址。铜岭遗址位于长江以南、幕阜山东麓，东南距盘龙城约163千米[③]。遗址商时期的陶器大体可对应于盘龙城陶器群第三、四期[④]，亦见有鼎、鬲、斝等中原文化因素的陶器。其中鬲为分裆、小方唇、部分足跟外撇、颈部装饰一周细线的附加堆纹[⑤]，而不见平折沿、联裆类者，与荞麦岭出土的陶鬲基本一致（图6.13，5、6）。陶斝则同样为分裆、整体造型口大底小、足部略外撇，未发现敛口、联裆类者，形制接近荞麦岭陶斝H33∶2（图6.13，7）。铜岭遗址陶器的形态特征多可比较邻近的荞麦岭，与盘龙城陶器群有一定的差异。而盘龙城流行如平折沿、联裆鬲，联裆斝等陶器类型也未在铜岭遗址发现。铜岭遗址陶器群的文化面貌进一步显现了鄱阳湖以西地区的中原文化因素并非由盘龙城影响所致，而应另有来源。

大约同一时期鄱阳湖以西地区还可见到石灰山、檀树咀、神墩等遗址[⑥]。这些遗址的陶器一方面流行鬲、甗、盆、假腹豆等中原式陶器，另一方面伴出有圈足盘、细柄的浅盘豆、印纹硬陶和原始瓷罐等地方文化因素。在形制上，陶器如鬲尖锥足部多呈外撇状、颈部饰一周细线的附加堆纹，陶鬲、斝等整体形态常口大底小等，也在这一区域保持了相当的一致

---

① 饶华松、徐长青：《从荞麦岭遗址看盘龙城类型商文化对赣北地区的影响》，《盘龙城与长江文明国际学术研讨会论文集》，科学出版社，2016年。

② 饶华松、徐长青：《从荞麦岭遗址看盘龙城类型商文化对赣北地区的影响》，《盘龙城与长江文明国际学术研讨会论文集》，科学出版社，2016年。

③ 江西省文物考古研究所铜岭遗址发掘队：《江西瑞昌铜岭商周矿冶遗址第一期发掘简报》，《江西文物》1990年第3期；江西省文物考古研究所、瑞昌市博物馆：《铜岭古铜矿遗址发现与研究》，江西科学技术出版社，1997年；崔涛、刘瑞：《江西瑞昌铜岭铜矿遗址新发现与初步研究》，《南方文物》2017年第4期。

④ 孙卓：《南土经略的转折——商时期中原文化势力从南方的消退》，第143、144页，科学出版社，2019年。

⑤ 陶鬲颈部装饰一周细线的附加堆纹，除了多见于鄱阳湖以西遗址外，另在江北的意生寺遗址有出现。而盘龙城并未发现类似装饰的陶鬲。意生寺遗址所见的颈部饰附加堆纹的鬲，反映出江北大别山南麓与江南鄱阳湖以西之间的文化联系。但如下文论述，令人不解的是，这种联系似乎并未影响至盘龙城。湖北省文物考古研究所纪南城工作站：《湖北黄梅意生寺遗址发掘报告》，《江汉考古》2006年第4期。

⑥ 江西省文物工作队、九江市博物馆：《江西九江神墩遗址发掘简报》，《江汉考古》1987年第4期。

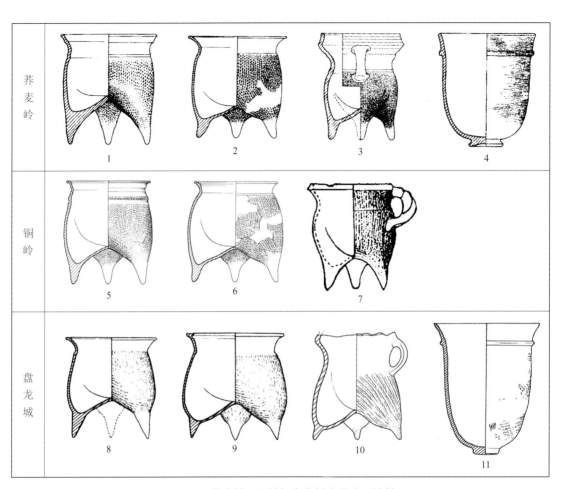

图 6.13　荞麦岭、铜岭与盘龙城出土陶器比较

1、2、5、6、8、9.鬲（J1④：1、H33：7、14T6③B：1、15H2：2、杨家嘴H2：1、杨家湾T23④：1）

3、7、10.斝（H33：2、J11：1、杨家湾J1：25）　4、11.缸（H33：4、杨家湾F1Z1：14）

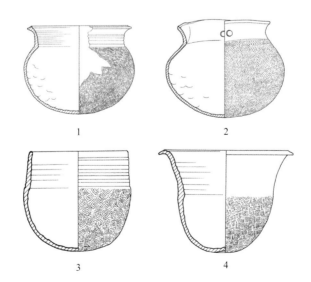

图 6.14　荞麦岭出土印纹硬陶和原始瓷

1.J1④：3　2.J1④：2　3.H33：6　4.H33：5

226

性，并与盘龙城所见同类陶器显现出了一定的区别。以上遗址中目前仅于檀树咀发现陶缸，特征接近盘龙城同类器，或显现出两者之间的关联。不过，整体上考察，鄱阳湖以西诸遗址陶器，有如江淮地区，其与盘龙城陶器群之间似乎仅有一些零星的交流；而主体的中原式陶器与盘龙城所见多有差异，并非以往所认识的源自盘龙城。参考出土的鬲、甗多分裆，比较盘龙城多联裆者更接近于中原地区同类器，我们需要考虑鄱阳湖以西地区陶器是否更加直接受到中原文化的影响，或中原文化对其传播是否有其他路线。虽然盘龙城与鄱阳湖以西地区之间距离并不遥远（比较其他区域而言），但这一区域陶器所呈现的文化格局可能要比以往所认识的更为复杂。

三、江汉平原西部和澧水流域

从盘龙城溯江而上，在江汉平原西部和澧水流域同阶段分别出现有荆南寺、李家台、王家渡和皂市、宝塔、椒岗、汪家嘴等遗址。这其中江北的荆南寺遗址夏商时期遗存即见到鬲、罐、假腹豆、盆、大口尊等典型的中原文化因素，但同时多见釜、鼎、尖底盏、尖底杯等，有学者将其定性为地方文化系统下的"荆南寺文化"[①]；江南澧水流域的皂市、宝塔遗址夏商时期遗存同样发现鬲、大口尊、假腹豆等源自中原文化影响的陶器，但也大量伴出有釜、鼎、甑形器、壶等，学术界多将其称为"皂市一类遗存"[②]。尽管江汉平原西部与澧水流域之间的文化面貌有一定的差别，但两者陶器的组合结构却颇为一致：均以地方文化因素器类为主，同时伴出有一定数量的中原文化因素，可归属于受中原文化影响下的地方文化类型。

江汉平原西部与盘龙城同阶段的遗址见有荆南寺、李家台、王家渡等。这其中李家台仅做过小规模的发掘，陶器材料较少；王家渡则采集过1件青铜罍，年代大致对应于盘龙城第四期；而荆南寺则展开过大规模发掘，陶器材料丰富，在此可以荆南寺为代表展开论述。

荆南寺遗址位于长江北岸、沮漳河以西，西距盘龙城遗址约206千米。遗址夏商时期遗存大致从二里头文化第三期延续至殷墟一期前后，正可对应于盘龙城第一至四期，只是最晚阶段略晚于盘龙城。该遗址的陶器群可整体分为两群。其一以鬲、甗、深腹罐、大口尊、罃、假腹豆、簋、盆、瓮等器类为主，反映为较为浓厚的中原文化特质，其中不少器物如鬲分裆、折沿、方唇等，几乎与中原文化同类器形态一致。其二以釜、釜形鼎、浅盘高柄豆、灯形器、小平底罐、尖底盏等为代表，这部分陶器也是荆南寺陶器群中的主流，体现为长江地方文化因素，部分灯形器、尖底形器等还显现出了与峡江地区的文化联系。而在第一群中原文化因素之中，荆南寺T48④D、H13、H17、H32、H70等单位出土了多件联裆鬲，即报告所谓之"A型陶鬲"，其形态上多平折沿、沿面带一周凹槽、裆部近平（图6.15，1～3）。这正是盘龙城陶鬲的典型特征，在中原地区同类器上并不常见（图6.15，6～8）。同时荆南寺遗址亦出土有一定数量的大口缸，其早期流行如带多道附加堆纹的大型陶缸，在盘龙城亦有同类型者出土（图6.15，4、9）；而

①　何驽：《荆南寺遗址夏商时期遗存分析》，《考古学研究》（二），北京大学出版社，1994年。
②　中国社会科学院考古研究所：《中国考古学・夏商卷》，第480～482页，中国社会科学出版社，2003年。

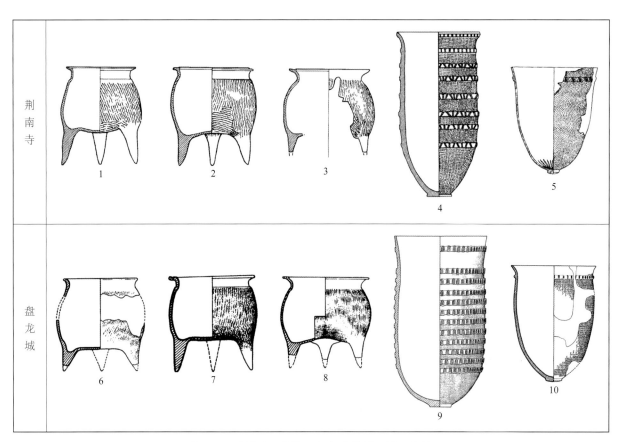

图 6.15　荆南寺早期鬲、缸与盘龙城同类器比较

1～3、6～8.鬲（T48④D：2、H13：3、T11④D：113、王家嘴 T36⑧：21、王家嘴 TT36⑧：4、王家嘴 T85⑧：4）

4、5、9、10.缸（T37④C：2、H165：2、王家嘴 T72⑦：6、王家嘴 T48⑧：4）

较晚阶段有如沿下带一道附加堆纹的中、小型陶缸，更在盘龙城被大量发现（图6.15，5、10）。由此可见，荆南寺不少中原式陶器的特征因素都与盘龙城有着密切的联系。另外，荆南寺出土的浅盘高柄的豆、灯形器等地方文化因素器类，在盘龙城也有相类器物出土。荆南寺 T5④C 出土的1件陶豆，弧盘、细长柄、柄上部凸出，可比较盘龙城 Ba 型豆杨家嘴 M6：7。荆南寺零星发现的一些灯座形器，同样有如盘龙城王家嘴 T37⑧：15豆柄底座的形态。实际上，此类型陶器往上追溯多见于峡江地区，而荆南寺遗址正位于峡江与盘龙城之间的交通中点位置。长江流域陶器上的一些地方文化因素，可能通过荆南寺遗址传播至盘龙城。此外，整体上观察，荆南寺遗址陶器群以夹砂陶为主、灰陶和褐陶系居多、泥质陶较少（图6.16），纹饰以绳纹为主、网格纹和篮纹有一定比例（图6.17），这些都与盘龙城遗址陶器群有着一定的相近性。尽管荆南寺和盘龙城从文化系统上分属于中原和地方不同类型，但是彼此之间的陶器群却有着非常密切的互动关系。

　　以上荆南寺与盘龙城在陶器上的一些相近因素，主要集中在荆南寺夏商时期遗存第二期，被认为属于二里冈下层第一期前后[①]。而相近的盘龙城陶器类型，如鬲王家嘴

———————

① 荆州博物馆：《荆州荆南寺》，第145页，文物出版社，2009年。

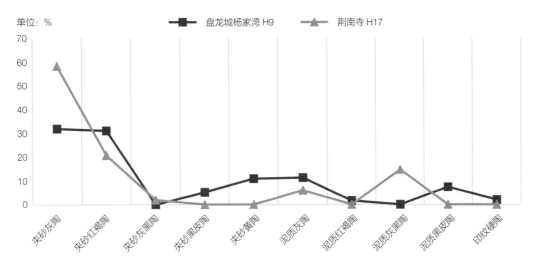

图 6.16　荆南寺 H17、盘龙城杨家湾 H9 陶色比例比较

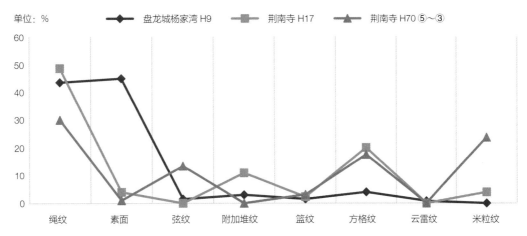

图 6.17　荆南寺 H17、荆南寺 H70 ⑤～③、盘龙城杨家湾 H9 出土陶片纹饰比例比较

TT36⑧：4、王家嘴T85⑧：4，口部平折沿、唇部较薄、整体腹身较为宽、裆部近平、三锥足较细长，属于本书所划分的盘龙城Aa Ⅱ式陶鬲；缸王家嘴T72⑦：6，体型较大、饰多道附加堆纹、下腹外鼓，为盘龙城A Ⅰ式缸。这些类型的陶器均为盘龙城第二期三组的典型代表。此外，与荆南寺灯形器相近的盘龙城Ba型豆杨家嘴M6：7，也属于盘龙城陶器群第二期三组。由此可见，荆南寺与盘龙城陶器所见的文化互动，比较多地出现在两地遗址偏早的阶段。而与此可比较的是，荆南寺夏商时期遗存第三期及之后，即盘龙城陶器群第三、四期，两地陶器之间的关联并不显著。荆南寺第三期及之后陶器群中的鬲、斝、假腹豆、盆等中原式陶器，比之盘龙城有着更为典型的中原文化特征，且未见到具有盘龙城特点的一些平裆类系统陶器；同时荆南寺流行的釜、鼎、高柄豆等陶器，在盘龙城早期零星出现之后也基本消失。笔者曾认为荆南寺所见中原文化的影响在早晚不同阶段有一定的变化：其早期可能是经

盘龙城传播而来，而二里冈上层之后则可能是经南阳盆地、汉水中上游影响所致[1]。荆南寺与盘龙城陶器群之间的文化互动集中见于盘龙城第二期三组，而这一时期正是盘龙城城市聚落的形成阶段。同样也是在这一时期，根据以上论述，大别山南麓的薛家岗遗址与盘龙城之间在陶器上也多见密切的文化互动。盘龙城城市聚落的形成可能由此推动了长江沿线广泛区域内的人群和资源的交流；而伴随着长江沿线之间的文化互动，不仅盘龙城可见到其他地方性陶器因素，中原式的陶器因素也得以进一步扩散至整个长江中游地区。

与此相类似的局面也见于澧水流域。澧水流域与盘龙城同阶段的遗址见有宝塔、皂市和梐岗，并可以皂市遗址发表的陶器材料为代表。

皂市遗址位于盘龙城西南约312千米、武陵山区东麓，南近澧水的支流溇水[2]。遗址地处山前平地，西北方向山势环绕。皂市遗址商时期同样见有鬲、大口尊、爵、斝、盆、假腹豆等中原式陶器，还多出土釜、鼎、甑形器、壶、瓶、簋形器、碗、折盘豆、折腹簋等地方文化因素的陶器类型。这其中，由上已述，皂市遗址出土的壶、瓶等陶器类型，多可在盘龙城第二期三组陶器群中找到同类标本（图6.18，1、2、5、6）；簋腹身所流行的细密的多周云雷纹也可在盘龙城出土的B型簋小嘴H73∶11上找到踪影（见图2.22，6）。一方面这些器类在皂市遗址出土数量、类型较多，可谓皂市地方文化因素的代表之一，而盘龙城则仅零星发现，应反映出以皂市为代表的澧水流域对于盘龙城的文化影响。另一方面，皂市遗址发现有数量较多的缸，原报告所列的A型、B型、CI式、D型等，均可比较盘龙城出土的陶缸

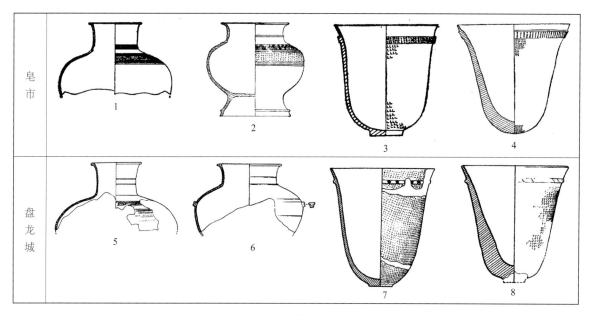

图6.18　皂市与盘龙城出土陶器比较

1、5.壶（H23∶54、王家嘴T58⑧∶1）　2.瓶（TB3②∶51）　3、4、7、8.缸（TB8②∶13、T32④∶17、杨家嘴T3⑤∶46、杨家湾M9∶6）　6.瓮形器（王家嘴T12⑧∶18）

① 孙卓：《南土经略的转折——商时期中原文化势力从南方的消退》，第211、213页，科学出版社，2019年。

② 周世荣：《湖南石门县皂市发现商殷遗址》，《考古》1962年第3期；湖南省文物考古研究所：《湖南石门皂市商代遗存》，《考古学报》1992年第2期。

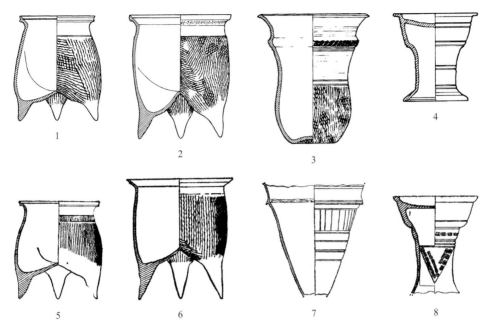

图 6.19　荆南寺与皂市遗址所见中原式陶器

1、2、5、6. 鬲（H14：2、H14：1、TB9 ②：5、TA2 ②：24）　3、7. 大口尊（H167：11、TB3 ②：30）　4、8. 豆（H52：1、H13：32）

（1～4 出自荆南寺；5～8 出自皂市）

（图6.18，3、4、7、8）。考虑缸在盘龙城陶器群中占比较大、类型较多，颇具盘龙城地方特色，皂市遗址出土的缸或可视为受盘龙城的影响。

　　皂市遗址陶器同样展现出了其与盘龙城之间密切的文化互动。这种联系既有盘龙城对于皂市的影响；也有皂市遗址的陶器类型或相关的文化因素传播至盘龙城。皂市与盘龙城在陶器上的密切关联同样集中于遗址商时期偏早的阶段。盘龙城所见的壶、瓮形器等反映澧水流域的文化因素，均集中出现在盘龙城第二期三组，即二里冈下层第二期前后。而皂市所见与盘龙城相似的陶器类型则多出于皂市遗址H23，属于皂市商时期遗存最早阶段[1]。在盘龙城城市设立的最初阶段，长江沿线之间的文化互动可进一步延伸至澧水流域，乃至武陵山区的山前地带。

　　另外，皂市遗址还多见如鬲、大口尊、爵、斝、假腹豆等中原式陶器，难以见到与盘龙城之间的关联。皂市出土的鬲均分裆、长锥足，早期叠唇，晚期方唇，并多可见到釜的影响[2]，未见到盘龙城流行的平折沿、联裆类的鬲；同样斝也为敛口、分裆，不见联裆类型；豆则豆盘较浅、豆柄较高、多饰云雷纹和圆圈纹，亦与盘龙城陶豆有所不同（图6.19，5～8）。以分裆类鬲、斝为代表的中原式器物，比较盘龙城，实际更加接近中原同类器。而邻近地区仅荆南寺遗址出土有较为典型的中原式陶器，陶鬲、斝同样以分裆为主。因此推测，皂市遗址所见的中原文化因素，主体应由江北的荆南寺传播而来（图6.19）。

①　王文建：《商时期澧水流域青铜文化的序列和文化因素分析》，《考古类型学的理论与实践》，文物出版社，1989年。

②　孙卓：《南土经略的转折——商时期中原文化势力从南方的消退》，第257页，科学出版社，2019年。

四、峡江地区

进一步往西，过现在的宜昌，即进入长江上游的峡江地区。峡江地区夏商时期的遗址见有路家河[①]、长府沱[②]、香炉石[③]、中堡岛[④]、三斗坪[⑤]、杨家嘴[⑥]、何光嘴[⑦]、何家大沟[⑧]、渡口[⑨]、鸭子嘴[⑩]等。这些遗址主要位于长江三峡两岸，普遍距离盘龙城远达300～350千米。遗址的文化面貌比较荆南寺、皂市等进一步趋于地方化，陶器多见釜、尖底盏、尖底碗、灯座形器等地方文化因素，仅零星见有少量如鬲、簋、缸等可归于中原文化的影响。该区域夏商时期的文化遗存常以朝天嘴和路家河遗址为代表，分别称之为"朝天嘴文化"和"路家河文化"[⑪]。

峡江地区二里头文化时期的遗存可分为早、晚两段不同类性质的遗存。其中早期阶段与龙山晚期相衔接，陶器类型多见方格纹罐、小口瓮、扁足鼎等，与后石家河文化相类，并可见到北方中原煤山文化类型的影响[⑫]。以白庙遗址为代表，学界多将其称为后石家河文化"白庙类型"。衔接在"白庙类型"之后，峡江地区开始出现以花边口沿罐、鬶、釜、鸟首形柄为代表的文化类型，陶器的文化面貌显现出了二里头文化的影响。这一阶段以朝天嘴、路家河等遗址为代表，可称之为"朝天嘴文化"。该阶段遗存的相对年代大体在二里头文化第三、四期，正可对应盘龙城最早阶段。而朝天嘴、路家河、中堡岛等这一时期所见的花边口沿罐、鬶、封口盉等器类，同样可比较盘龙城遗址早期的同类型器（图6.20）。虽然考虑到这些同类陶器均属于中原二里头的文化因素，很难说明"朝天嘴文化"与盘龙城之间存在直接或其他相关的联系（有可能是共同受到中原二里头文化的影响）；但两地同类器物的出现，无疑反映出了长江沿线地区在这个时期陶器群的文化面貌一种同质性的发展趋向。

进入商代前期，峡江地区在保持其自身文化特征的基础上，进一步受到了中原二里冈文化的影响，并部分可见其与盘龙城之间的联系。峡江地区商代前期的遗存，以路家河遗址为代表，称之为"路家河文化"。根据报告，该遗存主体的年代从二里冈下层延续至殷墟一期，基本与盘龙城第二至四期相当，只是最晚阶段略晚于盘龙城最后一期。"路家河文化"

① 长江水利委员会：《宜昌路家河》（长江三峡考古发掘报告），第18～87页，科学出版社，2002年。
② 宜昌博物馆：《秭归长府沱遗址试掘简报》，《湖北库区考古报告集》（第一卷），科学出版社，2003年。
③ 长阳县博物馆：《湖北长阳清江沿岸遗址调查》，《考古》1988年第6期；湖北省清江隔河岩考古队：《湖北清江香炉石遗址的发掘》，《文物》1995年第9期；王善才：《清江考古》，第196～308页，科学出版社，2004年。
④ 国家文物局三峡考古队：《朝天嘴与中堡岛》，第67～77页，文物出版社，2001年。
⑤ 湖北省文物考古研究所：《1985—1986三峡坝区三斗坪遗址发掘简报》，《江汉考古》1999年第2期。
⑥ 三峡考古队第三组：《湖北宜昌杨家嘴遗址发掘简报》，《江汉考古》1994年第1期。
⑦ 国务院三峡工程建设委员会办公室、国家文物局：《秭归何光嘴》，第44～85页，科学出版社，2003年。
⑧ 广东省文物考古研究所：《秭归何家大沟遗址的发掘》，《湖北库区考古报告集》（第一卷），科学出版社，2003年。
⑨ 宜昌博物馆：《秭归渡口遗址发掘简报》，《湖北库区考古报告集》（第一卷），科学出版社，2003年。
⑩ 湖北省文物考古研究所：《巴东鸭子嘴遗址（西区）发掘简报》，《湖北库区考古报告集》（第二卷），科学出版社，2005年。
⑪ 林春：《长江西陵峡远古文化初探》，《葛洲坝工程文物考古成果汇编》，武汉大学出版社，1990年；长江水利委员会：《宜昌路家河》（长江三峡考古发掘报告），第116页，科学出版社，2002年；于孟洲：《峡江地区夏商时期考古学文化研究》，第47、48页，科学出版社，2010年。
⑫ 孟华平：《峡江地区新石器时代遗存的谱系研究》，《华夏考古》1993年第3期。

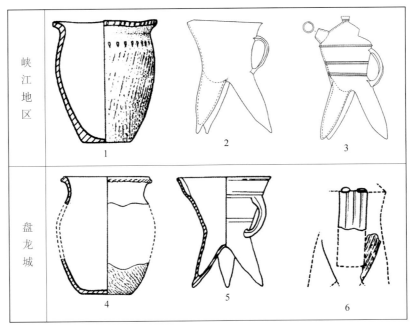

图 6.20　峡江地区二里头文化晚期陶器与盘龙城出土陶器比较

1、4.花边口沿罐（路家河 T8 ⑤：1、城址 3TZ33 ⑨ B：1）　2、5.鬲（朝天嘴 T6 ⑥：14、李家嘴 H4：11）

3、6.盉（朝天嘴 T7 ⑥：9、王家嘴 T32 ⑧：3）

主体的陶器类型仍延续早期"朝天嘴文化"，以釜为主要炊器，大量出土尖底杯、尖底盏、圈足碗、细高柄豆、灯座形器等。这其中柄部细长、带凸棱的豆，灯座形器等，在盘龙城第二期三组见有相类的标本，由上已述可知反映出峡江地区传统的陶器类型对盘龙城的影响（图6.21，1、5）。另外，"路家河文化"部分遗址还见有一定数量的鬲、簋、大口尊、缸等中原式陶器。路家河遗址出土的采：59陶鬲沿面平折、略向下，近于盘龙城B型平折沿类陶鬲（图6.21，2、6）；路家河遗址T5扩：46陶鬲口部折沿、唇面下翻，同类型者在盘龙城亦有所见（图6.21，3、7）。此外，路家河、中堡岛等"路家河文化"遗址同样也出土有较多数量的缸，形态特征与盘龙城基本无异（图6.21，4、8）。峡江地区商代前期陶器群中的中原文化因素，不能排除部分可能是由盘龙城传播所致。

尽管目前的线索较为薄弱，但零星相近的陶器因素表明较远距离的峡江地区与盘龙城之间仍可能存在一定的交流互动。虽然这种文化上的互动可能并不是直接的，如盘龙城最为流行的平裆类鬲就极少在峡江地区发现，而峡江地区中原式陶器中的簋、大口尊等也难以指示出与盘龙城之间直接的关联。考虑到江汉平原西部荆南寺遗址出土有与盘龙城相近的陶器类型，而同样峡江地区特点的如细柄豆、灯座形器也在荆南寺有见，峡江地区与盘龙城之间陶器上的联系，可能只是经荆南寺的一种间接交流。但是无论怎样，峡江地区和盘龙城陶器上互见相近的文化因素，仍表明以盘龙城为中心，长江流域之间文化交流的触角已经延伸到了长江上游地区。

以往在讨论夏商时期长江中、下游地区的文化互动时，多强调这一时期中原对南方的影响。然而实际上，在北方中原文化强势扩张的背景下，南方地区以长江干流为主线，仍可见到较为密切的东西之间的文化互动。这种文化的互动不仅可见以盘龙城为中心，中原式陶器

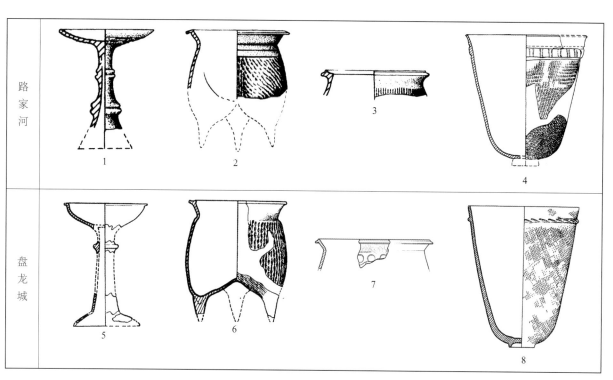

图 6.21　路家河与盘龙城出土陶器比较

1、5.豆（T5 扩：40、李家嘴 M6：7）　　2、6.鬲（采：59、李家嘴 T3 ⑦：8）　　3、7.鬲口部（T5 扩：46、小嘴 H76：11）

4、8.缸（T7 ⑤：13、杨家嘴 T3 ⑦：50）

向外的扩散；同时长江流域地方的文化因素也会反之影响到盘龙城。而陶器类型、形态所反映的联系的紧密程度，以及由此背后可能展现的互动关系，在不同地理单元、文化类型的区域中，还表现出了一定的差异。一方面，从薛家岗、荆南寺等遗址可见，具有盘龙城特征如联裆鬲、联裆斝、缸等陶器群成组出现在一些受中原文化影响的地方文化类型中（图6.22，1）。多类组合陶器群，特别是炊器的传播，可能反映了盘龙城地方人群在这些区域之间的交流，乃至直接的迁徙。因此这些地点所见的中原文化的影响，可能是由盘龙城为中介向外传播的。值得注意的是，联裆鬲、联裆斝等陶器在长江流域其他地点的出现，普遍集中在年代偏早的阶段，即盘龙城第二期三组，正属于盘龙城城市设立的初期。伴随着城市的营建，盘龙城似乎得以扩充其文化影响，并对长江沿线形成了某种扩张态势。另一方面，缸这类陶器，作为盘龙城最具代表性的陶器类型，在这一时期还曾广泛地分布在江淮、鄱阳湖、澧水、峡江等长江中下游地区（图6.22，1）。这些区域有的属于中原文化下的地方类型，如大城墩、龙王岭等；有的则属于较为单纯的地方文化类型或受中原文化影响的地方类型，如皂市、路家河等。单类陶器的传播，显然不太可能与人群直接的迁徙相关；相反更可能体现出长江流域某种共同的文化行为，或者属于地区间贸易交流的产物。虽然缸的功能暂且不明，但是在如此跨地区、跨文化的地点出现，似乎更指向某种贸易、生产类活动。缸在长江流域的延续时间较长，甚至部分地区在盘龙城废弃后仍在使用。此外，以上大城墩、龙王岭等遗址中原式的陶器，如鬲、甗、罐、斝等，未见到具有盘龙城特质的类型，反而各具特点。这些地区与中原文化之间的联系应该另有来源，并非以往认识的由盘龙城传播而来。

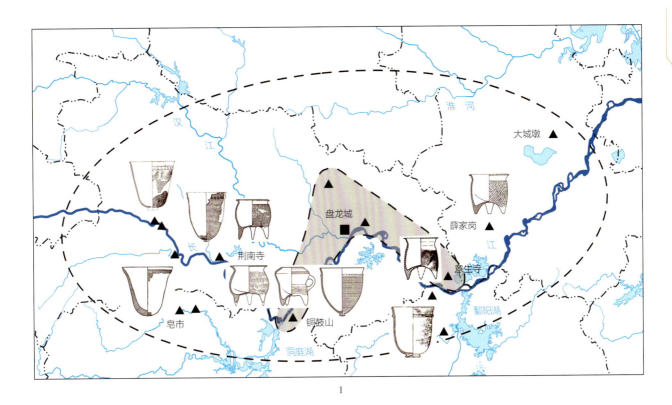

1

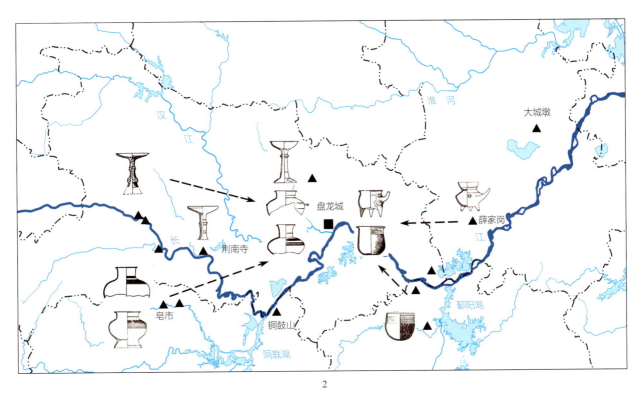

2

图 6.22　盘龙城与长江流域其他地区陶器联系示意

1. 长江流域其他地区所见具有盘龙城特征的陶器类型
2. 长江流域其他地区文化陶器类型对于盘龙城的影响

与盘龙城陶器类型对于周边区域传播的情况类似，长江流域地方文化类型下的陶器对于盘龙城的反向影响也显现出了复杂的局面。其中盘龙城以西的地方文化，以荆南寺文化、皂市一类遗存、路家河文化为代表，陶器群中的细柄豆、细颈广肩壶、甑形器等，可见于盘龙城遗址（图6.22，2）。这些陶器在功能上可归属于盛食器、酒器或储藏器。不过，以上地区最为常见的釜、釜形鼎、甑形器等炊器在盘龙城则基本不见。西部地方文化反向影响的陶器类型以盛食器和酒器类型为主，并未见到相关的炊器，这一文化因素影响的背后或许不在于人口直接的迁徙。考虑到盘龙城这类豆、壶、甑形器等，与地方文化出土的同类型器在陶器形态、纹饰乃至胎质颜色上基本一致，却与盘龙城一般流行的陶器有所不同；因此不排除可能存在陶器或是相关产品的直接输入，甚至因于盘龙城当地居民对于异域陶器的偏好。同样的是，此类型器物在盘龙城仅出现在第二期三组，正为城市营建的时期。这一阶段随着城市的形成，盘龙城对周边地区，尤其是盘龙城以西形成了较强的文化吸纳力，周边的资源可能由此向中心汇聚。而盘龙城以东的同期遗存，如薛家岗、龙王岭等，其陶器群中的带鋬类器物（带鋬盉）、印纹硬陶和原始瓷也可能影响到了盘龙城（图6.22，2）。然而饶有意味的是，盘龙城并未发现与薛家岗的带鋬盉、长江下游的印纹硬陶和原始瓷类型一致的器物。薛家岗流行的带鋬盉，在盘龙城被改造成了一类带鋬鬲。这可能只是陶器形态上的借鉴，仅仅体现了一种文化上的联系。长江下游流行的印纹硬陶和原始瓷，多被认为是盘龙城印纹硬陶和原始瓷的源头。但是印纹硬陶和原始瓷在长江下游地区流行罐、鼎，盘龙城则以罐、杯、尊、瓮为主，两者并不一致。尽管盘龙城的印纹硬陶和原始瓷胎质、纹饰、工艺都显现出了与长江下游之间的联系，但两者的区别不禁让人怀疑盘龙城的印纹硬陶和原始瓷属于长江下游特别的定制产品，或是盘龙城在吸收下游印陶制作的技术后自身生产的结果。在年代上，带鋬鬲主要出现在盘龙城第三期四、五组，属于盘龙城城市最鼎盛的阶段；而印纹硬陶和原始瓷则在盘龙城不同阶段都有发现，并且年代越晚类型和数量越多。

尽管盘龙城与周邻长江流域各类遗存，在陶器上有着较为密切的文化互动，但是输出与输入显然是有差别的（图6.22，1、2）。盘龙城输出的陶器类型主要有鬲、斝等炊器和酒器，以及大量的缸。同类炊器的向外传播，暗示了人群的直接迁徙，背后则可能体现出盘龙城对外的扩张，甚至是殖民活动。长江流域地方文化输入盘龙城的陶器类型则主要为盛食器、酒器，以及印纹硬陶和原始瓷等，相反不见炊器。因此，盘龙城与周边长江流域之间似乎未有直接人群上的交流。这些异域文化的盛食器、酒器、印纹硬陶和原始瓷，更可能属于盘龙城自身对于周边产品或资源的需求。这一点与同期郑州商城所见有所不同，郑州商城发现的异域文化的陶器类型，多有鼎、鬲、甗、罐等炊器，反映出人群向中心的汇集[①]。而在盘龙城则基本不见周邻长江流域地方人群汇聚的迹象。由此，比较盘龙城与周邻地区陶器上的互动关系，我们可以构建出这样一种景象：盘龙城对外通过人群的扩张，对周邻长江流域有着广泛的影响；而周邻地区的产品和资源又就此汇入盘龙城，形成了以盘龙城为中心的交流网络。

通过认识盘龙城与长江流域地方文化之间的交流与互动，以上还揭示出，中原文化对于

---

① 孙卓：《郑州商城与偃师商城城市发展进程的比较》，《考古》2018年第6期。

南方长江流域的扩张态势和格局可能要比我们以往了解的更为复杂。受中原文化的影响，商代前期长江流域多被认为分属于"盘龙城类型"和"大城墩类型"两个地方类型，而周边其他地区文化，如荆南寺文化、路家河文化、皂市一类遗存等，其中的中原文化因素则多受到这两类地方类型，特别是盘龙城的影响。不过，仔细比较盘龙城与周边地区出土的同类陶器，以往所认识的属于盘龙城影响下的鄱阳湖以西地区，可能仅是与盘龙城存在文化上的交流，而中原文化的影响可能并非通过盘龙城，而是另有路径。同样荆南寺文化和皂市文化中的中原文化因素，仅在早期与盘龙城存在联系，但主体仍是更多可见中原地区的直接影响。而更偏远的峡江地区，其零星可见的中原文化因素也似乎并非传自盘龙城。因此，商代前期中原文化对于整个长江流域的影响，仅从陶器上观察，显然并非简单的由盘龙城等某几个中心聚点向周边扩散，而是在不同地区，中原文化有着不同的影响线路，甚至是扩张的模式。尽管盘龙城无疑属于二里头晚期至商代前期长江流域的中心性聚落，但是其本身陶器的影响似乎仍较有限。

第三节　盘龙城与中原核心地区陶器群的文化互动

　　盘龙城与中原地区的文化交流，一直被认为是这一时期盘龙城陶器群主要的文化来源。在上文的陶器类型分析中，盘龙城绝大部分陶器类型都可在中原地区找到同类者，显示出中原文化对于盘龙城及其周邻地区的强势影响。也正是在这一背景下，以盘龙城出土的陶器类型为代表，盘龙城遗址的文化类型被定性为中原文化下的地方类型。不过，无论在二里头，还是到二里冈阶段，中原地区及其中原文化实际囊括了不同地理单元，以及文化面貌互有差异的遗址点。在论及殖民者与被殖民者互动的考古学研究（The Archaeology of Colonial Encounters）中，部分学者曾概括性地将地方殖民分为殖民地（colony）、殖民者（colonist）和当地被殖民社区（host communities），并提出殖民者的差异所引起的地方文化、政治和经济的不同[①]。即便在同一文化系统之内，不同地点或政治体下的殖民活动也会对地方形成不同的影响[②]。如果我们将盘龙城视为中原王朝南下扩张的结果，把陶器归结为广义中原文化的影响；那么需要考虑的是在"大中原"范围内，不同地点，甚至是遗址点与盘龙城之间是否有不同的关系，由此造成了盘龙城陶器群所呈现出的特质。此外，以往的研

①　Gil J Stein. Introduction: the Comparative Archaeology of Colonial Encounters. In: *The Archaeology of Colonial Encounters: Comparative Perspective*. School of American Research Press & James Currey, 2005:1-29.

②　Dietler M. The Archaeology of Colonization and the Colonization of Archaeology: Theoretical Challenges from an Ancient Mediterranean Colonial Encounter. In: *The Archaeology of Colonial Encounters: Comparative Perspective*. School of American Research Press & James Currey, 2005:147; Michael Dietler. *Archaeologies of Colonialism: Consumptions, Entanglement, and Violence in Ancient Mediterranean France*. Berkeley: University of Calofornia, 2010:1-26, 56.

究多强调中原地区对于盘龙城的影响，但是对反向的交流则明显关注不够。袁广阔曾指出郑州商城南关外地点的联裆鬲、联裆斝一类陶器源于盘龙城[①]。盘龙城与中原核心地区陶器群之间反向的交流，特别是盘龙城所形成的具有地方特质的陶器类型，是否会反向传播到中原，也需要我们在此做进一步的讨论。鉴于"考古学文化"这样一个范畴较大，常掩盖同文化下遗址之间物质遗存的差异，以下将以中原核心地区的主要遗址为代表，分别阐述其出土陶器与盘龙城陶器群之间的关联。

一、二里头

二里头遗址为二里头文化规模最大的中心性聚落，常被认为是夏王朝晚期的都城。聚落主体被分为四期，即二里头文化第一至四期，年代大约相当于公元前2000～前1600年。这其中与盘龙城最早阶段相当的为二里头遗址第三至四期，属于二里头文化的晚期阶段[②]。

二里头遗址二里头文化晚期的陶器类型主要有各类罐、鼎、甑、盆、刻槽盆、平底盘、大口尊、豆、盉、爵、缸、器盖等，并有少量下七垣文化特征的鬲、甗和岳石文化特征的篦纹罐等（图6.23）。陶器的胎质多灰陶和泥质陶，红陶较少，纹饰则多见绳纹、附加堆纹、弦纹等。以二里头遗址出土的这些陶器为特征，二里头文化以伊洛地区为中心广泛分布在现今豫西、豫北、豫南等地[③]，并向南向八里桥、穰东等遗址扩张，出土的陶器都体现出了较为浓厚的二里头文化的特征[④]。

受到这一时期中原文化的影响，二里头遗址出土的不少陶器类型都可见于盘龙城遗址。盘龙城第一期一组出土的深腹罐、花边口沿罐、扁足的盆形鼎等，都可追溯至二里头遗址同类器。以往有学者将盘龙城最早阶段遗存定性为二里头文化"盘龙城类型"。不过，盘龙城最早阶段的陶器形制与典型的二里头遗址出土的同类陶器并非完全一致。盘龙城花边口沿罐、盆形鼎等均以平底为特征，深腹罐则为凹圜底，这与二里头遗址的典型器物已有所不同。而平底器的特征部分可参见豫南地区杨庄遗址二里头文化同类器。盘龙城最早阶段陶器群，从形制上观察，并非直接源自二里头遗址，而是明显受到邻近地方类型的影响，可能经现在的豫东、豫南地区传播而来。

盘龙城第二期二、三组，年代大体相当于中原二里冈下层，而整体晚于二里头。不过，尽管时间相错，盘龙城这一阶段仍然可以见到不少二里头文化下的同类器。例如，盘龙城这一时期发现的柄部加粗的浅盘豆、刻槽盆、盉、平底盘等，形态如二里头遗址的同类型器（图6.23，5～8）。比较更早的盘龙城第一期一组，盘龙城第二期所见二里头文化因素下的陶器类型要更多；只是这一时期盘龙城主体的陶器类型已经转为以鬲、甗为代表的二里冈文

① 袁广阔：《关于"南关外期"文化的几个问题》，《中原文物》2004年第6期。

② 二里头遗址的资料主要见于以下两本报告。中国社会科学院考古研究所：《偃师二里头——1959年～1978年考古发掘报告》，中国大百科全书出版社，1999年；中国社会科学院考古研究所：《二里头——1999～2006》，文物出版社，2014年。

③ 中国社会科学院考古研究所：《中国考古学·夏商卷》，第82～89页，中国社会科学出版社，2003年。

④ 北京大学考古系等：《河南方城县八里桥遗址1994年春发掘简报》，《考古》1999年第12期；河南省文物考古研究所：《河南邓州市穰东遗址的发掘》，《华夏考古》1999年第2期。

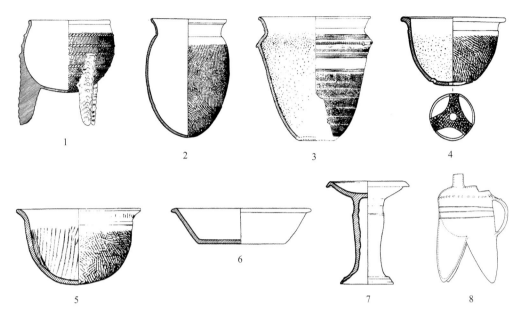

图 6.23　二里头遗址晚期的典型陶器

1. 鼎（Ⅳ H77：39）　2. 罐（Ⅴ H87：15）　3. 大口尊（Ⅷ T14 ④：11）　4. 甑（Ⅴ H83：19）
5. 刻槽盆（Ⅳ H30：3）　6. 平底盘（Ⅴ H87：13）　7. 豆（Ⅳ M14：2）　8. 盉（Ⅲ KM2：4）

化类型，其中二里头文化类型的陶器仅是作为少数外来因素。实际上，盘龙城自第二期二组以来，流行的锥足鼎、锥足鬲等，更可能来源于今豫东地区下七垣文化及其之后的二里冈文化。而零星发现的二里头文化因素，可能只是附属于豫东地区中原文化的南下。若把二里头与二里冈视为夏商王朝的更替，不少二里头文化因素出现在盘龙城的二里冈下层阶段，这一现象或可解释为早商王朝向南扩张中将夏遗民外迁，与西周早期外迁商遗民异曲同工。

相对而言，二里头遗址二里头文化晚期虽然发现如下七垣、岳石文化等外来文化因素，但却难以见到来自南方地区的影响，也未有证据表明盘龙城同阶段的陶器类型反向传播到二里头。尽管二里头遗址出土有一些陶缸，不过这些缸多折沿，与盘龙城最为流行的直口缸不同，并且盘龙城最早阶段也未发现缸。这一时期盘龙城陶器群似乎单向受到北方中原文化的影响。

二、郑州商城

伴随着二里冈文化的崛起，中原文化的中心向东迁移，形成了以郑州商城为中心的文化格局。在二里冈阶段，郑州商城无疑属于中原地区规模最大、遗存内涵最为丰富的城市聚落。学界一般将其视为商代前期的都城[①]。郑州商城的主体年代为公元前1600～前1400年，整体分为四期，正与盘龙城城市聚落最为兴盛的第二、三期同时[②]。

[①] 邹衡：《郑州商城即汤都亳说》，《文物》1978年第2期；袁广阔：《郑州商城与偃师商城关系的考古学观察》，《郑州大学学报》（哲学社会科学版）2004年第1期；潘明娟：《从郑州商城和偃师商城的关系看早商的主都和陪都》，《考古》2008年第2期。

[②] 郑州商城的资料主要见于：河南省文物考古研究所：《郑州商城——1953～1985年考古发掘报告》，第1012～1019页，文物出版社，2001年。

郑州商城二里冈阶段的陶器类型主要有鬲、甗、罐、斝、爵、豆、簋、瓮、大口尊、盆等，陶质陶色以泥质灰陶和夹砂灰陶为主，红陶和褐陶少见，纹饰有绳纹、附加堆纹、弦纹、圆圈等，部分甚至装饰云雷纹、兽面纹等复杂纹样（图6.24）。而同样以郑州商城为中心，二里冈阶段的这样一类陶器群，广泛地分布在整个中原腹地及其周邻的晋南、关中、冀北、鲁西南和长江中下游地区。盘龙城陶器群这一时期所体现出的强烈的中原文化色彩，无疑是受到这样一股文化势力的影响。

从以上器类分析可知，盘龙城第二、三期主要的陶器类型，与中原地区，特别是郑州商城保持了相当的一致性。盘龙城这一时期鬲、甗等炊器，爵、斝、壶、大口尊等酒器，盆、簋、豆、瓮、缸等盛食器和储藏器都可以在郑州商城找到同类标本。在各类陶器出现的比例上，除缸外，盘龙城陶器群多鬲、甗等炊器，少深腹罐，并有一定数量的C型类小口瓮和零星的中柱盂，对比可知也更接近郑州商城，而与以下论述的偃师商城略有不同。盘龙城第二期陶器群零星可见如下七垣文化、岳石文化的一些文化因素，同样在郑州商城亦有充分的体现。此外，盘龙城虽流行联裆鬲、联裆斝、红陶类的缸等，陶器的形态有着一定的自身特点；但是在不同时期，盘龙城仍可见到较为典型的中原式陶器。盘龙城杨家湾H2曾出土1件陶鬲，折沿、方唇、分裆、颈部饰圆圈纹和凹弦纹、腹部绳纹较粗，与郑州商城二里冈上层第一期的陶鬲几近一致（图6.25，1、2）。盘龙城杨家湾Q1712T1013⑤：3大口尊不仅外形和纹饰与郑州商城大口尊相近，甚至器表涂抹有灰黑色胎衣，似有意模仿中原地区灰质的器体（图6.25，3、4）。这些陶器与郑州商城同类器在造型、纹饰，乃至胎体方面的近似程

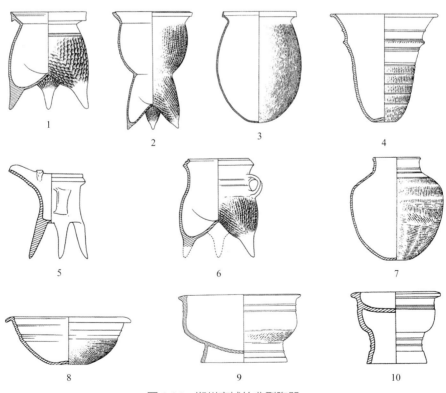

图6.24 郑州商城的典型陶器

1. 鬲（C5T19①：27） 2. 甗（C5T3①：51） 3. 罐（H14：80） 4. 大口尊（C7T101②：119） 5. 爵（C5.3T301①：1）
6. 斝（C9.1H157：41） 7. 瓮（C11M125：11） 8. 盆（C5T19①：49） 9. 簋（C11M152：1） 10. 豆（CNM5：6）

图 6.25 郑州商城鬲、大口尊与盘龙城同类器比较

1、2. 鬲（杨家湾 H2：1、C11M125：7） 3、4. 大口尊（杨家湾 Q1712T1013 ⑤：3、C5.2H209：8）

（1、3 出自盘龙城，2、4 出自郑州商城）

度，不禁让人怀疑盘龙城有一定数量的器物或许直接来源于郑州商城，或由郑州商城南下的
工匠制作。

　　盘龙城陶器群，除了自身的一些特征因素之外，更多可见与郑州商城陶器之间的联系。
而这种联系不仅表现在郑州商城对于盘龙城的影响上，实际上盘龙城若干具有自身特征的
陶器也出现在郑州商城。郑州商城南关外地点曾发现多件锥足鼎、联裆类鬲、联裆斝等，
与当地流行的分裆类的鬲、斝多有不同。其中郑州商城陶鬲C5T61③：49，平折沿、沿面凸
起一棱，联裆，长锥足，与盘龙城流行的AaⅢ式联裆鬲多有相近之处（图6.26，2、6）。
郑州商城陶斝C9H187：13敛口、联裆，整体腹身较矮胖，可比较盘龙城BaⅠ式联裆斝（图
6.26，3、7）。郑州商城还发现有多件锥足鼎，这同样在盘龙城第二期出现（图6.26，1、
5）。袁广阔曾将郑州商城南关外地点出土的这类联裆鬲归结于盘龙城的影响，并与中原王
朝南下经略盘龙城、获取铜矿等资源相联系[1]。实际上，郑州商城在南关外下层、早于二
里冈下层一期就已经出现有锥足鼎、联裆鬲等。此类陶器最早出现可能并非源于盘龙城，

---

[1]　袁广阔：《关于"南关外期"文化的几个问题》，《中原文物》2004年第6期。

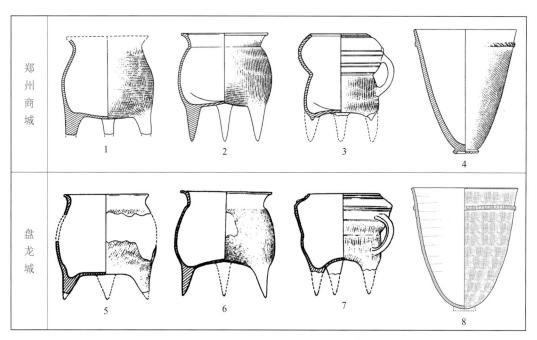

图 6.26　郑州商城所见与盘龙城相近的陶器类型

1、5. 鼎（C9.1T114 ②：143、王家嘴 T32 ⑧：21）　 2、6. 鬲（C5T61 ③：49、楼子湾 G2 ⑤：14）
3、7. 斝（C9H187：13、王家嘴 T17 ⑤：2）　 4、8. 缸（C8T62 ③：7、小嘴 H73：8）

而是属于下七垣文化南下，相反并经此向盘龙城传播①。不过，至二里冈下层二期到上层一期，郑州商城仍可见有少量的联裆鬲，并新出现了联裆斝，确实反映出盘龙城陶器群向北的传播。这一时期的联裆鬲、联裆斝在郑州商城均不属主流陶器类型，反而与盘龙城陶器特征相近，同时集中出现在南关外地点，显现为少数外来人群在城市聚集定居的状况。郑州商城还出土一定数量的缸，陶器的形态、纹饰乃至胎质也与盘龙城大量出现的缸别无二致；特别是郑州商城的缸同样多网格纹、胎质多夹砂红陶，与其他类陶器上流行绳纹、多夹砂或泥质灰陶大有不同。因此，郑州商城出土的缸亦有可能由盘龙城传播而来或受其影响（图6.26，4、8）。

此外，这一时期中原文化某些陶器上的形态特征可能先出现在盘龙城，而后再传播至郑州商城。以敛口斝为例，口部内敛、沿面与颈部之间相折，多认为是二里冈上层中原地区陶斝的标志（图6.27，6）。不过，这种口沿形态的斝，在郑州商城较早阶段，多为联裆类的器物，如陶斝C9H187：13，年代定在二里冈下层第二期②。联裆类的器物并非郑州商城陶器的主流特征，反而多见于盘龙城陶鬲、陶斝。上文形态分析中已有论述，盘龙城流行的联裆类的斝，应是受到本地联裆鬲的影响；反观郑州商城实际并没有这样一个传统。因此，郑州商城最早出现的敛口、联裆斝，应是源自盘龙城的影响，由盘龙城侈口、联裆斝新创而来。而这种敛口的形态特征之后又进一步被郑州商城流行的分裆斝所接受，形成了二里冈上层阶

① 王立新、胡保华：《试论下七垣文化的南下》，《考古学研究——邹衡先生逝世五周年纪念文集》（八），科学出版社，2011年。
② 河南省文物考古研究所：《郑州商城——1953～1985年考古发掘报告》，第636、637页，文物出版社，2001年。

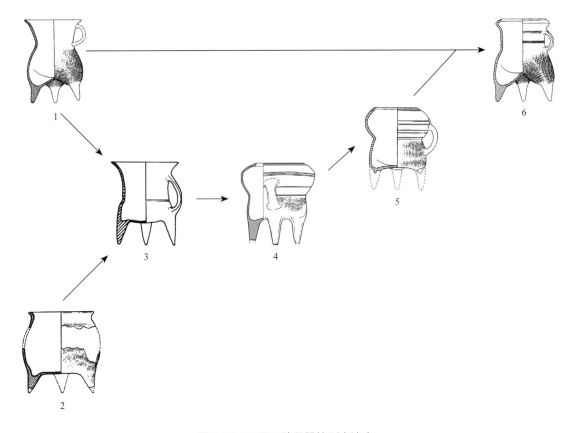

图 6.27 二里冈阶段斝的形态演变

1、3～6. 斝（C1H9：362、王家嘴 T12 ⑦：13、小嘴 H73：3、C9H187：13、C5.1H149：1） 2. 鼎（王家嘴 T32 ⑧：21）

（1、5、6 出自郑州商城，2～4 出自盘龙城）

段最具代表性之一的敛口、分裆斝（图6.27）。

    郑州商城出土的印纹硬陶和原始瓷同样可向南追溯到盘龙城（图6.28）。郑州商城印纹硬陶和原始瓷主要包括罐、瓮、尊等几类，这些均可在盘龙城见到同类标本。郑州商城所谓的"折肩深腹尊"和"折肩浅腹尊"，器表饰网格纹或叶脉纹，分别与以上划分的盘龙城A型类尊形器和B型类尊形器特征相近（图6.28，1、2、5、6）。南顺城街窖藏中发现的侈口、折肩、圈足尊，肩部饰多周S形纹（南顺城街96ZSNH1下：229），则可比对近年来杨家湾发掘的M19：01。同时，郑州商城印纹硬陶和原始瓷尊多出自等级较高的青铜器墓葬，而罐或瓮类器则居址多见，这也与盘龙城印纹硬陶和原始瓷出土的背景类似。黎海超曾指出郑州商城的印纹硬陶和原始瓷可能作为铜料流通中的附属品，从长江以南经盘龙城传播至郑州商城[①]。

———————————

① 黎海超：《金道瓷行——商周时期北方地区印纹硬陶和原始瓷器研究》，第52～58页，上海古籍出版社，2018年。不过需要注意的是，盘龙城流行的印纹硬陶和原始瓷杯较少在郑州商城发现；郑州商城印纹硬陶和原始瓷罐流行颈部斜收较高者也不见于盘龙城；此外，盘龙城常在等级较高的墓葬中随葬尊形器和罐或尊形器和瓮两件印纹硬陶和原始瓷器组合，而郑州商城高等级墓葬多只随葬1件印纹硬陶和原始瓷器。郑州商城和盘龙城印纹硬陶和原始瓷在器类、器形和器物使用上仍有一定的差异，显现出这一时期郑州商城印纹硬陶和原始瓷可能有着较为复杂的来源，并在使用上形成了自身的特点。

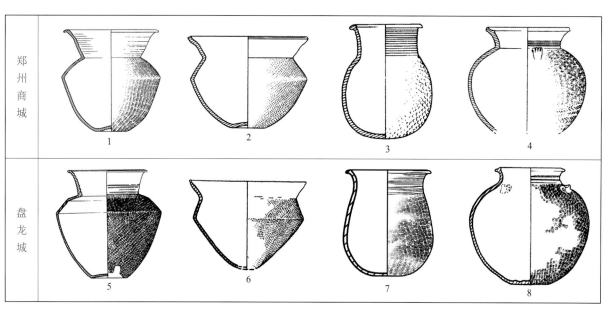

图 6.28　郑州商城与盘龙城出土印纹硬陶、原始瓷比较

1、2、5、6.尊形器（MGM2∶1、C5T4 ① ∶18、王家嘴 T82 ⑧ ∶4、杨家湾 M12∶1）

3、7.罐（C11T102 ② ∶77、杨家湾 T1015 ⑥ ∶1）　　4、8.瓮（C11H111∶12、杨家湾 M4∶12）

　　以上陶器上的相似性，反映出了郑州商城与盘龙城两地之间密切的文化互动。这种互动既有如盘龙城主要器类与郑州商城一致、盘龙城缸和敛口罍对郑州商城的影响，并从中可见郑州商城与盘龙城之间在陶器形态、陶器生产，乃至背后日常使用上的相互借鉴和文化影响。同时，郑州商城集中出土的联裆鬲、联裆斝等陶器和盘龙城发现较典型的中原式器物，表明亦有可能于不同阶段郑州商城与盘龙城之间存在直接的人群交流。此外，如印纹硬陶和原始瓷在两地的传播，不能排除郑州商城与盘龙城之间还存在以特殊陶器为媒介的贸易交换。整体而言，郑州商城与盘龙城在陶器的文化面貌上存在诸多相近性。鉴于这一时期中原文化对周边地区强势扩展的态势，以及盘龙城主要陶器类型多可在郑州商城找到源头，盘龙城在基层人群、文化，乃至政治组织方面应与郑州商城有着更加紧密的联系。从以下比较偃师商城可知，这一时期中原文化对于盘龙城的深度影响，应是始自郑州商城。

三、偃师商城

　　偃师商城为商代前期中原地区另一处规模较大的城市聚落[①]。不少学者将偃师商城与郑州商城并立，认为同属于商王朝的都城。根据发掘报告，偃师商城被分为三期五组，整体年代正可对应于郑州商城第一至四期，亦与盘龙城第二、三期大体同时。

　　偃师商城陶器的文化面貌基本与郑州商城一致。胎质整体上"以夹砂灰陶为主，泥质灰陶次之，少量夹砂红褐、灰褐陶，另外还有为数不多的泥质白陶、黑陶、红陶以及印纹硬

---

① 偃师商城主要的资料见于：中国社会科学院考古研究所：《偃师商城》（第一卷），科学出版社，2013年。

陶"[①]。器类则多见鬲、甗、罐、斝、爵、豆、簋、瓮、大口尊、盆等。器形如陶鬲和甗分裆、折沿、方唇，簋直腹、斜收，豆分真腹和假腹两类，大口尊大敞口、折肩，斝分裆、早期侈口、晚期敛口，这些陶器特质基本都可在郑州商城找到类似者（图6.29）。从整个郑洛地区观察，商代前期无论是偃师商城，还是郑州商城陶器群之间都难以相互甄别，展现出中原核心地区基层人群日常生活中同质的文化行为。

不过，在陶器群基本一致的大背景下，偃师商城与郑州商城的陶器群仍显现出了些许差异，并部分反映出偃师商城与盘龙城之间较为疏远的关系。偃师商城整体器类多见深腹罐、相对少有小口瓮。这种器类组合的差异或因偃师商城更靠近原二里头文化的中心地区，有较多二里头文化因素的遗留。而无论是郑州商城还是盘龙城，均以小口瓮多见，深腹罐并不居于主流。偃师商城比较郑州商城实际较少见到异域文化因素的陶器类型，特别如岳石文化的甗、篦纹罐，下七垣文化因素的盆形鼎等。而盘龙城相反在第二期出现有岳石文化、下七垣文化等因素的陶器类型，陶器群文化因素的构成明显更加接近郑州商城。偃师商城同样较少发现印纹硬陶和原始瓷器，且目前仅见尊形器一个器类。而郑州商城和盘龙城均有较多的印纹硬陶和原始瓷器，器类也包括尊、尊形器、罐、瓮等多个类别。此外，更为重要的是，偃师商城目前暂未发现与盘龙城陶器群中相近的联裆类鬲、联裆类斝等器物，陶器的形态更加单纯地体现为中原核心地区特征，而难以找到与盘龙城典型陶器之间的类同者。反观郑州商城，集中出土有一批与盘龙城典型鬲、斝相近的陶器类型，显现出了与盘龙城之间密切的文化互动。偃师商城陶器群明显更加缺少外来文化因素的影响，陶器的类别、形态整体反映为

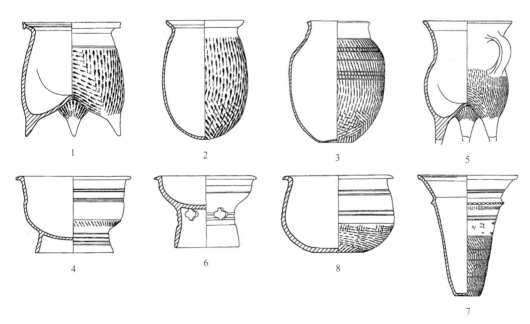

图 6.29　偃师商城的典型陶器

1. 鬲（1989YS Ⅳ T19H34：8）　2. 罐（1989YS Ⅳ T19H34：14）　3. 瓮（1989YS Ⅳ T19H34：6）

4. 簋（1989YS Ⅳ T19H34：11）　5. 斝（1989YS Ⅳ T21H57：1）　6. 豆（1989YS Ⅳ T21H57：4）

7. 大口尊（1991YSJ2T2H6：9）　8. 盆（1989YS Ⅳ T21H57：3）

---

① 　中国社会科学院考古研究所：《偃师商城》（第一卷），第501页，科学出版社，2013年。

一种单纯、封闭的文化面貌。而具体到盘龙城，偃师商城显然在陶器上缺乏与之直接的联系，与郑州商城和盘龙城在陶器上反映出的文化互动显现出了不同。

以往虽然可以笼统地说，盘龙城陶器群主体受到中原文化的影响。但若将偃师商城和郑州商城放在平行的层面比较，盘龙城显然与郑州商城有着更加紧密的联系，而与偃师商城之间则可能并不存在直接的交流。由于陶器更能直接反映出基层人群日常的生活行为，盘龙城与郑州商城之间跨区域的相似性，或暗示出盘龙城主体活动的人群由郑州商城派遣而来，背后则体现出了一种盘龙城对于郑州商城的从属关系，乃至于盘龙城在政治上可能受到郑州商城的管辖和控制。而这种城市之间的从属关系，似乎并未在偃师商城与盘龙城之间展现出有关的可能性。对于商代前期中原王朝所展现出的国家社会，学界多持两种不同的假设。传统的观点认为，这一时期的商王朝仍以单一的都邑为中心，即传世文献中的亳都、隞都等，周边的城邑或次级的聚落由都城而下形成了类似金字塔式的管理结构。另外亦有学者认为，这一时期的商王朝属于城市国家的阶段，中原及周边发现的各类城市聚落性质较为独立，之间存在着相互的竞争[①]。无论我们如何来认识郑州商城和偃师商城之间的关系（也包括中原地区其他城市与城市之间的关系），考古材料展示，盘龙城这一时期仍然更可能是受到郑州商城的直接管理和控制，而中间似乎并没有其他层级的聚落对盘龙城形成可见的影响。盘龙城与郑州商城之间的直接联系似乎印证了王立新关于"直辖邑"的说法[②]。因此，从这一角度而言，盘龙城无疑应属于商代前期以郑州商城为中心，在南方地区直接设立的城市聚落。

四、小双桥

进入二里冈上层第二期，随着郑州商城的衰落，中原文化的中心开始向北转移。由此，先后在郑州西北郊和安阳洹河以北出现了两座规模较大的城市聚落——小双桥和洹北商城。这一阶段即为学界通常所认识的"中商时期"[③]。中商时期尽管在文化面貌上延续早商二里冈，但整体的结构已有了较大的变化。一方面，早期林立的城市纷纷衰落，文化格局由多中心向单中心转变；而以陶器为代表的中原文化却进一步向外扩散，并在广大区域内表现出了同质的特点。而另一方面，在盘龙城，这一阶段与盘龙城第四期五组大体同时，进入盘龙城最后一期。同时在聚落景观和文化面貌上，盘龙城此时也产生了较大的变化：其聚落中心向北迁移，同时陶器群的异质性愈加明显。这些变化是否与中原文化格局的动荡变迁相呼应，之间又有何种的因果联系，无疑需要格外关注。由于目前洹北商城陶器材料较少，在此以小双桥遗址为例，对"中商时期"中原核心地区与盘龙城之间陶器上的文化互动展开论述[④]。

小双桥遗址陶器整体的文化面貌仍是延续自郑州商城而来（图6.30）。小双桥遗址陶器

---

① Yoffee N. *Myths of the R. archaic state: evolution of the earliest cities, states, and civilizations*. Cambridge: Cambridge University Press, 2005: 50, 51.

② 王立新：《从早商城址看商王朝早期的都与直辖邑》，《新果集——庆祝林沄先生七十岁论文集》，科学出版社，2009年。

③ 唐际根：《中商文化研究》，《考古学报》1999年第4期。

④ 小双桥主要的资料主要见于：河南省文物考古研究所：《郑州小双桥——1990～2000年考古发掘报告》，科学出版社，2013年。

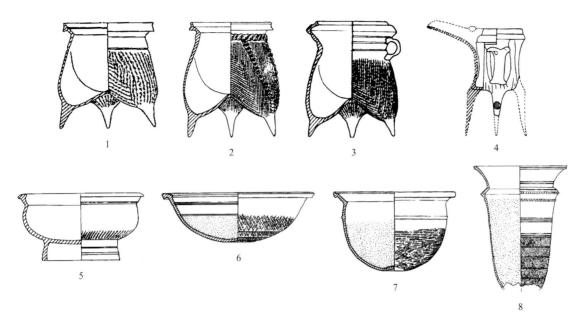

图 6.30　小双桥的典型陶器

1、2.鬲（00 V H60：38、00 V H60：41）　3.斝（00 V H60：56）　4.爵（00 V H60：23）
5.簋（00 V H60：11）　6、7.盆（95 V H43：16、95 V G3：45）　8.大口尊（00 V T95④A：20）

群整体以泥质灰陶和夹砂灰陶为主。从器类上观察，其生活用器有鬲、甗、鼎、罐、瓮、大口尊、中柱盂、盆、簋、豆、觚、爵、斝、杯、缸等，并"以鬲、盆最多"[1]，这基本与郑州商城出土的陶器保持一致。在器形方面，尽管小双桥在部分陶器上与郑州商城同类器之间有一定的变化，但如陶鬲折沿、方唇加厚，斝敛口，爵直口、长流，假腹豆豆盘较浅，这些形态特征都已在郑州商城同类器中出现，可视为郑州商城陶器形态的进一步发展。此外，小双桥遗址陶器纹饰以绳纹为主，兼及网格纹、附加堆纹、弦纹、兽面纹，部分器物如陶鬲颈部多弦纹、部分饰附加堆纹，大口尊多见窗棂纹，也都源于郑州商城陶器的装饰特征。尽管进入中商时期，学界多将其与早商二里冈区分，单独命名为"中商文化"；但仅从陶器的面貌考察，以小双桥遗址为代表，这一时期的文化面貌仍是在早商二里冈文化范畴之下，未有质的变化。

　　虽然小双桥陶器特征主要延续自郑州商城，但这一阶段陶器器形上的一些新变化，仍然可见对于盘龙城的影响。近年来盘龙城杨家湾南坡发现了一批第四期五组的遗存，其中不少新类型的陶器显现出了与小双桥之间的关联。盘龙城杨家湾G1出土了若干件折沿、厚方唇鬲、甗的口沿，这与以往盘龙城流行的尖圆唇、平折沿鬲口沿多有不同。其中杨家湾G1：1、杨家湾G1：6，方唇唇面内凹，下缘突出起棱，颈部饰有一周或两周凹弦纹，与小双桥报告所谓B型鬲口部颇为相近（图6.31，1、2、4、5）。杨家湾T1015第3层则出土1件圜络纹鬲标本，折沿方唇，形态和纹饰无疑应源自小双桥流行的圜络纹鬲（图6.31，3、6）。厚方唇鬲在盘龙城突然集中出现，显然并非当地陶鬲自然演化的结果，而更可能直接

① 河南省文物考古研究所：《郑州小双桥——1990～2000年考古发掘报告》（上册），第165页，科学出版社，2012年。

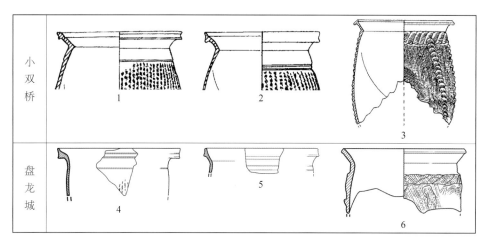

图 6.31　小双桥鬲口部与盘龙城同类器比较

1. 99 IX H36：3　2. 99 IX H36：8　3. 99 IX H36：7　4. 杨家湾 G1：1　5. 杨家湾 G1：6　6. 杨家湾 T1015 ③：2

受到这一时期中原厚方唇鬲的影响。此外，盘龙城第四期五组还往往可见一些形制特别的陶器、甚至青铜器，不少也可以在小双桥遗址找到同类者。盘龙城杨家湾J1曾发现1件仿鼓的陶壶，而此类陶鼓形器于小双桥遗址同样多见（图6.32，1、4）。盘龙城杨家湾M11曾出土1件Cbb型瓮，短颈、折肩、圈足，则可能与小双桥00 V H80：140所谓的罍同源（图6.32，2、5）。盘龙城最晚阶段杨家湾M11、杨家湾H6还曾随葬多件青铜的罍，长颈、高圈足、颈部和腹部装饰多周圆圈纹。此类型青铜器未曾见于郑州地区，有学者认为属于盘龙城青铜器的地方特色[①]。不过小双桥发现1件陶尊残片，亦为高颈、颈部和腹部装饰多周圆圈纹，正与盘龙城此类青铜罍相近（图6.32，3、6）。考虑到新出的青铜器可能仿自同类的陶器，不排除盘龙城的青铜罍有受到小双桥遗址的同类型陶尊的影响。

除了明显对于盘龙城的影响之外，实际上小双桥不少陶器还可见盘龙城的踪影。小双桥遗址同样出土有大量的陶缸。陶缸的陶色以"橘红色或红褐色为主，也有黄褐色、灰色或黑皮红褐陶"；纹饰有"横（斜）篮纹、绳纹、小方格状印纹、附加堆纹"[②]。这些都与盘龙城发现的缸特征一致。小双桥出土的缸同样类型丰富，既有尺寸较大、胎壁较薄、近于盘龙城所划分的B型类缸；还出土有一定数量的尺寸较小、曲腹的缸和厚胎缸缸底，在盘龙城最晚阶段亦有所见（图6.33）。小双桥遗址的大口缸可谓与盘龙城同类器的发展保持了相当的同步性，进一步反映出在较晚阶段，小双桥与盘龙城之间的密切联系。

进入中商阶段，虽然中原文化格局发生了变化，与此同时周边的城市聚落也纷纷衰落；但是以小双桥遗址为代表，这一阶段盘龙城与中原核心地区之间仍能保持相当密切的文化互动。小双桥一般生活用器所呈现出来的中商阶段陶器的新变化，能够持续性地传播到盘龙城，反映出这一时期中原核心地区对于边疆基层文化仍有一定的影响力，甚至不排除人员或者工匠的持续输入；而与此同时，如盘龙城类似的缸亦可能会反向在小双桥遗址出现，单类

① 张昌平：《盘龙城商代青铜容器的初步考察》，《江汉考古》2003年第1期。
② 河南省文物考古研究所：《郑州小双桥——1990～2000年考古发掘报告》（下册），第711页，科学出版社，2012年。

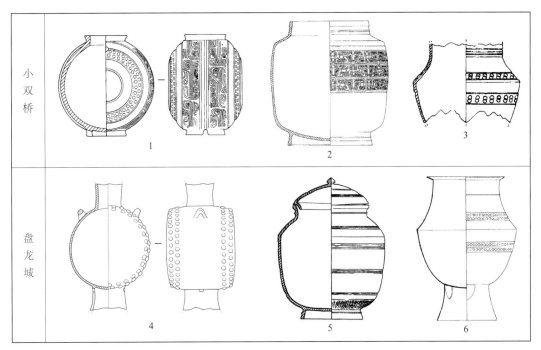

图 6.32　小双桥部分特殊陶器与盘龙城同类陶器、青铜器比较

1. 陶壶形器（00 V H89：2）　2. 陶罍（00 V H80：140）　3. 陶尊（00 V T137 ④ A：606）
4. 陶鼓形壶（杨家湾 J1：45）　5. 陶瓮（杨家湾 M11：40）　6. 青铜罍（杨家湾 M11：34）

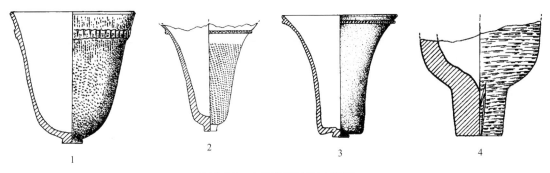

图 6.33　小双桥遗址出土的缸

1. 00 V H80：2　2. 00 V T135 ④ A：475　3. 00 IV H6：76　4. 95 IV H16：58

特殊器物跨区域的传播，背后同样暗含了盘龙城某类生活或生产行为反向的影响。饶有意味的是，小双桥出土的一些异型陶器，如陶鼓形器、陶尊等，也多能在盘龙城这一阶段见到。由于这种异型的陶器往往器形复杂、装饰精美，显然有别于一般的生活用器，而更有可能为贵族或上层民众定制的产品。盘龙城部分异型陶器与小双桥遗址的相近性，还进一步表明盘龙城贵族在陶器审美趣向上受到中原核心地区的影响。

　　在郑州商城衰落之后，盘龙城与中原核心地区——小双桥遗址在陶器上的文化互动，似乎部分延续了早期相近的格局。强势的中原文化仍能对盘龙城陶器群有主导性的影响。不过比较更早的二里冈阶段，盘龙城与郑州商城广泛且有深度的文化交流，盘龙城与小双桥乃至之后的洹北商城陶器上的联系已开始呈现出疏远的态势。小双桥虽然可见大量的缸这类可能源于盘龙城的陶器器类，但是其他具有盘龙城自身特征的联裆类鬲、斝等陶器则未曾发现，这不同于郑州商城集中在南关外地点所见的那些联裆鬲、联裆斝。由于以鬲为代表的炊器、酒器组合更能反映基层民众的一般生活，甚至与人群自身有着更强的文化黏性，这种器类上的缺乏实际体现出了盘龙城反向与小双桥之间人群上的直接联系已日益减少。小双桥遗址同样还见有一定数量的印纹硬陶和原始瓷，主要以上述所谓的尊形器为主，而少有其他器类[1]。比较郑州商城，印纹硬陶和原始瓷包括尊、尊形器、罐、瓮等多个类别，小双桥发现的印纹硬陶和原始瓷数量、类别呈现出了递减的趋势。实际上自小双桥遗址之后，中原核心地区印纹硬陶和原始瓷尊、尊形器、罐等逐步减少，到殷墟时期取而代之的是一类腹身矮胖、圈足的印纹硬陶瓮，器类有了一个极大的变化[2]。如果认为之前郑州商城出土的印纹硬陶和原始瓷多源于盘龙城遗址；但是在小双桥及之后，印纹硬陶特别是原始瓷所反映的文化联系似已日趋衰落。这种特殊器类在中原地区出现频次的下降趋势，极有可能受制于南方与北方之间减少的贸易活动。虽然我们还未曾理解在小双桥时期缸的数量为何有所增加，但是无论从普通的日用陶器，还是如印纹硬陶和原始瓷这类特殊器类，盘龙城在陶器上反向的交流似乎有所减弱。对于以盘龙城为代表的南方地区而言，这一时期中原文化对外的影响依然强势，但对于该地区文化、人群的吸纳能力明显弱化。

从小双桥至洹北商城这一阶段而言，盘龙城最晚阶段或许只能相当于洹北花园庄早期，大约为中商二期这个阶段。而至此之后，盘龙城聚落彻底消亡。虽然从洹北花园庄晚期至殷墟一期，中原部分遗址出土陶器仍可见可能源于南方地区的文化因素。如藁城台西遗址发现有不少缸，以及少量的印纹硬陶和原始瓷尊，或与盘龙城陶器群之间存在联系。但是以盘龙城遗址为代表的长江中游地区，陶器反向的影响和传播并不多见。而伴随着中原文化中心向北的迁移、扩张势力重新内聚收缩，在盘龙城衰落之后，中原与南方之间陶器上的文化互动进入一个相对停滞的阶段[3]。

从二里头晚期至洹北花园庄阶段，一方面中原地区在陶器上可见对盘龙城有着不间断的影响。由此，盘龙城遗址陶器群与中原地区长期保持了相近的演变节奏。而以二里头、郑州商城、小双桥等为代表，盘龙城陶器群与这些中心性聚落更有着相当紧密的联系，并且随着中原中心性聚落的变迁，盘龙城在陶器上所见与中原文化之间的互动关系也随之发生变化。从这样一个角度观察，无论是否属于从属地位，盘龙城都似乎处于中原王朝最核心区域的直接影响下，有着较高的等级。另一方面，以往有所忽视的是，盘龙城陶器群同样对中原的中心性聚落有着反向的互动和交流。郑州商城、小双桥发现的类似盘龙城的缸、印纹硬陶和原始瓷，乃至联裆类的鬲和斝，即为此证据；并且这些器物多红陶、夹砂，与中原本地的灰陶系陶器大相径庭，甚至让人怀疑器物是从盘龙城直接带到中原地区的。伴随着夏商时期中原文化向外的大范围扩张，以及周边资源向中心的汇聚，各地区基层民众之间在日常生活习惯、陶器商品贸易乃至陶器审美情趣上，都形成了较为密切的文化联系。

---

① 河南省文物考古研究所：《郑州小双桥——1990～2000年考古发掘报告》（上册），第511页，科学出版社，2013年。
② 黎海超：《金道瓷行——商周时期北方地区印纹硬陶和原始瓷器研究》，第18～21页，上海古籍出版社，2018年。
③ 孙卓：《南土经略的转移——商时期中原文化势力从南方的消退》，第313～326页，科学出版社，2019年。

第四节　小　　结

　　以往在论述盘龙城陶器群所见区域之间的文化关系时，学界多将其置于中原文化圈的附属之下观察，并认为盘龙城陶器群主体受到中原文化的影响。但倘若换一个视角考察，以盘龙城为中心，我们更加看到了其与周邻地区，以及长江流域之间密切的文化联系。盘龙城陶器群有着较为复杂的文化内涵，并以其为中心表现出了一种层圈式的文化互动。

　　以盘龙城为中心，南至洞庭湖以东，东抵大别山南麓，北达澴水、滠水、涢水等流域，可谓第一层圈。这一区域同期遗址出土陶器与盘龙城表现出了相当一致的特征，甚至颇具有盘龙城地方特色的如联裆鬲、联裆斝、缸在整个陶器群中亦占比较大。因此，以陶器为表征，这一区域或可归属于盘龙城影响下的势力范围。大量普通陶器的一致性，表明盘龙城及周邻地区基层民众的日常生活、陶器的生产技术都有着极大的类同性。并且这些陶器器类的组合背后，实际为中原地区文化内核的反映，体现出中原文化这一时期以盘龙城为中心向南方地区的扩张路径。盘龙城与周邻地区陶器群组合、形态的一致性，一方面即因于盘龙城中心人群向周边的扩散，乃至可能的直接控制。这其中铜鼓山、意生寺遗址距离盘龙城160～170千米，出土的陶器多可与盘龙城相比较，特别是铜鼓山遗址的陶器与盘龙城几乎看不出差异。不同地点间陶器文化面貌的一致性，或伴随着基层人群直接的迁徙过程。如铜鼓山、意生寺等这类聚落，可能属于盘龙城向外控制的二级聚点，受到盘龙城的直接管辖。另一方面，周邻地区同期不少类别陶器的形态都可溯源到盘龙城遗址。这些陶器的生产技术同样可能受到盘龙城的影响，甚至器物本身源于盘龙城地方生产。盘龙城周邻地区出土了大量的缸，形态、纹饰、胎质都与盘龙城同类器一致，不免让人怀疑部分陶器可能以盘龙城——这一区域性的城市聚落为生产中心，再通过贸易向外传播。由于陶器为这一时期人群日常生活所大量使用的生活物品，这种集中性的生产背后暗含了经济、生活上的影响。从陶器的这样一个角度考察，无论是人群的直接往来，还是陶器自身通过贸易的传播，盘龙城对周邻地区在社会组织和经济层面似乎都形成了某种强力的控制，乃至于可能存在区域性的社会管理和政治组织。

　　以盘龙城为中心的第二层圈主要为长江中游地区，涉及峡江、澧水、鄱阳湖、江淮等多个自然地理单元。相关遗址距离盘龙城300～400千米，形成了一条东西向的文化交流地带。这其中盘龙城正处于地理空间的中心位置，为目前所见商代前期长江中游地区规模最大的城市聚落。长江中游地区同时也为二里头文化晚期至洹北花园庄阶段中原文化向南扩张的前沿[①]。由此区域内陶器的文化面貌既见有典型的中原文化特质，同时又有着浓郁的地方文化色彩。尽管长江中游不同地区文化内涵和性质复杂，但是以盘龙城为中心，各地之间的陶器

---

① 曹斌：《从商文化看商王朝的南土》，《中原文物》2011年第4期。

群展现出了密切的联系和交流。盘龙城典型的缸、联裆类的陶器能够扩散到西至江汉平原西部、峡江，东到长江下游和江淮地区；与此同时，澧水流域如壶、峡江地区的高柄豆亦可反向传播到盘龙城，大别山南麓的带鋬盉等或影响盘龙城形成了带鋬鬲。以陶器为媒介，盘龙城与长江流域广大区域之间可见有双向的文化互动，展现出了这一时期长江中下游地区人群、资源的密切往来。不过限于广阔且复杂的地理环境，盘龙城显然无法如第一层圈这般，在陶器上对整个长江中游地区占据绝对的统治地位。无论是上游的荆南寺、皂市，还是下游的薛家岗、大城墩等，所见盘龙城特质的陶器，仅占自身出土陶器非常小的一部分。一方面，盘龙城向长江中游其他地点输出的陶器多鬲、斝、缸等炊器、酒器和储藏器，似乎更与人群的日常使用相关；并且这些陶器与当地流行的日用陶器，如釜、鼎不同，显然并非当地一般人群的自然需求。这些现象暗示出盘龙城可能对外直接派遣人群，与长江流域周边地区展开交流。另一方面，盘龙城所见长江中游地区其他地点的文化因素多壶、豆等酒器和盛食器，以及印纹硬陶和原始瓷，并未见有南方地区独有的釜、鼎等炊器。由此，周边地区可能更多将资源和产品汇集于盘龙城，甚至不排除部分陶器（特别是印纹硬陶和原始瓷）是通过贸易来满足盘龙城上层贵族的需求。如果我们这一时期将整个长江中游地区视为文化密切交流的网络；盘龙城对外派遣人口并广泛吸收周边的资源和产品，无疑属于这样一个交流网络的中心。

盘龙城陶器群所见文化互动的第三个圈层，则为以黄河中游为中心的中原文化圈。在这一层圈之内，中原文化陶器对外广泛的影响，成为盘龙城陶器群主要的文化来源。因此不同于以上两个层圈，在与中原文化的关系中，盘龙城实际处于整个中原文化圈的南部边疆，可谓附属于其影响之下。中原地区核心聚落这一时期多位于伊洛盆地，距离盘龙城远达400余千米。而随着不同阶段中原核心聚落的转移和变迁，盘龙城陶器群与之所展现的文化联系亦随之发生改变。盘龙城自聚落初创的阶段，就展现出了浓郁的中原文化色彩。在大约二里头文化晚期，盘龙城见有扁足鼎、花边口沿罐，可与二里头遗址出土同类陶器相联系，展现出了二里头文化向南的影响；乃至进入二里冈下层，也就是盘龙城第二期，盘龙城仍出现如浅盘粗柄豆、鬶、盉等二里头文化因素陶器。不过在二里头文化时期，中原二里头遗址所见的南方文化因素并不显著，盘龙城对于中原地区缺乏反向的文化互动。在二里冈阶段，中原腹地出现了多座城邑聚落。这其中比较郑州商城和偃师商城这两座二里冈阶段中原地区规模最大城市聚落，盘龙城与郑州商城有着更加紧密的关系。一方面，盘龙城出土有成组的、形态典型的郑州商城的陶器类型，体现出郑州商城对于盘龙城的直接影响；另一方面，郑州同样见到如联裆鬲、联裆斝、缸、印纹硬陶和原始瓷等在中原地区不常见，却是盘龙城流行的陶器类型，展现出了盘龙城陶器向北的传播。尽管盘龙城类型的陶器在郑州商城仅零星出土，但已有的证据仍表明郑州商城与盘龙城之间有较为密切的文化互动。盘龙城与郑州商城在陶器上的特殊关联，暗示出这一时期盘龙城应直接归属于郑州商城影响之下，甚至可能郑州商城直接派遣人群对其进行管理。最后在二里冈上层第二期至洹北花园庄阶段，中原地区中心聚落已转至小双桥和洹北商城。这一时期中原地区陶器的新变化仍持续性地影响到盘龙城，同时缸等盘龙城颇具特色的陶器类型在小双桥仍然多见。中原核心聚落与盘龙城在陶器上依旧存在密切的文化交流。然而比较郑州商城，北方中原地区与盘龙城之间陶器类型上的联系已趋于减少，暗示出这种文化交流的减弱。整体而言，从二里头文化晚期至洹北花园庄阶段，盘龙城受到中原地区不间断的文化影响，并且与中原地区核心聚落如郑州商城、小双桥等存在直接的文化互动。特别是在郑州商城阶段，也正是盘龙城最为繁盛的时期，盘龙城与郑州商城之间可能有着直接人群上的往来。由此通过盘龙城，南方地区的资源和产品甚至都得以向中心汇聚。盘龙城与中原核心聚落之间的紧密关系，表明其显然并非文化外溢或中原人口自然扩张形成的聚落点；而更可能受到这一时期中原王朝直辖式的管理，能与中央都邑有直接的沟通和交流。

若将以上三个圈层累叠起来观察，我们或许可以对盘龙城聚落在长江中游地区出现的地位，以及其社会性质做一点思考。盘龙城在大约100千米的周邻地区形成了强势的文化影响，并可能伴随着国家组织的扩张；与东西300~400千米的长江中游地区有着密切的文化互动，并成为整个区域交流网络的中心；从以北400千米的中原腹地受到中原文化的深度影响，更可能与中心都邑有着直接的联系。以上种种证据表明，盘龙城应是受到夏商时期中央王朝某种"行政"管理，甚至可能直接派遣人口建立，并长期保持着紧密的联系。而通过盘龙城的设立，中原王朝无疑更可对周邻形成一种区域性的控制，并推进其在整个长江流域的文化影响，获取相关的资源或产品。在整个夏商时期中原文化乃至背后中原王朝向南的扩张中，盘龙城无疑扮演了一个地位极高的角色。

第七章

制作技术分析

陶器生产是古代人类手工业生产中最重要的活动之一，是古代物质文化的表现形式之一，在文化身份的构建和社会变革中发挥着积极的作用[①]。在20世纪80年代，西方学者针对陶器研究中偏重风格分析的问题，指出需重视陶器制造、使用到废弃的完整"生命史"（life-history）的研究[②]，理清其中"生命史""操作链"（chaîne opératoire）和"行为链"（behavioral chain）等相关概念理论[③]。在这一背景之下，学术界不再满足于对陶器简单的风格分类，而借助物理、化学等学科手段理解器物的功能和其在生命史中的使用行为[④]。陶器生产是人类与环境互动的关键技术，陶工在进行生产中的原料制备、成型、装饰、烧制等工序时面临多种技术选择，这些选择受环境、物质（原料获取）、技术（工具和技艺）、社会经济（传统、消费者偏好）、功能、文化等多种因素影响[⑤]。不同陶器群之间器形、装饰、陶土来源及羼和料之间的差异以及成型技术的选择所显示出的物质文化的异质性还能够反映社会群体的差异，通过研究物质文化可以观察社会边界，进而将研究视角上升到社会层面（social boundaries）[⑥]。

盘龙城作为二里冈文化时期南方地区最重要的城市，性质及其与中原的关系已有诸多讨论[⑦]。学者一方面因物质文化上的同质性而注意到其与中原文化的联系，另一方面又因二者之间的诸多差异而将盘龙城遗址所代表的遗存称为早商文化"盘龙城类型"[⑧]。由上分析可见，盘龙城持续不断地受到中原文化影响，同时较早接受的中原文化因素经不断演变，形成了新的地方特征，由此造成地方文化多样性、复杂性特征。盘龙城遗址出土陶器集中地反映了中原和地方之间的联系与区别，将陶器的制作技术作为切入点可以观察手工业生产的组织状况、技术选择以及社会身份的表达等方面，进而可从侧面反映地方城市与中原文化的关系。

目前学术界对商代制陶技术的研究已较为常见，如裴明相对郑州商城铭功路制陶遗址出土陶器陶土、陶坯以及烧制问题进行了分析[⑨]；王迪对中国北方商周时期制陶作坊及与之相关的制陶工具、制陶工艺、制陶禁忌与祭祀进行了系统梳理[⑩]；李文杰则聚焦于坯体成型方面，分析了垣曲商城出土陶器制作工艺[⑪]，并把对郑窑、曲贡、大甸子、垣曲、盘龙城等遗址制陶工艺的观察综合成了夏商时代制陶技术的整体观察[⑫]。而目前关于盘龙城陶器制作工艺较为系统的研究也主要见李文杰于早年报告中的讨论[⑬]。本书尝试在前人研究的基础上对

① Hodder I. Theoretical Archaeology: A Reactionary View In: *Symbolic and Structural Archaeology New Directions in Archaeology Series*. Cambridge and New York: Cambridge University Press, 1982: 1-16.

② Schiffer M B. *Formation processes in the archaeological record*. Albuquerque: University of New Mexico Press, 1987.

③ Skibo J M. *Understanding Pottery Function*. New York: Springer, 2013: 1-19.

④ Tite M S. Ceramic production, provenance and use – A review. *Archaeometry*, 2008, 50(2): 216-231.

⑤ Rice P M. *Pottery Analysis: A Sourcebook*. Chicago and London: The University of Chicago Press, 2015: 206,207.

⑥ Stark M T. Ceramic Technology and Social Boundaries: Cultural Practice in Kalinga Clay Selection and Use. *Journal of Archaeological Method and Theory,* 2000, (7): 295-331.

⑦ 张昌平：《盘龙城的性质——一个学术史的回顾》，《商代盘龙城学术研讨会论文集》，第123～129页，科学出版社，2014年。

⑧ 中国社会科学院考古研究所：《中国考古学·夏商卷》，第198～200页，中国社会科学出版社，2003年。

⑨ 裴明相：《郑州商代二里岗期陶器制作中的几个问题》，《华夏考古》1991年第4期。

⑩ 王迪：《中国北方地区商周时期制陶作坊研究》，科学出版社，2016年。

⑪ 李文杰：《中国古代制陶工艺研究》，第177～182页，科学出版社，1996年。

⑫ 李文杰：《中国古代制陶工程技术史》，第217～260页，山西教育出版社，2017年。

⑬ 李文杰：《盘龙城遗址普通陶器、硬陶、釉陶工艺研究》，《盘龙城（1963～1994）》附录九，第608～623页。

盘龙城陶器制作工艺进行细致观察，同时借助扫描电镜技术分析陶器岩相微观结构及其与郑州商城出土陶器岩相结构之间的异同，探索盘龙城遗址陶器的制作与技术特征。

第一节　制作工艺观察

盘龙城出土陶器有鼎、鬲、甗、罐、大口尊、壶、瓮、豆、缸、盆、爵、斝、盉、簋、刻槽盆、缸等。除了极少数与江汉地区西部和长江下游地区近似的器物外，器类上与中原的郑州商城和偃师商城基本上可一一对应，反映出盘龙城遗址性质上属于中原文化的范畴。不过，盘龙城出土陶器与同期郑州商城陶器之间的差异也很明显。在陶质、陶色方面，盘龙城红褐陶和黄陶占有较大比重，而中原地区则以灰陶为主。例如偃师商城出土陶器中夹砂灰陶和泥质灰陶占90%以上，但如上述在盘龙城遗址部分单位中可见仅占40%，甚至更少（图7.1）。盘龙城陶器所展现出的同中原的区别与联系暗示了其生产上的异同。盘龙城同中原文化之间的差异和共性为我们研究二者之间陶器生产的差异及可能存在的器物交换提供了理想的条件。

从操作链的视角考察，陶器的生产大致包括原料获取、制备—坯体成型—坯体修整—器表处理（施纹、施彩、上釉、安附件）—晾干、预加热—烧制—烧后处理等环节。陶器生产环节留下的各种遗迹和遗物无疑是考察古代制陶技术的基础。

在理想情况下，制陶的各个环节都会留下部分遗存。例如原料获取和处理阶段会留下取土坑、练泥坑，甚至羼和料加工场所等；坯体成型阶段则有快轮、慢轮、泥坯、模制陶器的模型等遗物；陶垫、陶拍、骨角类刮削器等则是修坯和装饰纹饰的遗物；坯体尤其是泥质陶

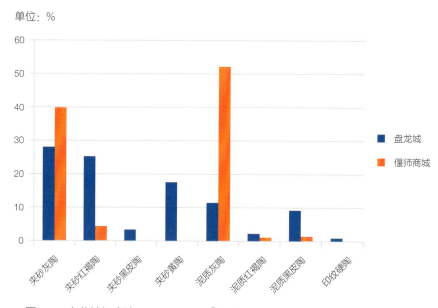

图 7.1　盘龙城杨家湾 Q1712T1014 ③层与偃师商城第三期 6 段陶质陶色对比

坯体制成后需要晾干才能入窑烧制，制陶荫室是该阶段用于晾坯的场所[①]；陶窑是烧制阶段的核心场所，制陶环节中的多个流程也会以窑为核心布局；有的陶器彩绘是在烧成后于器表绘制的，考古遗存中或残留有研磨盘、研磨棒以及矿物颜料等与彩绘有关的遗物。因此，制陶过程中的遗迹遗物是研究制陶工艺的绝佳材料。但是，在实际工作过程中，这些遗存发现有限，其识别也存在一定困难。盘龙城目前未发现明显的制陶作坊区，仅在王家嘴发现了一座圆窑、两座长窑。王家嘴Y2平面呈圆形，由窑室、火眼和火膛组成，其中窑室直径1.3米，与郑州商城铭功路陶窑形制和规模接近。窑室烧结程度较高，出土有鬲等，可推断盘龙城圆窑用于烧制小型陶器。此外，原盘龙城报告还曾报道了两处长窑，其中王家嘴Y3长30米，王家嘴Y1长达54米，规模巨大。已有学者指出，其结构特征、规模与商周时期南方其他地区发现的长窑不符，可能为其他性质功能的遗迹[②]。不过，这两处遗迹中都出土了大量的陶缸，不排除其可能与陶缸的生产有关。根据目前仅有的材料，盘龙城的陶窑位于海拔较低的王家嘴地点，可能表明其制陶作坊区主要分布在近水的低海拔区，只是受到后期侵蚀破坏严重以及水位上涨等原因，目前已存留不多。由于制陶作坊区发现的缺失，制陶有关的遗迹遗物均非常有限，因此我们只能通过陶器本身特征去观察盘龙城制陶技术。

关于盘龙城陶器的制作，特别是成型技术，李文杰曾有较为系统的研究[③]。本书在此基础上对盘龙城陶器制作技术作简要讨论。

盘龙城陶器的制作原料可以分为三大类：第一类为制作夹砂陶如鬲、甗、罐等的陶土，由质地较为均匀的细砂组成，包含部分粗砂颗粒；第二类为制作泥质陶如缸、盆、大口尊的陶土，除了制作陶缸有意加入少量碎石颗粒之外，其他器物较少另加羼和料；第三类为制作印纹硬陶和原始瓷的原料，质地细腻，含杂质较少，经过精细处理。盘龙城出土陶器羼和料以碎石颗粒、砂粒为主，少量罐等可见有云母片。另少见夹蚌、夹炭陶以及加碎陶器者。

在坯体成型工艺上，主要有手制、模制和轮制三种。夏商时期，快轮制陶技术呈现明显的倒退趋势，泥条筑成法重新占据了主导地位[④]。盘龙城遗址出土陶器同样以手制为主（图7.2，1），其中缸、瓮、大口尊、中柱盂柱、罐等均为泥条盘筑而成（图7.2，2～5）。制作陶缸的泥条宽度一般为6厘米左右，一般从口部倒筑（图7.2，3）。另外盘龙城还出土了一种极具特色的厚胎陶缸，胎极厚，下腹内径较小，越靠近口部，内径越大。这种陶缸一般由多层构成，每一层都用泥条筑成，多见双层，最多者可达4～5层（图7.2，8）。在陶尊内部也可以观察到泥条接痕，并且在底部留有纵向的内收挤压形成的痕迹（图7.2，4）。中柱盂柱多由2～3厘米泥条筑成，泥条按逆时针方向盘旋上升，这是右手持泥条，陶轮按顺时针转动的结果。泥条之间用手指按压紧，留下较多按窝，未经修整，柱顶部平顶纽也为泥条绕成（图7.2，5）。盘龙城底径较小的平底缸的缸底也比较偏好于用泥条绕成（图7.3，4），而底部直径较大的缸底则直接用泥料拍压成底部后与器身相接。印纹硬陶也多由手制成，内壁留有较多手制时形成的按窝（图7.2，6）。

---

① 王迪：《商周时期制陶荫室初探》，《南方文物》2018年第4期。
② 拓古：《盘龙城与〈盘龙城〉》，《江汉考古》2002年第4期。
③ 李文杰：《中国古代制陶工程技术史》，第217～260页，山西教育出版社，2017年。
④ 李文杰：《中国古代制陶工程技术史》，第217～260页，山西教育出版社，2017年。

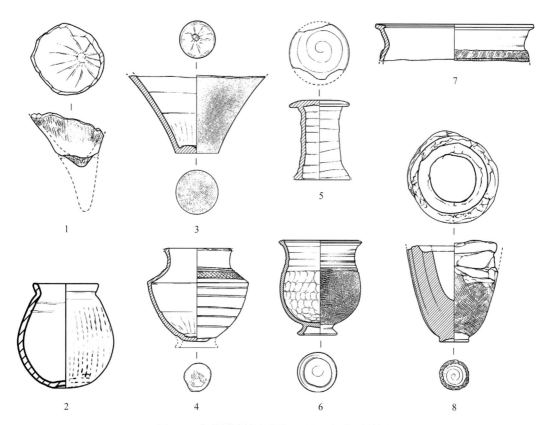

图 7.2　盘龙城遗址出土陶器所见成型工艺特征

1. 鬲足（杨家湾 Q1712T1015④：2）　2. 罐（杨家湾 H25：2）　3、8. 缸（杨家湾 Q1813T0114⑦：18、杨家湾 Q1813T0113④：37）
4、6. 尊（杨家湾 H5：2、杨家湾 M3：4）　5. 中柱盂柱（杨家湾 Q1712T1014⑤：14）　7. 鬲（杨家湾 Q1712T1015④：47）

　　陶缸在盘龙城遗址出土较多，其器身多为泥条盘筑法从口部倒筑而成。陶缸上部形态较为一致，基本为喇叭状或直筒状，而底部形态却丰富多样，制作方法也各不相同。缸底有平底、圈足、饼状、柱状等。圈足多为圜底上接喇叭状圈足，此类缸发现数量不多（图7.3，6）。饼状或柱状底部制作方式可分为两种：一种为缸体倒筑至底部内收时留下小洞，然后塞入提前制作好的底部形成榫卯状连接（图7.3，1、3）；另一种为缸体倒筑，底部内收闭合，将泥条捏合成小泥柱，然后用泥条围绕泥柱绕成饼状底（图7.3，2）。后一种方法往往会在缸底内部形成锥形凹陷，部分陶缸在底部再次抹有泥浆，形成锥形楔子填平凹陷（图7.3，5）。平底陶缸有直接内收成平底者，在底部可以观察到泥条挤压痕（图7.3，3），也有用泥条绕成平底后再和缸底相接者（图7.3，4）。

　　经李文杰研究，盘龙城甗、分裆鬲和部分平裆鬲均存在模制现象，袋足内壁有素面内模印痕并有泥条接缝[1]。不过盘龙城陶鬲无论分裆还是平裆，手制均较多。平裆鬲底部有较多相接时形成的手指按压痕。分裆鬲也多采用手制法，足内壁有较多纵向挤压痕迹，下接包制实足跟（图7.2，1）。这与中原地区此时期陶器多采用模制区别明显，反映了盘龙城陶器制作的自身传统。

[1]　李文杰：《中国古代制陶工程技术史》，第217～260页，山西教育出版社，2017年。

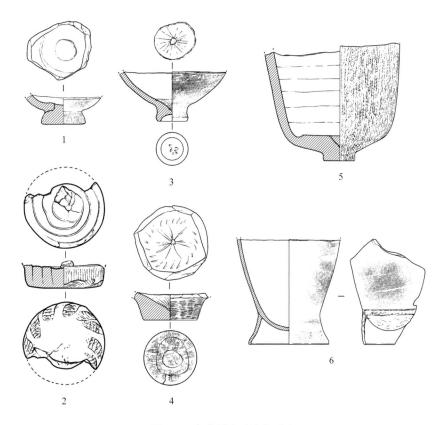

图 7.3　盘龙城出土陶缸底部

1. 杨家湾 H28：29　2. 杨家湾 Q1712T1015 ④：47　3. 杨家湾 Q1712T1015 ③：28　4. 杨家湾 Q1712T1014 ④：82
5. 杨家湾 Q1712T1014 ⑤：15　6. 杨家湾 Q1712T1010 ④：13

轮制法在夏商时期多成为陶器制作的辅助方式，其作用主要体现在泥条盘筑时辅助成型，另就是坯体成型后进行修整。比如陶鬲颈部较多有指抹轮旋痕（图7.2，7），印纹硬陶颈部内外壁均有轮修痕迹（图7.2，6），缸的附加堆纹上下有手抹痕等。盘龙城单纯使用轮制的陶器极为少见。早年曾采集的一只碗（PCY：0132）及小鼎（P：075）为轮制而成，两件器物均非盘龙城和中原地区的典型器。

坯体制好后，一方面，陶工会继续用拍打、刮削、滚压、手抹、轮修等方法对其进行修整，以平滑和修补制坯时形成的缺陷，例如用布、皮革、草以及自己的手等对坯体表面进行平滑处理。盘龙城陶缸、鬲、盆等内壁就可见较多湿手抹痕。另一方面，陶工还会用硬质工具如绕绳木棍、陶拍、木拍等在器物上留下各类纹饰痕迹，诸如绳纹、方格纹、篮纹、叶脉纹、云雷纹等。这些纹饰既可以起到装饰作用，同时在运输、烹饪和搬运中也有实际功能。粗糙的表面便于搬运[1]，也利于应对烧制和烹饪时的热应力，有效防止开裂[2]。器表进行修整时，内壁往往会垫陶垫或以手掌腹支撑辅助拍打，留下较多按窝。盘龙城陶器内壁多见

---

① Boulanger M T, Hudson C J. Assessment of the gripability of textured ceramic surfaces. *American Antiquity*, 2012, 77(2): 293-302.

② Schiffer M B. The influence of surface treat ment on heating effectiveness of ceramic vessels. *Journal of Archaeological Science,* 1990, (17): 373-381.

图7.4　盘龙城出土陶器制作痕迹

1.罐（杨家湾 H25：2）　2.中柱盆柱（杨家湾 Q1712T1014 ⑤：14）　3.缸（杨家湾 H28：17）

图7.5　盘龙城出土陶器修坯、施纹相关制作痕迹

1、9.缸附加堆纹（杨家湾 H28：16、杨家湾 H29：18）　2.大口尊弦纹（杨家湾 H31：1）

3.大口尊附加堆纹（杨家湾 H31：1）　4.大口尊戳印纹（杨家湾 H31：1）　5.缸内壁按窝痕（杨家湾 H29：15）

6.尊上的蝉纹（杨家湾 H9：10）　7、8.原始瓷盖上的戳印纹（杨家湾 M16：3、杨家湾 M17：33）

手指按压或手掌腹按压形成的按窝，这或许也是盘龙城发现陶垫较少的原因（图7.2，7；图7.5，5），坯体修整后陶工还会为部分大口尊、缸等器物添加附加堆纹以及耳等附件。缸的堆纹上会施加模印纹饰（图7.5，1、9），大口尊上堆纹则用木棍压成或刀刻成锯齿状（图7.5，3）。盆、簋、尊、缸上的云雷纹，尊上的蝉纹等多为模印而成（图7.4，3；图7.5，6）。大口尊颈部Z形纹、原始瓷器盖上的圆圈纹、S形纹为戳印而成（图7.5，4、7、8）。盆、大口尊上的弦纹则为轮旋而成（图7.5，2）。

　　盘龙城遗址出土陶器总体上烧制火候比较低，但也有少量灰陶火候较高，并且器形和装饰风格都与郑州地区接近，比如方唇鬲和施窗棂纹的大口尊等。此外，中原郑州地区部分陶缸为红色，与当地灰陶为大宗的特征不一致，而显示出与盘龙城陶缸较为接近的风格。不过，虽然盘龙城陶器制作技术有一定程度的自身传统，但整体而言与郑州商城趋同。仅仅通过成型制作工艺来区分制陶传统甚至是探讨陶器产地和交换模式，目前而言仍较为困难。因此本书还将通过岩相学，利用陶器显微结构去探寻盘龙城遗址陶器的制作特征。

第二节　岩　相　分　析

一、岩相学在研究陶器生产中的作用

　　岩相学是陶器结构、成分分析的一种常见方法。以薄片（thin section）的形式在显微镜下研究陶器制品，可以分析陶器生产技术和产地，进而研究其交换和传播模式。19世纪中晚期，索比（Henry Clifton Sorby）最早开始用薄片法研究陶质制品，将岩相分析引入陶器生产技术和产地研究中。20世纪七八十年代，在过程主义考古学的推动下，利用岩相学研究陶器的科学方法逐渐被建立起来，开始得到广泛应用。考古学家用其研究陶器的生产工艺、技术传统、器物交换以及与这些相关的论题比如身份认同等[1]。例如，研究人员通过岩相学研究克里特岛早期铁器时代Knossos和Sybrita两个聚落的陶器生产和消费模式，指出前者中包含云母的陶器应来自克里特岛外，可能属于基克拉迪群岛生产，反映出其陶器生产与更广泛的地中海区域的联系；而后者则缺乏岛外陶器，有着较为封闭的陶器生产特征[2]。岩相学在研究陶器生产技术和产地等方面日益发挥着重要作用[3]。

[1] Patrick S Q. *Ceramic Petrography: The Interpretation of Archaeological Pottery &Related Artefacts in Thin Section*. Oxford: Oxuniprint, 2013: 10-16.

[2] A D'Agata A L. Pottery Technology & Regional Exchange in Early Iron Age Crete. In: *Interpreting Silent Artefacts: Petrographic Approaches to Archaeological Ceramics*. Oxford: Archaeopress, 2009: 157-172.

[3] Whitbread I K. Ceramic Petrography: Integration, Adaptation, and Innovation. In: Integrative *Approaches in Ceramic Petrography*. Salt Lake City: The university of Utah Press, 2017, 215-223.

二、盘龙城和郑州商城遗址出土陶器岩相学初步研究

为了观察盘龙城陶器的烧成情况及原料结构和成分状况，本书运用扫描电子显微镜对盘龙城和郑州商城的陶器进行了初步的显微观察。

我们选取了盘龙城和郑州商城遗址出土的共计57个陶器样本，其中郑州商城13个，盘龙城44个（见表7.1）。该研究目前仍在进行中，以下仅简要介绍初步研究成果。

整体观察，盘龙城和郑州商城出土陶器的岩相显微结构差异明显，体现出两种不同的生产技术特征。夹砂灰陶鬲和泥质灰陶大口尊等是郑州商城的典型器，其烧成温度较高，黏土已经收缩形成较多圆形孔隙。而盘龙城鬲多为红色，泥质陶尽管外表多有一层黑衣，但胎也多为红色，其黏土结构依然保留，未明显开始收缩，烧成温度明显低于郑州商城所出同类器（图7.6、图7.7）。

盘龙城陶器同一类器物形态变化较为复杂，部分诸如鬲等陶器从早至晚始终存在新的中原文化因素不断注入以及早先进入的中原文化因素不断地方化的历程。盘龙城出土的陶鬲一方面可见于折沿方唇、分裆类，其在外形及装饰上与中原无异，但陶质陶色与中原存在差异，暗示出这类陶鬲可能是在本地生产，而非进口自中原地区。经过岩相薄片对比分析，盘龙城出土具有中原特征的折沿方唇、分裆鬲同样与盘龙城常见的平折沿、联裆鬲陶胎结构一致，均烧成温度较低；除了黏土及羼入的砂粒外，两者多数颗粒直径在20微米左右，以石英、长石等为主，显示出这两类鬲的原材料和制作技术并没有根本区别（图7.8）。

这种差异性同样也体现在盘龙城、郑州商城出土的大口尊等泥质陶器。盘龙城出土的部分大口尊，如本次检测的42号标本，泥质灰陶，施窗棂纹，其器形和纹饰风格等都和郑州地区同类器接近（图7.9，1、2）。从肉眼观察，该件器物烧成火候似较高，或与郑州商城陶鬲和大口尊相当，暗示出其产于郑州的可能性。不过，盘龙城这件大口尊与郑州商城同类器比较仍存在陶质、陶色的明显差异。从岩相显微结构可见，盘龙城出土的大口尊胎质颗粒度明显要小于郑州商城，两者差别较大，可能反映出陶土来源的区别（图7.9，3、4）。以薄片中面积100平方微米以上的颗粒为统计单位，郑州商城大口尊100平方微米以上的颗粒面积之和占总面积比例的26%左右，平均粒径[①]为35微米；20~40微米的粒子占60%以上；同时40~80微米的粒子也占一定比例，颗粒平均面积为353平方微米（图7.10；表7.2）。这与编号为20和42的盘龙城所出大口尊相比，颗粒明显较大。以此为例，盘龙城大口尊颗粒较小，一般为20~40微米，少见40微米以上的粒子，小于20微米的粒子也占相当比例，粒子平均面积小于200平方微米（图7.10；表7.2）。在粒子磨圆度方面，盘龙城出土的大口尊20号和42号比较接近，约为0.1，明显大于09号郑州商城出土的大口尊（表7.2），可能指示出盘龙城陶器以冲积土为基质制作，而郑州商城则以风成黄土为基质制作（表7.2）。这些线索表明，尽管盘龙城出土的部分如大口尊等泥质陶器，在形态、纹饰上与郑州商城同类器相近，但仍应为本地生产，而不是来自于郑州。

盘龙城出土有大量的陶缸，多红黄陶、夹粗颗粒砂，肉眼观察似火候较低。同类器物在郑州商城也有出土，并且亦表现出夹砂红陶、火候较低等特征，与盘龙城同类器在器形、纹

---

① 由于陶器颗粒基本是不规整粒子，不能用直径这个概念，本书使用费雷特径（Feret diameter）表示粒径。

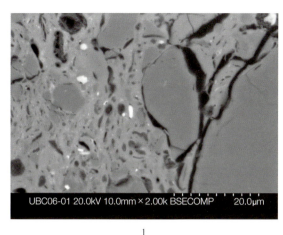 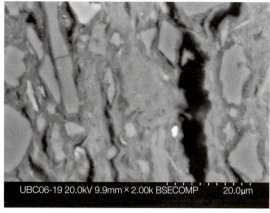

1   2

图 7.6　盘龙城与郑州商城出土陶鬲岩相显微结构对比

（1 来自郑州商城，编号 01；2 来自盘龙城，编号 19。均放大 2000 倍）

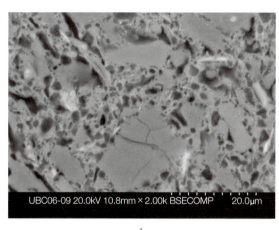 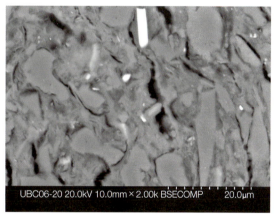

1   2

图 7.7　盘龙城与郑州商城出土陶大口尊岩相显微结构对比

（1 来自郑州商城，编号 09；2 来自盘龙城，编号 20。均放大 2000 倍）

表7.1　郑州商城和盘龙城遗址陶器岩相学取样分布

材质	郑州商城	盘龙城
夹砂陶	鬲 4，红陶罐 2，缸 4	鬲 8，薄胎的缸 7，罐 2
泥质陶	大口尊 1，簋 1，盆 1	大口尊 5，厚胎的缸 4，盆 3，簋 1，甑 1，刻槽盆 1，器座 1，疑是陶范 1
硬陶和原始瓷		原始瓷 4，印纹硬陶 6

饰、陶质、陶色等方面显现出强烈的联系。同样在显微结构方面，郑州商城缸和郑州其他陶器不同，火候较低，除去部分羼砂之外，其基质颗粒较小，一般为20微米及以下，极少达到40微米者，相反和盘龙城缸及其他泥质陶器特征一致。这进一步说明郑州商城缸与郑州商城其他陶器有着相异的陶土来源和生产系统（图7.11），是否暗示其部分可能来源于南方的盘

图 7.8　盘龙城出土本地风格与中原风格两类陶鬲及岩相显微结构对比

1、3.平折沿鬲（杨家湾 Q1712T1014 ④：36）　　2、4.仰折沿鬲（杨家湾 Q1712T1015 ③：2）

图 7.9　盘龙城与郑州商城出土陶大口尊及岩相显微结构对比

1、3.杨家湾 Q1712T1015 ⑥：1　　2、4.97ZZG2：112

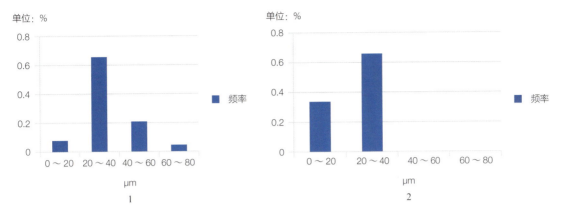

图 7.10　郑州商城与盘龙城出土陶大口尊颗粒度频率分布图

（1 来自于郑州商城，编号 09；2 来自于盘龙城，编号 42）

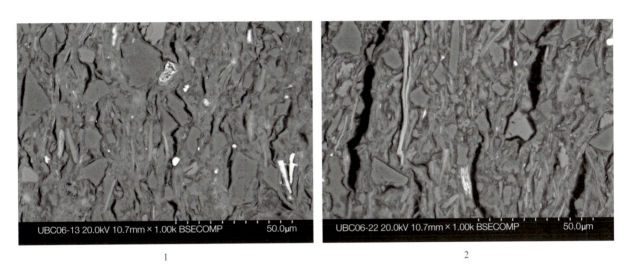

图 7.11　盘龙城与郑州商城出土陶缸岩相显微结构对比

（1 来自郑州商城，编号 13；2 来自盘龙城，编号 22。均放大 1000 倍）

表7.2　郑州商城和盘龙城大口尊颗粒度

编号	颗粒面积占比 / %	颗粒数	平均粒径 / μm	颗粒平均面积 / μm²	颗粒圆度
09（郑）	26.08	125	35	353	0.053
20（盘）	10.64	91	28	198	0.094
42（盘）	5.85	56	23	177	0.115

龙城，无疑值得进一步展开分析。虽然缸比较厚重，从理论上讲难以远距离搬运，但如在地中海地区，双耳罐体型也较大，多为尖底，高约1米，也曾因特殊功能作为运输的储存容器散布到地中海周边各地区[①]。

① Whitbread I K. *Greek Transport Amphorae: A Petrological And Archaeological Study*. Exeter: Short Run Press, 1995.

　　盘龙城还出土一定数量的印纹硬陶和原始瓷，以往多认为由长江下游输入，也有学者讨论可能存在本地模仿的情况[①]。为此我们分析了10件盘龙城出土的印纹硬陶和原始瓷标本：其中7件呈灰色或灰白色，质地坚硬，火候高，纹饰清晰，为典型的硬陶器；另外3件中有2件（编号15、36）为红色，质地相对较软，纹饰较为浅乱，可能为本地模仿的同类器；此外还有1件（编号47号）胎芯为白色，器形模仿盘龙城缸造型，口部有附加堆纹，也可能为模仿的产品。32号原始瓷显微结构显示其原料与盘龙城其他陶器迥异，应为高岭土烧成。有研究表明，偏高岭土（metakaolin）大约在950℃开始分解，再结晶成尖晶石（spinel）并伴随着收缩的急剧增加；在1050～1275℃之间，尖晶石开始转发为莫来石（mullite），使得器物强度更高[②]。由显微照片可见，盘龙城出土的原始瓷和印纹硬陶32号标本，经高温急剧收缩形成了较多较大的边缘较为圆润的空隙，并生成了一些新矿物莫来石，其烧成温度应已高于1050℃。相对而言，可能模仿印纹硬陶和原始瓷的后3件标本，胎质显示陶土不如前者纯净，包含有较多杂质，颗粒度也较大；同时高岭土刚刚发生收缩，烧成温度较低，大致在950℃左右（图7.12、图7.13）。由岩相显微结构观察，盘龙城出土的印纹硬陶和原始瓷与盘

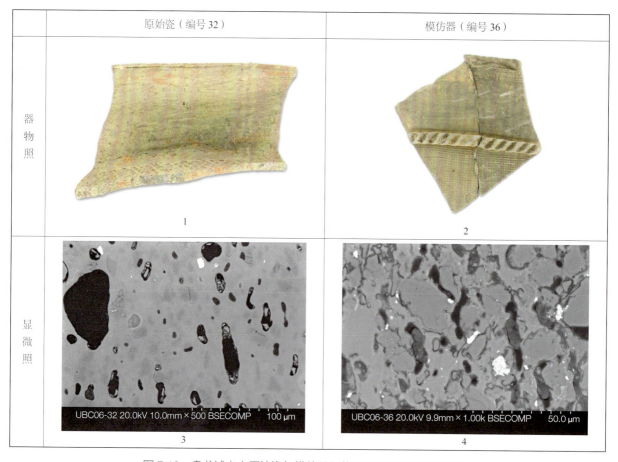

原始瓷（编号 32）	模仿器（编号 36）
器物照 1	2
显微照 UBC06-32 20.0kV 10.0mm ×500 BSECOMP　100 μm 3	UBC06-36 20.0kV 9.9mm ×1.00k BSECOMP　50.0 μm 4

图 7.12　盘龙城出土原始瓷与模仿器器物照及岩相显微结构对比

1、3. 杨家湾 Q1712T1014 ④：79　　2、4. 杨家湾 Q1712T1015 ③：1

① 徐深：《试论盘龙城存在的模仿印纹硬陶》，《江汉考古》2018年第5期。

② Rice P M. *Pottery Analysis: A Sourcebook*. Chicago and London: The University of Chicago Press, 2015: 106-136.

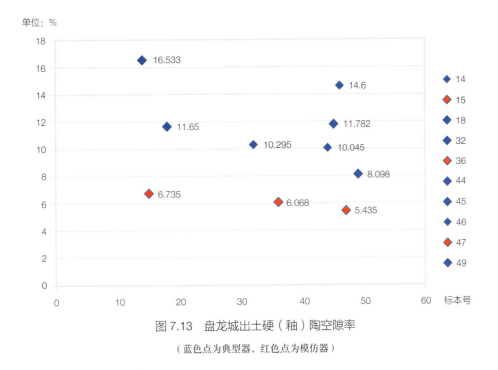

图 7.13　盘龙城出土硬（釉）陶空隙率

（蓝色点为典型器，红色点为模仿器）

龙城普通陶器差异较大，主体应源于外地输入；但是盘龙城仍存在少量的可能在本地生产的模仿品，并且周边有纯度不高的高岭土来源。显微观察得出的这些认识也与上述部分学者通过类型学对比得出的认知相契合。

三、岩相学和其他化学方法的比较

研究陶器生产技术和产地目前主要有化学和岩相学两种方法。化学方法如激光剥蚀电感耦合等离子质谱法（LA-ICP-MS）、中子活化分析（INAA）、X射线荧光光谱法（XRF）等，往往需要把器物磨成粉末，才能够得出高精度的元素含量分布信息，尤其是对那些具有示踪意义的、对原产地敏感的元素作用尤其大。因此这些方法过去主要运用于研究质地细腻的器物比如瓷器类[①]。但是此种方法同时也破坏了器物颗粒结构，阻碍了我们进一步从"操作链"上去了解过去制陶的行为，包括陶土的选择和淘洗，羼和料的选择和加工，等等。而岩相学保留了陶器颗粒的原始形态，我们可以细致地研究基质、砂粒和羼和料的比例、大小和形态，从而推断过去的陶器生产和交换行为。岩相学与化学法相反，对研究质地较粗的器物尤其有利；而对于瓷器尤其是高温烧制的瓷器，其颗粒形态已经熔合，颗粒结构发生了较大变化，岩相学手段相对有限，质地细腻的陶器本身包含能观察的颗粒也较少。岩相学能够帮助我们了解制陶及器物流通的一些细节，如詹姆斯·斯托特曼（James Stoltmand）等利用岩相学研究了来自安阳和殷墟的58件陶器标本，发现有部分器物特别是宽唇鬲等可能为外来

---

① Whitbread I K. Ceramic Petrography: Integration, Adaptation, and Innovation. In: Integrative Approaches in Ceramic Petrography.Salt Lake City: The university of Utah Press, 2017: 215-223.

物①。过去岩相学利用偏光显微镜观察薄片，多采用点计数法（point counting）统计和描述颗粒②。该方法可以估计各大小颗粒的比值，以及不同矿物颗粒的分布情况及占比，比较难于获得颗粒的具体数据。现在通过扫描电镜得到的图像，我们可以通过成熟的图像分析软件测量和统计各颗粒大小、面积、占比及磨圆度等，可以得出更加精确的数据从而更加深入地推断古代制陶行为。

上文初步分析了盘龙城陶器的生产状况，分析结果表明盘龙城有自己独特的陶器生产系统，目前未发现有来自郑州地区的产品。而郑州地区的红陶缸则表现出了与盘龙城的联系，其具体情形还需进一步展开探索。盘龙城内部可能也存在几种不同的陶器生产系统：一是和中原风格类似的器物，普遍火候较高，制作较为精致；二是印纹硬陶和原始瓷的模仿品，可能利用周边纯度不高的高岭土生产；三是大宗的盘龙城自身特色的器物，火候较低，黏土基质磨圆度较高。即使是红陶缸，盘龙城也可能存在不同的生产模式，比如厚胎缸，其颗粒度和空隙率都明显低于其他陶缸，表明其功能不同于其他陶缸。这反映出盘龙城陶工在生产陶器时已比较注重根据不同器物形态及功用采取不同的材料和技术选择。整体而言，我们注意到，盘龙城陶器在制作技术、原料选择等上面都有自身特色，其陶工的技术选择更加灵活和多样。这与盘龙城同一类陶器中质地和陶色差异较大相吻合。郑州商城目前已经发现了主要制作泥质陶的作坊区，表明其已经达到相当的专业化程度。较高的专业化程度带来的是郑州商城陶器的单调性和统一性。从陶器的技术特征观察，盘龙城陶器的专业化程度明显不如郑州，同样对于大口尊，盘龙城就存在不同的制作技术，而非固定一种；占郑州商城大宗的灰陶是在还原气氛下烧制而成，而盘龙城陶器仍较多红陶，部分陶器特别是泥质陶有一层黑色陶衣，可能在烧制时存在多种如渗碳等器表处理方式。但是，材料和制作技术上的差异并不妨碍盘龙城陶器在器形和纹饰上竭力与中原地区保持一致，反映出中原文化观念和身份认同对盘龙城的持续影响。以上只是我们对盘龙城陶器制作技术的初步观察，今后无疑还需从盘龙城与中原、周边区域之间的互动关系中，进一步探索盘龙城陶器的技术选择和身份表达，揭示盘龙城陶器可能不同的生产组织模式及其背后的技术、文化和社会动因。

① Stoltman J B, Jing Zhichun, Tang Jigen, George (Rip) Rapp. Ceramic Production in Shang Societies of Anyang. *Asian Perspectives,* 2009, 48: 182-203.

② Stoltman J B. A Quantitative Approach to the Petrographic Analysis of Ceramic Thin Sections. *American Antiquity,* 1989, 54: 147-160; Stoltman J B. Ceramic Petrography as A Technique for Documenting Cultural Interaction: An Example From The Upper Mississippi Valley. *American Antiquity,* 1991, 56: 103-120; Stoltman J B. *Ceramic Petrography and Hopewell Interaction.* Tuscaloosa: The University of Alabama Press, 2015: 8-16; Quinn P S. *Ceramic Petrography: The Interpretation of Archaeological Pottery & Related Artefacts in Thin Section.* Oxford: Oxuniprint, 2013: 71-111.

第八章

结 语

盘龙城出土的陶片目前已数以万计，修复完整器及标本也超过千件，为遗址出土数量、类别最多的一类遗物。并且不同于青铜器、玉器，多使用于上层贵族礼仪、祭祀类活动或是其身份的象征，陶器更能反映出不同阶层日常的行为活动。也因陶器的大量发现，以及其关联的对于分期与年代、文化因素、文化类型的研究，学界对于盘龙城遗址的文化面貌有了基本的判断，认同盘龙城遗址为二里头文化晚期至中商时期中原文化系统下的一处中心聚落。

本书以盘龙城这一中心城市聚落为切入点，围绕遗址历年出土的陶器标本，以及盘龙城同阶段相互关联的邻近周边、中原地区遗址陶器材料，系统揭示了大型城市内陶器的文化特征、使用情景及其背后反映的聚落社会，并尝试从以下三个方面展开探索。

一、文化视角的观察

陶器的类型特征、形制演变、分期与年代及内部的文化因素构成，为肉眼观察下认识遗址出土陶器的基础；尤其对于年代不甚明确的遗址，陶器的类型学分析和相关的年代学研究，为架构遗址年代框架的必要途径。因此，早年无论是对新石器抑或是对商周阶段遗址出土陶器的研究，多集中于对陶器类型特征的分析。

盘龙城陶器的研究也遵循着这样一种发展历程。不论是早年报告的编写，还是后续对盘龙城遗址的相关研究，都以盘龙城出土陶器为主要材料，探讨盘龙城遗址的文化性质、结构和年代。本书在前辈学者研究的基础上，描述了目前盘龙城遗址所见35类普通陶器和9类印纹硬陶与原始瓷，全面梳理其中可辨不同型别、早晚陶器的类型演变。并在此基础上，通过典型单位所呈现出的陶器组合变化，将盘龙城遗址出土陶器分为四期六组，分别对应于二里头文化第三期前后、二里冈下层第一期偏早至第二期偏早、二里冈下层第二期偏晚至二里冈上层第二期偏早和二里冈上层第二期偏晚至洹北花园庄早期。需要说明的是，这个分期以盘龙城出土陶器类型的变化节奏为依据，而不涉及对于盘龙城整体的文化演进及聚落演变的探讨，相互之间在发展阶段划分上可能存在差异。

在年代与分期的基础上，本书进一步分器类、器形和纹饰探讨了盘龙城出土陶器的文化特征。盘龙城陶器群整体的类别不出于中原以郑州商城为代表的陶器类型，展现出这一阶段中原文化向南的强势影响。但在陶器组合、类型与同阶段中原地区陶器相近的背景下，盘龙城陶器群的内部结构却展现出了不一样的演进脉络。盘龙城陶器类从早至晚表现出由多种文化因素混杂到晚期逐步趋于单一的态势；与此同时，陶器中主要陶器器形、纹饰却呈现出复杂化的发展。陶器纹饰和器形日趋多样的变化，与中原文化陶器发展轨迹有别，反映出一种地方文化特征的酝酿过程。也正是在这样的背景下，盘龙城陶器直观地给人一种整体上与中原文化陶器相近，却在细部上与之明显相异的感观。

而作为受中原文化影响又地处长江中游中心性的城市聚落，盘龙城出土的陶器更反映出盘龙城与中原、长江中游本地区之间的文化交流与互动。一方面，以盘龙城为中心视角观察，除中原文化因素之外，盘龙城在不同阶段受到西至峡江、东抵鄱阳湖等长江沿线区域地方文化陶器的影响。并且在这样一个区域中，盘龙城外围的铜鼓山、意生寺、荆南寺偏早阶段遗存，还进一步发现具有盘龙城特征的陶器因素。中原文化这一阶段对南方地区的影响可能通过盘龙城为中心向外扩展，并由此促成盘龙城成为长江中游文化交流网络的中心。另一方面，盘龙城陶器在不同阶段均受到中原文化的持续性影响；并且根据笔者分析，这种文化的交流可能是双向的，盘龙城一些特征的陶器类型可能反过来影响到了中原地区。以上迹象表明，盘龙城遗址不同阶段均与中原核心地区形成密切的联系，并成为中原文化乃至背后王朝政体向南扩张的重要支点。

围绕陶器的类型演变、分期与年代、文化因素的探讨，本书对盘龙城遗址出土陶器的文化特征进行了基本的归纳。不过，囿于部分阶段、区域陶器资料缺乏，关于从文化的视角考察盘龙城遗址出土陶器，仍有细化的空间。其中，无论是原报告还是新的发掘工作，盘龙城遗址出土陶器主要集中于二里冈下层第二期至中商阶段。早年曾零星发现过二里头及二里冈下层偏早阶段的陶器遗存，但整体数量偏少，其年代、文化性质和文化特征都有待在考古发现的基础上做进一步的分析。另外，长江中游地区夏商时期有系统考古发掘、资料发表较好的遗址仅可见盘龙城、荆南寺两处，其他周邻地区同期遗址工作较少。近年来赣北地区如铜岭、荞麦岭等遗址展开了进一步的考古工作。有线索表明该地区陶器与盘龙城遗址之间存在关联，但相关资料还未系统发表。若要完整揭示盘龙城与周边关联聚落之间的文化关系，未来还要补充对长江中游其他地点夏至早商阶段遗址的考古调查、发掘和资料整理成果。

二、功能视角的观察

盘龙城遗址出土陶器作为大型城市聚落之内人群所使用，其具有多维度的功能属性。因陶器直接与人群的日常行为活动相关联，不同区域或等级的居址，因族属或阶级的差异，可能有着不同的陶器使用习惯；而墓葬随葬陶器亦可能因丧葬礼仪，与居址生活类陶器存在差别。为此，本书根据出土情景，以盘龙城城市聚落为视角切入，进一步考察了陶器在城市内部不同区域、居葬中使用的情况。

盘龙城绝大部分普通陶器出自于地层、灰坑、房址等，即人群日常生活、生产所形成的遗存。从居址这一情境考察，盘龙城聚落整体上呈现出以中原文化因素为主导，但仍并存多元的文化因素，尤其在聚落早期可见来自北方的二里头、二里冈、岳石以及邻近峡江地区、澧水流域文化因素相互杂糅。盘龙城作为一处大型的城市聚落，显然存在来自不同区域文化背景下的人群。这也在遗址所见不同的陶器文化因素中可窥见一二。但是，这些不同文化因素陶器在盘龙城遗址并未展现出空间上的集聚现象，相反是与主体的二里冈文化因素一同分布在遗址各处。我们推测在盘龙城遗址，不同文化背景的人群应是混杂而居，而非如部分学者认为的商代城邑那样聚族而居。不过，涉及高等级贵族活动的大型建筑，附近则发现相对更多的具有典型郑州商城特点的陶器类型、印纹硬陶和原始瓷等可能输入的产品；而所属普通居址的房址、灰坑及邻近地层堆积出土陶器则多有一些本地化的特征，并少见印纹硬陶和原始瓷。由此推知，盘龙城遗址城市内部陶器的使用更多地体现出垂直等级化的差异，而非平面布局的不同；同时高等级贵族比较普通平民与中原核心地区有着更为紧密的联系。

盘龙城遗址聚落居葬相近，发现大量墓葬。墓葬同样出土有为数不少的陶器，随葬类型虽不出于居址陶器范畴之列，但仍显现出特定的偏好和可能的规范。整体而言，盘龙城遗址成为可能①。而受限于研究路径，目前对于盘龙城及周邻关联遗址的陶器岩相分析，选择的样品量仍偏少。其中目前盘龙城陶器岩相分析的器类主要集中在鬲、缸等夹砂陶器，而对于大口尊、盆、簋等泥质陶样品选择较少；同时器类选择的时段集中在本书所划分的第三、四期，而缺乏早期阶段的样品。因此目前对于盘龙城陶器的岩相分析还难以对不同阶段、各器类作系统的探讨。最后，对于盘龙城陶器的技术选择是否对长江流域其他地区聚落陶器生产造成影响，以及可能的其他地方陶器是否与盘龙城形成技术乃至产品有交流互动，则还需进一步对盘龙城同阶段长江中游周邻地区遗址陶器展开技术分析。

以分期与年代学研究为基础，围绕文化、功能与技术三个维度，本书对盘龙城遗址出土陶器展开了系统的探讨。虽然在某些层面，上述研究只是进行了初步的分析。随着近年遗址精细化的发掘和科技检测分析手段的进步，未来有望对盘龙城遗址出土陶器具体的使用情景和功能、陶器的制作技术等领域展开进一步的探索。而对于盘龙城遗址陶器的系统梳理，本书一方面希望摸索出夏商时期中心聚落陶器研究的一些基本方法和研究路径；另一方面，通过陶器视角的观察，进一步补充认识盘龙城城市聚落的性质及其在夏商时期长江中游地区所扮演的核心角色。

---

① 李涛：《史前陶器的手持式X射线荧光光谱仪分析》，《南方文物》2020年第5期。

附

录

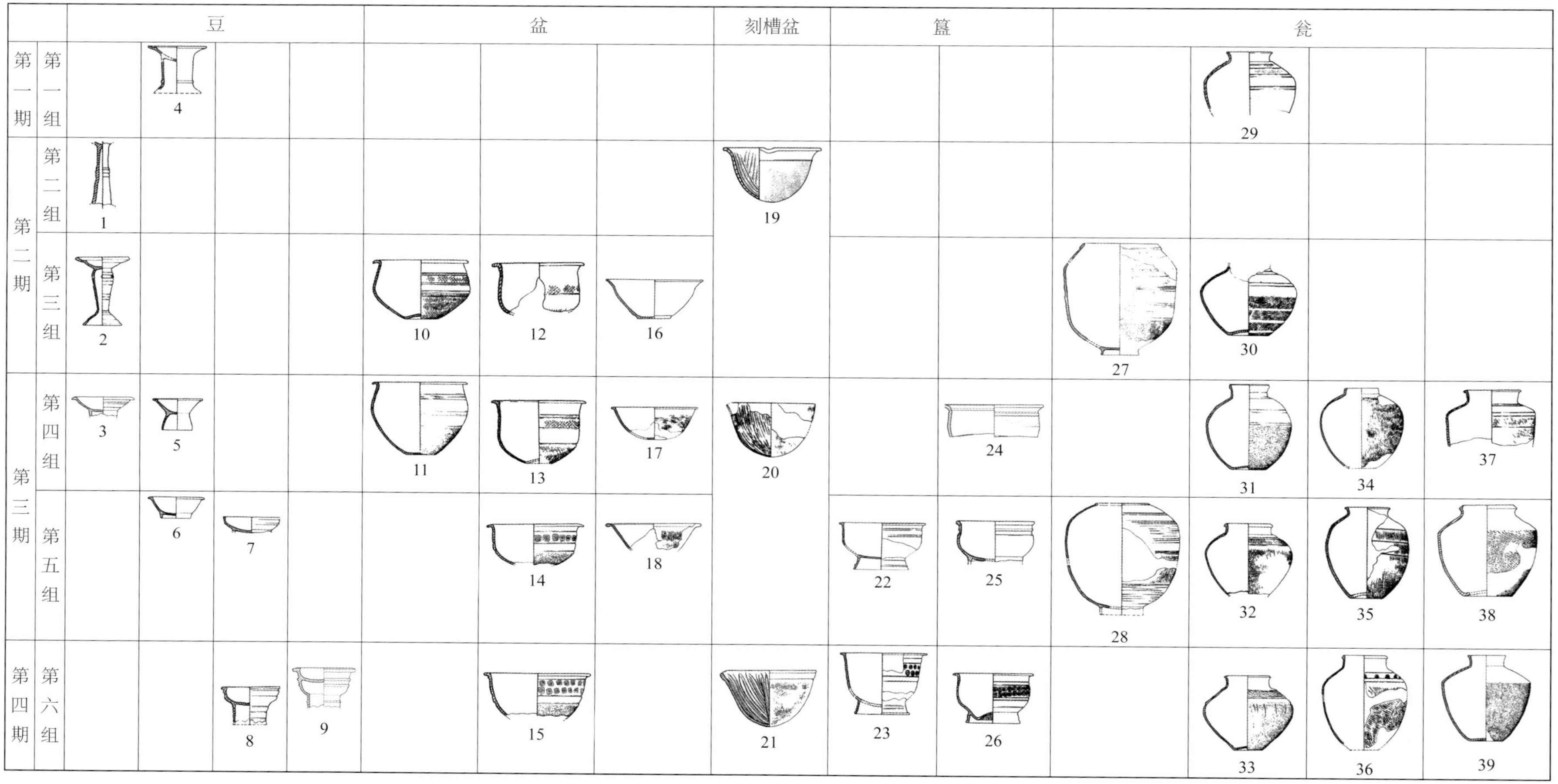

附图3　盘龙城出土主要陶盛食器、储藏器的分组、分期

1. 王家嘴 T20 ⑨：3　2. 王家嘴 T83 ⑦：3　3. 杨家湾 T1011 ③：4　4. 城址 3TZ33 ⑨ A：3　5. 王家嘴 T65 ⑥：28　6. 杨家嘴 H1：13　7. 李家嘴 H1：32　8. 杨家湾 T23 ④：7　9. 杨家湾 J1：18　10. 杨家嘴 M8：5　11. 李家嘴 H24：5　12. 李家嘴 H5：1　13. 王家嘴 T37 ⑥：37　14. 杨家嘴 T8 ⑤：13　15. 杨家嘴 Y28 ④：1　16. 王家嘴 T10 ⑧：11　17. 王家嘴 T75 ⑥：1　18. 李家嘴 H1：9　19. 杨家湾 H28：1　20. 王家嘴 T67 ⑥：3　21. 杨家湾 T25 ③：2　22. 杨家嘴 T3 ⑤：21　23. 杨家湾 T17 ③：5　24. 小嘴 H73：22　25. 杨家湾 T38 ④：2　26. 杨家湾 H6：51　27. 李家嘴 H5：3　28. 李家嘴 H8：6　29. 城址 3TZ33 ⑨ B：5　30. 杨家湾 M6：5　31. 王家嘴 T80 ⑥：4　32. 王家嘴 T86 ⑤：5　33. 杨家嘴 T19 ④：3　34. 王家嘴 T73 ⑥：3　35. 李家嘴 H15：2　36. 杨家湾 H5：9　37. 李家嘴 H4：21　38. 杨家嘴 T8 ⑤：8　39. 李家嘴 H10：6

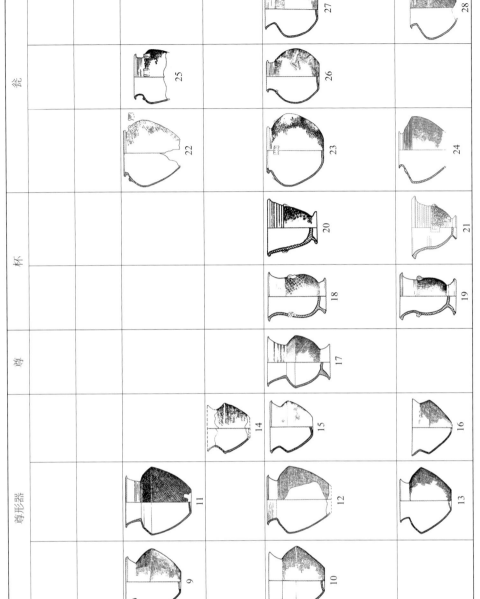

附图4　盘龙城出土主要印纹硬陶与原始瓷的分组、分期

1. 杨家湾 T1015⑥：1　2. 李家嘴 H1：15　3. 西城垣 CYM1：9　4. 李家嘴 H5：5　5. 杨家湾 H25：5　6. 王家嘴 T9⑧：12　7. 王家嘴 T65⑥：8　8. 杨家湾 M18：2
9. 楼子湾 T66⑦：23　10. 李家嘴 M1：24　11. 王家嘴 T82⑧：4　12. 家湾 H1：10　13. 楼子湾 M10：1　14. 李家嘴 H12：3　15. 楼子湾 M6：6　16. 杨家湾 M12：1
17. 楼子湾 T38④：4　20. 杨家湾 T3⑤：29　21. 杨家湾 M18：1　22. 王家嘴 T31⑦：1　23. 杨家嘴 T9⑤：7　24. 杨家湾 G1：27
18. 李家嘴 M1：8　19. 杨家湾 M1：23　26. 李家嘴 M2：49　27. 李家嘴 M2：4　28. 杨家湾 T1219③：1
25. 王家嘴 T31⑦：5

附表1　盘龙城遗址主要单位陶器型式统计表（炊器类）①

分期	分组	典型单位	鼎 A型	鼎 Ba型	鼎 Bb型	鬲 Aa型	鬲 Aba型	鬲 Abb型	带鋬甗 Aa型	带鋬甗 Ab型	带鋬甗 C型	带鋬甗 B型	甗（离口部）Aa型	甗（离口部）Ab型	甗 Aca型	甗 Acb型	甗 Ba型	甗 Bb型	罐② Aa型	罐② Ab型	罐② Ba型	罐② Bb型	罐② Bc型	罐② Bd型	罐② C型	甑 C型
第一期	第一组	城址 3TZ33⑨B																	I							
		城址 3TZ33⑨A		√															II							
		城址 3TZ30⑨A			√③			√											II							
	第二组	城址 3TZ33H3						√											III							
		城址 3TB31⑥A	√																							
		王家嘴 T20⑨	√			I 2								I												
		王家嘴 T32⑨	√			I																				√
第二期	第二组	王家嘴 3TV33G1			√																					
		王家嘴 3TV33③										√		I												
		王家嘴 3TV33④	√																√							
		王家嘴 3TV34③	√		√2								√													
		杨家湾 H28	√																							
		杨家湾 H42	√														III									
第三期	第三组	王家嘴南区⑧④												I												

① 统计中式别后的数字为该式别器物在单位中出土的件数，另类型不明、型式特殊或不属于表格所列主要类型的器物暂不予以统计。

② 本书所言的陶罐类器，除Aa型深腹罐为明确的炊器之外，其他Ab、B、C型罐是否为炊器功能不明，不排除部分型的炊器是作为存储器用。在此，本书仅为方便统计，将所有罐类器归于炊器类下。

③ 出土一件陶鼎的扁足（城址3TZ30⑨A：7），表明这件器物应该属于一件B型盆形鼎，但具体为Ba型深腹鼎，还是Bb型浅腹盆形鼎不详。

④ 此处王家嘴南区⑧涉及的探方仅包括王家嘴T9、王家嘴T12和王家嘴T48，其他探方同层暂不涉及。以下谓之王家嘴南区⑧涉及探方均同于此。

《盘龙城（1963～1994）》第22、23页。

主要陶器型式 分组分期与典型单位	鼎			高					带鋬高		高口部						甗			罐						甑
	A型	B型		A型			B型	C型	Aa型	Ab型	A型				B型		A型		B型	A型		B型				C型
		Ba型	Bb型	Aa型	Ab型						Aa型	Ab型	Ac型		Ba型	Bb型	Aa型	Ab型		Aa型	Ab型	Ba型	Bb型	Bc型	Bd型	
					Aba型	Abb型							Aca型	Acb型												
第二期 第三组																										
王家嘴南区⑧（王家嘴Y1）①	√		I	II 6	I													√								
王家嘴北区⑧②				II																	I					
王家嘴南区⑦③				II	I																					
王家嘴北区⑦④	√																									
王家嘴南区⑦（王家嘴Y3）⑤				II 3														√	IV,√							√
王家嘴 T71,T72⑦（王家嘴H5）⑥																										
李家嘴 H19																	II									
李家嘴 H16				II	I																II					
杨家湾 M6				II	I																					
杨家嘴 M6				II 3	I																I					
杨家嘴 M8				II																						

① 此处王家嘴南区⑧（王家嘴Y1）涉及的探方包括王家嘴T9、王家嘴T10、王家嘴T17、王家嘴T25、王家嘴T26、王家嘴T31、王家嘴T36、王家嘴T37、王家嘴T42。原报告所谓这些探方内第8层出土的陶器，实际可能出自盘龙城王家嘴所谓的"长台"遗迹王家嘴Y1。故此单独列为一栏，不与其他王家嘴南区⑧涉及探方一起统计。以下谓王家嘴南区⑧（王家嘴Y1）涉及探方均同于此。

② 王家嘴北区⑧涉及的探方包括王家嘴T58、王家嘴T82、王家嘴T83、王家嘴T85、王家嘴T86。以下谓之王家嘴北区⑧涉及探方均同于此。

③ 王家嘴南区⑦涉及的探方包括王家嘴T8、王家嘴T12、王家嘴T13、王家嘴T17、王家嘴T18、王家嘴T20～T22、王家嘴T25、王家嘴T26、王家嘴T30～T32、王家嘴T36、王家嘴T37。以下谓之王家嘴南区⑦涉及探方均同于此。

④ 王家嘴北区⑦涉及的探方有王家嘴T56、王家嘴T79、王家嘴T83、王家嘴T84。其他在原报告中有报道陶器的王家嘴北区探方第7层，因遗物可能属于王家嘴Y3、王家嘴H5等遗迹出土，因此分开统计。以下谓之王家嘴北区⑦涉及探方均同于此。

⑤ 此处王家嘴南区⑦（王家嘴Y3）涉及的探方包括王家嘴T65～T67。原报告所谓这些探方第7层出土的陶器，实际可能出自盘龙城王家嘴"长台"遗迹王家嘴Y3，故此单独列为一栏，不记在其他王家嘴⑦栏下。以下谓之王家嘴南区⑦（王家嘴Y3）涉及探方均同于此。

⑥ 原报告谓王家嘴T71、T72⑦出土的陶器可能实际出自王家嘴H5，不记在其他王家嘴⑦栏下。以下谓之王家嘴T71、T72⑦（王家嘴H5）均同于此。

续表

分期分组与典型单位（主要陶器型式）	鼎 A型	鼎 Ba型	鼎 Bb型	鬲 Aa型	鬲 Aba型	鬲 Abb型	鬲 B型	鬲 C型	带鋬鬲 Aa型	带鋬鬲 Ab型	鬲口部 Aa型	鬲口部 Ab型	鬲口部 Aca型	鬲口部 Acb型	鬲口部 Ba型	鬲口部 Bb型	甗 Aa型	甗 Ab型	甗 B型	罐 Aa型	罐 Ab型	罐 Ba型	罐 Bb型	罐 Bc型	罐 Bd型	甑 C型
第三期 第三组 杨家嘴⑦①	√2			Ⅱ、√②													√	√								
城址 4TR25④C					2③																					
王家嘴T28⑦⑥④			Ⅱ	Ⅲ3			Ⅰ	Ⅰ									Ⅱ									
李家嘴 H7				√			Ⅰ																			
李家嘴 H15				Ⅲ																						
杨家嘴 M7						Ⅱ						Ⅱ														
杨家嘴⑥⑤																										
第三期 第四组 杨家湾 T9⑥				Ⅲ2				Ⅰ					Ⅰ		Ⅲ6	Ⅱ6、Ⅲ21	Ⅱ									
杨家湾 H9															Ⅲ、Ⅳ	Ⅲ10		√					Ⅰ			
杨家湾 H14																Ⅲ				Ⅲ						
杨家湾 H21												Ⅱ			Ⅲ	Ⅲ		√								
杨家湾 H33																Ⅲ		√								
杨家湾 H34																Ⅲ7										
杨家湾 Q1712T0816②			√	Ⅲ																						

① 杨家嘴⑦涉及的探方包括杨家嘴T3、杨家嘴T4、杨家嘴T6～T8、杨家嘴T10、杨家嘴T11、杨家嘴T19、杨家嘴T25、杨家嘴T28。以下谓之杨家嘴⑦涉及探方均同于此。

② 杨家嘴T3⑦：1、杨家嘴T28⑦：7原报告将其定为"罐形鼎"，不过两件器物从线图上观察，足内部下凹，有着足窝的特征，应该属于本书所划分的Aa型的特征。其中杨家嘴T3⑦：1根据足部竖直，较长，腹部凋敝等特征，可划入Aa Ⅱ式；城址4TR25④C：15、杨家嘴T28⑦：7则腹、足残破，具体形制不详，式别不明。《盘龙城（1963～1994）》，第307、308页。

③ 出土两件高足（城址4TR25④C：13，城址4TR25④C：15），类型不详。《盘龙城（1963～1994）》，第27、28页。

④ 王家嘴T28⑦涉及的探方包括王家嘴T61、王家嘴T65～T67、王家嘴T71～T73、王家嘴T75、王家嘴T76、王家嘴T80、王家嘴T86。以下谓之王家嘴⑥涉及探方均同于此。

⑤ 杨家嘴⑥涉及的探方包括杨家嘴T3、杨家嘴T5、杨家嘴T26。以下谓之杨家嘴⑥涉及探方均同于此。

主要陶器型式	鼎 A型	鼎 Ba型	鼎 Bb型	高 Aa型	高 Aba型	高 Abb型	高 B型	高 C型	带鋬高	高口部 Aa型	高口部 Ab型	高口部 Aca型	高口部 Acb型	高口部 Ba型	高口部 Bb型	甗 Aa型	甗 Ab型	甗 B型	罐 Aa型	罐 Ab型	罐 Ba型	罐 Bb型	罐 Bc型	罐 Bd型	罐 C型	甑 C型
第四组（第三期）																										
杨家湾 Q1712T0816③														Ⅲ4	Ⅲ4							Ⅰ				
杨家湾 Q1712T0816④			∨					∨							Ⅲ4											
小嘴 H73			∨	Ⅱ2			Ⅰ				Ⅱ	Ⅰ		Ⅱ、Ⅲ	Ⅱ4、Ⅲ		∨4									
小嘴 Q1710T0216⑤、小嘴 Q1610T1918⑤												Ⅰ		Ⅱ2、Ⅲ	Ⅱ											
城址 3TB26④C									∨					Ⅲ												
王家嘴南区⑤①				Ⅳ5																						
王家嘴北区⑤②																										
第五组																										
李家嘴 H1							Ⅱ																			
李家嘴 M1							Ⅱ																			
李家嘴 M2				Ⅲ																						
李家嘴 M3																										
李家嘴 M4					Ⅳ③											Ⅰ										
李家嘴 H3				Ⅲ																						
李家嘴 H4					Ⅲ			Ⅰ										∨								
李家嘴 H8																								Ⅰ		
李家嘴 H25																					Ⅰ					∨
杨家湾 M10									∨									∨						Ⅰ		∨

① 王家嘴南区⑤涉及的探方包括王家嘴T9、王家嘴T12、王家嘴T17、王家嘴T33。以下谓之王家嘴南区⑤涉及探方均同于此。

② 王家嘴北区⑤涉及的探方包括王家嘴T67、王家嘴T82、王家嘴T85、王家嘴T86。以下谓之王家嘴北区⑤涉及探方均同于此。

③ 李家嘴M4：8瓴高标本残破，特别是料部残破，因此难以得知是Ab型联裆还是属于Aa型联裆。不过，从残存的口沿、腹部和足部残片观察，器物最为接近AbaⅣ式。因此暂且归为AbⅣ式。《盘龙城（1963～1994）》，第183、184页。

续表

分组分期与典型单位	鼎 A型	鼎 B型 Ba型	鼎 B型 Bb型	鬲 A型 Aa型	鬲 A型 Ab型 Aba型	鬲 A型 Ab型 Abb型	鬲 B型	鬲 C型	甗 带鋬鬲 Aa型	甗 带鋬鬲 Ab型	甗 带鋬鬲 Ac型 Aca型	甗 带鋬鬲 Ac型 Acb型	甗 带鋬鬲 Ba型	甗 带鋬鬲 Bb型	甗 高口部 A型 Aa型	甗 高口部 A型 Ab型	甗 A型 Aa型	甗 A型 Ab型	甗 B型	罐 A型 Aa型	罐 A型 Ab型	罐 B型 Ba型	罐 B型 Bb型	罐 B型 Bc型	罐 B型 Bd型	甑 C型
杨家嘴T28⑤				Ⅳ																						
杨家嘴⑤（灰烬沟）①				Ⅲ、Ⅳ 2	Ⅲ/Ⅳ②											Ⅲ③	Ⅲ									
杨家嘴T5～T9⑤④				Ⅳ	Ⅲ 2						Ⅱ					Ⅲ										
杨家嘴⑤⑤				Ⅲ									Ⅲ													
杨家嘴H1⑥					Ⅲ												Ⅲ									
杨家嘴H2																										
杨家嘴H14																										
杨家嘴M1								∨			Ⅰ	Ⅰ		Ⅲ				Ⅲ					∨			
杨家嘴M26																						Ⅱ				
楼子湾G2⑤⑤				Ⅲ、Ⅲ/Ⅳ⑦																				Ⅱ		Ⅱ
楼子湾H1																										

左栏：第三期　第五组

---

① 原报告标注属于杨家嘴T3、杨家嘴T10、杨家嘴T11、杨家嘴T12等探方第5层出土的陶器，实际可能出自杨家嘴"灰烬沟"遗迹。在此单独统计，不与其他盘龙城杨家嘴探方第5层出土陶器相混淆。以下谓之杨家嘴⑤（灰烬沟）涉及探方均与此同。

② 杨家嘴T3⑤：5陶鬲标本残，从腹部和裆部特征可知该器物属于一件Aba式分裆鬲，不过由于下腹部和足部残缺，从残余的器物分堆推测可能属于AbaⅢ式或Ⅳ式陶鬲。《盘龙城（1963～1994）》，第321、322页。

③ 杨家嘴T3⑤：9陶鬲标本腹部、裆部残缺，仅见口沿和足部，难以明确属于Aa型联裆或Ab型分裆鬲。从鬲口沿形态观察，该件器物属于本书划分的AbⅢ式陶鬲口沿，在此暂归入AbⅢ式陶鬲口沿。不过，值得注意的是，该件器物锥足部已有变短、内收的趋势。若为分裆鬲可比较AaⅢ式陶鬲。《盘龙城（1963～1994）》，第323、324页。

④ 原报告虽然有杨家嘴发掘区总平面图，在杨家嘴T5～T9处标出了一处特殊陶器的堆积，颇怀疑这一堆积物实际出自这一堆积物的性质，也未将这一堆积出土的器物单独标出，但杨家嘴T5～T9⑤出土的器物与此一堆积相混淆。

⑤ 杨家嘴⑤涉及的探方包括杨家嘴T17、杨家嘴T19、杨家嘴T23、杨家嘴T28、杨家嘴T50。以下将这五个探方第5层出土的陶器单独进行统计，不与其他盘龙城杨家嘴⑤涉及探方均同于此。

⑥ 杨家嘴H1开口平面近"8"字形，颇怀疑为两个同时期的灰坑相互打破所致。其中出土的陶器，也显现出了早晚不同时期的特点。《盘龙城（1963～1994）》，第318页。

⑦ 楼子湾G2⑤：13陶鬲标本足部残，仅能根据腹部和裆部的形态特征，推测可能属于AaⅢ式或AaⅣ式陶鬲。《盘龙城（1963～1994）》，第374、376页。

主要陶器型式 分组分期与典型单位	鼎 A型	鼎 B型 Ba型	鼎 B型 Bb型	高 Aa型	高 A型 Ab型 Aba型	高 A型 Ab型 Abb型	高 B型	高 C型	带鋬高	高口部 A型 Aa型	高口部 A型 Ab型	高口部 A型 Ac型 Aca型	高口部 A型 Ac型 Acb型	高口部 B型 Ba型	高口部 B型 Bb型	甑 A型 Aa型	甑 A型 Ab型	甑 B型	罐 A型 Aa型	罐 A型 Ab型	罐 B型 Ba型	罐 B型 Bb型	罐 B型 Bc型	罐 B型 Bd型	罐 C型	甑
杨家湾 H8					Ⅲ												√									
杨家湾 H25					Ⅲ																	Ⅱ				
杨家湾 H35											Ⅰ			Ⅲ	Ⅲ											
杨家湾 Q1813T0114、T0213⑤											Ⅲ		Ⅰ		Ⅲ											
杨家湾 Q1712T1219、T1220、T1320、T1518、T1919③												Ⅲ	Ⅰ		Ⅲ3											
杨家湾 Q1914T1811、T1911⑤					Ⅲ、Ⅳ				√			Ⅱ			Ⅳ							√				
第五组 杨家湾 Q1712T1010③、T1011③、T1012⑥、T1013⑦、T1014⑥~⑧、T1015⑦											Ⅲ				Ⅲ、Ⅴ											
小嘴 G1															Ⅱ、Ⅲ											
小嘴 G9																										
小嘴 G13								Ⅰ/Ⅱ																		

第三期

续表

典型单位（主要陶器型式）	鼎 A型	鼎 Ba型	鼎 Bb型	鬲 Aa型	鬲 Aba型	鬲 Abb型	鬲 B型	鬲 C型	带鋬鬲高 Aa型	带鋬鬲高 Ab型	高口部 Aa型	高口部 Ab型	高口部 Aca型	高口部 Acb型	高口部 Ba型	高口部 Bb型	甗 Aa型	甗 Ab型	甗 B型	罐 Aa型	罐 Ab型	罐 Ba型	罐 Bb型	罐 Bc型	罐 Bd型	罐 C型	甑
城址 4TR26④C																III											
王家嘴 M1																									II		
李家嘴 H10				V2	V	III																					
李家嘴 H18					V2																						
杨家湾③①					IV																						
杨家湾④（灰烬沟）②				V	IV		II																				
杨家湾 J1				IV、V	V				III			III	III5					√2									
杨家湾 G1														II、III5		II、IV3	√2					II		√2			
杨家湾 H5					V				V																		
杨家湾 H6				IV、V	IV			II									IV										
杨家湾 M6					IV				IV													II					
杨家湾 M7				IV	IV																						
杨家湾 M9					V				IV																		
杨家湾 Q1813T0114、T0213④											√			II		III、IV											
杨家湾 Q1914T1811、T1911③																III2	√										

（第四期　第六组）

① 杨家湾③涉及的探方包括杨家湾T2、杨家湾T3、杨家湾T5、杨家湾T8、杨家湾T10、杨家湾T17、杨家湾T18、杨家湾T21、杨家湾T23～T25。以下谓之杨家湾③涉及探方均同于此。
杨家湾④涉及的探方包括杨家湾T2、杨家湾T3、杨家湾T5、杨家湾T6、杨家湾T17、杨家湾T18、杨家湾T23、杨家湾T24、杨家湾T25、杨家湾T29等探方第4层出土的陶器，实际可能出自杨家湾"灰烬沟"。

② 原报告标注属于杨家湾T3、杨家湾T5、杨家湾T6、杨家湾T17、杨家湾T18、杨家湾T23、杨家湾T25、杨家湾T29等探方第4层出土陶器，以下谓之杨家湾④（灰烬沟）涉及探方均同于此。
遗迹。在此单独统计，不与其他1980年盘龙城杨家湾第4层出土陶器相混淆。

分组分期与典型单位		鼎 A型	鼎 B型 Ba型	鼎 B型 Bb型	高 Aa型	高 A型 Ab型 Aba型	高 A型 Ab型 Abb型	高 B型	高 C型	高领带鋬	高口部 A型 Aa型	高口部 A型 Ab型	高口部 A型 Ac型 Aca型	高口部 A型 Ac型 Acb型	高口部 B型 Ba型	高口部 B型 Bb型	瓶 A型 Aa型	瓶 A型 Ab型	瓶 B型	罐 A型 Aa型	罐 A型 Ab型	罐 B型 Ba型	罐 B型 Bb型	罐 B型 Bc型	罐 B型 Bd型	罐 C型	甑
第四期 · 第六组	杨家湾Q1914T1811、T1911④											III		II		III、IV											
	杨家湾Q1712 T1013～T1015③												I、III	II 2						IV、√				√2			
	杨家湾Q1712T1012④、T1013⑤、T1014④～⑤、T1015④～⑥				√										IV	V	√			√		II					
	杨家嘴M4④①													II	III			√									
	杨家嘴M4																						I	√		√	
	小嘴G2					IV																					
	小嘴Q1710T0413、T0412③						V									IV											
	小嘴H4															IV											
	小嘴H11														IV	IV											
	小嘴H50															IV											
	小嘴G12														III	III											
	小嘴G16															V											

① 杨家嘴④涉及的探方包括杨家嘴T1、杨家嘴T3、杨家嘴T5～T9、杨家嘴T11、杨家嘴T13、杨家嘴T14、杨家嘴T17、杨家嘴T19、杨家嘴T28、杨家嘴T31、杨家嘴T38、杨家嘴T42、杨家嘴T43。以下所谓之杨家嘴④涉及探方均同于此。

附表2　盘龙城遗址主要单位陶器型式统计表（酒器类）

分期	分组	主要陶器型式与典型单位	大口尊 A型 Aa型	大口尊 A型 Ab型	大口尊 Ac型	大口尊 B型	爵 A型 Aa型	爵 A型 Ab型	爵 B型	斝 A型 Aa型	斝 A型 Ab型	斝 B型 Ba型	斝 B型 Bb型	盉	鬶 A型	鬶 B型	壶 A型	壶 B型	壶 Ca型	壶 C Cb型 Cba型	壶 C Cb型 Cbb型	壶 Cc型	壶 D型	尊	罍 A型	罍 B型
第一期	第一组	城址 3TZ33⑨A		√																						
		城址 3TZ32⑨B																								
		城址 3TZ30⑨A		√①											I											
	第二组	城址 3TZ33H3					√②							√③												
		城址 3TB31⑥A	√																					√		
		王家嘴 T20⑨	I																							
		王家嘴 3TV33G1			I									√												
		王家嘴 3TV33③		√										√												
		王家嘴 3TV34③	√												I											
第二期	第三组	杨家湾 H28	I																							
		杨家湾 H31	I								√④							√								
		王家嘴南区⑧	II		I																					
		王家嘴南区⑧（王家嘴 Y1）		I				I						√	√	√										
		王家嘴北区⑧		I、II	I				II						I 2											
		王家嘴南区⑦		I				√	√						I											
		王家嘴北区⑦		I					II																	
		王家嘴北区⑦（王家嘴 Y3）				I、II																				

① 出土一件大口尊口沿（城址3TZ30⑨A：14），具体类型不详。《盘龙城（1963～1994）》，第22、23页。

② 出土一件爵的鋬，类型不详。《盘龙城（1963～1994）》，第24页。

③ 出土一件盉的鋬（城址3TZ33H3：12）。《盘龙城（1963～1994）》，第24页。

④ 出土一件斝鋬和裆部残件，为侈口，分档，但具体式别不详。《盘龙城（1963～1994）》，第91、92页。

附　录

分期	分组	典型单位	大口尊 Aa型	大口尊 Ab型	大口尊 Ac型	大口尊 B型	爵 Aa型	爵 Ab型	爵 B型	斝 Aa型	斝 Ab型	斝 Ba型	斝 Bb型	盉	鬶 A型	鬶 B型	壶 Ca型	壶 Cba型	壶 Cbb型	壶 Cc型	壶 D型	尊	罍 A型	罍 B型
第二期	第三组	王家嘴 T71、T72⑦（王家嘴 H5）					II		√					√										
		杨家湾 M6												√										
		杨家湾 M8		IV	II 3				II 2	II														
	第四组	王家嘴北区⑥		IV		III	I																	
		杨家嘴 M5								II					II			I				√		
		杨家湾 F1Z1					II																	
		杨家湾 H9		III								√												
		杨家湾 H14		IV	II																			
		杨家湾 H34		IV																				
		小嘴 H73		III					III 2、IV	√ 3		I 2、√ 2					√							
第三期	第五组	小嘴 Q1710T0216⑤、小嘴 Q1610T1918⑤		V 2																				
		王家嘴南区⑤				IV						I、II												
		王家嘴北区⑤										I							I					
		李家嘴 M2																		√				
		李家嘴 H1																						
		李家嘴 H4		IV 2											√					√				
		李家嘴 H8		V	II																		√	
		李家嘴 H13		V																				√

分期分组与典型单位 / 主要陶器型式	大口尊 Aa型	大口尊 A型 Ab型	大口尊 A型 Ac型	大口尊 B型	爵 A型 Aa型	爵 A型 Ab型	爵 B型	斝 A型 Aa型	斝 A型 Ab型	斝 B型 Ba型	斝 B型 Bb型	盉	鬶 A型	鬶 B型	壶 Ca型	壶 C型 Cb型 Cba型	壶 C型 Cb型 Cbb型	壶 C型 Cc型	壶 D型	尊	罍 A型	罍 B型
杨家嘴⑤（灰坑沟）		V 2				√																
杨家嘴 T5～T9⑤		IV	II、III 3				IV		II		I											
杨家嘴⑤		V					III															
杨家嘴 H1										II								√				
杨家嘴 M10							IV			II												
楼子湾 G2⑤		V																				
楼子湾 H1		IV 2	II																			
杨家湾 T28⑤		V								II												
杨家湾 T38④		V																				
杨家湾 H35								√						√								
杨家湾 Q1813T0114、T0213⑤																						
杨家湾 Q1712T1219、T1220、T1320、T1518、T1919③		IV																				
杨家湾 Q1712T1010③、T1011③、T1012⑥、T1013⑦、T1014⑥～⑧、T1015⑦													II		I							
杨家湾 M10							IV										√					
小嘴 G13																						

左侧分组：第五组、第三期

分组分期与典型单位（主要陶器型式）	大口尊 Aa型	大口尊 Ab型	大口尊 Ac型	大口尊 B型	爵 Aa型	爵 Ab型	爵 B型	斝 Aa型	斝 Ab型	斝 Ba型	斝 Bb型	盂	鬶	盉 A型	盉 B型	盉 Ca型	盉 Cba型	盉 Cbb型	盉 Cc型	盉 D型	尊 A型	尊 B型	斝 A型	斝 B型
城址 3TB26④C		Ⅵ/Ⅶ①																						
杨家湾③			Ⅳ	√																			√	
杨家湾④（灰烬沟）		Ⅵ/Ⅶ②、Ⅵ	Ⅳ																				√	
杨家湾 H6										Ⅲ														
杨家湾 M1										Ⅲ														
杨家湾 M7																Ⅱ								
杨家湾 J1		Ⅵ或Ⅶ	Ⅱ、Ⅲ			√					Ⅱ						Ⅱ		√	√				
杨家湾 G1											√							√						
杨家湾 Q1712T1013～T1015③		Ⅵ、Ⅶ																						
杨家湾 Q1712T1012④、T1013⑤、T1014④～⑤、T1015④～⑥		Ⅴ	Ⅳ			√											Ⅱ			√				
杨家湾嘴④		Ⅴ2、Ⅵ	Ⅲ							Ⅱ														
杨家湾嘴 M4						√																		
小嘴 G16						√												√						

（第四期，第六组）

① 为一件大口尊腹片，装饰窗棂纹，应属于AbⅥ或AbⅦ式大口尊（74HP4TR25④C：2）。《盘龙城（1963～1994）》，第28、29页。
② 为一件大口尊腹片，装饰窗棂纹，应属于AbⅥ或AbⅦ式大口尊（杨家湾T23④：6）。《盘龙城（1963～1994）》，第240页。

附表3　盘龙城遗址主要单位陶器型式统计表（盛食器、储藏器类）

分期分组 与典型单位	盆 A型	盆 B型	盆 C型 Ca型	盆 C型 Cb型	盆 D型	盆 E型	刻槽盆	平底盘	簋 A型 Aa型	簋 A型 Ab型	簋 A型 Ac型	簋 B型	豆 A型 Aa型	豆 A型 Ab型	豆 B型 Ba型	豆 B型 Bb型	豆 C型 Ca型	豆 C型 Cb型	豆 D型	瓮 A型	瓮 B型 Ba型	瓮 B型 Bb型	瓮 C型 Ca型 Caa型	瓮 C型 Ca型 Cab型	瓮 C型 Cb型 Cba型	瓮 C型 Cb型 Cbb型	瓮 D型	缸 A型	缸 B型 Ba型 Baa型	缸 B型 Ba型 Bab型	缸 B型 Bb型 Bba型	缸 B型 Bb型 Bbb型	缸 Bc型 Bca型	缸 Bc型 Bcb型	缸 C型 Ca型	缸 C型 Cb型	缸 D型	缸 E型
第一期 第一组　城址 3TZ33⑨ B																							I															
城址 3TZ33⑨ A		√																																				
第二组　王家嘴 T20⑨													I①																									
王家嘴 T32⑨																													I			I						
王家嘴 3TV33G1																√																						
王家嘴 3TV33③																																	√3				√	
第二期 第二组　杨家湾 H28				√			I																									I						
杨家湾 H31								√																									√					
杨家湾 H42					I																											II						
第三组　王家嘴南区⑧					I				I				I									√2					√		II									
（王家嘴 Y1）															√												√		I、3									
王家嘴北区⑧			I				I																								√	II、√3						
王家嘴南区⑦	√																		I3												I、II2、√3	I						

① 为一件细柄的豆的柄部（王家嘴T20⑨：3），应该属于AaⅠ式豆。《盘龙城（1963～1994）》，第82、83页。

分期分组 与典型单位	盆A型	盆B型	盆C型Ca型	盆C型Cb型	盆D型	盆E型	刻槽盆	平底盘	簋A型Aa型	簋A型Ab型	簋A型Ac型	簋B型	豆A型Aa型	豆A型Ab型	豆B型Ba型	豆B型Bb型	豆C型Ca型	豆C型Cb型	豆D型	盨A型	盨B型Ba型	盨B型Bb型	盨C型Caa型	盨C型Cab型	盨C型Cba型	盨C型Cbb型	盨D型	缸A型	缸B型Baa型	缸B型Bab型	缸B型Bba型	缸B型Bbb型	缸B型Bca型	缸B型Bcb型	缸C型Ca型	缸C型Cb型	缸D型	缸E型
王家嘴北区T66⑦		I							II																													
王家嘴北区⑦（王家嘴Y3）				2					II 2																	√①			II 2									
王家嘴T71、72⑦（王家嘴H5）																				I											I							
李家嘴H5															I	I															I							
李家嘴H16																							II										√					
杨家湾M6																																		I				
杨家嘴M6													II			√																						
杨家嘴M8	II																																					
杨家嘴⑦								√				I	III																III				I 2					
城址4TR25④C	2②				II 2																												√					
王家嘴T37⑥		I																																				

---

① 标本王家嘴T66⑦：14，仅残存口部和肩部，可知为一件折肩瓮，但具体形式别不明。《盘龙城（1963～1994）》，第105、106页。

② 出土2件A型敞口盆口沿，型式不详。《盘龙城（1963～1994）》，第28、29页。

注：左侧分期分组栏为"第三期"，"第四组"。

分期分组与典型单位	盆A型	盆B型	盆C型Ca型	盆C型Cb型	盆D型	盆E型	刻槽盆	平底盘	簋A型Aa型	簋A型Ab型	簋A型Ac型	簋B型	豆A型Aa型	豆A型Ab型	豆B型Ba型	豆B型Bb型	豆C型Ca型	豆C型Cb型	豆D型	瓮A型	瓮B型Ba型	瓮B型Bb型	瓮C型Ca型Caa型	瓮C型Ca型Cab型	瓮C型Cb型Cba型	瓮C型Cb型Cbb型	瓮D型	缸A型	缸B型Ba型Baa型	缸B型Ba型Bab型	缸B型Bb型Bba型	缸B型Bb型Bbb型	缸B型Bc型Bca型	缸B型Bc型Bcb型	缸C型Ca型	缸C型Cb型	缸D型	缸E型
王家嘴北区⑥			Ⅱ		Ⅱ2	√								Ⅱ									Ⅱ、Ⅲ		Ⅰ、Ⅱ						√	Ⅱ2	Ⅰ3、Ⅱ2				√	
李家嘴H7																																		Ⅰ				
李家嘴H15	Ⅲ																						Ⅱ															
李家嘴H24																																						
楼子湾T7⑥																																Ⅱ						
小嘴H73	√2				√					√	√	√					√						Ⅱ2		√4						Ⅰ√2		Ⅰ4、√3					
杨家湾F1Z1																													Ⅱ									
杨家湾H9	√				Ⅰ																		√										Ⅱ					
杨家湾H14		√		√	Ⅱ																																	
杨家湾H21			√																												√							
杨家湾H33	√	√														Ⅱ							√										Ⅰ					
杨家湾H34								√																										Ⅱ				
杨家湾Q1712T0816②	√	√			√																		√															
杨家湾Q1712T0816③	√	√		√													√												√				Ⅰ					
杨家湾Q1712T0816④			√		Ⅰ																												Ⅰ					
杨家嘴⑥									√																													

分组分期与典型单位	盆A型	盆B型	盆Ca型	盆Cb型	盆D型	盆E型	刻槽盆	平底盘	簋Aa型	簋Ab型	簋Ac型	簋B型	豆Aa型	豆Ab型	豆Ba型	豆Bb型	豆Ca型	豆Cb型	豆D型	瓮A型	瓮Ba型	瓮Bb型	瓮Caa型	瓮Cab型	瓮Cba型	瓮Cbb型	瓮D型	缸A型	缸Baa型	缸Bab型	缸Bba型	缸Bbb型	缸Bca型	缸Bcb型	缸Ca型	缸Cb型	缸D型	缸E型
王家嘴南区⑤	III																													I								
王家嘴北区⑤	III	II	I		I									II								∨	IV	II							II							
李家嘴 H1																																						
李家嘴 H2					III																		IV	II 2		I							II、∨					
李家嘴 H3		II	II		III	∨																	∨															
李家嘴 H4																							IV			I												
李家嘴 H8			I													II				II			II										∨				∨	
李家嘴 H13																																	II					
李家嘴 H17																																						
李家嘴 H20			I			∨								II			I																					
李家嘴 H25																																						
李家嘴 M1			II																				III															
李家嘴 M2																							IV 2	I														
李家嘴 M4																																						
杨家湾 M2																																						
杨家湾 M10		II																													II							
杨家湾 T28 ⑤																																	II 2					

第五组　　第三期

盘龙城（1995～2019）（四）　陶器研究

分期	典型单位	盆 A型	盆 B型	盆 Ca型	盆 Cb型	盆 D型	盆 E型	刻槽盆	平底盘	簋 Aa型	簋 Ab型	簋 Ac型	簋 B型	豆 Aa型	豆 Ab型	豆 Ba型	豆 Bb型	豆 Ca型	豆 Cb型	豆 D型	盒 A型	盒 Ba型	盒 Bb型	盒 Caa型	盒 Cab型	盒 Cba型	盒 Cbb型	盒 D型	缸 A型	缸 Baa型	缸 Bab型	缸 Bba型	缸 Bbb型	缸 Bca型	缸 Bcb型	缸 Ca型	缸 Cb型	缸 D型	缸 E型
第三期	杨家湾 T38④			I									I								II								II										
	杨家湾 H1		II	I			∨															II																	
	杨家湾 H35		II	II														∨																		∨			
	杨家湾 Q1813T0113、T0I14、T0213⑤	∨																∨																∨					∨
	杨家湾 Q1914T1811、T1911⑤		∨																															∨					
	杨家湾 Q1712T1010③、T1011③、T1012⑥、T1013⑦、T1014⑥～⑧、T1015⑦			∨				I						III	∨		∨		II					∨			II		II							∨			
第五组	杨家嘴⑤（灰坑沟）		I、III 2								I							II 2		III			∨	∨					II	II		II		II		I		∨	
	杨家嘴 T5～T9⑤	∨					∨																							II	I			II					
	杨家嘴⑤	III													III																								
	杨家嘴 H1															III																	I、II					
	杨家嘴 H14						∨																		II					II									
	杨家嘴 M1					I	∨																												∨				
	杨家嘴 M26					II																																	

296

分期	分组	主要陶器型式\与典型单位	盆 A型	盆 B型	盆 Ca型	盆 Cb型	盆 D型	盆 E型	刻槽盆	平底盘	簋 Aa型	簋 Ab型	簋 Ac型	簋 B型	豆 Aa型	豆 Ab型	豆 Ba型	豆 Bb型	豆 Ca型	豆 Cb型	豆 D型	盌 A型	盌 Ba型	盌 Bb型	盌 Caa型	盌 Cab型	盌 Cba型	盌 Cbb型	盌 D型	缸 A型	缸 Baa型	缸 Bab型	缸 Bba型	缸 Bbb型	缸 Bca型	缸 Bcb型	缸 Ca型	缸 Cb型	缸 D型	缸 E型
第三期	第五组	楼子湾 G2⑤												Ⅱ								Ⅲ																		
第三期	第五组	楼子湾 H1	√																													Ⅱ			Ⅱ					
第三期	第五组	小嘴 G1			√																																			
第三期	第五组	小嘴 G9		√																																				
第三期	第五组	小嘴 G13																		Ⅱ																					
第三期	第五组	城址 4TR24③																												Ⅰ											
第四期	第六组	李家嘴 H10										Ⅰ													Ⅲ		Ⅲ													
第四期	第六组	李家嘴 H18																							Ⅱ		Ⅱ								Ⅱ2					
第四期	第六组	杨家湾 H5												Ⅱ											Ⅱ															
第四期	第六组	杨家湾 H6																																						
第四期	第六组	杨家湾 M1																																						
第四期	第六组	杨家湾 M7																										√												
第四期	第六组	杨家湾 M9												Ⅱ																										
第四期	第六组	杨家湾 M11				Ⅰ														Ⅱ																	√			
第四期	第六组	杨家湾 M12					√													Ⅱ3	√														Ⅰ					
第四期	第六组	杨家湾 J1		Ⅲ																																		√		

分组分期与典型单位	盆 A型	盆 B型	盆 Ca型	盆 Cb型	盆 D型	盆 E型	刻槽盆	平底盘	簋 Aa型	簋 Ab型	簋 Ac型	簋 B型	豆 Aa型	豆 Ab型	豆 Ba型	豆 Bb型	豆 Ca型	豆 Cb型	豆 D型	瓮 A型	瓮 Ba型	瓮 Bb型	瓮 Caa型	瓮 Cab型	瓮 Cba型	瓮 Cbb型	瓮 D型	缸 A型	缸 Baa型	缸 Bab型	缸 Bba型	缸 Bbb型	缸 Bca型	缸 Bcb型	缸 Ca型	缸 Cb型	缸 D型	缸 E型
杨家湾 G1		Ⅲ				∨	Ⅲ			Ⅰ	Ⅰ Ⅱ		Ⅱ							Ⅲ														∨2					
杨家湾④③		Ⅳ	Ⅲ				Ⅲ			Ⅱ							Ⅱ																Ⅰ、∨	Ⅲ2	∨			
杨家湾④（灰坑沟）		∨	Ⅲ		Ⅰ					Ⅰ							Ⅰ												Ⅲ、Ⅱ	Ⅱ		Ⅲ	Ⅰ、Ⅱ4				∨	
Q1813T0113、T0114、T0213 ④		∨																											Ⅱ	Ⅱ								
杨家湾 Q1914T1811、T1911 ③		∨																													∨							
杨家湾 Q1914T1811、T1911 ④		Ⅰ			Ⅰ												Ⅰ						∨															
杨家湾 Q1712 T1013～T1015 ③	Ⅰ	Ⅰ、∨	Ⅰ、Ⅲ、∨		Ⅰ、Ⅱ、Ⅲ		Ⅰ、Ⅱ											Ⅱ	Ⅱ∨2						Ⅰ、∨			Ⅱ		Ⅱ			Ⅰ、∨					
杨家湾 Q1712T1012 ④、T1013 ⑤、T1014 ④～⑤、T1015 ④～⑥		Ⅳ2																Ⅰ	Ⅰ	Ⅰ								Ⅱ										
杨家嘴 M4				Ⅲ														Ⅱ					∨					Ⅲ	Ⅲ、Ⅲ		Ⅲ		Ⅰ3	Ⅰ/Ⅱ/Ⅲ2		∨		
小嘴 G2																																						∨
小嘴 Q17IOT0413、T0412 ③			Ⅲ							Ⅱ																	Ⅱ	Ⅲ					Ⅰ、Ⅱ2					

第四期　第六组

298

附表4 盘龙城遗址主要单位印纹硬陶和原始瓷器型式统计表

分组分期	与典型单位 主要陶器型式	罐 A型 Aa型	罐 A型 Ab型	罐 B型	罐 C型	尊形器 A型 Aa型	尊形器 A型 Ab型	尊形器 B型 Ba型	尊形器 B型 Bb型	尊形器 C型	尊	杯 A型 Aa型	杯 A型 Ab型	杯 B型	盉 A型 Aa型	盉 A型 Ab型 Aba型	盉 A型 Ab型 Abb型	盉 B型 Ba型	盉 B型 Bb型	器盖	瓿	罍	罍形器
第一期 第一组																							
第二组	杨家湾 H42			√																			
第二期 第二组	王家嘴南区⑧			I																			
	王家嘴北区⑧																						
第三组	王家嘴南区⑦					√										√							
	王家嘴北区⑦					I	I				√				I	I							
	杨家嘴⑦						II									√	√						
第四组	王家嘴北区⑥				II																		
	李家嘴 H7	II										I											
	李家嘴 H12							I															
第三期 第五组	李家嘴 M1					II										III							
	李家嘴 M2						I																
	李家嘴 M3					I											II						
	李家嘴 H1	II																I					
	李家嘴 H4									√													
	李家嘴 H25		I																				

附 录

299

续表

分期	分组	主要陶器型式与典型单位	罐 A型 Aa型	罐 A型 Ab型	罐 B型	罐 C型	尊形器 A型 Aa型	尊形器 A型 Ab型	尊形器 B型 Ba型	尊形器 B型 Bb型	尊形器 C型	尊	杯 A型 Aa型	杯 A型 Ab型	杯 B型	盉 A型 Aa型	盉 A型 Aba型	盉 A型 Abb型	盉 B型 Ba型	盉 B型 Bb型	器盖	甑	罍	器形
第三期	第五组	杨家湾 H1	II					II												√				
		杨家湾 Q1712T1219③														II								
		杨家湾 Q1712T1320③						√				√												
		杨家嘴⑥							II															
		杨家嘴⑤						√			√	√	I		I	II	√							
		杨家嘴 H1	II						II		√				II									
		楼子湾 M6								√		√												
		楼子湾 H1					II						I											
		楼子湾 M1										√												
		楼子湾 M3																						
第四期	第六组	城址 CYM1	III				II						I				I							
		王家嘴 M1							II		√		II											
		杨家湾④		II					III									√	III					
		杨家湾③												II					√					
		杨家湾 H6												I				√	√					
		杨家湾 H5																√						
		杨家湾 M3																√						
		杨家湾 M4																	II				II	
		杨家湾 M7							I											II			II	

分组分期与典型单位	罐 A型 Aa型	罐 A型 Ab型	罐 B型	罐 C型	尊形器 A型 Aa型	尊形器 A型 Ab型	尊形器 B型 Ba型	尊形器 B型 Bb型	尊形器 C型	尊	杯 A型 Aa型	杯 A型 Ab型	杯 B型	盒 A型 Aa型	盒 A型 Ab型 Aba型	盒 A型 Ab型 Abb型	盒 B型 Ba型	盒 B型 Bb型	器盖	瓿	罍	器形器
杨家湾 M9													Ⅱ				Ⅱ					
杨家湾 M12							Ⅲ															
杨家湾 J1	Ⅲ 2	Ⅱ 2												Ⅲ						√		
杨家湾 G1	√	√																		√		
杨家湾 M16																			√			√
杨家湾 M17																			√			
杨家湾 M18			Ⅲ		Ⅲ								Ⅲ								√	
杨家湾 M19						Ⅲ 2																
楼子湾 M10			Ⅱ											Ⅲ							√	
杨家嘴④				√																		
杨家嘴 M13									Ⅲ												√	

Abstract

Pottery is the most abundant category of material relics unearthed at the Panglongcheng site, serving as vessels for daily life like cooking, drinking, serving, storage, and thus best reflecting the daily behaviors and practices of the people. Meanwhile, considering the Panlongcheng site as the central city in the middle reaches of the Changjiang River during the Xia and Shang dynasties, pottery unearthed from the Panlongcheng site not only shows the cultural characteristics and relative chronological framework of the site, also allows for a deeper understanding of the handicraft economy and urban society.

The book is a monographic study on the pottery unearthed at the Panglongcheng site, divided into eight chapters. Through the collection of pottery materials unearthed at the Panglongcheng site over the years, it reveals the typological evolution of various types of the pottery, the staging and chronology of the pottery, and on this basis discussing the cultural characteristics of the pottery, pottery's context and using scenarios, the cultural interactions the pottery reflecting, pottery's production and technical characteristics. Finally, the book focuses on the archaeological culture, contexts and technique, these three elements of pottery, to explore the urban society of the Shang Dynasty at Panglongcheng site.

Firstly, according to the stratigraphic relationships, the book classifies the common pottery, stamped hard pottery, and proto-oporcelain unearthed at the Panglongcheng site into types and forms, with particular emphasis on a logical and morphological evolution analysis of some categories that are abundant in quantity and type. Based on this typological classification and the vessel combination of types and forms of pottery in units, the pottery unearthed at the Panlongcheng site could be divided into four phases and five groups, which correspond respectively to the third phase of the Erlitou Culture, the first phase of the Erligang Lower Layer to the early part of the second phase of the

Erligang Lower Layer, the late part of the second phase of the Erligang Lower Layer to the early part of the second phase of the Erligang Upper Layer, and the late part of the second phase of the Erligang Upper Layer to the early phase of the Huayuanzhuang Period.

Secondly, according to the chronological staging research, the book discusses the archaeological cultural characteristics of the pottery at the Panglongcheng site in terms of vessel combinations, shapes, and decorations, pointing out that the pottery at the site was continuously influenced by the Central Plains' culture, while at the same time, local cultural characteristics evolved from these Central Plains' cultural vessel types. Furthermore, from an examination of the contexts, the pottery unearthed at the Panglongcheng site exhibits hierarchical differences within the settlement. Elite tombs were usually buried with complete sets of hard pottery and proto-porcelain, and near the elite residences or palace foundation more easily found typical Central Plains' cultural style pottery, and latter showing the closer connection between the upper nobility of the Panglongcheng and the Central Plains.

The pottery also demonstrates close cultural interactions between the Panlongcheng site and its neighboring regions, as well as the Central Plains. From analysis of the types and forms of the pottery, The Panlongcheng site was influenced by both Central Plains culture or neighboring regions, while at the same time, the Panglongcheng's locally characteristic pottery vessels spread widely in the middle reaches of the Changjiang River. These clues all indicate the central status of the Panglongcheng settlement in the middle reaches of the Changjiang River during the Xia and Shang dynasties.

We also use scanning electron microscopy to analyze the petrography of the pottery unearthed at the Panglongcheng site and research the pottery production techniques. The petrographic sections show that the pottery at the Panglongcheng site exhibits three different production systems, and overall, there are significant differences compared to the Zhengzhou Shang Cheng in the Central Plains, indicating the complexity of pottery production techniques in the local urban settlement.

后　记

　　本书为盘龙城遗址出土陶器的专题研究。其中我本人撰写了第一至第六章和第八章结语部分。陈晖、荆志淳两位先生撰写了第七章"制作技术分析"，这一部分还曾以《盘龙城遗址出土陶器制作技术初步观察》为题先期发表在《江汉考古》2020年第6期。此外，第七章中陶器的岩相分析与检测，是在荆志淳先生的指导下，于加拿大英属哥伦比亚大学人类学实验室初步完成。最后本书由我完成统稿工作。

　　本书的写作有赖于诸位先生和相关机构的帮助。在此想对本书写作中所获帮助及过程做一简单回顾。

　　我在2012年读书的时候就参与了盘龙城遗址的考古工作，2018年毕业工作之后又协助负责盘龙城遗址考古发掘与整理。惠于盘龙城遗址的考古工作，我相继参与了国家社科基金重大项目和科技部国家重点研发项目。作为长江流域夏商时期最为重要的遗址之一，在读书到工作的不长时间内，我就能够有机会参与其中工作，可谓十分有幸。

　　而能够参与这样一份工作并撰写本书，首先要感谢我的导师张昌平先生。进入盘龙城遗址考古发掘，并之后围绕此学习和研究商周考古，都有赖于老师的引路。在我们进入盘龙城遗址考古工作不久，老师就敏锐地觉察出盘龙城遗址陶器研究的巨大空间，并联系加拿大英属哥伦比亚大学荆志淳先生，指导我们陶器的整理和分析。之后更推荐我和陈晖先后前往英属哥伦比亚大学学习、交流。荆志淳、陈晖先生在2015年加拿大英属哥伦比亚大学完成了盘龙城遗址陶器岩相的初步观察，构成了本书有关陶器制作技术研究中的主要内容。在承担国家社科基金重大项目"湖北黄陂盘龙城遗址考古发现与综合研究"（项目编号16ZDA146）之后，老师便让我参加发掘报告和陶器研究部分的撰写和统稿，更提供各种机会一步步让我负责盘龙城遗址发掘工作。而在学业之外，老师还经常关心我们的工作和生活。每每为此叨扰，他总能够给出信服的建议。相信这是每位跟张昌平先生接触的学子深有感触的。

　　荆志淳先生为盘龙城遗址陶器的研究提供了方法和技术的支撑，将电镜扫描技术引入盘龙城遗址陶器的岩相分析中。我也因此在学习和研究中多有求教。荆志淳先生毫无保留地跟我们分享陶器研究的相关理论和技术方法，经常会发来大量的西文文献。虽然只是初识皮毛，但先生无私的教导让晚辈受益良多。

　　盘龙城遗址博物院为本书研究的展开提供了极大的便利，在整理过程中很多后勤、协调方面的事情都有赖于院方。舒畅的环境让我们在盘龙城遗址的工作常有一种愉悦的心情。

本书涉及的部分线图，因早年报告多模糊不清，特请许鑫涛先生帮忙重新描绘。书中涉及的照片多数由郝勤建先生拍摄。此外柯尊华、宋然、任易阳、朱巧玲等诸位帮忙参与了校稿的工作。在此一并致谢。

考古材料，特别是所反映的考古学文化，通常会被认为便于宏观层面的探讨。我的博士论文主要关注长江中游商代前期的遗存，以区域文化史为切入点，就属于一种比较宏观的研究取向。毕业工作几年，忙于应付留校要求，发文、项目诸多压力，其实并没有特别多的时间来梳理今后的研究方向。正好在盘龙城遗址研究项目展开的契机之下，我便想换一种思路，聚焦单个遗址或聚落等这一更加小尺度的单元，围绕出土陶器做一点探索。在最初撰写本书时，我就拟以基础材料入手，设计了从文化分类、文化特征的描述到技术与功能、人群与社会这样一种研究路径。目前呈现在读者面前的这本小书便是在这样一种思路下逐步成形的。当然每一项研究总会留有缺憾。本书文化类型的研究占比仍较大，关于陶器物料与技术，以及陶器背后反映的聚落社会等方面的研究仍显单薄。为此近年来，我们持续与加拿大英属哥伦比亚大学、哈佛大学等院校合作，进一步围绕资源和技术，重点关注盘龙城遗址陶器的技术特征及所展现出的与周边聚落的互动关系。我也希望以此为起点，未来能够再拿出一本关于陶器研究的论著，在思路、方法和体例上均有所创新。

本书主体中的第一至第六章主要撰写于2020年疫情期间。我那段时间困在家里、远离杂事，静下心来花了大约半年撰写了这一部分。我家小孩正好出生在这之前不久。因为她的缘故，我们全家得以在封城之前回到长沙。家务惭愧少有承担，小孩平时也主要是受父母和爱人的照顾。写作有时候非常熬人。因此本书的撰写要特别感谢家人的陪伴和支持。家人报以极大的宽容和爱护，能够让我一直有幸从事我喜欢做的事情。

思绪回到2016年暑假，在张昌平先生的带领下，我们几个年轻的研究生在盘龙城工作站撰写重大项目的申请书。当时酷暑难耐，我们憋在工作站差不多一个月的时间，绞尽脑汁琢磨文本。一晃好几年过去，大家都已成为青年翘楚，还在围绕盘龙城钻研着各自感兴趣的课题。能够与这样一些志同道合的友人一起成长，又何曾不是一件开心的事情。

最后，本书最终出版要特别感谢雷英先生。反复去北京看版式、校稿，恐怕会成为我编书过程中一段难得的经历。她的耐心和专业素养让本书增色不少。

孙卓于武汉大学振华楼

2024年9月